◎公共关系书系◎

ON NEGOTIATION
SERIES OF PUBLIC
RELATIONS

谈判学概论

【第三版】

刘园◎主编

首都经济贸易大学出版社
Capital University of Economics and Business Press
·北京·

图书在版编目(CIP)数据

谈判学概论/刘园主编. --3 版. --北京:首都经济贸易
大学出版社,2018.1

ISBN 978 - 7 - 5638 - 2746 - 6

Ⅰ.①谈… Ⅱ.①刘… Ⅲ.①谈判学 Ⅳ.①C912.35

中国版本图书馆 CIP 数据核字(2017)第 330990 号

谈判学概论(第三版)

刘　园　主编

Tanpanxue Gailun

责任编辑	田玉春	
封面设计	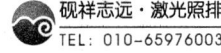 砚祥志远·激光照排　TEL:010-65976003	
出版发行	首都经济贸易大学出版社	
地　　址	北京市朝阳区红庙(邮编 100026)	
电　　话	(010)65976483　65065761　65071505(传真)	
网　　址	http://www.sjmcb.com	
E - mail	publish@cueb.edu.cn	
经　　销	全国新华书店	
照　　排	北京砚祥志远激光照排技术有限公司	
印　　刷	北京兴怀印刷厂	
开　　本	710 毫米×1000 毫米　1/16	
字　　数	387 千字	
印　　张	22	
版　　次	2006 年 1 月第 1 版　2011 年 1 月第 2 版	
	2018 年 1 月第 3 版 2018 年 1 月总第 5 次印刷	
书　　号	ISBN 978 - 7 - 5638 - 2746 - 6/C·140	
定　　价	44.00 元	

ON NEGOTIATION

 第三版前言

  基于本书上版出版以来国际政治、经济形势出现的巨大变化,新版在过去旧版的基础上增加了第七章"谈判的心理建设"和第九章"掌控谈判"这两章对于获得谈判成功重中之重环节的全新内容,并在每章开篇部分增加了新闻导读,更新了第十章第二节中的案例内容。整体上力求使本书的视野更加广阔,内容更加鲜活生动,提升读者的学习效果。

  本版仍由对外经济贸易大学国际经贸学院博士生导师刘园教授主编,刘鑫爽、隋修平、江路、侯彬任副主编。此外,李捷嵩、陈浩宇、周扬、万山峰等均对本书做出了贡献,在此一并表示感谢!

刘 园

2017 年 10 月于北京

ON NEGOTIATION

 **第二版前言**

　　2008 年爆发的全球金融危机,不仅影响了世界经济的发展进程,更深刻地改变了自第二次世界大战以来形成的各国实力对比格局。国家间竞争态势的陡然转换,使得人们不得不面对(而且极有可能还要坚持更长时间)经济的萧条和衰退,这给当今世界带来了更多的冲突、矛盾和突发性事件。作为解决冲突与矛盾最重要、也是迄今为止被证明自人类文明形成以来最有效的途径——谈判,就被赋予了前所未有的重任。求同存异的愿望、和平发展的主题、人类必须要走向和谐幸福的理念,更使得人们意识到,具有卓越的谈判技巧将给各方带来更多的福祉,能够坐下来沟通并最终实现理解和相容,无论是对个人还是对团体,无论是对民族还是对国家,都显得那样难能可贵。

　　读者对本书的反馈说明,本书较好地做到了紧跟社会、经济运行的变化规律,从纵览社会、经济生活的现象入手,以社会学、心理学、管理学、各国文化差异对比等学科的基本原理为手段,以剖析人的主观行为和客观结果之间的规律为主线,以对谈判如何影响最终个体、团体决策和行为的判断为方向,以培养和提高学生分析问题解决问题的能力为目标,最终构建起了连接课堂与社会实践之间的桥梁。基于此,本书的再版重印就有了十分积极的意义。

刘　园

2010 年 12 月岁末

ON NEGOTIATION

 前　言

　　谈判学是一门科学,更是一门艺术,它是公共关系学等学科的重要组成部分及其拓展和融合。现代谈判学在人类智慧结晶的基础上,更融入了心理学、管理学、经济学、历史学、社会学乃至数学等多学科知识的精粹。

　　无论是外交谈判、军事谈判、危机公关谈判,还是商务谈判,古今中外的杰出谈判者为人们留下了一段段化干戈为玉帛、化对手为朋友、化危机为祥和、化竞争为合作的佳话,这就是谈判学的价值所在。随着人类生产力水平的不断提高,良好的公共关系在建立和谐社会中所发挥的作用愈来愈受到人们的重视。而谈判作为建立高水平、高质量公共关系的重要手段和途径,作为人的价值实现的有效载体,作为企业保持竞争力长盛不衰的必备条件和环境,早已成为社会各界不断探索的目标和领域。

　　西方国家对谈判学的研究起步较早。早在 20 世纪 60 年代,美国就成立了全国性的谈判学会,其中哈佛大学的谈判中心不仅负责政府部门、公司和企业高级谈判人员的培养,而且经常参与重大的国际谈判活动。而我国对谈判学的研究起步相对较晚,无论是在各种商务谈判还是其他类型的谈判中,由于高水平的、经过专业训练的谈判人员的匮乏,都曾使我们失去了本应属于我们自己的许多机会和利益,给国家和企业造成了不必要的损失。随着中国与世界更加迅速地融为一体,随着世界各地的人们更加迫切地要求了解中国,对我国一流的、大批的谈判人才的培养早已是迫在眉睫。

本书通过对谈判与公共关系的联系与作用的分析,在对谈判学的基本原理和基本知识进行系统介绍的基础上,剖析了各国、各民族文化和风俗传统对不同国籍和地区的谈判风格的影响,归纳、总结了心理学、博弈论等相关知识对人们谈判理念的形成所产生的作用,并对大量中外驰名的成功谈判案例进行了评介。本书理论与实务并举,中外成功谈判案例兼顾,可作为高等学校公共关系、公共管理、企业管理等相关专业的本科及研究生教材,也可作为企业、组织、团体进行高级谈判人才培训的参考用书。

本书由对外经济贸易大学博士生导师刘园教授担任主编,李魁、郑毅、赵磊、张鹏任副主编。此外,参加本书编写工作的还有刘晓、陈春桃、宋诚、刘莉莉、梁律、刘皇岑、杨丽、武景、吴祖丁、王婷婷、冯琳琳、韩文涛等。

本书引用了一些相关案例,在此向原作者表示衷心的感谢。

由于编者水平有限,加之时间仓促,书中恐有疏漏之处,恳请各位专家、读者不吝赐教。

刘 园

2005 年 8 月于北京

ON NEGOTIATION

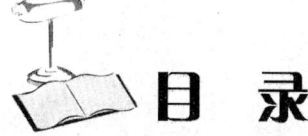 目 录

ON NEGOTIATION

第一章 谈判学概述

　　谈判是一种历史悠久并遍及各个领域的社会现象，谈判作为协调各方关系的重要手段，广泛应用于政治、经济、军事、外交、科技等各个领域。谈判对于人类历史的发展和人类文明的进步具有重要作用。但是，人们对谈判理论的研究却起步较晚，至今谈判学仍处于构建阶段。因此，本章将首先介绍谈判的基本含义和主要特点、谈判学的基本范畴以及谈判的基本原则、基本程序和谈判的主要类型。

　　美国种子公司巨头孟山都(Monsanto)当地时间12月13日发布官网声明,股东们已经批准德国拜耳公司(Bayer)并购孟山都。

　　这次股东特别大会以99%的赞同票达成以每股128美元、共计660亿美元的价格将孟山都并入拜耳的决议,交易的截止窗口是2017年年底。

　　但拜耳和孟山都能否成功"合体"为全球最大的种子和农用化学品公司,还需要过美国政府这一关。美国司法部联邦贸易委员会将基于反垄断法,对该并购案的合法性进行裁决。

　　孟山都首席执行官Hugh Grant表示:"我们很高兴得到股东们的强有力支持。这是一个重要的里程碑,我们两家公司将互补合作,共建农业的未来,帮助应对气候变化和粮食短缺等全球性挑战。"拜耳首席执行官Werner Baumann也表达了类似观点。

　　但全美农民联盟(National Farmers Union)和自然资源保护协会(Natural Resources Defense Council)显然不这么想,并已经向司法部施压,抵制这一并购的进行。

　　近两年,种子和农化行业"巨头并购"频现,前有美国陶氏化学(Dow)和美国杜邦(DuPont)两大公司合并,成为仅次于德国巴斯夫(BASF)的第二大化工企业,后有中国化工(Chemchina)以430亿美元收购了农化和种子巨头瑞士先正达(Syngenta)。

　　据美联社报道,全美农民联盟担心这些并购形成的超级巨头在垄断美国的种子和农化市场后,会抬高产品价格,损害农民利益。自然资源保护协会则认为孟山都和拜耳合并后会增加有毒农药的使用量,危及自然环境。

　　拜耳总部位于德国勒沃库森,旗下主要包括医药保健、作物科学、材料科技三大主要业务,其生产了被称为"世纪之药"的阿司匹林。目前,拜耳的市值约为900亿美元。

　　孟山都是一家跨国农业公司,总部位于美国密苏里州圣路易斯,目前市值约460亿美元。以销售额计,孟山都是全球最大的种子公司,同时也是转基因种子的最大生产商,其生产的草甘膦除草剂被全球广泛使用的同时又一直饱受争议。此前,孟山都曾提出愿意支付最高 470 亿美元竞购瑞士农化巨头先正达,但被先正达拒绝。后来,先正达被中国化工收购。

此前,金银岛资讯副总裁唐敏对澎湃新闻称,全球农产品价格大幅下滑导致全球农业公司效益下降,是这轮并购潮的大背景。就孟山都而言,在过去一年里,农产品价格持续走低和农业紧缩政策都对其收益施加了压力,孟山都已经对旗下业务进行了调整,但自身销售额和利润仍低于预期。

资料来源:虞涵棋.拜耳并购孟山都.澎湃新闻(http://www.thepaper.cn/newsDetail_forward_1580249),2016-12-14.

第一节 谈判的含义和特点

一、谈判的基本含义

所谓谈判(Negotiation)是指参与各方基于某种需要,彼此进行信息交流、磋商协议,旨在协调其相互关系,赢得或维护各自利益的行为过程。

现阶段,中外学者对什么是谈判有多种不同的解说。

美国谈判协会会长、著名律师杰德勒·I.尼尔龙伯格(Gerard. I. Nierenberg)在《谈判的艺术》一书中所阐述的观点非常明确:"谈判的定义最为简单,而涉及的范围却最为广泛,每一个要求满足的愿望和每一次要求满足的需要,至少都是诱发人们展开谈判过程的潜因。只要人们为了改变相互关系而交换观点,只要人们为了取得一致而磋商协议,他们就是在进行谈判。"

荷伯·科恩(Herb Cohen)认为:"谈判是知识和努力的汇聚。谈判的目的在于得到我们需要的,并寻求对方的许可,就是这么简单。""谈判就像在一张绷紧了的网中,运用情报及权力来左右他人的行为。只要你仔细想这个广泛的定义,就会了解事实上无论是在工作或个人生活中,你时时都在谈判。"

我国国内对谈判理论的研究始于 20 世纪 80 年代末期,在已出版的著作中比较典型的定义有:

"谈判是双方或多方为了消除分歧、改变关系而交换意见,为了取得一致、谋取共同利益和契合利益而磋商协议的社会交往活动。"

"谈判是人们为了各自的利益或责任,通过交换意见,谋求一致协议的交往活动。"

"谈判就是人们基于一定的需求而彼此进行信息交流、磋商协议的一种过程,是人们旨在确立、强化、发展或消除其相互关系而进行的一种积极行为。"

根据上述含义,我们可以概括出谈判的定义:谈判是一个过程,在这个过程中,利益各方就共同关心或感兴趣的问题进行磋商,协调和调整各自的经济、政治或其他利益,谋求妥协,从而使各方都感到是在有利的条件下达成协议,促成均衡。谈判的目的是协调利害冲突,实现共同利益。

谈判作为协调各方关系的重要手段,广泛应用于政治、经济、军事、外交、科技等各个领域。

二、谈判的主要特点

谈判作为人类交往活动的组成部分,具有以下特点。

(一) 行为性

谈判是人的行为,而且是人的理性行为。

无论谈判是在国家之间进行、在组织之间进行,还是在个人之间进行,进行谈判活动的总是具体的人。人都有自己的欲望、需求、思想、情感、爱好、性格、风俗、习惯、价值观念等。这些因素可引起人的动机,动机又支配和影响着人的行为。谈判就是在人的动机支配下采取的一种为了满足需求的行为活动。

人们为了满足需求,就要互相交换条件,既有取,又有给。在"给"与"取"的问题上就存在着竞争,存在着智慧的较量。一般来说,谈判人员较善于忍耐克制,将喜怒哀乐、绝望、恐惧等情绪藏于心底,以示其雍容大度。但在谈判桌前也时而有人像演员一样,运用感情冲动作为沟通思想的方式,巧妙地掩饰内心的真情实感。虽然谈判者大都耳聪目明、善于言辞、反应敏捷、精明强干,可有的谈判者却故意装聋作哑、假充糊涂,自称才疏学浅,一问三不知。通常,谈判者为了获取利益而层层设防、步步为营、寸利必争、奋力进取,可有的人却偶尔故露破绽、以退为进、欲取故予。

人的行为千奇百怪,由行为引起的反应错综复杂。因此,对谈判人员行为的认识是制约谈判局势的重要前提。

（二）合作性

谈判的前提是参与者都存在着尚未满足的欲望和需求，否则，就不会有谈判发生。需求和对需求的满足是谈判的基础，要想通过对方使自己的需要得到满足，就必须把谈判当做参与各方彼此合作的过程。

谈判的目标不是一方独得胜利，另一方完全失败，而应该是参与各方都感到自己有所收获，即"双赢"才能达成协议。只有谈判各方重视谈判的合作性特点，在合作的基础上进行协商，为实现双方的利益目标而努力，才能使谈判取得一致。对于共同利益和目标的追求，是谈判取得一致的巨大动力。谈判人员应该随时注意彼此制约的利害关系并将其引向达到共同愿望的轨道。一般来说，每个谈判者都要考虑和顾全双重利益：一是通过谈判能够得到的实质利益；二是双方保持关系的利益。从某种意义上来说，与合作伙伴、家庭成员、职业同事、政府机关以及世界各国保持长远的良好关系，要比从任何特定谈判中所得到的实质利益更重要。重视谈判的合作性特点，将谈判视为合作过程，既可以使谈判达成各自满意的协议，又可以使双方建立长期友好的合作关系。

（三）竞争性

谈判既具有合作性的特点又具有竞争性的特点。事实上，每场谈判都充满着竞争。谈判的本质是满足需求，谈判的目的就是通过与对方的合作使自己的需求得到满足，为了满足需求就必须交换条件。处于优势地位的一方难免会有利益独占的倾向，而处于劣势地位的一方也要力争有所挽回，于是各自采取着不同的策略和技巧，施展着各自的本领和能力。所以，谈判具有竞争性的特点，没有竞争的谈判几乎不存在或者不能称之为真正的谈判。

谈判中的竞争不同于体育比赛中的竞争。体育比赛具有明确的规则和既定的胜负标准，规则和标准制约着选手的行为，而实际的谈判过程却是不拘一格的。谈判过程中，各方都可能采用各种变化莫测的策略。这些策略一般来说是难以预料的，现场也不容易控制。而对于采用各种策略所依据的价值观念或胜负标准，就更加难以掌握。所以，不能用体育比赛的方式去谈判，更不能期望绝对压倒对方，置对方于死地，以达到自己单方面的目标。

谈判的目标应该是双方都感到自己有所收获。谈判过程中竞争的主要作用是协调谈判人员的行为,谈判人员可以通过竞争来衡量或估计自己与对方对抗的能力和水平,通过竞争使双方各自得到相应的报偿。

谈判中的竞争需要合作,合作是为了竞争。谈判人员如果不重视谈判的合作性与竞争性的特点以及两者的相互关系,在处于优势地位的情况下,单凭自己的主观愿望一意孤行,只打自己的"如意算盘",得寸进尺,逼人太甚,就有可能使谈判中止,导致不欢而散。

(四)沟通性

谈判的成功需要以信息交流和思想沟通为基础。谈判的沟通性特点涉及三个层次:信息交流、思想沟通、利益互换(即谈判结果)。这三个层次既各自独立,又相互影响。思想沟通依赖于信息交流,信息交流、思想沟通的程度制约或决定着谈判结果。

在谈判过程中,为了实现利益互换,就必须进行信息交流。随着交流的深入,谈判双方可能产生相互满意的心理,这样就会建立一种互相信任和理解的关系,从而使谈判更加顺利,更加有效。而另一种可能是彼此之间充满敌意,这样往往会导致谈判失败。

在信息交流、思想沟通的过程中,必须重视谈判的合作性特点。谈判人员应该掌握把自己放在对方的立场上来估计形势这种重要的技巧。这就不仅需要考虑自己的利益,而且需要顾及对方的利益,需要了解对方的观点和感情的力量,既要认识对方与自己的差距,又要承认自己与对方的差距。为了消除认识上的分歧和差距,就应该把问题摆出来,以坦诚的态度对待对方的意见,彼此进行明确的、有说服力的语言交流。

第二节　谈判学的基本范畴

一、谈判学的定义

谈判是一种历史悠久并遍及各个领域的社会现象,谈判对人类历史的发展和人类文明的进步发挥着重要作用。

关于什么是谈判学,我们见到的定义有以下几种。

"现代谈判学是研究现代谈判有效活动过程及其一般规律的科学。"

"谈判学是一门横断科学。它是以协调各种社会关系而举行的会晤活动为研究对象的学问。"

"谈判学是一门以有效的谈判事务为目的,系统地研究谈判现象和活动规律的社会科学。"

这些定义都是谈判研究人员对谈判学进行的总结。鉴于此,我们对谈判学做如下表述:

谈判学是介绍谈判活动的基本常识、揭示谈判活动的一般规律、探讨谈判策略技巧的应用问题的一门综合性应用科学。

二、谈判学的研究对象

谈判学的研究对象主要包括揭示谈判活动的一般规律、探讨谈判策略和技巧的应用。

(一)揭示谈判活动的一般规律

谈判是人的理性行为,对人的行为的认识是任何谈判的基本问题。人的行为千奇百怪,变化多端,但是在谈判人员的每一个行为和由行为引起的反应后面,都隐藏着满足某种需要的动机和愿望。满足需要是一切谈判的共同目标,这种共性能够为我们研究谈判学提供一种规律性的结构。谈判既是普遍存在的社会现象,又是一种具有独立特点的特殊活动,这种活动的进展依赖于某些特定方法,这些特定方法具有某种程度的适用性、一般性和规律性。

(二)探讨谈判策略和技巧的应用

谈判是一种复杂多变的活动,也是一个艰难曲折的过程,任何成功的谈判都需要理论指导,都必须遵循谈判的特点和规律。谈判是参与人员智慧的较量,是其各种能力的综合运用。这些智慧和能力在具体的谈判过程中就体现为策略和技巧的运用。

策略和技巧的应用需要因时、因地、因人、因事而异。如何在具体的谈判过程中应用各种策略和技巧,怎样才能把每一种策略和技巧应用得恰到好处,这是一门复杂的学问。这一部分内容将在后面的章节中详细介绍,这里不再赘述。

第三节 谈判的基本原则

一、平等互利的原则

平等互利原则是指谈判人员在享受平等权利、承担平等义务的基础上进行洽谈，以求取得各自都有益的谈判结果。

谈判是达成协议的手段，协议的最终目的是满足各自的利益，要想使自己的利益得到满足就必须取得对方的同意与认可。因此，谈判的成功在于利益互换，互换是谈判成功的基础。

要想实现利益互换就必须平等相待。谈判中出现不同意见、不同观点是不可避免的，只能通过协商加以解决，而绝不能采用强硬、胁迫手段将自己的意志强加于人。

平等互利原则适用于各个层次、各种类型的谈判。尤其是在涉外谈判中，更应该本着互惠互利、彼此尊重、相互理解、平等相待的精神去谋求共同利益，这样才能建立起友好合作的交往关系。

二、灵活机动的原则

谈判过程是一个不断思考的过程，需要灵活掌握各种谈判技巧，要能猜测出对方内心的想法与计策，使自己在谈判中始终占据比较有利的位置。总之，在谈判过程中，在不放弃重大原则的前提下，要有实现整个目标的灵活性，特别是要根据不同的谈判对象、不同的竞争对手、不同的合作伙伴，采用灵活的谈判技巧，才能促使谈判成功。

三、友好协商的原则

几乎在所有谈判中，谈判双方都会就协议或合同条款发生这样或那样的争议。不管争议的内容和分歧程度如何，双方都应本着友好协商的原则来谋求解决，切忌使用要挟、欺骗或其他强硬手段。如出现几经协商仍无望获得一致意见的重大分歧，则宁可终止谈判，也不能违反友好协商的原则。终止谈判的决定一定要慎重，要全面分析谈判对手的实际情况,看其是否缺乏诚意,或是否确实不可能满足我方的最低要求,再决定是否放弃谈判。只要尚存一线希望,就要本着友好协商的精神,尽最大努力达成协议。谈判不可轻易进行,也切忌草率终止。

四、依法办事的原则

依法办事的原则主要适用于经济谈判和科技谈判,该原则是指谈判的内容及最终签署的各种契约都必须严格遵守国家的有关法律、法规和政策。因此,谈判当事人的发言,特别是书面文字,一定要符合法律的规定和要求。谈判中的一切语言、文字应具有双方一致承认的明确的合法内涵。必要时应对用语给以具体明确的解释,写入协议文件,以免因解释条款的分歧导致签约后在执行过程中发生争议。按照这一原则,主谈人的重要发言,特别是协议文件,必须经由熟悉国际法、国际惯例和其他法律法规的律师进行细致的审定。

五、原则和策略相结合的原则

谈判过程是一个调整双方利益以求得妥协的过程。由于谈判双方的立场不同,利益不同,引起冲突和斗争在所难免,讨价还价在谈判过程中是很自然的。问题是应持什么态度、根据什么原则、采用什么办法来妥善解决这些困难,争取通过谈判达到最佳效果。在谈判中,我们既要坚持原则,又要留有余地。凡涉及我国政策法令及国家或企业根本利益的原则问题,我们必须寸步不让,据理力争,但又要避免简单粗暴,一定要以不卑不亢的态度,从实际出发,耐心地反复说明立场,争取使对方接受。对某些非原则性问题,必要时则可以在不损害我方根本利益的前提下做出某些让步。在合同条款的谈判中,有时也可以在某些条款上做出一些让步,以换取对方在其他条款上接受我方的意见。不论是原则问题还是非原则问题的讨论,我们都应该自始至终坚持贯彻"有理、有利、有节"的方针,以理服人。

第四节 谈判的基本程序

不同类型和不同方式的谈判,可以有不同的程序,但一般正规的大型谈判通常可划分为五个阶段:谈判准备阶段、谈判开局阶段、交流探测阶段、磋商交锋阶段和协议签订阶段。

一、谈判准备阶段

一场谈判能否达到预期的目的,获得圆满的结果,不仅靠谈判桌上有关策略、战术和技巧的灵活运用和充分发挥,还有赖于谈判前充分细致的准备工作。后者是前者的基础,尤其是在缺少谈判经验的情况下,准备工作就显得更为重要。在与经验丰富的对手谈判时,就更要重视谈判前的准备工作,以充分、细致、周到的准备来弥补经验和技巧上的不足。

谈判准备工作的内容主要包括以下五个部分。

(一)对谈判环境因素的分析

谈判往往涉及政治、经济、社会文化、法律等各个方面的因素,这些因素对谈判的成败有很大影响,必须对这些因素进行认真分析,才能制定出相应的谈判计划。

(二)信息的收集

在谈判中,谈判人员对谈判信息的收集、分析和利用的能力,对整个谈判活动有着极大的影响。在谈判信息方面占据优势的一方往往会把握谈判的主动权。因此,经验丰富的谈判大师们都极其重视对各种谈判信息的运用,他们都具有敏锐地洞察细微事物的能力,并十分注意捕捉对方思想过程和行为方式中的各种信息。

(三)目标和对象的选择

由于整个谈判活动都是同谈判对象围绕着谈判的主题和目标来进行的,因此,谈判方案的制定必须首先确定谈判的对象和目标,既要明确与谁谈判,又要明确通过这次谈判想达到的目标。

(四)谈判方案的制定

我们在了解了谈判环境、谈判对手和自身的情况之后,在正式进行激烈的谈判交锋以前,还需制定出一个周全而又明确的谈判计划,即制定一个谈判方案。谈判方案是指在谈判开始以前对谈判目标、谈判议程、谈判策略预先做的安排。谈判方案是指导谈判人员行动的纲领,在整个谈判过程中起着非常重要的作用。

(五)模拟谈判

模拟谈判能使谈判人员获得实际经验,随时修正谈判中可能出现的错误,提高谈判能力。

谈判前的准备是否充分是决定谈判成败得失的关键。准备工作充分,谈判中就能处于主动地位,谈判就能顺利进行,效果也好;否则,仓促上阵,往往使自己陷入被动地位,难以取得好的谈判效果。我们将在第四章对谈判前的准备工作进行详细阐述。

二、谈判开局阶段

谈判开局阶段,主要指谈判双方见面后,在进入具体谈判内容之前,相互介绍、寒暄以及就谈判内容以外的话题进行交谈的那段时间和经过。开局阶段所占用的时间较短,谈论的内容也与整个谈判主题关系不大或根本无关,但这个阶段却很重要,因为它为整个谈判过程确定了基调。

谈判的内容、形式、地点不同,其谈判气氛也各不相同。有的谈判气氛十分热烈、积极、友好,双方都抱着互谅互让的态度参加谈判,通过共同努力去签订一个双方都满意的协议,使双方的需要都能得到满足;有的谈判气氛却很冷淡、对立、紧张,双方均抱着寸步不让、寸利必争的态度参加谈判,针锋相对、毫不相让,使谈判变成了没有硝烟的战争。有的谈判简洁明快,节奏紧凑,速战速决;有的谈判却咬文嚼字,慢条斯理,旷日持久。不过,更多的谈判气氛则是热中有冷,快中有慢,对立当中存在友好,严肃当中包含轻快。一般来讲,通过谈判气氛,我们可以初步感受到对方谈判人员谈判的气质、个性和对本次谈判的态度以及准备采取的方针。

在开局阶段,究竟营造何种谈判气氛为宜,要根据准备采取的谈判方针和谈判策略来决定,也要视谈判对手是陌生的新人还是熟识的老友加以区别。也就是说,谈判气氛的选择和营造应该因人而异,服务于谈判的目标、方针和策略。

三、交流探测阶段

交流探测阶段主要以"谈"为主,即谈判人员应该集中发表自己的意见、动机和意图,通过交换观点,达到相互了解。

交流探测阶段的发言要尽量防止话题过分单一,应该广开言路,探讨各种途径;最好不要互相询问,更不要在具体问题上无休止地纠缠。

要注意听清对方的发言,准确地理解其中含义。然后与本方谈判人员商量,有针对性地调整谈判方案,确定谈判策略,为磋商交锋阶段做好准备。

四、磋商交锋阶段

磋商交锋阶段是双方谈判人员真正进行"谈"和"判"的阶段,是谈判的主体阶段。在这一阶段,双方谈判人员都会依据自己的谈判目标,为达成协议而千方百计地说服对方接受自己的观点。

在磋商交锋阶段,谈判双方的对立状态明显展开。各方人员都为掌握谈判的主动权而大显神通,毫无保留地施展本领,时而唇枪舌剑,时而斗智斗力。

对立与交锋是谈判的命脉,没有双方的磋商或交锋就不是真正的谈判。在这一阶段,谈判人员应该坚定立场与信念,朝着自己事先确定的目标勇往直前。但也要时刻牢记,谈判中的竞争是为了合作,是为了满足各自的需要。因此,磋商、交锋、讨价还价,都是为了谋求一致,为了探讨和寻求共同利益的结合点。磋商交锋阶段既需要针锋相对,坚持不懈,又要掌握时机,互相让步,彼此妥协。

五、协议签订阶段

谈判双方经多次反复洽谈,就合同的各项重要条款达成协议以后,为了明确各方的权利和义务,通常要签订书面合同。书面合同是确定双方权利和义务的重要依据,因此,合同内容必须与双方谈妥的事项及其要求完全一致,特别是主要的交易条件都要订得明确和肯定。拟定合同时所涉及的概念不应有歧义,前后的叙述不能自相矛盾或出现疏漏和差错。

书面合同经过各方代表讨论推敲、修改完善之后,参与各方的代表需要签字确认。在签字完成后,这些合同条文便开始生效并具有法律效力。在履约过程中,如果出现纠纷,处理的方法主要有协商、调解、仲裁、审判。如果出现违约行为,则应当受到谴责或制裁,承担相应的法律责任。

第五节 谈判的主要类型

依据不同的标准,可以将谈判划分为不同的类型。按谈判活动所涉及的内容来划分,可将谈判分为商务谈判、科技谈判、外交谈判等类型。

一、商务谈判（Business Negotiation）

企业经济活动的内容是多种多样的，因此，商务谈判的内容也是复杂多样的。我国企业在涉外经济活动中经常碰到的商务谈判主要有以下几种。

（一）投资谈判（Investment Negotiation）

投资就是把一定的资本（包括货币形态的资本、物质形态的资本、所有权形态的资本和智能形态的资本等等）投入和运用于某一项以营利为目的的行为。投资谈判是指谈判的双方就双方共同参与或涉及的某项投资活动，对该投资活动所涉及的有关投资的周期、投资的方向、投资的方式、投资的内容与条件、投资项目的经营及管理，以及投资者在投资活动中的权利、义务、责任和相互关系所进行的谈判。

（二）租赁谈判（Leasehold Negotiation）及"三来一补"谈判

租赁谈判是指某国的企业为从国外租用机器和设备而进行的谈判。它涉及机器设备的选定、交货、维修保养、到期后的处理、租金的计算及支付，以及在租赁期内租赁公司与承租企业双方的责任、权利和义务关系等问题。

"三来一补"谈判中的"三来"是指从国外来料加工、来样加工和来件装配业务，这方面的谈判内容主要包括来料、来件的时间，质量认定，加工标准，成品的交货时间及质量认定，原材料损耗率的确定，加工费的计算及支付等。"一补"是指补偿贸易。补偿贸易的谈判主要涉及技术设备的作价、质量保证、补偿产品的选定及作价、补偿时间、支付方式等方面的问题。

国际租赁和"三来一补"业务在我国许多企业，特别是中小型企业中开展得非常活跃。它们在内容上与投资和贸易活动相近，但又有所区别。

（三）货物买卖谈判（Goods Trade Negotiation）

货物买卖谈判即一般商品的买卖谈判。它主要是买卖双方就买卖货物本身的有关内容，如质量、数量、货物的转移方式和时间、买卖的价格条件与支付方式以及交易过程中双方的权利、责任和义务等问题所进行的谈判。

货物买卖谈判是商务谈判中数量最多的一种谈判，在企业涉外商务谈判中占有十分重要的地位。

（四）劳务买卖谈判（Work Trade Negotiation）

劳务买卖谈判是劳务买卖双方就劳务提供的形式、内容、时间，劳务的价格及计算方法,以及劳务费的支付方式等有关买卖双方的权利、责任和义务关系等问题所进行的谈判。由于劳务本身不是物质商品,而是通过人的特殊劳动,将某种物质或物体改变其性质或形状,来满足人们一定需要的劳动过程,因此,劳务买卖谈判与一般商品买卖谈判是有所不同的。

(五)技术贸易谈判(Technique Trade Negotiation)

技术贸易谈判是指技术的接受方与技术的转让方就技术转让的形式、内容、质量规定、使用范围、价格条件、支付方式及双方在技术转让中的权利、责任和义务关系等问题所进行的谈判。技术本身的特点使技术贸易谈判与一般商品货物买卖谈判有着较大的差别。

(六)损害及违约赔偿谈判(Compensation Negotiation)

这里的损害是指在商务活动中,由于一方当事人的过失,给另一方当事人造成的名誉损害、人身伤害和财产损失。违约是指在商务活动中,由于非不可抗力引起的合同一方的当事人不履约或违反合同的行为。在上述两种情况下,负有责任的一方要向另一方赔偿经济损失。

损害及违约赔偿谈判与前面几种类型的商务谈判相比,是一种较为特殊的谈判。其特殊性表现在:在这种谈判中,首先必须根据事实和合同规定分清责任的归属,这是谈判其他事项的前提。在分清责任归属和大小的基础上,再根据损害的程度,协商谈判赔偿的范围和金额以及某些善后工作的处理。

二、科技谈判(Science & Technology Negotiation)

科技谈判根据涉及的内容可分为技术开发谈判、技术转让谈判、技术咨询谈判和技术服务谈判四种。

(一)技术开发谈判(Technology Development Negotiation)

技术开发谈判是指当事人就新技术、新产品、新工艺和新材料及其系统的研究开发问题确定各自权利与义务而进行的谈判。

这里所说的新技术、新产品、新工艺和新材料及其系统是指当事人在谈判时尚未掌握的产品、工艺、材料及其系统等技术方案,不包括在技术上没有创新的现有产品改型、工艺变更、材料配方调整以及技术成果的检验、测试和使用。所说的研究开发,即 R&D,指的是科学研究和技术开发。联合国教科文组织(UNESCO)将

R&D 界定为:为增加知识的总量,以及运用这些知识去创新而进行的系统的、创造性的工作。

技术开发谈判常常涉及以下内容:新产品的研制、引进技术的消化吸收、工矿企业的技术改造、自然资源的开发利用、动植物新品种的培育、环境保护、计算机软件的开发等。

技术开发谈判根据谈判当事人主要义务的不同又可以分为委托开发与合作开发两种情况:委托开发是指委托方提供经费,委托研究开发方对约定技术进行研究开发;合作开发是指由当事人各方共同投资、共同研究开发约定的技术。

(二)技术转让谈判(Technology Transfer Negotiation)

技术转让谈判是指当事人就专利权转让、专利申请权转让、技术秘密转让、专利实施许可问题确定各自权利与义务而进行的谈判。技术转让就是当事人通过科技谈判将现实拥有的特定技术成果的权利进行有偿转让。在技术转让谈判中,转让技术成果的一方称为转让方(或让与方),接受技术成果并支付价款的一方称为受让方,受让方支付的价款叫做使用费。

根据作为标的的技术成果的权利性质,可将技术转让谈判分为专利权转让谈判、专利申请权转让谈判、技术秘密转让谈判和专利实施许可谈判。

《中华人民共和国合同法》第 343 条规定:"技术转让合同可以约定让与人和受让人实施专利或使用技术秘密的范围,但不得限制技术竞争和技术发展。"这就将市场经济的竞争机制和约束机制引入了我国的科技谈判,也体现了对当事人约定实施和使用技术成果范围的权利的保护。

(三)技术咨询谈判(Technology Consulting Negotiation)

技术咨询谈判是指当事人就为特定技术项目提供可行性论证、技术预测、专题技术调查、分析评价报告和为此支付报酬的问题而进行的谈判。在技术咨询谈判中,为特定技术项目提供咨询的一方叫做受托方,接受技术咨询并支付报酬的一方叫做委托方。

技术咨询谈判具有以下特征:

1. 谈判的内容具有特定的议题,诸如项目可行性论证、技术预测、专题技术调查、分析评价报告等。

2. 谈判的成果具有假设性质,有待于实践检验。

3. 责任的分担具有特殊性。《中华人民共和国合同法》第 359 条第 3 款规定："技术咨询合同的委托人按照受托人符合约定要求的咨询报告和意见做出决策所造成的损失,由委托人承担,但当事人另有约定的除外。"明确规定受托方免予承担责任。

(四)技术服务谈判(Technology Service Negotiation)

技术服务谈判是指当事人就解决特定技术和为此支付报酬的问题而进行的谈判。包括技术辅助服务谈判、技术中介谈判和技术培训谈判。

技术服务谈判具有以下主要特征:

1. 谈判的主体具有特定性。技术服务属于高智力性工作,因此,要求参与谈判的受托方必须是掌握一定专业技术知识的科学技术人员。

2. 谈判的客体具有特殊性。这种特殊性表现在受托方向委托方提供服务的技术通常不属于专利技术和专有技术,而是大量的人们在日常专业技术工作中反复运用的现有技术,或称为公有技术。在履行谈判合同的过程中,通常不会发生侵犯他人技术权益的行为。

3. 谈判的内容具有广泛性。一般包括产品设计、制图、工艺编织、工程计算、产品及材料鉴定、情报收集、检索和整理等。

三、外交谈判(Diplomacy Negotiation)

外交谈判主要分政治谈判和军事谈判两种类型。这两种类型的谈判既有区别,又有联系。

(一)政治谈判(Political Negotiation)

政治谈判是政府、政党、社会团体之间就内政及国际关系等方面的问题,为确定各自利益、改善相互关系、协调行为尺度而进行的谈判。例如:联合国及其他国际政治组织主持的关于制定国际法、关于人权问题的谈判;国家之间关于建立外交关系、解决边界纠纷、解决外交纠纷等问题的谈判;政党之间为争取执政权利和合法地位等问题而进行的谈判;社会团体、社会组织之间为改善相互关系,获取某种利益、地位而进行的谈判。政治谈判在国家与国家之间是解决纠纷、消除隐患、维护和平的重要手段;政治谈判在政党之间、社会团体之间是统一目标、加强团结、防止分裂的有力措施。

（二）军事谈判（Military Negotiation）

军事谈判是军事组织之间就宣战、停战以及协调武装冲突中的各方关系、限制武装力量等问题而进行的谈判。

军事谈判按其发生的时期可分为和平期间的军事谈判和战争期间的军事谈判。

和平期间的军事谈判主要解决关于裁减武装力量、限制军备方面的问题。和平期间的军事谈判往往与政治谈判结合进行。

战争期间的军事谈判主要是为了结成联盟、集结武装力量、协调各方的军事战略方针、调整军事计划；也有的是为了劝降劝退、为了宣战或是为了议和、乞和、求和、讲和等。

（三）政治与军事相结合的谈判

政治与军事相结合的谈判是指以解决政治、军事问题为主要议题的谈判。

政治与军事相结合的谈判需要解决的问题从内容上看包括两个方面，但这两个方面的问题往往是交织在一起的，二者具有相互影响、相互制约的关系。例如，1945 年国共两党之间在重庆举行的谈判，从政治角度来看主要是解决国家民主化建设与解放区的政权问题，从军事角度来看主要是解决国共双方军队的统一整编问题，但这两方面的问题互相关联、关系密切。

（四）政治、经济、科技相结合的谈判

政治是经济、军事和其他诸种社会关系的总和表现。因此，军事、经济、科技文化等其他问题往往都与政治有关。国际上许多重大的谈判，虽然叫做经济会议、科技会谈等名称，但却都具有鲜明的政治色彩。因此，也可将它们归为外交谈判范畴。例如，1992 年 6 月底在达喀尔举行的非洲统一组织第 28 届首脑会议，对非洲当时的政治和经济形势、南非局势以及社会问题等进行了认真讨论，并通过了 20 多项决议或决定。预防、处理和解决非洲大陆上的所有冲突，是这次首脑会议的重要议题之一。关于经济问题，会议要求尽快建立非洲经济共同体，以便加速和巩固非洲经济的一体化与合作。会议还通过了一项关于向艾滋病开战的宣言。

案例应用

艾柯卡临危受命,出任克莱斯勒汽车公司总经理。此时的克莱斯勒四面楚歌,业务陷于瘫痪,债主不断上门。

更令人棘手的是,工人觉得待遇过低,要求增加薪水;而艾柯卡为了渡过难关,希望降低工人工资以缩减开支。他把自己的年薪由36万美元减为10万美元,公司高级职员的工资则降低10%。随后,他找到工会会长要求削减工人工资,由原来的每小时20美元减为每小时17美元,一下子激起轩然大波,工会拒绝答应,双方僵持不下。

一天晚上,艾柯卡找到工会谈判委员会,再次晓之以理:"我再给诸位8小时的时间考虑,我将自己的工资减少近3/4,将大家的工资减少不到1/5,目的就是降低企业成本。只要企业能渡过难关,我们大家就有未来。企业垮了,我们就会失去一切。"说完,头也不回地走了。

第二天,工会答应了艾柯卡的要求,并未出现有人估计的骚乱现象。

思考题:

1. 艾柯卡为了赢得谈判,运用了什么谈判技巧?
2. 艾柯卡是如何使工会谈判委员会接受降薪的谈判条件的?

ON NEGOTIATION

第二章 谈判与公共关系

　　从某种意义上说，谈判是一种技能，是公共关系中不可或缺的重要组成部分。公共关系拥有最广的内涵，涉及组织对外形象的管理，包括制定战略、安排计划等。当涉及与其他组织的往来时，谈判就发挥了重要的作用。事实上，与其他组织的洽谈、沟通是公共关系的主要内容，而谈判也就成了公共关系的重要组成部分。因此，研究谈判应从更广的概念入手，以便明晓谈判发生的环境和场合，这就是了解公共关系的必要性。

新闻导读

12月7日,海航旗下上市公司天海投资(600751.SH)公告称,美国纽约时间12月5日,子公司 GCLACQUISITION, INC. 以现金支付方式收购美国纽交所上市公司英迈国际(Ingram Micro Inc.)100%股权已完成交割,英迈国际成为天海投资子公司。

2016年7月,天海投资曾公告称,前述交易的成交金额约为60.09亿美元(约合413.6亿元人民币),其中英迈国际全部普通股价值约为57.78亿美元(约合397.7亿元人民币),公司股权激励计划部分的偿付对价约为2.31亿美元(约合15.9亿元人民币)。收购资金来源中,天海投资自有资金为人民币87亿元,联合投资方国华人寿投资金额为人民币40亿元,剩余部分为银行借款。

值得注意的是,在这起并购案中,资本大佬刘益谦"潜伏"其中。天海国际在7月26日发布的公告中披露,在这起并购案中,联合投资方国华人寿持有天海国际股份419 030 100股,占比约14.45%。国华人寿实际控制人为刘益谦。

2月19日,天海投资公告称公司拟以38.90美元/股的价格收购英迈国际100%的股权,交易价款预计约为60亿美元(约合413亿元人民币)。

澎湃新闻获悉,英迈国际将"加入"海航物流体系。按照海航官网的说法,天海投资是海航物流金融产业的核心平台。截至12月1日,公司第一大股东海航物流集团有限公司(下称"海航物流")持有天海投资总股本的20.76%。据海航官网,作为海航五大业务板块之一的海航物流,产品涵盖航空货运、物流仓储、电子产品供应链、跨境电商等。

据悉,天海投资成立于1992年,原名"天津市海运股份有限公司"。2015年以前,天海投资主营业务为集装箱运输、经营及管理,以天津、上海、宁波、青岛为基本港,至韩国的国际近洋及国内沿海多个口岸的集装箱班轮货物运输航线。目前,公司主营业务为投资管理及集装箱运输。

外界将天海投资并购英迈国际戏称为"蛇吞象"式的交易。2015年,天海投资营收仅7.2亿元,净利润为2.47亿元,其中船舶运输营收占总营收的49.7%,利润占比为-28.91%。2015年,英迈国际实现营业收入430.26亿美元(约合2 960.8

亿元人民币),归属于母公司净利润 2.15 亿美元(约合 14.8 亿元人民币)。

英迈国际是全球领先的 IT 分销商之一,主要为客户提供全球性的 IT 产品分销及技术解决方案、移动设备及生命周期服务、电子商务供应链解决方案及云服务四大类产品。2015 年,英迈在《财富》全球 500 强中排名第 230 位。英迈在全球 45 个国家均设立了分支机构,业务遍及全球 160 多个国家,为世界范围内 1 800 余家供应商提供销售服务和 200 000 余家经销商提供解决方案和服务。1999 年,英迈将 IT 分销业务带到中国,客户包括联想、海尔、汉王等。

此前,天海国际方面表示,收购英迈主要基于国际国内航运市场持续低迷、上市公司制定经营战略发展规划(天海国际称"将结合物流行业发展的新趋势,及时切入并整合物流细分领域新型业务以及高附加值业务")、信息技术产品贸易市场广阔等因素的考量。

天海国际表示,公司将以英迈国际为业务切入点和战略基点,加快在全球范围内推广英迈国际的业务模式,确立以"投资 + 运营"为双轮驱动、充分发挥投资体系与运营体系协同效应、提升供应链市场份额。

安信证券此前研报指出,天海投资收购英迈国际,未来看点在于引领 IT 产业走出国门及英迈业务与供应链金融的整合,海航集团或将英迈的业务作为整个集团战略布局的一部分协同发展。一方面,天海投资或发挥英迈国际的渠道优势,引领中国 IT 行业整体走出国门;另一方面,天海投资或将供应链金融业务与海航自身的业务以及英迈的 IT 供应链综合管理业务整合发挥更大优势。安信证券预计,天海投资收购英迈国际的交易完成后,2017 年将为公司带来约 7.64 亿元的利润增量。

12 月 7 日收盘,天海投资上涨 0.92%,报收 9.92 元。

资料来源:张枭翔. 天海投资收购英迈国际. 澎湃新闻(http://www.thepaper.cn/newsDetail_forward_1575796),2016 - 12 - 07.

第一节　公共关系的概念

生活中人们无时无刻不在谈判:朋友之间为了决定去哪里就餐而谈判,孩子们为了决定看哪一个电视节目而谈判,律师为了能在上法庭前调解纠纷而谈判,警察为了解救出人质而与恐怖分子谈判,国家之间为了开放边境、发展自由贸易而谈判,等等。谈判并不是那些有经验的外交家、顶尖销售员才具有的一种特有的技能,而是每个人每天都要做的事。尽管在日常生活中的谈判不会像签订国际协议谈判或公司合并谈判那样引人注目,但无论是外交家还是大公司,其谈判的结构和程序与个人为生活琐事而进行的谈判是基本相同的。

与人打交道就要谈判,谈判能力的高低在某些场合成为制胜的关键。特别在市场经济环境中,社会分工明确,每个人都各司其职,其活动离不开其他人的配合。如何使自己脱颖而出、在激烈的竞争中立于不败之地,谈判在其中起到重要的作用。但是,谈判只是与人打交道这门科学的重要组成部分,而并非全部。要想成就自己,就必须把握宏观大局,而不能只见树木,不见森林。因此,了解公共关系的基本内涵和规律是十分必要的。有公共关系就有谈判,谈判就发生在公共关系中。

一、公共关系的基本概念

公共关系(Public Relations, PR)是社会组织与其他相关联的社会组织或群体之间各种关系的综合表现,是一种通过塑造、宣传以及管理组织的形象来增强内部凝聚力和对外部公共吸引力的一种软性经营管理艺术。有一位公关经理曾用一位小伙子追求漂亮姑娘的例子来形象地描述公关的本质特征。她说:如果小伙子对姑娘大献殷勤,起劲儿地表白自己如何喜欢他、欣赏她,这不是公共关系而是推销;如果小伙子精心打扮自己,并以翩翩的风度去吸引姑娘的注意力,这也不是公共关系而是广告;如果小伙子认定目标,制定计划,埋头苦干,取得了优异的成绩,赢得了大家的好评,而这种赞扬通过众人之口传入姑娘的耳中,使姑娘对小伙子产生了尊敬,然后转化为爱慕之情,这才是公共关系。这是一个巧妙的比喻,它形象地说明了什么是公共关系,即组织机构与公众环境之间的沟通与传播的关系,通过把自身的本职工作做好,同时与自己与之打交道的目标群体搞好关系,通过舆论把这些好的形象传播出去,从而形成较高的知名度。公共关系既不同于商业性的广告又不同于一般的推销活动,它是一种管理活动。至于不同主体的接洽,则属于谈判的范畴。

二、公共关系的本质特征

（一）公共关系是一种软性经营管理艺术

作为一种关系，公共关系有别于其他各种具体的政治关系、经济关系、行政关系、法律关系、家庭伦理关系等，它特指组织与公众之间的信息交流关系，这种关系渗透在组织的各种具体关系之中，是组织的一项重要的管理职能。公共关系活动是一种润滑剂，服务于组织的各种管理活动，它不是某种具体关系本身（如有别于市场销售关系等），而只是在实现某种具体关系的时候相伴随的传播沟通关系，即通过双向的信息传播与沟通，去达成组织与具体关系对象之间的相互了解、理解、信任与合作，以促成具体关系的顺利发展。目前流行的整合营销活动就是公共关系活动与营销活动的有机结合。例如，1999 年 IBM 公司在推出其 PC300LG 的新产品时，首先进行了一次邀请众多媒体参加的新产品上市的公关活动，这就是伴随在组织营销活动时的公关活动。克莱斯勒公司在遇到危机时，让其起死回生的方法就是公共关系活动，这些公共关系活动对推动公司的发展起到了关键的作用。无论是政府公共关系还是企业公共关系，其实质都是组织与公众之间的双向信息交流关系。所以，在此意义上说，公共关系虽然是一种管理艺术，但是它与其他的管理活动不同，它是软性经营管理艺术。

（二）公共关系的目标是为组织树立良好的公众形象

公共关系用通俗的话讲，就是通过传播、沟通以及协调让别人给予自己积极的评价。

形象和声誉作为一种无形财富、无形资产，不同于有形的产品、设备、资金和人力，不能单纯用技术的、经济的、行政的方法来管理，而必须借助于公共关系特有的传播沟通的方法来处理。组织的形象和声誉不是由组织自己主观认定的，而是由公众来认可和评价的。公共关系有别于其他传播活动的特点是，它不是简单地告知信息，而是通过传播来塑造组织的形象；公共关系有别于其他管理活动的地方不是管理具体的人、财、物，而是管理形象，它是一种软性管理艺术，管理无形的声誉和形象。

组织的形象对于组织来说是一笔无形的财富，对组织的生存和发展起着举足轻重的作用。这一点已越来越受到组织的重视。例如，海尔的总经理张瑞敏在一次中央电视台的《焦点访谈》节目中提到了一个例子,即海尔公司为了树立将质量放在第一位的企业形象,当在一次冰箱的检测过程中发现了一些质量问题时,当着全体工人的面销毁了这批有问题的产品,尽管有些职工流着泪恳求经理低价卖给员工个人,但是张瑞敏坚决地指出,绝不允许残次产品影响海尔的声誉。也正是因为海尔视企业形象如企业生命,才使得海尔能够拥有今天驰名中外的良好声誉。

(三)公共关系是一项经常性的经营管理职能

一个组织应做到时时有公关、处处有公关。亚柯卡的公关实践告诉我们,不能把公关人员当做"救火队",公共关系的管理职能应该是经常性与计划性的,公关工作是一种长期性的工作。如果一个组织平时就注重公关工作的话,那么,在组织遇到危机时,就会看到其神奇的效果;反之,如果组织平时不注重公关工作,那么,当需要公关的帮助时,则不会轻易在短时期内见效。所以,组织在平时就应抓住一切机会树立自己的形象。

三、公共关系的要素

公共关系包括三个要素:第一,公共关系主体;第二,公共关系客体;第三,公共关系的工作手段。

(一)公共关系的主体

公共关系的主体是组织机构而非个人,这一点非常重要,是我们在理解公共关系的定义时的关键之点。公共关系的主体可以很大,也可以很小,国家、家庭、学校都可作为它的主体,它是各种政治、经济、军事、文化团体及民间组织的统称,是公共关系活动的实施者。任何一个组织的生存与发展,都需要得到社会的认可、接受和支持,都需要在一定的现实条件和环境中进行。所以,组织需要通过公共关系管理活动为其创造良好的环境和塑造美好的形象。

(二)公共关系的客体

公共关系的沟通对象是相关公众,也叫公关客体。公众是与社会具有直接或间接关系的个人、群体和组织的总称(现实的或可能的),是与公共关系主体利益相关并相互影响和作用的个人、群体或组织的总称。公众构成组织的一种特定环境,任何组织的发展与成功都有赖于良好的公众环境,都需得到公众的认可与支持。这种关系是利益关系。公众既是一个组织赖以生存和发展的"生态环境",又是该组织公共关系的工作对象。它是与组织具有某种关系的人或人群的总和,不是泛指社会上的每一个人或组织,而是指与组织已发生或将发生利益关系的对象。公众可以是个人,也可以是一个组织,这一点与主体不同。当组织需要策划一项公共关系活动时,首先需要做的就是公众分析,即分析组织本次公关活动的受众对象,只有这样做,组织的活动才能有的放矢;当实施此项公共关系活动时,又必须时时处处以公众的利益和要求作为工作项目的出发点;当评估此项活动时,则以是否使公众满意和是否引起公众的期望行为作为衡量标准。所以,公共关系也可以称为公众关系。

(三)公共关系的工作手段

公共关系的工作手段是传播沟通媒介。广泛地应用各种形式的人际沟通媒介和大众传播媒介去了解和影响公众的态度和行为,是公共关系活动的主要特色。这一特色使公共关系活动与生产活动、销售活动、财务活动、行政活动等区别开来,它既不能代替这些活动,也不能为这些活动所代替,它在本质上是一种信息传播过程,是对信息的管理与经营。公关人员应当具有比较好的媒体素质,即与媒体打交道、搞好关系和在媒体面前表达的能力。公关工作的主要途径就是让媒介作为第三者,站在一个比较客观的角度去报道组织的优势,而不是组织自己来"老王卖瓜,自卖自夸"。

第二节 公共关系的多重含义

公共关系到底有几层含义,目前还未达成一个共识。人们普遍认为,它既可以是一种状态,又可以是一种活动,还可以是一种学说、一种观念和文化。

一、公共关系状态

公共关系状态(the condition of PR)是指社会组织的形象状态,即社会组织在公众心目中的总体印象,主要表现在以下两个方面:

第一,公众舆论状态。公众舆论对社会组织的反映、评价,体现为社会组织的知名度和美誉度。比如,海尔在中国人的心目中就是好产品的代名词,可口可乐意味着饮料行业中的佼佼者,这意味着这两个组织目前的公众舆论状态良好。

第二,社会关系状态。它体现为组织与相关公众之间的具体关系状态是紧张还是和谐。

公共关系状态是客观的和无形的。客观,即指任何一种公关组织都处在一定的公共关系状态之中,不论组织已经意识到还是尚未意识到,组织都实实在在地处在一定的公众环境之中和处于一定的舆论状态之下;无形,是指相对于人、财、物来说,公共关系是无形资产。

公共关系状态其实就是对组织的状态的一种静态描述。一般来说,公共关系有四种状态(如图2-1所示):第一种是高知名度/高美誉度,这种状态是组织的最理想的状态;第二种是高知名度/低美誉度,这是最不理想的一种状态,即组织处于一种危机状态;第三种状态是低知名度/低美誉度,这是组织发展的初始状态;第四种是低知名度/高美誉度,这是组织的一种较为稳定和安全的状态,说明组织处于发展阶段,有很好的发展前景。任何组织都会有一种公共关系状态,属于这四种中的一种。

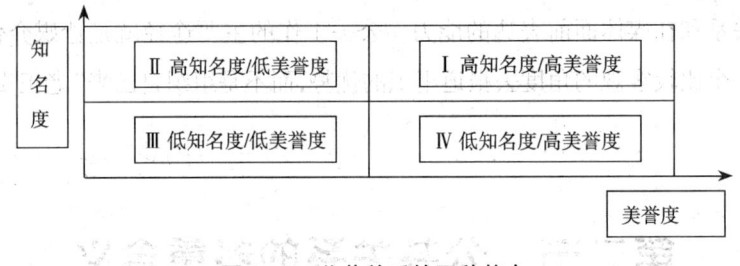

图2-1 公共关系的四种状态

二、公共关系活动

公共关系活动是组织为了树立良好的形象而从事的各种活动。例如:市场调查、制造新闻、广告制作与宣传、CI 传播、谈判、宴请、举办展览会、售后服务、危机公关、新闻发布会等。公共关系活动也可以指组织或个人自发的、日常的沟通与传播行为,如在日常的交往中如何礼貌待人、友好相处等。现代公共关系活动已形成一系列比较规范和专业化的管理实务,包括公众调查、公关咨询、公关策划、公关宣传、公关交际、公共服务以及各种公关特别项目等,这里的公共关系活动主要是指作为组织的一种经营管理行为的"公共关系实务"。应该说,公共关系活动自古就有,而将公共关系上升为一种经营管理职能和方法,形成专业化或职业化的实务工作,则是现代社会的产物。这标志着人们的公关行为经历了一个从自发到自觉、从无意识到有意识、从经验到科学的发展过程。当人们用"公共关系"这一概念去界定自己的这种传播沟通行为的时候,已是一种质的飞跃,说明公共关系活动已经定型为有别于人类其他活动的一种特殊的实践活动。

组织为了获得较好的公共关系状态,就需通过有组织、有计划地开展公共关系活动去实现,二者是结果与手段、过程的关系。

三、公共关系观念

我们还可将公共关系理解为一种意识、观念和文化,即客观的公共关系状态和能动的公共关系活动在人们思维中的反映,并以观念和文化的形式,构成经营管理中的一种价值观念、行为准则和道德规范。它影响和指导着个人或组织决策与行为的价值取向,从而反作用于人们的公关活动,并间接影响实际的公关状态。当人们自觉地意识到公共关系的客观性和公关活动的重要性时,便会形成一定的公关意识或公关观念,包括形象意识、公众意识、传播意识、协调意识和互惠意识等。

形象意识是指在决策和行为中高度重视声誉和形象,将良好的形象视做无形的财富,将其列为重要的战略目标。

公众意识是指认为没有公众的支持就不可能生存和发展,事业也不能获得成功的正确理念。公众意识要求将公众利益作为决策和行动的依据,将了解公众、顺应公众、满足公众、服务公众作为重要的管理原则。

传播意识是指主动运用各种传播媒介和沟通方式去建立相互之间的了解,不放弃任何传播的机会,为企业创造"人和"的舆论气氛。

协调意识即对外对内主动协调关系,化解矛盾,使各方利益达到平衡。

互惠意识主张关系的双方共同发展,共同获益,平等互利。

四、公共关系学

公共关系学是指以公共关系的客观现象和活动规律为研究对象的一门综合性的应用学科,是研究组织与公众之间传播与沟通的行为、规律和方法的一门学科。

公共关系学科是应用性很强的边缘性学科,又是理论上综合性较强的交叉性学科,涉及的学科有社会、哲学、政治、经济、传播、管理以及行为科学等。它是以传播学和管理学为基础建立起来的新兴学科。

第三节 公共关系的专题活动

一、记者招待会

一般来说,召开记者招待会前应做好以下准备工作。

(一) 确定主题

主题是记者招待会的中心议题,记者招待会必须围绕主题来展开,而主题又必须围绕组织发生的事件和决策来确定。记者招待会将宣布什么,是就某一事件进行解释,还是公布一条新的信息,或是在大会上将新产品介绍与展示给记者看等,召开会议的公关人员对此必须做到心中有数,明确会议的类型和性质。

(二) 确定邀请对象

会议的主题决定着邀请对象的范围。如果事件涉及全国,则要邀请中央新闻单位的记者出席;如果事件发生的范围及影响仅仅限于本埠,就只需邀请当地新闻单位的记者出席;如果事件涉及专门业务,则要邀请专业性报刊和新闻单位内部从事专门报道的记者、编辑出席。对记者要一视同仁,不能邀请了一部分而忽略了另一部分。应注意做到邀请层面适当,兼顾各方面的媒体。

(三) 挑选记者招待会的主持人和发言人

记者招待会的主持人和发言人必须能够胜任自己的工作,即必须有出众的口才,同时思维敏捷,反应迅速。一般由主持人发布重要信息,介绍招待会的主题和单位的基本情况,再由发言人做详细发言。因此,会议的发言人和回答记者问题的人应是本组织的主要领导人。如果需要同时有几位领导人共同出席,事先应集中讨论会议主题,注意在重大问题上口径一致。

(四) 准备记者招待会上的发言和报道提纲

要根据记者招待会的主题和统一的口径,由熟悉情况的人组成专门的起草小组,全面搜集有关的资料和情报,写出准确生动的发言稿供发言人使用。另外,还需列出报道提纲,提供给与会的记者,供他们撰写新闻稿时参考。

（五）准备辅助宣传资料

为了使参加会议的记者们能够对组织所公布的消息或所解释的问题给予充分的理解,组织的公共关系部门一定要在会前准备好充分的资料,包括领导人的发言材料,送给记者们的文字、实物、图片资料,组织自身对问题的认识和感受的文字资料。这样可以使记者们准确、真实地掌握会议的议题,并针对感兴趣的问题提出看法、意见或要求组织做出解释。

（六）做好其他准备工作

1. 地点。记者招待会的地点要根据会议的主题择定。利用本单位的会议室、租用宾馆或到外地均可,要以方便每一位来宾为出发点。会前对会场要进行实地考察,切忌临时改变会议地点。

2. 日期。确定记者招待会的日期时,应尽量避免节假日或有重大社会活动的日子,以防记者无法脱身,不能前往。日期选定后,应提前3~4天把写好的请柬派专人送到应邀者手中,切忌邮寄,以免发生丢失和滞后收到请柬的现象。

3. 会场。会场布置要方便记者工作,如准备好录音和录像辅助器材、电话、传真等。

4. 会前要安排好会议的记录者、摄影者、摄像者,为将来的宣传和纪念活动做好准备工作。

5. 组织记者参观。一般在记者招待会前后,配合会议的主题,要组织记者进行参观,给记者实地采访、录像、拍摄的机会。如果有这一项目,必须在记者招待会前安排好将要参观的地方,做好组织工作。

6. 参加会议的领导人、工作人员、服务员应穿戴整洁、得体,精神饱满,从而体现出组织的风格。

7. 经费预算。举办记者招待会之前,应制定预算计划,由组织拨给专款,会议后结清账目。

（七）举办记者招待会应注意的事项

1. 会议主持人应充分发挥其主持和组织的作用。要努力做到:言谈既要庄重,又要有幽默感,注意活跃整个会议的气氛,引导记者踊跃提问;切实把握会议的主题,防止离题太远;控制发言时间,避免重复提问,引导深入提问;维持会议的秩序,使会议顺利地进行;在气氛紧张时,及时缓和气氛;严格掌握好会议的时间,各项议程不要拖拉,不能随便延长会议时间;等等。

2. 发言人的演讲应简明扼要,切忌长篇大论。对记者的提问应随问而答,不能答非所问、离题太远。如遇到实在难以回答的问题,应首先表示歉意,然后告诉记者如何去获得圆满的答案,或请人代答,绝不能轻率地、漫不经心地说"无可奉告",更不能反唇相讥,嘲弄对方。

3. 对于不能发表的信息或机密情报,应解释原因。

4. 不要随便打断记者的发言和提问,也不要采取任何动作、表情阻止他们。

5. 所发布的消息应准确无误,发现错误后应马上公开更正。

记者招待会结束以后,要检验招待会的效果是否达到了预期的目的。要尽快整理出记者招待会的记录材料,从中总结出此次招待会在组织、布置、主持和回答问题等工作中的成功和失误,将这些经验编成档案进行保存。大量搜集每一位到会记者在报刊上发表的稿件、文章,并进行归类,检查是否达到了这次记者招待会的预定目标。检查是否有由于组织公关人员工作不到位所造成的失误,如有应设法补救。如果是记者本身的疏忽所致的错误,也不要指责,而应该婉转地转告记者本人。对各记者提问的倾向性和公开或私下聊天中所表露的看法进行分析,从而了解各记者所代表的新闻机构的背景及其意见和态度,以及产生的原因等,以便做到心中有数。

二、展览会(Exhibition)

展览会是公共关系活动中经常采用的一种传播形式。它可分为贸易性展览会(展销会)和宣传性展览会。展览会通过真实可见的实物展示、热情周到的服务、全面透彻的资料和图片介绍、技术人员的现场操作和讲解员的生动解说,可以吸引更多的到场者,给观众留下深刻的印象。对于贸易性展览会来说,它可以让公众借此机会了解市场行情,获得可靠信息,同时,进一步强化产品的感染力,增强企业的竞争力;对于宣传性展览会来说,则可以让社会公众通过展览会接受某种思想观念和信仰。因为展览会较为直接和直观,往往使公众信服,对于新企业、新产品形象的塑造和某一新思想的传播,展览会的作用更加明显。

（一）展览会的类型

1. 从展览会的性质看，有贸易性展览会和宣传性展览会。贸易性展览会的目的是树立企业信誉，促进商品的销售，展出的主要是实物产品；宣传性展览会的目的是为了宣传某一观点、思想和信仰，或者是让人们了解某一段史实，通常展出照片资料、图表和有关的实物。

2. 从展览会的规模看，有大型综合展览会、小型展览会和袖珍展览会。大型综合展览会一般由专门的单位举办，企业通过报名参加。这种展览会规模很大，参展的项目很多，需要主办者有较强的组织展览能力，如世界性的博览会、全国性的展览会。小型展览会的规模较小，一般由企业自己举办，展出自己的产品。微型的袖珍展览是指商店的橱窗展览和流动的展览车等。

3. 从展览会所涉及的内容看，有综合性的展览会和专业性的展览会。综合性的展览会又叫横向展览会，是一个国家、一个地区或一个单位经济发展的缩影，具有广博性。专业性的展览会又叫纵向展览会，是围绕某一专题或某一项内容举办的展览，具有纵深性。

4. 从展览会持续的时间看，有长期固定的形式和一次性、定期更换的形式。

5. 从展览会举办的地点看，有室内展览会和露天展览会。

（二）展览会的特点

1. 复合性。展览会是一种复合性的传播方式。所谓复合性传播方式，指的是同时使用多种媒介进行交叉混合传播。一个展览会通常会同时运用多种传播媒介，包括：声音的媒介，如讲解、交谈和现场广播；文字的媒介，如印刷的宣传手册、介绍材料；图像媒介，如各种照片、幻灯片和录像；实物媒介，如产品等。由于展览会这种复合性传播方式综合了多种传播媒介的优点，所以，展览会的沟通效果通常较令人满意。

2. 直观性。展览会是一种十分直观、形象、生动的传播方式，一般以展出实物为主，观众看得见、摸得着，又有专人当场进行示范、讲解。这种形象、生动的传播方法，能够强化观众的记忆。

3. 直接性。展览会能为某一组织或企业提供与公众进行直接双向沟通的机会。展览会上，一般都有专人回答参观者的问题，并就他们感兴趣的问题进行深入的讨论。这样，参展单位在让公众了解自己的同时，也了解了公众，能及时掌握公众对展览会的反应,参展单位可根据公众反馈回来的信息进一步搞好工作。另一方面,这种直接双向沟通的针对性较强,能就个别公众或某一特殊情况进行交流,收效很大。

4.高效性。展览会上有许多企业和产品参展,是一种高度集中和高效率的沟通方式。展览会节省了参观者的时间,提高了他们接受信息的效率。人们往往不会错过与自己业务有关的机会,这就给新企业和新产品提供了一个脱颖而出的好机会。

5.易传性。展览会是一种综合性的大型活动,往往能成为新闻媒介追踪的对象,成为新闻报道的题材,因此对社会公众的影响很大。当新闻报道某处要举办展览会时,就会有许多需求者和好奇者涉足展览会,同时也引起更多公众的注意。参展单位可以利用展览会这一机会大造声势,扩大影响,并利用这一和新闻记者广泛接触的机会,搞好与新闻界的关系。

(三)举办展览会要注意的问题

展览会是一种面向全社会的传播活动。在展览会期间,参展单位既要开展业务和宣传活动,又要树立自己的形象,因此需要细致、全面的公共关系工作。举办展览会应该考虑和注意如下问题:

1.明确展览主题。有了明确的主题思想,才能提纲挈领,使所有展品得到有机排列和组合,给人以有条不紊、层次分明之感。如果主题思想不明确、不集中,就会给人一种茫无头绪之感,而且,展览会的主题将决定展览会中将使用的特殊沟通方式和接待形式。

2.构思展览结构。展览会如同一项系统工程,要有一个总体设计。确定展览会的类型、参展单位和参展项目,考虑参展项目和产品品牌怎样搭配,这需要一定的经验和专门的技巧,以使展览结构趋于合理。

3.明确参观者的类型。展览会针对的公众是谁? 包括的范围有多大? 这是在展览会策划阶段必须回答的问题。参观者的类型将影响到信息传播手段的复杂性和多样性。

4.撰写展览脚本。展览脚本要充分体现展览会的主题思想,明确展览结构。在撰写脚本时,应根据整个展览的总体要求和各展览部分的具体特点,将参展的每一部分都整理出展览大纲,寓于展览脚本之中,使之与展品、资料、图片等融为一体。

5. 准备各种资料。展览会需要的资料很多,其中包括领导人的致辞、企业生产经营的情况介绍、产品的技术资料、给观众的致信、为办展览会而编写的各种宣传材料(如报纸、小册子、图片说明)以及解说词等。

6. 展览会的经费预算。举办展览要具体列出展览会的各项费用,包括租金、运输费、设计布置费、材料费、宣传费、劳务费等。应有计划地分配展览会的各项费用,防止超支和浪费。

7. 其他会务工作。在展览会举办地点的选择上,要把方便参观者放在首位,尽量选择交通、食宿便利的地方。要考虑辅助设备和相关服务部门的设置。布置展厅时,先要贴出展览会的平面图,在入口处设置咨询台、签到处和意见登记处,同时准备好展览会徽志和纪念品,并做好与新闻界的联络工作。

(四)公关人员在展览会中的作用

1. 协助主办单位或单位负责人组织、布置展览会。这主要包括确定展览会的主题和基调,构思整个展览结构和大纲,并依此搜集实物和有关材料,撰写展览脚本,物色合适的设计师、美工人员和其他工作人员,对照脚本实施展览方案,展览会筹备完毕后,组织预备展览,征询各方意见,并迅速组织修改。

2. 在展览活动中主动做好协调工作。这其中包括开幕式剪彩人员的邀请、接待,各路贵宾的接待、安排,以及征求意见、测定展览效果、吸收反馈信息等。注意收集各种资料数据,如参观人数、各种留言题词、销售情况、媒体反应等,为展览结束时撰写总结报告做准备。

3. 联系新闻媒介。首先应考虑是否成立新闻办公室,为新闻记者提供工作上的方便,解决诸如提供资料、设备、数据、翻译、交通工具、传递信息手段等方面的困难。在预展时应主动邀请记者采访,使新闻界事先有充分的思想准备。邀请记者参加开幕式、剪彩典礼之前,应提供一份特写文章之类的新闻稿,材料务求详尽,供记者、编辑参考或删改。展览进程中应随时提供具有新闻性的信息。出现重要进展或变更时,要及时举办记者招待会,统一发布信息。如果条件许可,可自备录像设备,为电视记者采访、编辑新闻时提供参考资料,同时为本单位留下具有历史意义的镜头。

4. 培训展览会的工作人员。

5.注意采用一些举办展览会的技巧,使展览会办得生动活泼、别具一格。

（五）测定展览会的效果

展览会的效果是指实施公关工作所带来的社会效益,主要体现在观众对企业产品的反映、对组织形象的认识和对整个展览会举办形式的看法等方面。其测定方法如下:

1.观众留言簿的形式。在展厅出口处设置观众留言簿,主动征求观众的意见。

2.召开座谈会的形式。在展览会期间,随机地找一些观众座谈,请他们谈谈观后感,并提出自己的看法。

3.现场采访的形式。公关人员应该在展览会现场随机进行采访,提出一些双方都感兴趣的问题,并进行录音和记录。

4.问卷调查的形式。展览会结束之后,公关人员可根据掌握的观众名单,邮寄问卷调查表或登门访问,以了解展览会的实际效果。

三、典礼与仪式(Ritual)

在组织发展的过程中,每一个重要的发展阶段,都为这个组织提供了召开庆祝会的充分理由。庆祝会可以把重要的信息传递出去,当这个信息的重要性需要不断延续时,庆祝会就可以年年开下去。正如英国的一位公关人员所言:"实际上没有一天、一周、一月是没有特殊事件可供纪念的,而历史上任何事件都有它的1周年、10周年、100周年……都是值得纪念的。"每逢重大节日来临和重要事件发生,或是某组织的纪念日、某工程开工或竣工、某个展览会开幕,都可举行隆重的庆祝活动。公关人员是这类活动的组织者,应当研究和掌握组织这类活动的规律。

在组织举行盛大的庆典活动或仪式时,公关人员应该是幕后的主持者,许多事情要由他们周密策划,以使活动圆满成功。

第一,拟定典礼或仪式的程序。该程序或步骤最好能事先印刷好,在宾客到来之前分发到每个座位上,也可以在宾客签到时分发。

第二,拟出出席典礼或仪式的主宾名单。请柬应设计得庄重、正规,最好在活动日前3天送达,以便安排各项工作。

第三,组成接待小组,负责引导与招待宾客。最好能安排一个专门的接待室,备有茶水、饮料等。

第四，确定哪些主要宾客要登上主席台或排在第一排，应有明确醒目的名牌。站立的会议，在主要宾客站立的地方应铺上地毯，以示庄严。公共关系人员在活动开始前 5 分钟引导主、宾进入既定区域。主席台座位顺序以正中为大，分左右两边依此类推，左大右小。

第五，确定剪彩人员或发奖人员。剪彩人员或发奖人员一般以职位比较高的负责人为宜，也可由宾客们推选。

第六，为演讲者起草演讲稿，正式外交场合要提前印发各位与会者。要求宾客致辞时，应提前通知他们，并在活动开始前逐一落实。

第七，布置和检查音响设备，在主席台上至少装两个话筒，有些特殊的活动应在群众和宾客席位安放话筒。

第八，设置签到簿，并在活动开始前提供一份准确无误的主宾名单给会议主持人，以便向与会者介绍来宾。

第九，如果是举办签字仪式，应摆好签字所用的桌、椅，并标明哪一方是哪一位签字者。国际上签协议的签字桌应以国旗或团体旗帜为标志。

第十，安排专人接待新闻记者，为他们提供工作方便。大规模活动最好设立新闻中心，其组织方法与记者招待会相似。

四、社会赞助（Social Sponsor）

现代企业，不仅是经济技术实体，而且是社会性组织。企业的生存和发展离不开政府和社会公众的支持。企业只有把自己看成社会的一员，积极承担一定的社会责任和社会义务，才能赢得政府和社会公众的理解和支持。赞助正是现代企业向社会表示其承担责任和义务的最好方式之一，也是搞好政府关系和社会关系的有效方式之一。

（一）赞助活动的作用

赞助活动是一种信誉投资、感情投资。企业举办赞助活动一般以推进社会公众对企业的了解、增进社会公众对企业的好感为主要目的。赞助的作用具体有以下几点：

1. 制造新闻，扩大影响。企业可以通过新闻媒介扩大其影响，提高企业及其产品的知名度和美誉度。例如:为促进社会主义精神文明建设,广州某酒店曾和广州市妇联等单位联合举办了我国首次"母亲节"活动,这次活动吸引了新闻界和社会各界的普遍兴趣,成功地提高了酒店的知名度和美誉度。

2.联络公众,培养感情。赞助活动通常将企业与公众的兴奋点结合起来,可以加强与某类公众的联系,有助于产品推销。例如:广东某企业通过赞助我国各项体育运动,培养了与体育组织以及喜爱体育运动的公众之间的良好感情。

3.制作广告,增强效果。企业通过赞助来做广告,可以增强广告的说服力和影响力。如广东某公司为参加奥运会的中国体育代表团提供专用饮料。在这届奥运会上,中国代表团取得了骄人战绩。当各国记者在追踪采访屡创佳绩的中国运动员时,他们常喝的饮料自然也成为他们的话题之一。于是,该饮料随着记者们的"中国取得胜利的奥秘""中国魔水"等报道而名声大噪。这些宣传报道为该公司做了一个大广告,而且这样的广告效果是其他形式的广告无法比拟的。

4.追求社会效益,树立良好形象。例如,中美合营的某畜牧有限公司投产后,随即开展了近1个月的义卖活动,把30万元所得款全部捐献给广州残疾人福利基金会。这一做法,使该公司知名度迅速提高,并有力地推动了有广州多家企业参加的"亦商亦善,造福社会"活动,树立了该公司关心社会福利事业的良好企业形象。

(二)赞助的类型

1.赞助体育运动。在当今世界,随着人民生活水平的提高,人们对体育运动越来越感兴趣。这使得企业通过对体育运动的赞助,对公众施加影响的广度和深度都明显增大。例如,某制药厂出资赞助广州足球队,该球队则以该企业的名字出现在球迷和公众面前,有力地提高了企业的声望,为企业做了极佳的促销广告。

2.赞助文化活动。企业进行对公众文化生活方面的赞助活动,不仅可以培养与公众的良好感情,而且可以大大提高企业的社会效益和知名度。

3.赞助教育事业。教育事业是一项关系国家千秋大业并日益受到社会重视的事业,因此日益成为企业重点赞助的对象。据美国《幸福》杂志的一项统计,美国名列前茅的通用汽车公司等50家大公司该年对公司以外的各类高校共捐资近300亿美元,几乎是美国政府用于高校投资的1/3。它们的赞助方式,一般是资助学校建设图书馆、实验楼或提供奖学金,当然它们都会巧妙地留下名来。这种做法,一方面为企业发展与有关院校的良好关系打下了基础,有利于企业的人才招聘及培训;另一方面,更为企业树立起关心公共教育事业的可敬形象。

4. 赞助社会慈善和福利事业。这是企业和社区、政府搞好关系的重要途径,是企业向社会表明其承担社会责任和义务的有效手段。

5. 赞助公共节日庆典活动。

6. 赞助各种展览和竞赛活动。

企业对外赞助的形式很多,不胜枚举。公共关系人员应该勤于思考,设计出别具一格的赞助形式,使企业获得最佳的信誉投资,改善自己的公共关系状态。

(三)举办赞助活动的步骤

1. 赞助研究。赞助可由企业主动选择赞助对象,也可在接到赞助请求后再做出反应,大多数企业都依据后者进行赞助。但是,如果企业想获得更好的信誉投资,就应该采取主动的赞助形式,这就需要对赞助进行研究。赞助研究应该从企业的经营方针、政策入手,并分析企业的公共关系政策和目的,调查外部需要赞助的公益事业情况,从而制定企业的赞助方向和赞助政策,以指导日后的赞助活动,并据此考核外来要求赞助的项目。企业为了更好地开展赞助活动,一般都组织一个专门的赞助工作委员会,负责赞助事宜。这样,赞助工作委员会应负起赞助研究的工作,进行赞助成本和赞助效果分析,以保证企业和社会同时受益。特别要防止各种赞助活动互不关联、距离企业的整体赞助主题太远的现象。

2. 赞助计划的制定。在赞助研究的基础上,由赞助工作委员会根据企业的赞助方向和赞助政策,制定出一个赞助年度计划。这个计划应包括赞助对象的范围、赞助费用的预算、赞助形式和赞助宗旨等内容。赞助计划是对赞助研究的具体化,可以协助管理当局控制赞助的范围,防止赞助的规模超过企业的承受力,避免浪费现象,做到有的放矢。

3. 具体赞助项目的审核和评定。每进行一次具体项目的赞助,应由赞助工作委员会对其进行详细的研究分析,结合该年度的赞助计划进行逐项的审核评定,确定此赞助项目的可行性、赞助的具体方式和款额以及赞助的时机,以便制定出此项赞助的子计划。

4. 赞助活动的落实。在上述工作的基础上,应派出专门的公共关系人员负责落实各项具体赞助的子计划。在实施赞助子计划的过程中,应充分运用各种有效的公共关系技巧,使企业能尽量借助赞助活动扩大其社会影响。

5.赞助项目的效果测定。效果测定是指每次赞助活动完成之后对所带来的社会效益和经济效益的测定。它主要体现在被赞助单位对赞助单位的反映、对企业形象的认识。其测定办法有:对照赞助计划,总结完成计划和未完成计划的原因;掌握本企业举办赞助活动后的获益情况;问卷调查或走访被赞助单位,了解赞助的实际效果。对以上几方面的测定,公关人员都应做出书面总结,为以后的赞助研究提供参考资料。

五、其他公关活动

公关活动的形式是多种多样的。广义地讲,一切公关事务都可称之为公关活动。下面扼要介绍一些比较常见的公关活动。

(一)开放参观日

开放参观日活动是社会组织或企业让社会公众了解自己的一种很好的方法,也是消除公众对组织的误解、以得到他们的理解和支持的方法。

开放参观日活动是一件复杂的工作。为了使参观者对组织或企业产生兴趣和好感,组织对外开放参观日需要做好具体、细致的准备工作。

1.确立开放参观日活动的主题思想。开放参观日的目的在于扩大组织或企业的影响,取得社会各界的信任与支持。因此,开展开放参观日活动应有一个明确的主题思想,即通过这次活动想达到怎样的效果、使参观者留下什么样的印象。

2.精心准备,向公众开放。公关人员应在这方面多做工作,比如准备一些文字材料、音像资料、实物产品、模型等,这样可以给参观者留下深刻的印象。

3.选择合适的时机。开放参观日最好安排在一些有特殊意义的日子里,同时还要注意活动的规模、环境、气候等因素。

4.要想使活动产生持久的效果,不妨给参观者赠送一份有纪念性的宣传小册子,这些小册子还可以转送给有兴趣但无法亲自参观的人。赠送宣传小册子是很有用的传播途径。

(二)媒介事件

媒介事件是指社会组织为了吸引新闻媒介报道并扩散自身所希望传播开去的信息而专门策划的活动。

策划媒介事件,首先要把社会组织与新闻媒介的关系作为前提;其次,要注意以下几个基本问题：

1. 应抓住公众在当时最关注的话题进行策划,这样才能引起公众和新闻界的重视,获得曝光的机会,并塑造自己的形象。

2. 公关活动要具备"新、奇、特"三个条件,这要求公关人员独具匠心、富于创新。

3. 要事先制造一些热烈的气氛,使公众有些心理准备,以强化效果。

4. 要有意识地把组织与某些权威人士或社会名流联系在一起,以增加显著性,从而赢得报道机会。

(三) 危机管理

危机事件是指影响或严重影响组织或企业的一类事件。它可能是事故,也可能是灾祸;引起的原因或是自然的,或是人为的。一般来说,危机事件具有偶然性、意外性和突发性的特点,只要事先做好一定的调查和分析判断工作,就可能做到防患于未然,即使发生了危机事件,公关人员也不至于感到束手无策。

危机管理当然不完全属于公关工作,但公关人员有责任帮助组织或企业的管理部门去应付这个危机。公关人员在危机管理中应配合管理部门做好以下几个方面的工作:

1. 事件预测。事件预测是指对企业或组织所有活动中潜在的和有可能发生的危机事件的预测,它包括对各种事故、灾祸以及未来业务上的严重困难等的预测。公关工作者必须与管理部门密切合作,以防危机事件的发生,并设计出当危机事件发生时能做出有效反应的措施。

2. 事件演习。事件演习是对假想事件的一种演练,其目的是通过对假想事件的演练,提高对事件一旦发生时的应变能力。

国外一些大企业、大公司经常采用事件演习这种办法对公关工作者和管理人员进行实地训练,如假想油轮突然爆炸、飞机坠毁、重要决策者自杀、某处发生火灾等。

3. 事件监控。任何一类危机事件都会成为社会公众关注及新闻媒介报道的题目。常常有这样的情形:错误的信息似乎比真实的信息更能引起轰动。因此,建立事件监控机构有助于企业或组织及时地反驳别人散布的错误信息和有可能产生的敌对报道。

危机事件一旦发生,公关人员应及时、准确地查明原因,迅速制定对策,尽量减轻损害,并配合组织的其他职能部门重新建立起组织的形象。其基本措施是:

首先,正视事实。危机事件一旦发生,企业或组织必须接受既成事实,并及时地向社会开放必要的信息传播通道,因为任何一类事件的发生都会成为社会公众的注意中心。但是,这种开放不能超出已知事实允许的范围,只有待事实完全清楚后,才可向社会公众公布恰当的结论。

其次,处理迅速。面对已经发生的危机事件,公关工作者应尽快进入角色,调查事件,估计可能产生的一切后果,并调动一切有效手段控制局势的发展。同时,应配合管理部门,积极引导内外部公众渡过这一非常时期。

最后,争取支持。争取支持是处理危机事件和再造组织形象的关键,不论是来自外部的还是来自内部的危机事件,在处理过程中,都要主动争取内外部的援助和支持。同时,还应与传播部门密切合作,这对于顺利地处理危机事件和再造组织形象是非常有利的。只有获得社会各界的了解、信任与支持,才可能最大限度地减少危害。

第四节　公共关系中的谈判原则

谈判是一门技术,也是艺术,谈判水平的高低直接影响公共关系工作的效果。因此,有必要将谈判从公共关系中抽出来进行专门研究,培养专业的谈判人员。本节所涉及的谈判是针对公共关系活动中的谈判,并非一般意义上的谈判。

公共关系中的谈判活动,应遵循以下原则。

一、互惠互利

成功的谈判是能够满足谈判各方的需求,体现各方都是胜者的新格局。谈判只有建立在互惠互利、共存共荣的基础上,才是健康的谈判。一场成功的谈判对谈判双方来说都是圆满的,但对谈判的单方,一般不能不说是一种"有缺憾的圆满"。因为任何一场谈判总是要受到谈判各方意志的牵制,谈判结果不能不是单方愿望的折扣,是双方的"妥协"。那种企图在谈判中什么都要得到、什么都不放弃、追求完全满足自身要求的圆满是难以成功的。因此,有原则的妥协和退让是谈判获得成功的条件之一。

互惠互利的谈判结局对双方来说都应是有利的,但绝对的公平合理是不存在的。能否争取更有利于己方的谈判,是检验谈判者能力高低的标准之一。现代谈判是一种极富竞争性而又需合作的过程,如果你把利益的要求提高到足以损害谈判对手的前提之上,那么你就失去了与人合作的基础,从长远看,这是危险的。成功的谈判应当是利益均沾,企图一口吞下整个"面包"的谈判者是要碰壁的。

二、以理服人,平等相待

坚持平等相待原则,就是在公共关系谈判中做到:谈判双方不论人员多少,组织大小,实力强弱,都应在享受平等的权利和义务的基础上,以平等的地位参与洽谈协商,而不附带任何政治色彩和其他条件。对于谈判中出现的不同观点和意见,也只能以协商的方法妥善解决,以适当的让步寻求一致,而不能以压、逼的方式把自己的意志强加于对方。任何以压逼的方式取得自己的利益,都是不允许的。谈判是智慧的较量,更是以理服人的过程。谈判桌上,唯有确凿的事实、准确的数据、严密的逻辑和艺术的手段,才能将谈判引向自己所期望的胜利。

谈判是在双方平等和尊重的基础上展开的,那种竞雄斗气、压倒对方的谈判作风,是与谈判的真谛相悖的,只能将谈判引向破裂,难以达到存异求同的谈判目标。因此,以理服人、平等相待是谈判中必须遵循的原则。

三、求同存异

要使谈判的各方都有收获,大家都是胜利者,就必须要坚持求大同、存小异的原则。因为谈判本身就蕴涵着谈判各方观念和利益上的"异"和"同"。所谓"异",即人们在基本利益、思想观点、行为方式上的不同或不一致,因此才有可能产生谈判。所谓"同",即人们有共同的需要和对需要的满足,有共同的观念和利益要求,因此才会通过谈判谋求一致的协议,以实现各自的利益和目标。求大同,就是谈判各方在总体上、原则上必须一致;存小异,就是谈判各方必须在原则允许的范围内做出适当的妥协让步,能够容忍与自己利益要求不符的意见和要求存在于协议之中。古人云:"将欲取之,必先予之","有所不为而后可以有为"。在谈判中要善于看到各个方面的共同利益和发现对方利益要求中的合理部分,并以对方的合理要求作为自己让步的依据,这样才能推动双方做出同等程度的让步,才能以存小异求得大同,才能够保证双方基本权利和要求的实现。

一个合资协议的谈判

案例应用

1995 年 4 月 7 日,我国某公司与外国某公司就共同投资在北京建立合资公司一事举行谈判。经努力双方达成合资协议。总结这次谈判,我方的主要做法是:

首先是慎重选择合作伙伴。外方是一家管理先进、设备精良、资金雄厚、信誉很高的国际运输服务公司,与其合资风险小、受益大,是理想的合作伙伴。

其次是合理配备谈判班子。针对外方高精尖人员的构成,我方相应选派 4 人组成谈判小组。其中由 1 名熟悉外方业务、了解市场行情、富有谈判经验的分公司经理担任主谈,另外 3 人为熟悉业务、懂国际商务、财务和法律的财会经理、办公室副主任和英语翻译。该小组分工明确、各司其职,具有较强的应变协同能力。

再次,在合资谈判全过程中比实力,斗智谋。我方在谈判中按有理、有力、有节的策略谋取主动,赢得优势,主要表现为"三个结合":

第一,"谈"和"停"相结合。谈判中,我方既显示出合作诚意,又表现出恰当的不妥协决心,对于重大利益问题,如果外方要求不合理,绝不做无条件让步。例如,对于我方的"责任条款"、双方的"不竞争条款"和有关费用的协议,我方坚持己见,一直到签署文件的最后期限,外方迫于时间压力,担心无法完成谈判任务,因此做出妥协,同意了我方的修改意见。

第二,"圈内"与"圈外"相结合。在"圈内"谈判桌上,我方以有关法规及上级主管部门指示限制对方,坚持我方原则,据理力争,反驳对方不合理的要求。在"圈外",我方采取一些方式与外方小组成员保持友好气氛,而对其主谈人则利用外方内部矛盾使其产生心理压力,从而为我方在谈判后期创造有利条件。

第三,"台前"与"幕后"相结合。主场谈判使我方领导者能及时掌握动态,正确指挥,赢得主动。外方受条件限制,不易做到这一点。并且外方公司决策程序多,信息反馈慢,心理压力和来自组织的压力都比较大。每当出现僵局或棘手的重大问题时,我方领导能够出面磋商调解。最终在双方的谅解和努力下,经过五次修改的合资协议得以正式签字,圆满完成了这一历史性的合资谈判。

案例应用

思考题:

1. 为什么说谈判是现代公共关系中协调各种关系的有效手段?

2. 我们在谈判中应该注意哪些问题?

3. 在本案例中,体现了哪些谈判原则和谈判技巧?

ON NEGOTIATION

学习要点

　　任何谈判都是有计划、有目标、有组织的行为过程，要做好谈判工作，无论是谈判前筹划谈判方案、收集信息资料、做好各项准备，还是在谈判中坚持原则、精心选择策略、灵活运用谈判技巧，都离不开精明强干的谈判人员。谈判往往不是一个人所能完成的，而需要由谈判小组来进行。因此，要以一定的组织形式做保证，做好谈判班子的配备、管理等方面的工作。通过本章的学习，读者应当了解谈判人员的个体素质、群体构成以及组织与管理等方面的内容。

11 月 17 日,洛阳钼业对外宣布,公司收购刚果(金)境内铜钴矿山的重大资产收购已完成交割。而在 10 月 9 日,洛阳钼业已宣布巴西铌磷项目交割工作完成。截至目前,公司在 2016 年上半年宣布的两项重大海外收购均已交割完成。两大项目合计收购金额高达 270 亿人民币。

一名业内人士对澎湃新闻表示:"通过这两项收购,洛阳钼业业务范围将从相对单一向多元化转变。"此前,洛阳钼业主营业务主要涉及钼、钨。此番收购之后,铜、钴、铌、磷品种将得到多元化补充。

此前的 4 月 28 日,洛阳钼业发布公告,拟以 15 亿美元收购英美资源集团旗下位于巴西境内的铌磷项目,包括 AAFB 和 AANB 公司 100% 股权。其中,AANB 是全球三大铌矿石生产商之一,AAFB 则拥有目前巴西品位最高的五氧化二磷资源。

5 月 9 日,公司又发布公告,拟斥资 26.5 亿美元收购全球矿业巨头自由港麦克米伦公司(FCX)位于刚果(金)的 Tenke Fungurume 铜钴矿 56% 股权。资料显示,Tenke Fungurume 矿区是世界上规模最大、矿石品位最高的铜钴矿之一,全球市场占有率约为 16%。洛阳钼业收购完成后,将拥有 Tenke Fungurume 矿区的开采权。

在随后的 5 月 20 日,洛阳钼业首次发布非公开发行 A 股股票预案,拟非公开发行不超过 56.78 亿股新 A 股,发行价不低于每股 3.17 元,募集资金总额约 180 亿元,用于收购巴西铌、磷资产项目和刚果(金)铜、钴资产项目。8 月 9 日,洛阳钼业将发行底价调整为 3.15 元/股。该定增计划已于 9 月 30 日正式被证监会受理。

值得注意的是,洛阳钼业此前曾表示,公司将以自筹资金先行支付巴西铌、磷资产收购项目和刚果(金)铜、钴资产收购项目的交易对价,履行交割手续,并在非公开发行股票的募集资金到位后,对公司前期先行投入的自筹资金予以置换。即使本次增发未能实施,洛阳钼业仍将以自筹资金实施收购。

"这是最佳收购组合方式",洛阳钼业董事长李朝春表示,"一方面可以保持公司资产负债率更合理,另一方面,目前依然是海外优质资源并购的重要窗口期,将为下一步海外资源并购奠定良好基础"。信用评级报告显示,截至 2015 年年底,洛阳钼业资产负债率为 42.30%。洛阳钼业方面相关人士曾表示,若以自有资金完成收购,洛阳钼业资产负债率将上升到 58.24%。

当然,现在谈洛阳钼业是否"抄底"成功还为时尚早。前述业内人士对澎湃新闻表示,现在"还得看接下来市场怎么走。"毕竟,眼下仍旧低迷的大宗商品何时重回上行周期还不明朗。FCX 作为全球最大的铜业上市企业,在大宗商品价格持续走低之际,已连续两年亏损,此番出售 Tenke Fungurume 铜钴矿 56% 股权也正是为了改善自身财务状况,公司曾公开表示将通过出售资产在 2016 年筹集至少 30 亿美元以偿还债务。

不过,对洛阳钼业来说,大手笔并购的底气很足。2013 年,洛阳钼业收购澳大利亚 Northparks 铜矿 80% 股权,2015 年 Northparkes 铜产量 4 万吨,黄金产量 1.1 吨,实现收入 14.8 亿元,占洛阳钼业收入总额的 34%,净利润达 3.2 亿元,盈利贡献 42%。

前述业内人士同时表示:"洛阳钼业此前的钼、钨都是中国国内比较丰富的资源,现在补充进来的钴、铌对中国来说都是稀缺资源。"铌、钴等资源是新能源汽车、新材料、高端装备制造业等战略性新兴产业重要的原材料。李朝春此前也表示,并购成功后,洛阳钼业将晋级为世界级稀有金属龙头企业之一。

资料来源:贺梨萍. 洛阳钼业并购项目. 澎湃新闻(http://www. thepaper. cn/newsDetail_forward_1563031) ,2016 - 11 - 17.

第一节　谈判人员的个体素质

谈判是一种对思维要求较高的活动,是谈判人员知识、智慧、勇气、耐力等的测验,是谈判人员之间才能的较量。所谓素质,它不仅指谈判人员的文化、技术水平和业务能力,也包括谈判人员对国际、国内市场信息,有关产品知识、价格情况,法律知识,各国和各民族的风土人情及风俗习惯等知识的掌握情况,还指谈判人员的道德情操、气质、性格特征。总的来讲,谈判人员的个体素质主要是指谈判人员对与谈判有关的主客观情况的了解程度和解决谈判中遇到的问题的能力。

一、谈判人员应具备的基本观念

（一）忠于职守的观念

谈判人员是作为特定组织的代表出现在谈判桌前的。谈判人员不仅代表组织的利益，而且还肩负着维护国家利益的义务和责任。因此，遵纪守法、廉洁奉公、忠于国家和组织，是谈判人员必须具备的首要条件。在我国的一些涉外商务谈判中，见利忘义，损公肥私，甚至与外商合伙坑害自己的同胞，牺牲国家利益的现象也不鲜见。可以说，一旦谈判班子中出现了这样的人，泄露己方的谈判目标、战略战术以及机密，使对手对己方的底细了如指掌，己方在谈判中便极易陷入被动。为了防止这类情况的发生，参加谈判的人员必须具备忠于职守、廉洁奉公的思想素质。作为谈判人员，必须自觉维护国家、组织的利益，绝不能见钱眼开，收受贿赂，必须严守组织机密，决不能毫无防范，口无遮拦。

（二）平等互惠的观念

在谈判中，双方地位平等，关系互惠。可是，有些谈判人员常常不能把自己和对方放在平等的地位上以求互利互惠，存在着以下两种倾向：

1. 妄自菲薄。遇到身份和级别较高、实力较强的对手，有些谈判人员总觉得比对手要矮三分，尤其是和欧美的谈判高手打交道、要进口仪器设备或先进技术时，认为自己有求于对方，对方是对自己"施恩"，结果让谈判的控制权落入对方手中；或是强调"谦虚""礼让"，总觉得对方的意见应当受到重视，无形中丧失了自己的有利地位，以致无法充分发挥自己的谈判能力。

2. 妄自尊大。对待身份低、实力较弱的对手，有的人总是觉得对方比自己矮三分，有求于自己，自己是向对方"施恩"，从而盛气凌人，一心只想利益独占。

以上两种倾向都不利于谈判的顺利进行。只有本着"平等互惠"的原则，才能排除妄自菲薄和妄自尊大两种错误情绪的干扰，对谈判事件、交易条件保持清醒的头脑，做出正确的判断，充分发挥各自的谈判能力，力求收到最理想的效果和获得最大的利益。

（三）团队精神

谈判多为集体谈判，每一方都是由几个人组成的小组或团队，其中一人为总代表或主谈人，领导整个团队完成实际的谈判工作。参加谈判的人员，无论是作为团队总代表的主谈人还是其他的团队成员,都必须具有集体主义精神和团队意识,除了各自做好分内工作以外,还要注意协调配合,以争取己方在谈判交易中获得更多的利益。

坚持集体主义和团队作战的精神,可收到以下效果:

1. 减少暴露己方弱点的机会。在谈判过程中,虽然每位谈判人员依据自己的专业、特长对谈判的某些事项有深入的认识,但就谈判事项的各个细节而言,需要各类高深、广博的专业知识的综合。通常,要求参加谈判的团队整体提供这些必要的知识和见解。在这种情况下,无论是由谈判团体的各个队员表达自己的见解,或是由主持人综合陈述团队整体的主张,抑或由其他成员对前一代表发言进行补充、说明,都必须相互呼应,力求做到天衣无缝。

2. 增强己方谈判的整体力量。在谈判中,如果团队成员各执己见,就会出现"各吹各的号"的局面,削弱甚至丧失己方谈判的力量,很容易被对方控制。因此,参加谈判的人员若能发挥集体主义精神和团队精神,取长补短,密切配合,就会增强己方谈判的整体力量。

3. 一致对外,积极主动。如果参加谈判的团队成员缺乏集体主义精神和团队意识,那么在谈判过程中即使不出现内部摩擦,也很容易造成主谈人孤军作战的局面,而其他成员由于害怕发言与主谈人意见不一致被对方抓住把柄而缄默不语。因此,在团队内充分发表不同意见和见解,经统一协调,形成己方一致的对外意见,将之化为各成员的自觉行动,才会出现谈判场上一致对外、积极主动的局面。各个成员在谈判场上要做到攻有目标(己方达成一致的最高谈判目标及其所规定的各项细节)、守有底线(己方达成一致的最低谈判目标及其所规定的各项细节),从而积极主动、灵活机动地参与谈判场上的交锋。

二、谈判人员应具备的基本知识

谈判人员的知识结构是指根据谈判工作的主要内容和谈判活动的基本特点应该掌握的知识系统。一名优秀的谈判人员,其知识系统应当包括四个子系统,即谈判的基础理论知识、谈判的主要实务知识、相关的基础学科知识和相关的行业知识。

(一)谈判的基础理论知识

所谓理论就是人们把在实践活动中获得的认识和经验加以概括和总结而形成

的某一领域的知识体系。科学理论是人类智慧的结晶,它来源于实践,又对实践起着指导作用。

谈判人员应该掌握的基础理论知识包括:谈判的基本特点、谈判的基本方式、谈判的基本程序、谈判的基本原则、谈判的主要类型、谈判的需要理论、谈判主体的行为特征、对谈判人员的行为预测、谈判的决策过程和方法、谈判的策略与技巧等。

(二)谈判的主要实务知识

谈判的主要实务知识是指谈判人员应该掌握的在谈判活动中经常应用的实际操作知识。包括整理相关资料、计算统计数据、制定谈判计划、确定谈判议程、起草谈判文书、安排相关活动、主持召开会议、处理日常事务等方面的知识或常识。

(三)相关的基础学科知识

谈判活动遍及人类社会的各个领域,谈判内容涉及人们生活的各个方面。从谈判实际需要的角度来说,谈判人员的知识面越宽越好,但是人们凭有限的精力在有限的时间内只能掌握有限的知识。因此,对相关的基础学科知识难以做出准确的界定。这里强调的是与谈判活动联系密切的基础学科知识,主要有以下两类:

1. 文化基础学科知识。它包括语文、数学、逻辑、历史、地理、外语、计算机等,这些知识是学习和掌握其他科学知识的基础,也是从事并胜任谈判工作的基础。

2. 专业基础学科知识。这方面的知识主要有法学、市场学、经济学、营销学、社会学、行为学、心理学、信息学、策划学、文化学、民俗学、礼仪学、口才学等方面的知识。这些知识是与谈判活动密切相关的基础学科知识,对于创造性的应用谈判理论或谈判的策略技巧具有重要的指导作用。

(四)相关的行业知识

谈判人员分别服务于不同的领域、行业或组织。在此所说的相关行业知识主要是指有关谈判人员为之服务的组织所属的领域或行业知识。例如,政治领域、经济领域、科技领域、文化领域,工业、农业、商业、教育、工厂、矿山、商场、饭店、学校、医院、邮政、电信等。不同的组织分别属于不同的领域或行业,各自具有不同的性质和特点。每一个谈判人员都应该熟悉并掌握与自己所在组织相关的行业知识。

三、谈判人员应具有的能力和心理素质

谈判人员除了应当具备一定的知识之外,还要注重提高自己的能力及心理素

质。知识是与能力密切联系的,但两者又有区别。一个人具有某方面的知识,还得将其灵活有效地加以运用,才能转化为能力。

另外,谈判中的表现还体现着谈判人员的性格和气质。所谓气质,一般指人的生理、心理等素质。巴甫洛夫根据对动物和人的行为表现提出四种基本的高级神经活动类型:兴奋型、活泼型、安静型、懦弱型,分别对应胆汁质、多血质、黏液质、抑郁质,并且指出,一般人的气质属于混合类型。所谓性格,一般指的是表现人的态度和行为方面的较稳定的心理特征,如果断、刚强、懦弱等,它是个性的重要组成部分。性格是在一个人的心理素质的基础上,在社会实践活动中逐渐形成、发展和变化的。由于每个人的生活经历、所处社会环境不同,每一个人的性格都会有不同的特征。个性则表现为个人稳定的心理特征(如性格、兴趣和爱好等)的总和。

一个高效率的、称职的谈判人员应具备一定的能力和良好的心理素质,主要包括四个方面。

(一)敏捷清晰的思维推理能力和较强的心理自控能力

谈判双方由于利益的抗衡和相互依存,谈判人员在心理上承受的压力很大,需要随时就某个谈判事项的具体典型特征和实质进行分析与判断。谈判人员在承受压力的情况下,要依据自身的知识和经验,细心地观察与思考,根据已知的前提进行分析判断与推理,在种种可能与假设的分析过程中识破对方的计谋,并使自己的提议与要求得以实现。即使在谈判局势发生急剧变化,甚至在激烈的辩论争执中也能克服自身的心理障碍,控制自身的行为,以恰当的语言和举止来说服和影响对方。

(二)信息表达与传递的能力

谈判者信息表达与传递能力的强弱直接决定了其谈判能力的强弱与水平的高低。表达传递的方法包括有声语言和无声语言,应当具备表现力、吸引力、感染力和说服力。语言的表达与传递,要根据谈判情况的变化,灵活、巧妙地加以设计和表现。其效果如何取决于谈判人员的创造性思维与行为,使信息表达与传递准确、适度。

(三)坚强的毅力、百折不挠的精神及不达目的绝不罢休的自信心和决心

一旦接受了谈判任务,就要依照己方既定的目标与原则,以勇往直前的姿态全

力以赴。在谈判桌上,双方的利益是你进我退的,一方若有半点委曲求全的意思,对方定会得寸进尺。因此,在谈判中,不管有什么样的困难和压力,都要显示出奋战到底的决心和勇气。即使是妥协求和,也要在经过力争后以强者的大度予以提出。

谈判如同作战,先要精心设计合理的目标和周全的计划,然后依靠毅力和耐力去与对手周旋,以期最终实现自己的目标。谈判顺手时,必须乘势前进,步步深入,扩大战果,一气呵成。遇到双方僵持不下的情况,也不能放弃原则,而要据理力争,维护己方的最大可获得利益。

(四)敏锐的洞察力和高度的预见与应变能力

谈判中需要与各种各样的人打交道,而且谈判环境复杂多变,谈判过程中很多意想不到的事都是有可能发生的。因此,要求谈判人员善于察言观色,及时掌握对方动向,摸清对方"底牌",随机应变。美国的尼尔伦伯格在《谈判的艺术》一书中认为:"老练的谈判家能把坐在谈判桌对面的人一眼看穿,断定他将采取什么行动和为什么行动。"

合格的谈判人员能够随时根据谈判中的情况变化及有关信息,透过复杂多变的现象,抓住问题的实质,迅速分析并做出判断,采取必要的措施,果断地提出解决问题的具体方案。

另外,主持谈判的代表必须是能够统帅全局的人,有长远的眼光,能运筹帷幄,善于针对谈判内容的轻重、对象的层次,事先决定"兵力"部署和方案设计,并随时做出必要的改变,以适应谈判场上形势的变化。

第二节 谈判人员的群体构成

谈判人员的组成是一个群体,是一个组织。谈判人员群体构成涉及三方面的内容,即谈判队伍的规模、组织结构和分工配合。

一、谈判组织的构成原则

谈判队伍由多方面的人员构成,可以满足谈判中对多学科、多专业的知识需求,取得知识结构上互补与综合的整体优势,群策群力,取长补短,集思广益,形成集体的进取与抵抗力量。但如果队伍规模过大,调配不灵,将会产生内耗,增大开支,不利于谈判的进行;人员过少,则又难以应付谈判中需要及时处理的问题,拖长谈判期限,因而丧失时机,失去市场。因此,确定适度的谈判组织规模,是筹建谈判队伍首先要考虑的问题。在筹建谈判小组、选择谈判人员、考虑谈判规模时,一般要遵循以下几个原则。

（一）根据谈判对象确定组织规模

谈判队伍的具体人数如何确定,并没有统一的模式。一般的谈判只需三四个人就行了。如果谈判涉及项目多、内容较复杂,则可分为若干个项目小组进行谈判,适当增加人员,但最多不超过 8 人。根据国内外的谈判经验,谈判队伍的人数规模一般在 4 人左右。其理由是:①在这个范围内,谈判组织能够有效地进行工作,内部能适当而严密地分工和协作,内部的意见和交流也易保持通畅。②根据管理学原理,每个管理者的能力都是有限的,当他直接指挥和协调的下属人数超过一定数量时,就不可能进行有效的领导,因为他应付不了自己和下属人员间不断增加的信息交换量;同样,谈判作为紧张、复杂、多变的活动,既需要充分发挥个人的独创性和独立应付事变的能力,又需要内部随时协调统一,始终一致对外,其领导者的有效管理幅度只能在 3 人左右。

在一些重要的国际谈判中,会涉及更多、更广的专业知识,不仅需要商品知识、金融知识、运输知识,还必须懂得国际法律知识、国外的民族特点及风土人情等,有时还需要某些方面的国际问题专家。这种谈判组织不仅规格要高,人数也比较多,有时甚至超过 10 人。但是,这并不意味着谈判需要吸收所有相关专业的专家同时参加。为了控制人员规模,有时采取人员轮换的方法,当某几个人完成谈判任务而又要转变谈判内容时,可以有准备地调换一个或几个谈判人员,而使总人数没有太大变化。同时,也可发挥"外脑"的作用,聘请专家作为顾问或接受谈判班子的咨询,为谈判人员献计献策。

（二）赋予谈判人员法人或法人代表资格

谈判是一种手段,目的是要达成协议,签订符合双方利益要求的合同或协议。整个谈判和协议签订的过程,都是依据一定的法律程序进行的。所以,谈判人员都应有法人或法人代表的资格,拥有法人所具有的权利能力和行为能力,有权处理经济谈判活动中的一切事务。但作为法人或法人代表,只能行使其权限范围以内的权力,如有越权行为,应由本人负完全责任。如谈判代表可以由作为法人代表的厂长、经理直接担任,也可委托本企业熟悉某项业务的业务人员代理,还可以委托律师进行某项经济法律活动,但事先应有委托书,并注明代理人所负经济法律责任的内容、目的、要求和期限,也就是作为代表的法人身份证明书。

(三)谈判人员应层次分明、分工明确

在谈判过程中,往往会涉及许多专业性知识。选择谈判人员时,既要有掌握全面情况的业内人士,也应当根据各种专业知识的需要,考虑人员的层次结构,而且一定要分工明确,这样才能组成一支强有力的谈判队伍。

(四)组成谈判队伍时要贯彻节约原则

一支谈判队伍,从参加谈判直到协议达成的整个过程,必然要有一定的费用支出,其中很多费用甚至需要支付外汇。对企业来说,对外谈判费用的支出都是由企业负担,支出越多,负担越重。在组织谈判小组时,要充分考虑到这一点,以节省谈判费用支出。值得注意的是,在有些谈判中,行政人员多于业务人员的现象还比较普遍,造成问题不能及时解决,谈判时间延长,谈判费用增加。更为严重的是往往还造成一些决策失误,使国家遭受巨大损失。因此,应按经济规律办事,贯彻节约原则。

二、谈判人员的组织结构

在一般的谈判中,所需的专业知识大体上可以概括为以下几个方面:一是有关工程技术方面的知识;二是有关价格、交货、支付条件、风险划分等商务方面的知识;三是有关合同权利、义务等法律方面的知识;四是语言翻译方面的知识。

根据上述专业知识的需要,一支谈判队伍应包括以下几种人员:

第一,技术人员。熟悉生产技术、产品性能和技术发展动态的技术员、工程师或总工程师,可负责对有关产品性能、技术质量标准、产品验收、技术服务等问题的谈判,也可与商务人员紧密配合,为价格决策作技术参谋。

第二,商务人员。商务人员应由熟悉贸易惯例和价格谈判条件、了解交易行情的有经验的业务员或厂长、经理担任。

第三,法律人员。法律人员包括律师或懂得经济、法律专业知识的人员,通常由特聘律师、企业法律顾问或熟悉有关法律规定的人员担任。

第四,财务人员。财务人员由熟悉成本情况、支付方式及金融知识,具有较强的财务核算能力的会计人员担任。

第五,翻译人员。翻译人员由熟悉外语及有关知识、善于与别人紧密配合、工作积极、纪律性强的人员担任。

第六,谈判领导人员。谈判领导人员由企业委派专门人员,或者是从上述人员中选择合适者担任。

第七,记录人员。记录人员一般由上述各类人员中的某人兼任,也可委派专人担任。

以上参加谈判人员,按谈判的复杂程度人数可多可少,少的时候一人身兼数职,多的时候可达十几人至几十人,可分成几个小组,如商务小组、技术小组、法律小组等,各自负责自己的专业领域的谈判。还可以组织台上和台下两套班子,台上班子主要负责实际参与谈判活动,台下班子负责收集整理有关资料,为台上班子提供技术和价格谈判的依据。

值得注意的是,作为谈判队伍中的一员应当对上述几方面的知识都有所了解,而又在某一方面有专长,即所谓全能型专家。这样比较容易沟通不同意见,促进形成一致的主张。

在国际谈判中,语言翻译非常重要。谈判人员本身有较高的外语水平,有助于他们理解书面文件的意义、掌握口头表达的分寸以及判断对方对己方意见的反应等。但是,尽管这样,仍然要为谈判队伍配备一名得力的翻译人员。

谈判是一项十分紧张、耗费大量脑力的活动,在谈判的过程中,谈判人员需要不断根据临时的信息来调整自己的思路。尽管谈判前有比较充分的准备,但毕竟不可能准确地预见到谈判中出现的所有问题并事先都充分考虑好周到的应付方法,谈判人员可以利用翻译的时间,对谈判对手察言观色,缜密地思考下一步对策,在时间上减轻自己的压力。

三、谈判人员的分工配合

当挑选出合适的人员组成谈判班子以后,就必须在成员之间做出适当的分工,也就是根据谈判内容和各人专长做适当的分工,明确各自的职责。各成员在进入自己的角色、尽兴发挥的同时,还必须按照谈判的目标和具体的方案与他人彼此呼应,相互协调和配合,真正演好谈判这一台集体戏,这就是谈判人员的配合。分工与配合是一个事物的两个方面,没有分工就没有良好的配合,没有良好的配合,分工也就失去了其目的性和存在的基础。

(一)谈判人员的分工

谈判队伍的人员包括三个层次。

1.第一层次的人员。第一层次的人员是指谈判小组的领导人或首席代表,即主谈人。他应当是富有谈判经验、兼备领导才能、能应付变幻莫测环境的谈判人员。根据谈判的内容不同,谈判的主谈人也不同。一般的商务谈判,可由企业的董事长或经理作为谈判主谈人;一般的科技谈判,可由熟悉科技发展的总工程师担任;重要的外交谈判,其主谈人甚至可由国家领导人担任。

主谈人的主要任务是领导谈判班子的工作,其具体职责是:监督谈判程序;掌握谈判进程;听取专业人员的说明、建议;协调谈判班子的意见;决定谈判过程的重要事项;代表单位签约;汇报谈判工作;等等。

2.第二层次的人员。第二层次的人员是业内的专家和专业人员,他们凭自己的专长负责某一方面的专门工作。谈判队伍中的各专业人员要能适应谈判工作的需要,既要有熟悉全部生产过程的设计、技术人员,也应有基层生产或管理人员,更要有了解市场信息、善于经营的销售、经营人员。其具体职责是:阐明参加谈判的意愿和条件;弄清对方的意图、条件;找出双方的分歧或差距;同对方进行专业细节方面的磋商;修改草拟的谈判文件中的有关条款;向主谈人提出解决专业问题的建议;为最后决策提供专业方面的论证。

除此之外,第二层次的人员还包括财务人员和法律人员。财务人员常由会计师担任。国际商务谈判要求财务人员熟悉国际会计核算制度。财务人员的职责是:掌握该谈判项目总的财务情况;了解谈判对方在项目利益方面的期望值指数;分析、计算、修改谈判方案所带来的收益的变动;为主谈人员提供财务方面的意见、建议;在正式签约前提出对合同或协议的财务分析表。

法律人员是一项重大项目谈判的必然成员。其具体职责是:确认谈判对方经济组织的法人地位;监督谈判程序在法律许可范围内;检查法律文件的准确性和完备性。

3.第三层次的人员。第三层次的人员是指谈判必需的工作人员,如速记员或打字员,他们不作为谈判的正式代表,只是谈判组织的工作人员。他们的职责是准确、完整、及时地记录谈判内容,包括:双方讨论的问题;提出的条件;达成的协议;谈判人员的表情、用语、习惯等。

（二）谈判组成人员的具体任务和位置

上述三个层次是谈判队伍中各成员的基本分工与职责。不同的谈判内容要求谈判人员承担不同的任务,并且处于不同的谈判位置。

1. 技术条款的分工。在进行技术条款谈判时,应以技术人员为主谈人,其他人员处于辅谈的位置。技术主谈人必须对合同技术条款的完整性、准确性负责。技术主谈人在把主要的注意力和精力放在有关技术方面的问题上的同时,必须放眼全局,从全局的角度来考虑技术问题,并尽可能地为后面的商务条款和法律条款的谈判创造条件。为了支持技术主谈人,商务人员和法律人员应尽可能为技术主谈人提供有关技术以外的咨询意见,并在适当的时候回答对方有关商务和法律方面的知识,从不同角度支持技术主谈人的观点和立场。另外,翻译人员要起到"润滑剂"的作用。

2. 合同法律条款的分工。在涉及合同中某些专业性法律条款的谈判时,应以法律人员作为主谈人,其他人员处于辅谈地位。一般来讲,合同中的任何一项条款都应具有法律意义,但某些条款中法律的规定性往往更强一些,这就需要专门的法律人员与对方进行磋商,即以法律人员为主谈人。此外,法律人员对谈判全过程中法律方面的内容都应给予高度重视,以便为法律条款谈判提供充分的依据。

3. 商务条款的分工。在进行商务条款的谈判时,要以商务谈判人员为主谈人,技术人员、法律人员及其他人员处于辅谈地位。商务人员是整个价格谈判的组织者。但进行合同商务条款谈判时,仍然需要技术人员的密切配合。技术人员应从技术的角度给商务人员以有力的支持。需要强调的是,在谈判商务条款时,有关商务条款的提出和磋商,都应以商务人员为主,即商务主谈人与辅谈人的身份、地位一定不能搞乱,否则就会乱了阵脚。

（三）谈判人员的配合

所谓谈判人员的配合就是指谈判中成员之间的语言及动作的互相协调、互相呼应。

英国贸易专家斯科特认为,谈判组织的领导人在谈判开始时,向对方介绍自己的同事,对谈判对手具有强烈的影响。例如,一位谈判领导人这样介绍自己的同事:"这位是我们的会计,诺尔曼·凯特勒。"而在另一种场合,他这样介绍:"这位是诺尔曼·凯特勒。他具有 15 年财务工作的丰富经验,有权审核 1 500 万英镑的贷款项目。"显然,同前一种场合相比,诺尔曼·凯特勒在后一种场合就会给谈判对手以引人注目的印象。

谈判人员之间的支持可以是口头上的附和,如"绝对正确""没错、正是这样"等;也可以是姿态上的赞同,如眼睛注视正在发言的主谈人频频点头等。谈判人员的这种附和、赞同,对发言人是一种有力的支持,会大大增强发言人说话的分量和可信的程度。如果在主谈人提出己方的意见和观点时,其他谈判人员或是眼睛望着天花板,或是将脸扭向一旁,或私下干自己的事,这样会影响己方主谈人的自信心,从而减弱他讲话的力量。谈判小组内部人员之间的配合,不是一朝一夕能够协调起来的,而需要长期的磨合。

综上所述,一支谈判队伍,其成员素质良好且相互配合协调,是谈判成功的基础。

第三节　谈判人员的管理

对谈判人员的管理包括人事管理和组织管理。就人事管理而言,其主要环节是选拔谈判人员、培训谈判人员,以及如何调动谈判人员的积极性。就组织管理而言,其内容包括健全谈判班子、调整好领导与谈判人员的关系以及谈判人员之间的关系,从而协调工作。

一、人事管理

(一)谈判人员的挑选

谈判胜负的决定性因素在于谈判人员的素质。因此,选拔优秀的谈判人员是谈判工作的重要环节。

挑选一名合格的谈判人员,其主要内容已在前面做过介绍。根据发达国家一些专家们的意见,结合我国的具体情况,挑选谈判人员的标准大致有以下几个方面。

1. 政治素质。这方面的要求主要是谈判人员能够忠于祖国,有高尚的道德情操,热爱本职工作,作风正派。

2. 专业知识。谈判人员应具有有关商业、技术、金融、财务、法律、外交等方面的专业知识,熟悉谈判的基本理论与技巧。

3. 个人性格。作为一名谈判人员,应当具有鲜明的个性。包括:追求高的目标、勇于开拓、风度优雅、表达能力强、善于听取别人的意见,具有较强的综合概括能力和决断能力、思维的条理性强、能经受挫折的考验、不受感情的支配、自信。

4. 主观能动性。谈判人员在谈判现场具有一定的独立性,这需要其发挥自己的主观能动性,对成功要具有强烈的期望,要有较强的自信心,在错综复杂、扑朔迷离的谈判过程中能独当一面,得心应手,掌握谈判的主动权。

5. 年龄。年龄界限也是一个重要的挑选标准,但这并不是绝对的。通常谈判人员有一个最佳年龄区,一般来说,选择谈判人员可以考虑在 35～55 岁年龄跨度内,这是一个人思维敏捷、精力旺盛的阶段。这个阶段的谈判人员,已积累了一定的经验,事业心、责任心和进取心也比较强。当然,由于谈判内容不同、谈判要求不同,年龄结构也可灵活掌握。有时让雄风犹在的老谈判家和思维敏捷的年轻人参加,也会收到意想不到的效果。

(二)谈判人员的培训

谈判人员应具有较高的素质,素质并不完全是先天造就的,而需后天培养。

1. 社会的培养。社会的培养主要是对谈判人员基本素质的培养,包括基础文化知识、理论知识、谈判理论的教育,还有比较重要的如人际交往能力、决断能力、毅力、健康心态的培养等内容。社会培养营造的环境很宽广,它给谈判人员奠定了一个最基本的素质。社会培养的目标是不确定的,严格地说,它只是提供了一个谈判人才的"毛坯"。

2. 企业的培养。企业对谈判人员的培养是有意识、有系统的,一般包括四个阶段,即打好基础、亲身示范、先交"小担"、再加重担。着重从两个方面帮助他们:谈判受挫时,防其气馁并善于引导;谈判成功时,防其骄横并严格要求。

(1)打好基础。新的谈判人员加入谈判队伍后,无论其年龄大小,作为组织的领导者,第一件事就是向他们讲授本行业的基本知识和要求,更重要的是应检查其是否掌握了这些基本知识和要求。采取的形式可以有两种:集中授课和单兵教练。前者指接受任务之前集中时间,系统授课,考试合格再上阵,这种方式便于检查效果,并适合人员较多的情况;后者指以师傅带徒弟的方式,明确专人带,这种方式便于安排,常用于增加零星谈判新手的情况。

(2)亲身示范。谈判是一门实践的科学,因此,在新手掌握了谈判的基本知识以后,应当让他们在实践中去体验并逐步适应千变万化的谈判环境。亲身示范应包括从谈判的组织准备、实质性谈判到签约的全过程,一边示范给新手看,一边向新手讲评。尤其是谈判桌上的形势千变万化,原先准备的方案、台词,往往会由于形势变迁而需推倒重来。在台上处理好这些变化后,台下应主动向新手解释改变原方案的原因,比较新旧方案的利弊,并预测下一步的局势变化以及相应采取的对策。这样,才能使新手亲身感受到谈判的变化及对应的决策,悟出其中的道理,进一步理解并灵活运用他们从书本上学到的基础知识。然后,可组织新手模拟谈判过程,事后再进行利弊分析。

(3)先交“小担”。经历过以上两阶段,便可让新手真正参加谈判,亲自体验商务谈判中的种种情形。

一般来讲,可以先给新手一些难度不大、谈判内容不太复杂的“小担”项目,让新手独立去挑,这对谈判人员的成长具有重要意义,有人称之为“起飞前的助跑”,这一阶段不可缺少。让新手独立进行难度小的谈判,用意在于新手谈判万一失败,损失也不致过大,不太影响企业利益的大局,也给新手更多成功和体会所学知识的机会。小项目的内容不太复杂,让新手有余力去揣摩对手,体验独立谈判的滋味,有利于新手增强获胜的自信心。对于大型项目的谈判,可以让新手参加谈判小组,作为记录员或其他辅助角色,在谈判中耳濡目染,细心体会。

此外,对新手委以“小担”,要尽量选择可以代表谈判基本知识、基本技巧的某一方面的“小担”。几次“小担”的圆满完成也就等于掌握了系统的谈判技能,从而使新手具备了参加并主持大型、复杂、艰难谈判的能力。

(4)再加重担。对在若干“小担”的负载中取得成功实绩的谈判人员,适当赋予“重担”,可以促其成才,是实现其“起飞”的重要条件。这样的“重担”,通常是具有难度大、谈判目标高、交易标的技术复杂、涉及的交易多、己方的竞争对手多、政策性强等特点的谈判项目。

领导人员在此阶段中,肩负起“指导—检查—再指导—再检查”的责任。随时或定期检查新手谈判的进展情况和实际效果;针对谈判的实际进展及时予以指导,让谈判人员继续挑好重担;在谈判遇到重大挫折或难以继续进行下去时,领导应接过担子、打破僵局,然后再把担子交给谈判人员继续挑,直至最终完成谈判任务。

企业培养谈判人员,应注意引导其正确对待谈判中的失误和成功。谈判受挫时,不应不加分析就对新手丧失信心,而是要引导受挫者正确认识别人的反应和社会舆论,正确对自己做出评价,帮助受挫者总结经验教训。谈判成功时,领导者要防止新手出现骄傲心态,要及时地帮助其总结谈判成功的经验,分析成功中的不足,对其提出更高、更严的要求。

3. 自我培养。社会与企业只是为谈判人员创造了成长的外部条件,要想真正成长起来还得依靠谈判人员的内因,即自我培养。

作为谈判人员,首要的便是应有所追求,以谈判事业为毕生追求的目标,执着地为国家、民族、企业的利益而努力,不断地提高自己的谈判能力和自身素质。

要想提高谈判人员应当具备的善辩能力、业务能力、组织能力、交际能力等,可以采用下述四种科学方法进行自我培训。

(1)博览。广泛涉猎相关知识的书籍,如技术、商业、金融、保险、运输、法律、逻辑乃至政治、军事、文化领域方面的书籍及外文书籍。"冰冻三尺,非一日之寒",知识的学习是漫长积累的过程。从长远的角度来说,仓促上阵弊多利少,新手应从基本功练起。在博览的基础上,可以急用先学,边学边用,逐步扩展自己的知识面。

(2)勤思。"学而不思则罔"。博览只是一个知识的吸收过程,要想在有限的时间将有限的知识真正运用于谈判实践,就必须有一个自我消化的过程。在对外观察、接触新事物的时候,多问几个为什么。认真记载各种有益的素材及瞬间的感受和体会,这是一种积累,也是一种收获,有助于提高自己对问题的理解能力。

(3)实践。"纸上得来终觉浅,绝知此事要躬行"。书上的知识要通过实践才能成为谈判的真本领,同时,实践也需理论的指导,不能盲目地去实践。

(4)总结。谈判中要学习的东西很多。要从实践中获得更大的收获,就必须学会总结。每一次学习和谈判都是一次宝贵的机会,都值得谈判人员认真总结经验教训,以指导今后的学习和实践。总结的方式多种多样,静思,反省,理清头绪或商讨书写,落实成文,从某个事件悟出更广泛、具有指导性的真理或规律。

（三）调动谈判人员的积极性

谈判需要付出巨大的劳动，谈判成果又与谈判方的经济利益有直接联系。因此，对谈判人员应给予适当奖励，激励他们充分发挥聪明才智，在谈判工作中创造优异成绩。

对谈判人员的奖励可分为物质奖励和精神奖励两类，或者称为外在奖励和内在奖励两个方面。

物质奖励的满足程度是根据谈判人员自己定出的标准来衡量的。这个标准受到其本人心中社会平均标准的影响，同时，也受到周围相关人员所受奖励多少的影响。

精神奖励则来源于谈判本身。对谈判人员的精神奖励可以采取以下多种形式：

1. 委以重任，把困难的谈判任务交给他们，使谈判人员因得到信任而感到满足。

2. 对谈判人员的工作成绩予以充分肯定，使他们得到一种事业上的满足感。

3. 给谈判人员以较大的自主权，有权处理谈判过程中出现的新问题。

4. 给谈判人员与其他同行交流的时间和机会，以探讨总结成功的经验和失败的教训等。

二、组织管理

（一）健全谈判班子

健全谈判班子指挑选各类专业人员，配备好主谈人，并给予足够的授权。

（二）调整好领导干部与谈判人员之间的关系

调整好领导干部与谈判人员之间的关系最重要的是明确各自的职责范围和各自权力的划分，建立共同的奋斗目标。在实际谈判中，单位领导更多的是在必要与充分的授权下，给谈判人员以高度的支持、理解、谅解和协调。

（三）调整好谈判人员之间的关系

调整好谈判人员之间的关系主要是强调谈判人员之间应相互默契、信任、尊重，达到有效合作的目的，以保持工作效率。其措施有以下几种：

1. 明确共同的责任和职权。

2. 明确谈判人员的分工。

3. 整个谈判小组共同制定谈判方案,集思广益。

4. 明确相互的利益。

5. 共同检查谈判进展状况和相互支持工作。

6. 谈判小组的负责人要尊重小组成员的意见,发扬民主作风,以身作则,廉洁奉公,处处关心同志,使小组成为一个团结、友爱、共同奋斗的集体。

案例应用

澳大利亚 A 公司拟将某种铁矿石出售给日本 B 公司,以下是双方谈判过程中的一些具体情况。

谈判一开始,日方人员就直接指责澳方铁矿石的杂质含量高于双方事先约定的标准,产品质量存在如此严重的问题,A 公司的信誉也值得怀疑。日方人员欲通过这种方式从气势上压倒 A 公司,从而迫使其在价格等其他条款上做出较大的让步。

A 公司谈判人员对 B 公司的指责十分不满,他们坚持认为,根据其本国的检验标准,其产品是合格的,况且,B 公司如此不负责任地指责 A 公司的信誉,简直让人忍无可忍。因此,还未等对方把话说完,他们就开始反驳对方的指责,并回敬以类似的攻击。

双方谈判人员因此展开了激烈的争论。

思考题:

1. 你认为 A 公司的做法有哪些不妥之处?

2. 你认为 B 公司的做法有哪些不妥之处?

3. 你认为此次谈判的最终结果将是怎样的?

ON NEGOTIATION

第四章 谈判前的准备

"凡事预则立，不预则废"。谈判前的准备工作做得如何，在很大程度上决定了谈判能否顺利进行，以及能否达成有利于己方的协议。

除了在谈判前的信息准备以及谈判目标与谈判对象的确定之外，谈判的整体方案也是在准备阶段中就开始运筹和制定的。为了更好地把握谈判进程，进行模拟谈判，并事先确定各交易条件的最低可接受程度也是非常重要的准备步骤。

通过本章的学习，读者可以了解在谈判正式展开之前应进行哪些准备工作，以及如何进行这些工作。

新闻导读

11月2日,澎湃新闻记者从信泰资本管理有限公司(下文简称"信泰资本")处获悉,信泰资本将联合合众人寿保险有限公司(下文简称"合众人寿")与Welltower(纽约证券交易所代码:HCN)合资以9.3亿美元的价格收购Welltower持有的美国养老地产和长期/急症后期护理设施资产包。目前,Welltower、信泰资本、合众人寿已经宣布达成最终协议。

1."明年还会再投几个"。公开信息显示,信泰资本成立于2013年,是一家以引导、协助及保护中国资本的海外投资为宗旨的私募股权投资机构,股东包含四大资产管理公司之一信达集团名下的中国信达(香港)资产管理有限公司等。自2013年底开始,信泰资本已经在美、英、澳等地完成多笔投资,管理资产总规模达60亿美元。

根据协议,该资产包共拥有39处物业,包含11个由Brookdale Senior Living(纽约证券交易所代码:BKD)承租的养老物业及28个由Genesis Healthcare,Inc.(纽约证券交易所代码:GEN)承租的长期/急症后期护理设施。

Brookdale是一家为老年人提供"自理生活型""辅助生活型"养老服务的上市公司,Genesis则为老年慢性病患者提供专业护理服务,也同时为治疗期后与临床治疗康复患者提供急症后期护理服务。

合作协议约定,信泰资本与合众人寿将拥有资产包75%的权益,Welltower保留其余25%的权益。而收购完成后,Brookdale与Genesis将继续负责该资产包中每处物业的日常运营。

2. 在此之前,中资企业收购海外养老地产项目的案例并不算多。澎湃新闻查阅信泰资本官方网站发现,其之前的海外投资案例以纽约、芝加哥、伦敦和悉尼的住宅和酒店项目为主,例如在2016年5月,信泰资本宣布以5.7亿美元收购纽约的赫莎酒店资产。此前,该公司从未投资过养老地产项目,若该交易成功,将是信泰资本首次涉足美国养老房地产资产,也将是中资企业为数不多的海外养老地产收购案例之一。

信泰资本CEO蓬钢在接受澎湃新闻记者采访时表示,这虽然是信泰资本第一次投资养老地产领域,但其相信这次投资能够带来长期的回报。"我们每段时期的投资方向都会有不同,目前比较倾向于一些现金流比较稳定的现成的物业项目。而且,从未来的大趋势上来看,美国的婴儿潮和人口老龄化都会促进养老产业发展,未来对养老地产在内的养老产业刚性需求是比较大的。"

蓬钢认为,目前美国养老产业的渗透率依然不高,发展潜力较大,因而此时进入美国养老地产投资仍有很大机会。他透露,目前信泰资本还在物色较好的养老地产投资项目。"还有几个资产包在看,都在美国,明年应该还会再投几个",蓬钢说。

相比国内养老产业市场,已经发展了数十年的美国养老产业要成熟得多。根据中新社报道,借着奥巴马医改的东风,美国有更多老人能负担得起养老院的费用,这也使得养老类商业地产供不应求。某些地区的养老社区甚至一直"满员",需要排队等待入住。在地产开发商们看来,这一变化将带来新的投资机会。

根据业内估算,美国养老社区行业的现金回报率为 8% ~ 11%,内部收益率介于 10% ~ 20% 之间,相比国内市场因不成熟造成的风险,以及回报率的难以预测,美国养老社区产业显得稳定得多。

3. 推进国内养老地产业务。不同于信泰资本和大多数中资企业,此次交易的另一个参与者合众人寿对于海外养老地产项目的投资却着实不少。此项约 10 亿美元的养老地产项目对合众人寿来说,可谓是为其庞大的海外养老地产版图锦上添花。

从 2014 年年中至今,合众人寿在美国养老地产领域的投资已累计超过 1 亿美元。从投资时间来看,合众人寿已然是中资企业海外养老地产投资的先行者之一。

当中资企业仍然在忙着物色海外住宅、酒店类资产时,2015 年 5 月,合众人寿一举投资约 4 000 万美元"打包扫货"了美国 6 处养老社区项目,这一举动一度引发业内热议。

不过,合众人寿对于养老产业的布局更多还在国内,对于合众人寿来说,对于养老地产项目开发并不陌生,近年来,其在国内养老社区开发上一直保持强劲的扩张态势。

目前,合众人寿已在国内 6 个主要城市开发并拥有多个专业养老护理设施,累计投资总额超过 13 亿美元。有媒体曾报道称,合众人寿内部喊话叫做"2 + 2 + 2"计划,即每年保持两个进入成熟运营状态的项目、两个处于开业初始状态的项目、两个在建状态的项目、两个储备中的项目。

但即便如此,由于国内养老产业成熟度不高,合众人寿在国内项目开发上受挫的消息也屡屡传出。当然,受挫的企业远远不止合众人寿,投向养老地产领域的资本普遍被认为尚在蛰伏期。

业内分析人士认为,以信泰资本与合众人寿为代表的中资企业加码美国养老地产项目,显然是看重美国养老产业稳定的投资回报,在美国这个成熟的市场赚美国老人的钱显然更容易一些。合众人寿在收购海外养老地产项目之后,也可边运营、边学习,这将有助促进其国内养老地产项目的成熟。

但业内人士同时指出,相比收购住宅、办公楼、酒店等项目,中资企业收购海外养老地产项目的案例依然相对较少,并未构成趋势。但随着越来越多中资企业介入海外地产项目,投资领域也必将日趋多元化。

资料来源:陶宁宁. 信达参股机构收购美国养老护理地产项目. 澎湃新闻(http://www. thepaper. cn/newsDetail_forward_1554581),2016 – 11 –03.

第一节   谈判前的信息准备

谈判信息是指那些与谈判活动有密切联系的条件、情况及其属性的一种客观描述,是一种特殊的人工信息。本节将从谈判信息的作用、谈判信息的分类出发,着重介绍谈判信息准备的主要内容。

一、谈判信息的作用

不同的谈判信息对于谈判活动的影响是极其复杂的。有的信息直接决定谈判的成败,而有的信息只是间接地起作用。谈判信息在谈判中的作用可以表现在以下几个方面。

(一)谈判信息是制定谈判战略的依据

谈判战略是为了实现谈判的战略目标而预先制定的一套纲领性的总体设想。谈判战略正确与否,在很大程度上决定着谈判的得失成败。一个好的谈判战略方案应当具有战略目标正确可行、适应性强、灵敏度高的特点,这就必须有大量可靠的信息作为依据。知己知彼,百战不殆。在谈判中,谁能拥有谈判信息上的优势,掌握对方的真正需要和对方谈判的利益界限,谁就有可能制定出正确的谈判策略,掌握谈判的主动权。

(二)谈判信息是控制谈判过程的手段

要对谈判过程做到有效控制,必须先掌握"谈判的最终结果是什么"这一谈判信息,依据谈判战略和谈判目标的要求,确定谈判的正确策略。为了使谈判过程始终指向谈判目标,使谈判能够正常进行,必须有谈判信息作为保证,否则,对任何谈判过程都无法有效地加以控制和协调。

(三)谈判信息是谈判双方相互沟通的中介

在各式各样的谈判中,尽管谈判的内容和方式各不相同,但有一点是共同的,即都是一个相互沟通和磋商的过程。沟通就是通过交流有关谈判信息以确立双方共同的利益关系。没有谈判信息作为沟通中介,谈判就无法排除许多不确定的因素,就无法进一步磋商,也就无法调整和平衡双方的利益。因此,掌握一定的谈判信息,就能够从扑朔迷离的信息中,发现机会与风险,捕捉达成协议的共同点,使谈判活动从无序到有序,消除不利于双方的因素,促使双方达成协议。

二、谈判信息的分类

在现实生活中,谈判信息多种多样,纷繁复杂。科学地区分谈判信息的类型,是研究分析谈判信息的基础,可以使我们更加深刻地认识谈判信息的规律性,也有助于我们进一步明确谈判信息工作的目的,从而提高谈判信息工作的效益。按照不同的标准,可以将谈判信息分为以下几种类型。

(一)按谈判信息的内容来划分

按谈判信息的内容来划分,可以将其分为自然环境信息、社会环境信息、市场细分化信息、竞争对手信息、购买力及投向信息、产品信息、消费需求和消费心理信息等等。

自然环境信息是指能引起人们消费习惯改变、购买力转移以及市场变更的自然现象方面的信息,如地震、地形变化、气温变化等。

社会环境信息是指对市场有影响的各种社会因素,如文化、人口、社会阶层、家庭、政治、法律、时尚、风俗、宗教、社会发展、城市建设等方面的信息。

市场细分化信息是指能引起市场细分的变量,如社会经济变量、地理变量、人口变量、收入和消费方式变量等。

竞争对手信息是指有关生产或经营同类产品的其他企业状况的信息。

购买力及投向信息是指消费收入、支出构成、趋向等方面的信息。

产品信息是指与产品价格开发、销售渠道、商标、包装、装潢等有关的信息。

消费需求信息是指消费者对商品品种、数量、规格、价格、式样、色彩、口味、方便程度、适用程度等方面的信息。

消费心理信息是指有关消费者购买行为、购买动机、价值观、审美观等方面的信息。

（二）按谈判信息的载体来划分

按谈判信息的载体来划分,可将其分为语言信息、文字信息、声像信息和实物信息。语言信息是指通过座谈、交流所获得的信息以及在公共场所听到的信息。文字信息是指用文字记录下来的信息资料,包括各种文献、文件、报刊资料及复制品、产品目录、产品说明书等。声像信息是指通过图片、绘画、电影、电视、广播、录像、电话、幻灯、录音等获得的信息。实物信息是指各种以样品作为载体的信息。

（三）按谈判信息的活动范围来划分

按谈判信息的活动范围来划分,可将其分为经济性信息、政治性信息、社会性信息和科技性信息。经济性信息是指与企业发展有关的各种信息,主要包括国民经济发展的信息,财政、金融、信贷方面的信息,经济资源信息等等。政治性信息是指由于某一政治活动的发生、政治事件的出现而引起市场变化的信息,如战争爆发引起的物价上涨等。社会性信息是指与市场经营、销售有关的社会风俗、社会风气、社会心理、社会状况等方面的信息。科技性信息是指与企业产品研制、设计、生产、包装有关的信息。

三、谈判信息收集的主要内容

谈判信息收集的主要内容包括市场信息、有关谈判对手的资料、科技信息、有关政策法规和金融方面的信息等。

（一）市场信息的概念及其主要内容

1.市场信息的概念。市场信息是反映市场经济活动特征及其发展变化的各种消息、资料、数据、情报的统称。它通过语言表达作为传递工具,或者说,市场信息是由语言组成的。

市场信息所用的语言,有自然语言和人工语言。自然语言包括口头语言、书写文字等等。人工语言是为了传递信息特征而由人们创造出来的,如数学上的专用语言、计算机语言等等。人工语言的使用,可以弥补自然语言结构容易产生的意思不够明确以及不够精练等缺陷。

市场信息的语言组织结构有两种形式:一种是文字式结构,主要是通过文字叙述来表达市场信息的内容;另一种是数据式结构,它是反映市场运行数量关系的数字及必要的文字,按一定规范相互联结起来形成的结构,如统计报表等。

2.市场信息的主要内容。市场信息的内容很多,归纳起来主要包括以下几个方面:

(1)有关国内外市场分布的信息。这方面的信息主要是指市场的分布情况、地理位置、运输条件、政治经济条件、市场潜力和容量、某一市场与其他市场的经济联系等。

随着科学技术的进步和生产力的发展,国内、国际分工都将不断扩大和深化。同时,由于交通运输工具和通信手段的日趋现代化以及资本在国内和国际流动的加快,使得国内与国际贸易中交换的商品品种不断增多,数量不断扩大,这在一定程度上扩大了国内和国际市场。因此,应通过调查摸清本企业产品可以在什么市场(国内、国际)上销售,确定长期、中期及短期的销售发展计划,从而有助于谈判目标的确立。

(2)消费需求方面的信息。这方面的信息包括:消费者忠于某一特定品牌的期限;消费者忠于某品牌的原因、条件、因素;消费者开始使用某一特定品牌的条件和使用原因;使用者与购买者之间的关系;购买的原因和动机;产品的多种用途;消费者购买的意向和计划;产品被使用的次数及消费量;消费者对产品的态度;消费者对企业市场活动的反应与态度;消费者喜欢在何处购买;新的使用者的情况及使用原因;产品(资金或劳务)的需求量、潜在需求量、本企业产品的市场覆盖率和市场占有率及市场竞争形势对本企业销售量的影响等。

(3)产品销售方面的信息。如果是卖方,则要调查本企业产品及其他企业同类产品的销售情况。如果是买方,则要调查所购买产品的销售情况,包括:该类产品过去几年的销售量、销售总额及价格变动;该类产品的长远发展趋势;拥有该类产品的家庭所占比率;消费者对该类产品的需求状况;购买该类产品的决定者、购买频率;季节性因素;消费者对这一企业新老产品的评价及要求。通过对产品销售方面的调查,可以使谈判人员大体掌握市场容量、销售量,有助于确定未来的谈判对手及产品销售(或购买)数量。

谈判人员不一定是直接消费者,因此,消费者调查具有重大意义。摸清消费者的消费需求和消费心理,可以基本掌握消费者对本产品的消费意向,预测本企业产品的竞争力,也有利于同谈判对手讨价还价。

(4)产品竞争方面的信息。这类信息主要包括:生产或购进同类产品的竞争者数目、规模以及该类产品的种类;生产该类产品的各主要生产厂家的市场占有率及未来变动趋势;各品牌产品的推介与售价幅度;消费者偏爱的品牌与价格水平;竞争产品的性能与设计;各主要竞争者所能提供的售后服务的方式,顾客及中间商对此类服务的满意程度;当地经销该类产品的批发商和零售商的毛利率与各种行情;当地制造商与中间商的关系;各主要竞争者所使用销售组织的形态;是生产者的机构推销,还是中间商负责推销;各主要竞争者所使用销售组织的规模与力量;各主要竞争者所用的广告类型与广告支出额等等。

如果己方是卖方,通过对产品竞争情况的调查,能够使谈判人员掌握己方同类产品竞争者的情况,寻找其弱点,更好地争取己方产品的广阔销路,有利于在谈判桌上击败竞争对手,也能使谈判者预测己方的竞争力,以保持清醒的头脑,在谈判桌上灵活掌握价格弹性。此外,摸清竞争者和谈判对手的销售形式还可以使己方在运输费用的谈判上具有主动权。

(二)有关谈判对手的资料

为了掌握谈判主动权,还应该了解谈判对手的谈判作风,并制定出相应的策略。谈判风格可以划分为以下几种模式:

1. 强有力型模式。这种模式的特点表现在:

(1)谈判开始立场强硬。作为买主时,无论购买多么昂贵的商品,最初出价都很低,而且大都采用秘密出价方式以阻碍其他买方竞争。利用这个策略使卖方相信他们是唯一的买主。而作为卖主时,做法则相反,提出较高价格,敞开大门鼓动竞争,使许多买主彼此对立,怂恿买主竞相提价,以获取竞争之利。

(2)谈判代表权力有限。谈判前,最高权力中心仅赋予谈判代表以有限的权利,使他们在一定的范围和目标内有限地发挥作用。超出这个范围,谈判代表不能做任何答复,必须反复向上级请示,从而使谈判旷日持久,陷入僵局。

(3)情绪易激动,滥施压力。强硬型谈判者经常在适当的时候利用冲动的情绪侵犯对手,从而引起对方愤怒、思维混乱,甚至顺从退让,谈判时咄咄逼人,经常使用过激语言达到目的。

(4)不理期限,坚韧忍耐。这类谈判者不受谈判期限的制约,利用对方的急迫心理,采取停滞或拖延战术,坚持以较长时间去获取所需要的东西。在这段时间,他们至多做一些微小让步,使对手逐渐疲弱不堪。

2. 软弱型模式。和强硬型模式正好相反,软弱型模式的特点是:谈判开始立场谨慎,不提出过高要求,一般在常规范围内提出中等偏高的价格标准,绝不漫天要价。在对手的压力之下,不断做出或一次做出较大让步。在对手的强硬态度下,为避免谈判破裂,往往委曲求全,促成交易成功。

3. 合作型模式。它又被称为双方胜利和"皆大欢喜"型谈判模式。其特点是:谈判开始,双方立场均谨慎、现实,双方都尽量寻求适合各方谈判需要的不同谈判方式。双方在原则问题上首先达成协议,不排除细节问题上的争议。双方都把谈判过程看做是使双方调和或一致的过程。通过谈判,双方建立了一定的信任关系,为今后的进一步合作提供了条件。

通过各种途径掌握了对方的谈判作风,便可以制定相应的策略,促使谈判成功。对付强硬的谈判者,可以采取"以强制强"或"以柔克刚"的策略。如果对方急需己方产品,己方产品又很畅销,己方有较充裕的谈判时间,对方有强大的竞争对手,或摸清了对方底细,知道对方是虚张声势,那么就可采取"以强制强"的策略;如果急需对方产品且无其他货源可寻,谈判有较短的时间制约,需要将来与对方长期合作,或是适当让步可取得较好的经济效益,则可运用"以柔克刚"的策略。针对软弱型的谈判者,可以适当采取"以强制弱"的谈判原则。针对合作型谈判者,一般应当采取合作原则。在实际谈判中,要针对每次谈判的具体内容和各种不同的谈判模式,提出具体的策略、原则。

(三)科技信息的具体内容

在技术方面,主要应收集以下方面的资料:

1. 要全面收集该产品与其他产品在性能、质量、标准、规格等方面的优缺点比较,以及该产品的生命周期、竞争能力等方面的资料。

2. 收集同类产品在专利转让或应用方面的资料。

3. 收集该产品生产单位的技术力量和工人素质及其设备状态等方面的资料。

4. 收集该产品的配套设备和零部件的生产与供给状况以及售后服务方面的资料。

5. 收集该产品开发前景和开发费用方面的资料。

6. 尽可能多地收集对该产品的品质或性能进行鉴定的重要数据或指标及其各种鉴定方法和鉴定机构的资料,同时也要详尽地收集可能导致该产品发生技术问题的各种潜在因素的资料。

科技信息对于国际谈判,特别是引进设备的谈判非常重要,它是选择技术和准确进行谈判的先决条件。取得这些技术资料大体上可以通过这样几种方法:阅读国内外有关专业杂志;参观国内外博览会和各种专业展览会;收集和熟悉国内外产品样本和产品目录;旁听有关谈判;查阅专利,了解技术发展现状及趋势;向国内外有关咨询机构求助;与发达国家有关的情报中心取得联系;与联合国等国际性情报机构联系等等。

（四）有关政策、法规的内容

在谈判开始前,应当详细了解有关的政策、法规,以免在谈判时因不熟悉政策、法规而出现失误。

1. 有关国家或地区的政治状况。政治对经济有着重要的影响。在国际商务谈判中,需要了解对方国家或地区的有关经济政策及经济合作的相关法令及国家对企业的管理制度。

2. 谈判双方有关谈判内容的法律规定。无论是商务谈判还是科技谈判,都需要了解有关的法律法规。法律所规定的当事人作为与不作为的界限,是企业经营合法或不合法的依据。除了要熟记我国现有的法律如《中华人民共和国合同法》、《中华人民共和国专利法》、《中华人民共和国商标法》等,还应了解国外的法律制度和国际惯例。只有这样,才能避免谈判中的一些失误。

3. 有关国家或地区的外汇管制政策。有些国家或地区,为了保证收汇和防止逃税、套汇、黑市买卖外汇,通过颁发进出口许可证等办法来加强对外汇的管制。例如,我国对于各种外汇票据的发行和流通以及外汇、贵金属和外汇票证等的进出国境,都有较详细的规定,对此类业务必须事先加以了解。

4. 国内各项政策。我国国内谈判要按照国家的法律法规和政策进行。谈判人员不但要掌握有关的现行法律,还要熟知经济法规,使各项谈判活动做到有法可依。

（五）金融方面的信息

金融方面的信息主要包括以下四个部分的内容:

1. 收集国际金融市场上的信息,随时了解各种主要货币的汇兑率及其浮动现状和发展趋势。

2. 收集进出口地主要银行的营运情况信息,以免因银行倒闭而影响收汇。

3. 收集进出口地的主要银行对开证、议付。承兑赎单或托收等方面的有关规定,特别是有关承办手续、费用和银行所承担的义务等方面的资料。

4. 收集商品进出口地政府对进出口外汇管制的措施或法令的信息。

四、谈判信息资料的处理

对收集来的资料进行分析整理,其主要目的:一是为了鉴别资料的真实性与可靠性;二是结合谈判项目的具体内容,分析各种因素与谈判项目的关系,并根据它们对谈判的重要性和影响程度进行排队,通过分析,制定出具体的谈判方案与对策。

对谈判信息资料的处理主要有两个环节:一是对资料的整理与分类;二是对信息资料的交流与传递。

（一）信息资料的整理与分类

对信息资料的整理一般分为四个阶段。

1. 对资料的评价。对资料的评价是资料整理的第一步。在现实中收集的各种资料,其重要程度各不相同,有些可以马上使用,有的到后来才派上用场,而有些资料可能自始至终都无法派上用场。如果把收集的资料不加区别地积存起来,便会使资料的使用十分困难,因此,必须首先对收集到的资料进行评估和遴选,价值不高的就应毫不犹豫地舍弃。对认为有用的需要保存的资料,也要根据其重要性不同,将其分为可立即利用的资料、将来肯定可用上的资料和将来有可能派上用场的资料。只有如此,才能为资料的筛选打好基础。

2.对资料的筛选。对于花费很大代价才收集到的资料,人们往往不愿意将其舍弃,这是可以理解的。但是,如果把不要的或用处微小的资料全部保留,既不便于查找有用的信息资料,又因其占用空间而耗费大量的费用。因此,应不断地对收集起来的资料进行清理。资料的筛选大体有以下几种方法:①查重法。这是筛选信息资料最简便的方法,目的是剔除重复资料,选出有用的信息资料。当然,不完全排除重复,只要不是完全相同的重要资料就可以保存一部分。②时序法。即逐一分析按时间顺序排列的信息资料,在同一时期内,较新的取,较旧的舍,这样可能使信息资料在时效上更有价值。③类比法。将信息资料按市场营销业务或按空间、地区、产品层次分类对比。④评估法。这种方法需要信息资料收集人员有比较扎实的市场学专业知识,即对自己所熟悉的业务范围,仅凭市场信息资料的题目就可以决定取舍。

3.对资料的分类。在资料整理阶段,对筛选以后的资料认真地进行分类,是最耗费时间的一项工作,但也是极其重要的环节。分类的方法大致有两种:①项目分类法。这种分类法既可以和工作相联系,按不同的使用目的来分类,如可以分为商务开发资料、销售计划资料、市场预测资料等,或按谈判的必备资料分为市场信息资料、技术信息资料、金融信息资料、交易对象的情况资料、有关政策法规等,也可以根据资料的内容,按不同性质来分,如可以根据不同产业或经营项目进行分类,产品中可分为粮油产品、五金产品、纺织产品、机械设备等。②从大到小分类法,即从设定大的分类项目开始,大项目数最好不要超过10项,经过一段时间的使用后,若觉得有必要再细分时,可以把大项目再进行细分,但不要分得太细,以免出现重复。

4.对资料的保存。把分好类的资料妥善地保存起来,即使是经常使用的资料也不要随便放,要与分类相适应,放到专门的资料架或卡片箱中,以便随时查找该类资料或加放同类资料。

(二)信息资料的交流与传递

为了获得有利的谈判地位,谈判人员必须十分注意信息的传递方式,恰当地选择传递的时机,把握好传递场合。通过谈判信息的传递,实现信息交流和沟通,保持谈判人员与己方的有效联系,最大限度地实现己方的谈判目标。

1.谈判信息的传递方式。谈判信息传递方式的选择不是任意的,它往往受到其自身特点的制约。因此,传递方式的选择既要考虑谈判的目的,同时又要随时注意自身条件、环境的影响和对方的变化情况。谈判者为了减少特定的谈判传递方式对自己的不利影响,必须注意观察、收集、识别对方做出的反应,根据反馈的信息,敏锐地做出推断,及时修正、调整、变换谈判信息传递方式。谈判信息传递的一般形态就是谈判者或信息机构之间借助于口语、手势、文字、形象等进行信息传递。有的谈判学研究者认为,谈判信息的传递方式有以下几种:

(1)明示方式。所谓明示就是指谈判者在有关的、恰当的场合,明确地提出谈判的条件和要求,阐明谈判的立场、观点,表明自己的态度、打算。明示可以通过下列任何一种渠道进行,如双方相见的谈判场合,宴会、礼宾场合,群众性集会场合,官方或团体会议场合,单独会见场合,业务洽谈场合,等等。

(2)暗示方式。所谓暗示就是指谈判者在有关的、恰当的场合,用含蓄的、间接的方法向对方表示自己的意图、要求、条件和立场等。暗示可以通过语言的形式进行,也可以通过其他的方式进行。

暗示在谈判中具有重要意义。谈判各方在态度明确的情况下,暗示是一种极好的信息传递方式,它可以避免不必要的直接对抗,传递出在明示条件下无法传递的谈判信息。对谈判者来说,采用暗示方式比采用明示方式更具灵活性。在谈判过程中,谈判者必须善于运用暗示,这就要求对影响暗示效果的主客观因素有一定的了解,以便充分发挥暗示在传递谈判信息中的作用。从主观上看,缺乏主见、随波逐流的人极容易接受暗示;独立性很强、善于独立思考的人往往很难接受暗示。从客观上看,暗示者本人的条件,如地位、权力、声望、知识、信心、相貌、身材、性别、年龄以及谈判双方的相互关系、谈判信息与谈判环境条件等,都会对暗示效果产生不同的影响。

(3)意会方式。意会是既不同于明示又不同于暗示的一种特殊的谈判信息传递方式。它是谈判信息的发出者与谈判信息的接受者早已有了信息交流的准备,早已对信息交流的背景有所了解,早已就信息传递的渠道达成了某种默契,为了避免直接明示或暗示给各自带来的不利影响,同时也为了避免信息泄露而采取的一种较为谨慎的谈判信息的传递方式。

意会在传递谈判信息方面有着特殊的作用。意会不像明示那样直截了当,因此,当谈判各方传出或接受的信息彼此矛盾或尖锐对立时,不会在"面子上"引起相互关系的紧张;意会也不同于暗示那样含蓄,采用意会方式传递给对方的信息都是明白无误的,它不会引起像暗示那样因为含蓄而产生的理解障碍甚至歧义。但须注意的是,意会也极有可能成为无效的信息传递方式。这主要取决于人们对信息传递效果的理解、体会、推断及社会生活经验,取决于人们对意会的积极或消极态度。如果当谈判信息交流的双方即使能够意会出彼此传递信息的全部含义,而双方或某一方若根据自身的社会生活经验,预感到后果对自己不利,就可能采取消极的态度,不予理会。

2. 选择谈判信息传递的时机与场合应考虑的因素。谈判信息的传递时机是指谈判者在充分考虑到各方的相互关系、谈判的环境条件、谈判信息的传递方式的情况下,确定并把握能积极调动各相关因素的谈判信息传递的最佳时间。

谈判信息传递时机的把握是否恰当,在很大程度上影响着传递效果。谈判信息的传递不是仅仅以特定的方式传递出去就行了,还需要谈判者对谈判的有关因素进行判断,尤其是需要对谈判信息在特定条件下传递的后果和对方的反应做出预测。在对传递的后果和反应有一定准备的情况下传递信息,才能确保信息准确送达接受者。

谈判信息的传递场合,主要是指谈判信息进行传递的现场。选择恰当的场合传递谈判信息有利于增强传递效果,避免不利因素的影响。因此,谈判者在选择谈判信息传递场合时应考虑以下问题:①是自己亲自出面还是请第三方代为传递信息。因为这里涉及信息传递的可靠性问题,一般来说,自己亲自出面传递信息,可靠程度较高。②是私下传递信息还是选择公开场合传递信息。如果对方与己方私交较深,可选择私下传递信息的方式;如果己方对相互关系、环境条件、各种意外因素都考虑得比较周全,而与对方无私交时,可选择公开传递信息的方式。

在具体的谈判过程中,如能根据谈判活动的条件和需要,正确选择谈判信息的传递方式、传递时机和传递场合,将会使谈判信息的传递产生较好的效果,从而掌握谈判的主动权。

第二节 谈判目标与对象的确定

一、谈判主题的确定

所谓谈判的主题就是参加谈判的目的,对谈判的期望值和期望水平。不同内容和类型的谈判,有不同的主题。在实践中,一般一次谈判只为一个主题服务,因此在制定谈判方案时也多以此主题为中心。为保证全体谈判人员牢记谈判的主题,在表述主题的方式上不可赘述,而应言简意赅,尽量用一句话来进行概括和表述。

二、谈判目标的确定

在谈判的主题确定以后,接下来的工作就是制定出谈判目标。谈判目标就是谈判主题的具体化。

谈判的具体目标,体现着参加谈判的基本目的,整个谈判活动都必须紧紧围绕着这个具体目标来进行,都要为实现这个目标服务。因此,对谈判的具体目标的确定,必须认真而慎重地考虑。

由于谈判的目标只是一种主观的预测性和决策性目标,在实践中,还需要参加谈判的各方根据自身利益的需要、他人利益的需要和各种客观因素的可能,来制定谈判的目标系统和设计目标层次,并在谈判中经过各方不厌其烦地"讨价还价"来达到某一目标层次。

谈判的具体目标可分为四个层次。

（一）最高目标

最高目标也叫最优期望目标。它是己方在谈判中所要追求的最高目标,也往往是对方所能忍受的最大限度。如果超过这个目标,往往要冒谈判破裂的危险。在实践中,最优期望目标一般是可望而不可即的理想方向,很少有实现的可能性,因为谈判是双方利益重新分配的过程,没有哪个谈判者心甘情愿地把自己的利益全部让给他人。同样,任何一个谈判者也不可能指望在每次谈判中都独占鳌头。尽管如此,这也并不意味着最优期望目标在谈判中没有作用。最优期望目标是谈判开始的话题。如果一个诚实的谈判者一开始就推出他实际想达到的目标,由于谈判心理作用和对手的实际利益,他最终可能达不到这个目标。如在资金供求谈判中,需方可能实际只想得到 50 万元,但谈判一开始,需方可能报价 80 万元。这 80 万元是需方的最优期望目标。这个数字比其实际需要的 50 万元多 30 万元,用一个简式表达就是:

$$Y + \Delta Y = E$$

式中,Y 为需方的实际需求资金数额;ΔY 为多报价即增量;E 为需方的最优期望目标。

但是,供方绝不会做提供 80 万元资金的慷慨之事。根据供方了解的信息(如偿还能力、经济效益高低和利率等情况),他明知对方实际只需要 50 万元,为了使谈判深入下去,使主动权掌握在自己手中,就故意压低对方的报价,只同意提供 30 万元。如此这般,几经交锋,双方列举各种理由予以论证,谈判结果既不是 80 万元也不是 30 万元,可能是略低于或者略高于 50 万元。

(二)实际需求目标

实际需求目标是谈判各方根据主客观因素,考虑到各方面情况,经过科学论证、预测和核算后,纳入谈判计划的谈判目标。这是谈判者调动各种积极性,使用各种谈判手段,努力达到的谈判目标。如在上例中,其中 50 万元资金就是实际需求目标。这一阶段的目标具有如下特点:

1. 它是秘而不宣的内部机密,一般只在谈判过程中的某几个微妙阶段才提出。

2. 它是谈判者"坚守的最后防线"。如果达不到这一目标,谈判可能陷入僵局或暂停,以便与谈判者的单位或谈判小组内部讨论对策。

3. 这一目标一般由谈判对手挑明,而己方则"见好就收"或"给台阶就下"。

4. 该目标关系到谈判一方主要或全部经济利益。例如,企业若得不到 50 万元资金,将无法更新主体设备,使企业在近期内停产或不能扩大再生产,等等。正因为如此,这一目标对谈判者有着强烈的驱动力。

(三)可接受目标

可接受目标是指在谈判中可努力争取或做出让步的范围。它能满足谈判一方的部分需求,实现部分经济利益。在上述例子中,资金供方由于各种原因(如资金筹措能力、对方偿还能力等)只能提供部分资金(如 35 万元或 40 万元等),没有满足需方的全部实际需求,这种情况是经常发生的。因此,谈判者在谈判前制定谈判方案时应充分估计到这种情况的出现,并制定相应的谈判措施和目标。

(四)最低目标

最低目标是谈判必须实现的目标,是谈判的最低要求,若不能实现,宁愿谈判破裂也没有讨价还价、妥协让步的可能。它与最优期望目标之间有着必然的内在联系。在谈判中,表面上一开始要价很高,往往提出最优期望目标,实际上这是一种策略,保护的是最低目标,乃至可接受目标和实际需求目标。这样做的实际效果往往会超出谈判者的最低需求目标或至少可以保住这一目标,然后通过对最优期望目标的反复压价,最终可能达到一个超过最低目标的目标。之所以如此,是因为如果没有最低目标作为心理安慰,一味追求高标准的目标,这种心理往往带来僵化的谈判策略。这样的谈判策略导致以下两个结果:

一是不利于谈判的进程。谈判当事人的期望值过高,容易产生盲目乐观的情绪,往往对谈判过程中出现的千变万化的情况缺乏足够的思想准备,对于突如其来的事情不知所措。最低目标的确定,不仅可以创造良好的应变心理环境,还为谈判双方提供了可供选择的契机。

二是不利于所属成员和团体行为的稳定。如某生产厂家对某项产品销售的谈判期望值过高(即销售量和销售价格的期望值过高),并用这种过高的期望值去影响和诱发所属成员积极的经济行为。尽管这样做能起到一定的作用,但一旦在谈判中预定过高期望值或在某一方面没有达到目标时,势必影响所属成员经济行为的稳定性。然而,如果这个生产厂家把制定切合实际的销售谈判目标或以达到最低目标作为合作的起点,对于该企业来讲,继续谈判达到了最低要求,也能产生较强的群体凝聚力。

可以确定,最低谈判目标是低于可接受目标的。可接受目标在实际需求目标与最低目标之间选择,是一个随机值。而最低目标是谈判一方依据多种因素,特别是其拟达到的最低利益而明确划定的限制。

实际需求目标又是一个定值,它是谈判一方依据其实际经济条件做出的"预算"。而最优期望值也是一个随机数值,只要是高于实际需求目标就可以了,这是谈判的起点,是讨价还价的"筹码"。

以上四个谈判目标层次是一个整体,各有各的作用,需在谈判前认真规划设计,不可凭"拍脑袋"决定,那样只会给谈判者带来麻烦。

在确定谈判目标系统和目标层次时,要注意坚持三项原则,即实用性、合理性和合法性的原则。所谓实用性,是要求制定的谈判目标具有谈判的可能性。也就是说,谈判双方要根据自己的经济能力和条件进行谈判。如果离开了这一点,任何谈判的结果都不能付诸实施。如一个企业通过谈判获得了一项先进的技术装备,但由于该单位的职工素质、领导和管理水平和其他技术环节上存在问题,该项技术装备的效能无法发挥,这种引进谈判的目标就不具备实用性。所谓合理性,包含谈判目标的时间和空间的合理性。在市场经济条件下,市场变化万千,在一定时间和一定空间范围内是合理的东西,在另一时间、另一空间可能就不是合理的。同时,谈判的目标对于不同的谈判对象及其不同的空间区域,同样也有不同的适用程度。除此之外,作为谈判的主体,也应对自己的利益目标在时间和空间上作全方位的分析,只有这样才能获得成功。所谓合法性,是指谈判目标必须符合相关的法律规则。在谈判中,为达到自身的利益追求目标,有的采取对当事人进行行贿等方式使对方顺从,有的用损害集体利益使自己得到好处,有的采用经济压力强迫经济能力较弱者妥协,还有的提供伪劣产品、过时技术和假信息等,这些均属不合法行为。

值得注意的是,一般的谈判存在着多个谈判目标,这时就需要考虑谈判目标的优先顺序。

当谈判中存在着多重目标时,应根据其重要性加以排序,确定是否要达到所有的目标,哪些目标可舍弃,哪些目标可以争取达到,而哪些目标又是万万不能降低要求的。与此同时,还应考虑到长期目标和短期目标的问题。

在确定谈判目标时,必须以客观条件为基础,即综合组织外部环境和内部条件。一般说来,具体谈判目标要考虑以下因素:①谈判的性质及其领域;②谈判的对象及其环境;③谈判项目所涉及的业务指标的要求;④各种条件变化的可能性、变化方向及其对谈判的影响;⑤与谈判密切相关的事项和问题等。

三、谈判目标的优化及其方法

谈判目标的确定过程,是个不断优化的过程。计划中所确定的目标,是要经过对比分析、反复推敲的可行性分析过程。对于多重目标,必须进行综合平衡,通过对比、筛选、剔除、合并等手段减少目标数量,确定各目标的主次和连带关系,使各目标之间在内容上保持协调性、一致性,避免互相抵触。

评价一个目标的优劣,主要依据目标本身的含义是否明确、单一,是否便于衡量以及在可行的前提下利益实现的程度如何等等。从具体目标来说,表达要简单明了,最好用数字或简短的语言体现出来,如"在报价的有效期内,如无意外风险因素,拟以12%的预期利润率成交"。

需要指出的是,谈判的具体目标并非一成不变,它可以根据交易过程中的各种支付价值和风险因素做适当的调整和修改。

值得注意的是,这种谈判方案的调整只反映了卖方的单方面愿望,而在谈判的磋商阶段,买方不会被卖方牵着鼻子走。为了达到谈判的目标,卖方有时应当做出某些让步,做出这种让步是因为对方提出了这种要求。如果对方未提出这种要求,卖方也可以在某些方面做出让步来换取其他方面的主动。但是谈判者必须牢记的一个原则是:任何让步都应建立在赢得一定利益的基础之上。

四、谈判对象的确定

在谈判中,确定了自己的主要需求和谈判目标,明确了谈判方向之后,就要结合市场信息调查选择谈判对象。要对所有可能的谈判对象,在资格、信誉、注册资金和法定地位等方面进行审核,并请对方提供公证书或取得旁证,避免盲目从事,在不了解市场及商情的情况下,不举行任何正式谈判。同时,要注意寻找己方目标与对方条件的最佳结合点,即通过比较,择定一个或两个最有利于实现己方目标的可能谈判者作为正式洽谈的伙伴。己方谈判意向公布后,直接或间接要求参加谈判的伙伴可能很多,其谈判条件也会有很大差别。例如,有的产品质量高价格也高,如果己方经济实力不强,就应放弃同这样的对手谈判;有的产品价格低廉,十分具有吸引力,但如果质量太差,也不应急于与之谈判。总之,可能谈判者的情况及谈判条件千差万别,应该认真进行研究。既不能谁先找上门就把谁作为正式谈判对象,也不能谁的产品质量好和条件优惠就同谁谈,而应知己知彼,从经营的总体利益出发,以己方付出较小代价而收益较大为标准,慎重选择正式谈判对象。

第三节 谈判方案的制定

在正式谈判前,如前文所述,需了解谈判环境、谈判对手和自身的情况,初步了解双方的谈判实力。在正式进行激烈的谈判交锋以前,还需制定出一个周全而又明确的谈判计划,即制定一个谈判方案。

一、制定谈判方案的基本要求

谈判方案是谈判人员在谈判前预先对谈判目标等具体内容和步骤所做的安排,是谈判者行动的指针和方向。有了谈判方案,就会使参加谈判的人员做到心中有数,明确努力方向,打有准备之仗。谈判方案应对各个阶段的谈判人员、议程和进度做出较周密的设想,对谈判工作进行有效的组织和控制,使谈判人员既有方向,又能灵活地左右错综复杂的谈判局势,使谈判沿着预定的方向前进。

从形式上看,谈判方案应该是书面的。文字可长可短,可以是长达几十页的正式文件,也可以是短至一页的备忘录。一般来说,一个成功的谈判方案应该注意以下三方面的基本要求。

（一）谈判方案要简明扼要

所谓简明扼要就是要尽量使谈判人员能较为容易地记住谈判方案的主要内容与基本原则,在谈判中能随时根据方案要求与对方周旋。谈判方案越是简单明了,谈判人员照此执行的可能性就越大。

谈判是一项十分复杂的业务工作,参加谈判的人员只有清晰地记住谈判的主题方向和方案的主要内容,在与对手交锋时才能按照既定目标,自如地对付错综复杂而多变的谈判局面,驾驭谈判局势的发展。因此,制定谈判方案时要用简单明了、高度概括的文字加以表述,以便在每一个谈判人员的头脑中留下深刻印象。

（二）谈判方案要具体

方案的简明扼要不是唯一目的,它还要与谈判的具体内容相结合,以谈判的具体内容为基础,如果没有具体内容,就很难对它进一步概括,简明扼要地予以表达。谈判方案的内容虽有具体要求,但不等于把有关谈判的细节都包括在内。如果事无巨细、样样俱全,执行起来必然十分困难。

（三）谈判方案要灵活

由于谈判过程千变万化,方案只是谈判前某一方的主观设想或各方简单磋商的产物,不可能把影响谈判过程的各种随机因素都估计在内。所以,谈判方案还必须具有灵活性,要考虑到一些意外事件的影响,使谈判人员能在谈判过程中根据具体情况灵活运用。例如,对可控因素和常规事宜应细致安排,对无规律可循的事项可灵活掌握。

二、谈判方案的主要内容

（一）确定谈判目标

谈判目标是通过谈判要解决的问题。如前所述,谈判目标可以划分为最优期望目标、实际需求目标、可接受目标和最低目标四个层次,对此,谈判者事先要有所准备,做到心中有数。对于谈判目标底数要严格保密,绝不能透露给其他人。谈判目标如有重大修改,要经过商定。没有授权的谈判者要向有关领导请示,即使是有决定权的谈判者,也应当与参加谈判的有关人员协商,取得一致意见后再加以改动。

（二）规定谈判期限

在谈判开始以前,应当对谈判的期限有所计划和安排。由于谈判的效率问题是评价谈判成功与否的一个重要标准,而谈判的期限直接涉及谈判的效率,因此,谈判方案的制定应将谈判期限的规定包括进去。

谈判的期限是指从谈判的准备阶段到谈判的终局阶段。在商务谈判中的期限通常指从谈判者着手准备谈判到报价的有效期结束之时为止。买卖双方都规定了一定的期限,超过这个期限后即使履行了协议,也可能带来一定的损失,如圣诞礼品在圣诞节后市价将会大跌,因此必须赶在圣诞节期间销售。除去时间限制的影响,谈判的时间拖得越久,谈判双方耗费的人力、物力和财力也越多。因而,应在谈判之前对谈判的时间做出精确计算和适当安排,最后规定一个谈判期限。

谈判期限的规定可长可短,但要具体、明确,同时又要有伸缩性,能够适应谈判过程中的情况变化。

（三）拟定谈判议程

在确定谈判方案的目标、谈判对象和谈判期限之后,即可制定谈判议程。谈判议程即议事日程,它的确定和安排,对谈判双方来讲非常重要,议事日程本身就是一种谈判战术,谈判高手都很重视这项工作。

谈判议程一般都要说明谈判时间的安排和谈判议题的确定。谈判议程可由一方准备,也可由双方准备,协商确定。谈判议程包括通则议程和细则议程,前者由谈判双方共用,后者给己方使用。

1.己方安排谈判议程的优势分析。己方安排谈判议程有许多优势,己方可根据自己的需要适当安排。例如,可根据自己的习惯来安排谈判时间,按自己制定好的谈判方式安排讨论问题的先后。如果己方认为先就一般原则进行讨论,细节放在后面比较好,就可以把主要领导人的会谈放在前面先行讨论;如果己方认为小问题容易达成协议,而大的原则问题上会存在争议,就可把细节问题放在前面先行讨论。

但是,谈判议程由己方安排也有不利之处。例如,己方安排的议事日程往往泄漏了己方的某些意图,对方可能会从中揣摩出一些很有价值的信息,这就会对己方不利。另外,对方可以在谈判前有意不对己方的议事日程提出异议,在实际谈判中才突然提出要求修改某些议程,很容易使己方陷入被动,甚至使谈判破裂。

2.谈判议程的内容。在拟定谈判议程时,要注意两点:一是要有互助性,即不仅要符合我们自己的需要,也要兼顾对方的实际利益和习惯做法;二是简洁性,在一次谈判过程中,过多的谈判事项往往会形成人们的思想负担。典型的谈判议程至少要包括下列四项内容:

(1)时间安排。即确定谈判在何时举行,为时多久。倘若是分阶段的谈判,还需确定分为几个阶段,每个阶段所花费的时间大约是多少等等。

①对于双方意见分歧不会太大的议题应尽量在较短的时间内解决,以避免无谓的争辩。

②对于主要的议题或争执较大的焦点问题,可将其安排在整个谈判进行到总时间 3/5 之时加以讨论。若把焦点性问题放在谈判进行到总时间 3/5 的前两个小时之内提出来,更有利于问题的解决。

③文娱活动的安排要恰到好处。在枯燥的谈判过程中适当安排一些文娱活动,既可活跃气氛,增进友谊,又可松弛神经,消除疲劳,是非常必要的。但是文娱活动的安排也不能过多。如果谈判进行一周的话,安排一两次文娱活动就可以了,且最好安排在谈判的第二天以及商谈焦点问题的当天。此外,安排的活动内容不要重复,要尽量丰富一些,要注意不能使文娱活动成为谈判对方借此疲劳己方、实现其谈判目标或达到其他目的的手段。

④在进行时间安排时要考虑到意外情况的发生,适当安排机动时间。当然,机动时间的安排也不可太多,否则会使谈判的进程过于松散,节奏过于缓慢。

在确定谈判的时间时,要考虑以下几个因素:谈判准备的充分程度;谈判人员的身体和情绪状况;谈判的紧张程度;谈判议题的需要;谈判对手的情况。

(2)确定谈判议题。谈判议题是双方讨论的对象,凡是与谈判有关的、需要双方展开讨论的问题,就是谈判的议题。

确定谈判议题时,首先要将与本次谈判有关的问题罗列出来;其次,将罗列出的各种问题进行分类,确定问题重要与否,与己方的利弊关系;最后,将对己方有利的问题列为重点问题加以讨论,对己方不利的问题尽量回避,这将有助于己方在谈判中处于主动地位,但回避并不等于问题不存在,因此还要考虑到当对方提出这类问题时,己方采取的应付对策。

(3)谈判议题的顺序安排。谈判议题的顺序有先易后难、先难后易和混合型等几种安排方式,可根据具体情况加以选择。

所谓先易后难,即先讨论容易解决的问题,以创造良好的洽谈气氛,为讨论困难的问题打好基础;所谓先难后易,是指先集中精力和时间讨论重要的问题,待重要的问题得以解决之后,再以主带次,推动其他问题的解决;所谓混合型,即不分主次先后,把所有要解决的问题都提出来进行讨论,经过一段时间以后,再把所有要讨论的问题归纳起来,先将统一的意见予以明确,再对尚未解决的问题进行讨论,以求取得一致的意见。

有经验的谈判者在谈判前便能估计到哪些问题双方不会产生分歧意见,较容易达成协议,哪些问题可能有争议。有争议的问题最好不要放在开头,这样会影响以后的谈判,可能要占用较多的时间,也可能会影响双方的情绪。一开始就"卡了壳",对整个谈判不利。有争议的问题也不要放到最后,放在最后可能时间不充分,而且在谈判结束前可能会给双方都留下一个不好的印象。有争议的问题最好放在谈成几个问题之后,在谈最后一两个问题之前,也就是说在谈判的中间阶段谈较难的问题。谈判结束之前最好谈一两个双方都满意的问题,以便在谈判结束时创造良好的气氛,给双方留下一个好印象。

(4)通则议程与细则议程的内容。通则议程是谈判双方共同遵照使用的日程安排。在通则议程中,通常应解决以下问题:双方谈判讨论的中心问题,尤其是第一阶段谈判的安排;列入谈判范围的有哪些事项,哪些问题不讨论,问题讨论的顺序是什么;讨论中心问题及细节问题的人员安排;总体及各阶段谈判的时间安排。通则议程可由一方提出,或双方同时提出,经双方审议同意后方能正式生效。

细则议程具有保密性,它是对己方审议同意后具体策略的具体安排,供己方使用。其内容一般有:对外口径的统一,包括文件、资料、证据和观点等;谈判过程中各种可能性的估计及其对策安排;谈判的顺序,何时提出问题,提什么问题,向何人提出这些问题,由谁提出,谁来补充,在什么时候要求暂停讨论等;谈判人员更换的预先安排。

（四）安排谈判人员

谈判是谈判主体间一系列的行为互动过程,谈判人员的素质和能力直接影响到谈判的成败得失。因此,欲使谈判获得成功,获得预期的经济效益和社会效益,除了靠产品的质量、企业的信誉外,在谈判方案中,对谈判班子的组成和谈判人员的分工做出恰当的安排是一项十分重要的内容。此内容在第三章中有较详细的介绍,这里不再赘述。

（五）选择谈判地点

谈判场所对谈判效果也具有一定的影响作用,谈判者应当对此十分重视并加以利用。通常,对于日常谈判活动,最好能争取在自己的办公室和会议室等自己熟悉的地方举行。在己方所在单位与对方谈判,具有许多好处和优势,如向上级请示、查找资料和数据等比较方便,在生活方面能保持正常等等。当然,在对方单位谈判也有一定好处,如便于观察和研究某些情况,有利于与对方上司和其他人士接触,较容易寻找借口等。

一般来说,对于重要的问题和难以解决的问题最好争取在本单位进行谈判,一般性问题和容易解决的问题,或是需要到对方处了解情况时,也可以在对方单位举行谈判,但必须做好充分准备。如果对方不同意到其单位谈判,或另有原因,也可以找一个中间地带的场所,这样双方所处的条件就等同了。

谈判房间的布置也很重要。最好选择一个安静、没有外人和电话干扰的地方,房间的大小要适中,桌椅的摆设要紧凑。房间温度适宜,卫生条件良好,室内灯光明亮。

还要注意选择谈判桌的形状,安排谈判人员的座位。对谈判桌的选择通常有以下几种情况:

1. 方形谈判桌。双方谈判人员面对面而坐,这种形式看起来正规些,但过于严肃,缺少轻松活泼的气氛,有时甚至会有对立的感觉,交谈起来并不方便。

2. 圆形谈判桌。采用圆桌,双方谈判人员坐成一个圆圈。这种形式通常使双方谈判人员感到有一种和谐一致的气氛,而且交谈起来比较方便和容易。

3. 不设置谈判桌。在双方谈判人员不多的情况下,也可以不设谈判桌,大家随便坐在一起,轻轻松松地洽谈生意。有时,没有谈判桌的效果也很好,能增加友好的谈判气氛。但在比较正式的谈判中,谈判桌的设置是必要的。

谈判人员的位置安排也十分重要。在座位安排上,可以是双方人员各自坐在一起,也可以使双方人员交叉而坐。通常,双方人员各自坐在一起比较合适,特别是当谈判出现争议时,这样便于查阅一些不便让对方知道的资料,并能从心理上产生一种安全感,而双方人员交叉而坐,在"谋求一致"的思想指导下,能增添合作、轻松和友好的气氛。

不仅谈判桌的形状和谈判人员座位的安排很重要,甚至双方谈判人员座位之间的距离远近也值得重视。离得太近,会感到拘束不舒服;离得太远,交谈时不方便,还会产生一种疏远的感觉。适当坐近些,会产生一种亲密的交谈气氛。

谈判人员的食宿安排,也是谈判准备工作中不可缺少的一个方面。在食宿方面为对方提供满意的服务,能表示己方的诚意、热情和文明礼貌。要注意对方人员的生活习惯、文化传统等。当然,在通信、交通等方面,也要为对方创造尽可能方便的条件。

第四节　模拟谈判

一、模拟谈判的必要性

模拟谈判是在谈判正式开始前提出各种设想和臆测,进行谈判的想象练习和实际演习。模拟谈判的必要性体现在两个方面:

第一,模拟谈判能使谈判者获得实际经验,提高谈判能力。正如舞蹈演员演出前在脑海里练习舞步,教师在上课前温习课程内容,模拟谈判对谈判者的经验和能力的获得能起到重要的作用。根据心理学的原理,正确的想象练习不仅能提高"彩排"者的能力,有时甚至比实际行动更有效,人的深层心理或神经系统,根本无法区分实际行动所获得的经验和想象中获得的经验有何差异,只要正确地进行思想练习和实际演习,就能获得效果,提高谈判能力。

第二,模拟谈判可以随时修正谈判中的错误,能使整个模拟谈判过程顺利地进行,从而使谈判者获得较完整的经验;而现实的谈判则只能在结束后总结经验,修正错误。

二、拟定假设

进行正确的想象练习,首先要拟定正确的假设或臆测。拟定假设是根据某些既定的事实或常识将某些事物承认(即臆测)为事实。例如:根据有钱总可以买到东西的常识,可以假设去商店买东西,只要出钱,对方就总会出卖商品;根据车子可以在绿灯时自由前进的常识,可以假定在十字路口,当交通标志转变为绿灯时,车子就会往前开动。

根据假设的内容,可以把假设划分为三类:一是对外界客观存在事物的假设;二是对对方的假设;三是对己方的假设。

对外界事物的假设包括对环境、时间、空间的假设。进行拟定假设,目的是要找出外在世界真实的东西。在商务谈判过程中,要通过对外界事物的假设进一步摸清事实,知己知彼,找出相应的对策。比如,在一次贸易洽谈中,若对方捧着许多材料进入谈判场所,我们需要准确地判断出对方的材料与今天的谈判是否有直接关系。我们在谈判过程中要采取一定方式摸清对方的底细。同时我们要假设,如果对方通过调查已摸清了我方的底细,我们应如何;如果对方没有摸清我方的底细,我们又如何。

对对方的准确假设,常常是谈判的制胜法宝。对方在谈判中愿意冒险的程度,对产品性能、运输方式等方面的要求,都需要我们根据事实加以假设。准确的假设能使己方在谈判中占据主动地位。

对己方的假设包括谈判者对自身心理素质、谈判能力的自测与自我评估,以及对己方经济实力、谈判实力、谈判策略、谈判准备等方面的评价。

无论是哪一种假设,通常都有可能是错误的,不能把假设等同于事实,要对假设产生的意外结果有充分的心理准备。对于假设的事物要小心求证,不能轻易以假设为根据采取武断的做法,否则,会使己方误入谈判歧途,给自己带来重大损失。例如,当我们假设只要出钱就可买到东西时,如果对方无货或者对方展示的是样品,或者对方产品质量、规格不对路,那么上面的假设就不正确。我们假设十字路口的交通标志为绿灯,车子就会往前开动,但如果道路前方发生车祸不能通行,那么,上述假设也会落空。因此,拟定假设的关键在于提高假设的精确度,使之准确地接近事实。

提高假设的精确度必须明确区分哪些是事实本身,哪些是自己的主观臆测。从语意学的观点看,事实有四种:①能够经过验证的东西,如物品重量、光泽等;

②能够共同感受到的东西,如商品要经过生产才能制造出来等;③人们共同信仰的理论、真理,如某些自然科学和社会科学方面的理论知识;④根据真理能够加以推理并验证的东西。

提高假设的精确度,还要以事实为基准拟定假设。所依据的事实越多,假设的精确度就越高。下面举例说明。

某家工厂的收益连续 3 年下降(事实 A);这 3 年内该工厂始终维持着原有的管理体制(事实 B);同时,该工厂一直没有开发新产品、开拓新市场(事实 C)。立足这三个事实,我们可假设如下:①假如事实 B 和事实 C 不变,该工厂明年的收益仍可能降低;②为扭转这种局面,该工厂可能迫切需要技术、人才、资金及开发新产品、新技术,需要转产或开拓新市场;③如果己方正和这家工厂进行上述方面的谈判,己方提高要价,采取强硬立场,可能会取得成功。

如果假设的基石是假设,这种假设是十分靠不住的。上例中,那家经营不善的工厂可能明年收益会继续降低,立足这个假设还可以继续拟定下列假设:①明年经营恶化,可能会付不起债务;②因为付不清债务,可能会不履行契约;③企业可能会破产,使债权人蒙受重大损失;④根据上述假设,己方不能和这家工厂做交易,应取消谈判。

显然,上述根据假设拟定出来的假设是靠不住的,这种假设会使己方失去许多机会。

三、想象谈判全过程

进行正确的想象练习,还要在拟定假设基础上想象整个谈判过程。有效的想象练习不只是想象事情的结果,而是想象事物的全过程,想象自己可能采取的一切行动,否则,想象练习是不完全的。

谈判前的想象练习应该从开始至结束按照谈判顺序想象下去,演习自己和对方面对面谈判的一切情形,包括谈判时的现场气氛、对方的面部表情、谈判中可能涉及的问题、对方会提出的各种反对意见、己方的各种答复以及各种谈判方案的选择、各种谈判技巧的运用等,想象谈判中涉及的各种要素。

四、集体模拟

进行正确的想象练习,不仅是个人的苦思冥想,而且是整个谈判队伍的集体模拟。集体模拟可采用沙龙式或戏剧式两种主要形式。

沙龙式模拟是把谈判者聚集在一起,充分讨论,自由发表意见,共同想象谈判全过程。这种模拟的优点是利用人们的竞争心理,使谈判者充分发表意见,互相启发,共同提高谈判水平。谈判者的才干有了表现的机会,人人会开动脑筋,积极进行创造性思维,在集体思考的强制性刺激及压力下,能产生高水平的策略、方法及谈判技巧。

戏剧式模拟是指在谈判前进行模拟谈判。它和想象谈判不同,想象谈判主要是谈判者个人或集体的思维活动。戏剧式模拟谈判是真实地进行演出,每个谈判者都在模拟谈判中扮演特定的角色,随着剧情发展,谈判全过程一一展现在每个谈判者面前。根据拟定的不同假设,安排各种谈判场面,从而增强每个谈判者的实际谈判经验。通过戏剧式模拟,能够使谈判的准备更充分、更准确,能使每个谈判者找到自己在谈判中的最佳位置,能够为分析己方谈判动机、思考问题的方法等提供一次机会,最终将有助于谈判的成功。

在谈判前摸清对手的底牌

案例应用

荷兰某精密仪器生产厂与中国某企业拟签订某种精密仪器的购销合同。但双方在仪器的价格条款上还未达成一致,因此,双方就此问题专门进行了谈判。

谈判一开始,荷方代表就将其产品的性能、优势以及目前在国际上的知名度做了一番细致的介绍,同时,说明还有许多国家的有关企业欲购买他们的产品。最后,荷方代表带着自信的微笑与口气对中方代表人员说:根据我方产品所具有的以上优势,我们认为一台仪器的售价应该在4 000美元。

中方代表听后十分生气,因为据中方人员掌握的有关资料,目前在国际上此种产品的最高售价仅为3 000美元。于是,中方代表立刻毫不客气地将其掌握的目前国际上生产这种产品的十几家厂商的生产情况、技术水平及产品售价详细地向荷方代表全盘托出。

荷方代表十分震惊,因为据他们所掌握的情况,中方是第一次进口这种具有世界一流技术水平的仪器,想必对有关情况还缺乏细致入微的了解,没想到中方人员准备如此充分,荷方人员无话可说,立刻降低标准,将价格调低到 3 000 美元。并且坚持说,他们的产品完全是世界一流水平,是物有所值。

案例应用

事实上,中方人员在谈判前就了解到,荷兰这家厂商目前经营遇到了一定的困难,陷入一场巨额债务中,回收资金是当务之急,正四处寻找其产品的买主,而目前也只有中国对其发出了购买信号。于是,中方代表从容地回答荷方:我们也绝不怀疑贵方产品的优质性,只是由于我国政府对本企业的用汇额度有一定的限制,因此,我方只能认可 2 500 美元的价格。荷方代表听后十分不悦,他们说,我方已经说过了我们的产品是物有所值,而且需求者也不仅仅是中方一家企业,如果中方这样没有诚意的话,我们宁可终止谈判。

中方代表依然神色从容,"既然如此,我们很遗憾。"

中方人员根据已经掌握的资料,相信荷方一定不会真的终止谈判,一定会再来找中方。

果然,荷方的忍耐达到了极限,没过多久,他们就主动找到中方,表示价格可以再谈。在新的谈判中,双方又都做了一定的让步,最终以 2 700 美元成交。

思考题:

1. 荷方的谈判人员为什么能够将价格立刻从 4 000 元降到 3 000 元?

2. 请简要分析 4 000 元、3 000 元、2 500 元等价格之间的联系?

3. 当荷方提出终止谈判时,为什么中方谈判人员依旧从容? 在此次谈判中,中方人员运用的是何种策略?

4. 从上面这个谈判案例中,你能得出什么结论?

ON NEGOTIATION

第五章　谈判各阶段的策略

学习要点

　　谈判从正式开局到达成协议，要经历一个错综复杂、千变万化的过程，但大体可包括三个阶段，即开局阶段、谈判中间阶段和收局阶段。另外，谈判如果出现僵局，这一阶段相应的解决策略也很重要。在长期的谈判实践中，人们就各个阶段总结出许许多多有关谈判的策略和技巧，这些策略和技巧至今仍在许多谈判中被广泛地运用。

　　掌握一定的谈判策略，可以在谈判中灵活地加以运用，以求达到谈判的战略目标。同时，对谈判对手的种种谈判策略和手段，不论其如何变化，谈判人员也能清楚地予以识别，处之泰然。

新闻导读

10月24日,中国泛海宣布,拟斥资约27亿美元(约合人民币182亿元)收购美国综合金融保险集团Genworth Financial,Inc(简称Genworth)全部已发行股份。

在此次收购中,中国泛海除了现金收购股份,还承诺在债务到期或到期前向Genworth金融集团注资6亿美元以偿还其在2018年到期的债务,并将5.25亿美元现金注入美国寿险业务。与此相对应,Genworth金融集团也承诺将1.75亿美元现金注入美国寿险业务。同时,Genworth是美国最大的长期护理保险公司。

此次交易已获双方公司董事会的批准,预计将于2017年中期成交,但交易还有待Genworth金融集团取得所需的股东批准以及监管批准。

Genworth金融集团(纽约证交所代码:GNW)是一家保险控股公司,总部位于弗吉尼亚州里士满,于2004年登陆纽交所,主要是在长期护理保险、住房按揭保险、寿险和年金领域开展业务。公司位列美国财富500强,在福布斯全球保险业排名第77位。

根据Genworth金融集团公布的数据,截至2016年6月30日,Genworth金融集团的总资产为1 082亿美元,其中可投资资产总额为776亿美元;净资产为170亿美元,较2015年底上涨16%;2016年上半年共实现税后净利润3.28亿美元。

中国泛海近来在海外收购的不仅仅是公司,2016年2月,中国泛海旗下的一家公司——中泛控股斥资7.64亿港元在美国夏威夷买了一块地,这块地面积约为208万平方米。

在普华永道发布的"2016年前三季度中国内地企业海外并购市场回顾与前瞻"中,数据显示,2016年前三季度中国内地企业海外并购交易数量和金额均实现显著增长,交易数量达到创纪录的671宗,几乎是2015年全年交易数量的两倍,交易总金额逾1 600亿美元。

普华永道中国企业购并服务合伙人唐迅说,今年前三季度,中国企业海外并购的显著增长,主要得益于资本市场畅通的融资通道,以及快速增长的财务投资者交易数量。

在海外并购中,上市公司持续成为并购的主力军。数据显示,在前三季度的

671 宗海外并购中，由上市公司实施的有 377 宗，占比 56%。其中国内主板和国内中小板(含创业板)上市企业交易数量，占上市公司海外并购交易总数的 75%。从交易金额而言，上市公司海外并购的金额达 679 亿美元。

资料来源：李晓青. 中国泛海收购美国综合金融保险集团. 澎湃新闻(http://www. thepaper. cn/newsDetail_forward_1548447) ,2016 - 10 - 24.

第一节　谈判策略

一、谈判策略（Modern Negotiation Strategy）的概念

谈判策略，是指谈判人员在谈判过程中为了达到预期的目标，根据形势的发展变化而制定或采取的行动方针和谈判方式。或者说，谈判策略是在可以预见和可能发生的情况下应采取的相应行动和手段。

二、制定谈判策略的步骤

制定谈判策略的步骤是指制定谈判策略所应遵循的逻辑顺序，其主要步骤包括以下几个方面。

（一）了解影响谈判的因素

谈判策略制定的起点是对影响谈判的各因素的了解。这些因素包括谈判中的问题、双方的分歧和态度、趋势、事件或情况等，这些因素共同构成一套谈判组合。首先，谈判人员要将这个"组合"分解成不同的部分，并找出每部分的意义；然后，谈判人员要进行重新安排，在观察分析之后，找出最有利于自己的组合方式。

为了判断在谈判过程中采取进攻或撤退的最佳时机，寻找最合适的手段或方式，达成最有利于自己的协议，谈判人员需要制定恰当的谈判策略。由于谈判是一个动态的发展过程，要求谈判人员能针对谈判中的发展趋势做出适当的反应，随时调整谈判策略。

（二）寻找关键问题

在对相关现象进行科学分析和判断之后，要求对问题特别是关键问题做出明

确的陈述与界定,弄清楚问题的性质,以及该问题对整个谈判的成功会产生什么障碍等。

(三)确定具体目标

根据现象分析,找出关键问题,找出谈判进展中应该调整的事先已确定的目标,视当时的环境变化,调整和修订原来的目标,或是对各种可能的目标进行分析,确定一个新目标。谈判目标的确定关系到整个谈判策略的制定以及将来整个谈判的方向、价值和行动。这个过程实际上是一个根据自身条件和谈判环境的要求寻找各种可能目标进行动态分析判断的过程。

(四)形成假设性方法

根据谈判中不同问题的不同特点,逐步形成解决问题的途径和具体方法。这需要谈判人员对不同的问题进行深刻分析,突破常规限制,尽力探索出既能满足自己期望的目标、又能解决问题的方法来。

(五)深度分析和比较假设方法

在提出了假设性的解决方法后,对少数比较可行的策略进行深入分析。依据"有效""可行"的要求,对这些方法进行分析、比较,权衡利弊,从中选择若干个比较满意的方法与途径。这要求谈判人员在决策理论的指导下,运用一系列定性与定量的分析方法,对假设方法进行深度分析,分析的标准是"有效"和"可行"。所谓有效,是指方法的针对性强,既能切实解决问题,又能实现利益目标的要求;所谓可行,是指方法本身简便易行,而且要在谈判对方认可、接受的范围之内。

(六)形成具体的谈判策略

在进行深度分析得出结果的基础上,对拟定的谈判策略进行评价,得出最后结论;同时,还需要考虑提出假设性谈判策略的方式、方法,根据谈判的进展情况,特别是在已经准确把握了对方的企图以后,就要考虑在什么时候提出己方的策略,并考虑以什么方式提出。综合考虑这些方法和提出的时间、方式,确定这些假设方法中哪些是最好的,哪些是一般的,哪些是迫不得已的,即形成所谓的"上策""中策""下策"。

(七)拟定行动计划草案

有了具体的谈判策略,紧接着便是考虑谈判策略的实施。要从一般到具体提出每位谈判人员必须做到的事项,把它们在时间、空间上安排好,并进行反馈控制和追踪决策。

以上只是从谈判的一般情况来说明如何制定谈判策略。在具体实施的过程中,上述步骤并非机械地排列,各步骤间也不是截然分开的,这些步骤和程序仅仅是制定谈判策略时所应遵循的逻辑思维。

三、谈判各阶段的策略

在实际谈判中,从谈判双方见面商议开始,到最后签约或成交为止,整个过程往往呈现出一定的阶段性,并且具有很强的阶段性特点。尽管谈判是多种策略的综合运用过程,但是在每一阶段都会有一些策略具有明显的主导性。因此,以下各节就不同的谈判阶段,即开局阶段、谈判中间阶段、收局阶段以及僵局阶段来讨论谈判策略。

第二节 开局阶段的策略

开局阶段主要是指谈判双方见面后,在讨论具体、实质性的交易内容之前,相互介绍、寒暄以及就谈判内容以外的话题进行交谈的那段时间。谈判的开局是整个谈判的起点,它的好坏在很大程度上决定着整个谈判的走向和发展趋势。因此,一个良好的开局将为谈判成功奠定坚实的基础,谈判人员应给予高度的重视。

在开局阶段,谈判人员的主要任务是创造谈判气氛、交换意见和做开场陈述。

一、创造良好的谈判气氛

根据现代谈判中双赢思想的要求,谈判双方应当共同努力,寻求互惠互利及双赢的谈判结果。经验证明,在非实质性谈判阶段所创造的气氛会对谈判的全过程产生重要影响。因此,谈判人员要在谈判开始前建立一种合作的气氛,然后有一个顺利的开端,为双方融洽的工作奠定良好的基础。

每一次谈判都因谈判内容、形式、地点的不同而有其独特的气氛:有的是冷淡的、对立的;有的是松弛的、缓慢的、旷日持久的;有的是积极的、友好的;也有的是平静的、严肃的、拘谨的。不同的谈判气氛对谈判会有不同影响。在热烈、积极、友好的气氛下,双方抱着互利互让、通过共同努力而签订一个皆大欢喜的协议、使双方的需要都能得到满足的态度来参加谈判,使谈判成为一件轻松愉快的事情;在冷淡、对立、紧张的气氛中,双方抱着寸土不让、寸利必夺、尽可能签订一个使自己利益最大化的协议的态度来参加谈判,就很有可能把谈判变成一场没有硝烟的战争。

一种谈判气氛可以在不知不觉中把谈判朝某个方向推进,比如热烈的、积极的、合作的气氛,会把谈判朝着达成一致的协议的方向推动,而冷淡的、对立的、紧张的气氛会把谈判推向更为严峻的境地。气氛会影响谈判人员的心理、情绪和感觉,如果不加以调整和改变,就会增强那种气氛。因此,在谈判一开始,建立起一种合作的、诚挚的、轻松的、认真的和解决问题的气氛,对谈判可起到十分积极的作用。

谈判双方刚见面时的寒暄等客套并不能决定谈判的气氛,这仅仅是表面现象而已。谈判人员的大脑运动才是决定谈判气氛的实质内容,正是谈判人员的大脑运动所决定的谈判人员的谈吐、目光、姿态、各种动作形式及速度造成了各不相同的谈判气氛。实际上,当双方走到一起准备谈判时,洽谈的气氛就已经形成。是热情还是冷漠,是友好还是猜忌,是轻松活泼还是严肃紧张都已基本确定,甚至整个谈判的进展,如谁主谈、谈多少、双方的策略等也都受到了很大的影响。当然,谈判气氛不仅受开局瞬间的影响,双方见面之前的预先接触、谈判中的交流都会对谈判气氛产生影响,但谈判开始瞬间的影响最为强烈,它奠定了谈判的基础。此后,谈判的气氛波动比较有限。因此,为了创造一个良好的、合作的气氛,谈判人员应当注意以下几点:

(1)谈判前,谈判人员应安静下来再一次设想谈判对手的情况,设想谈判对手是什么样的人。若是从未见过面的人则可根据己方掌握的情况来设想一下他的工作和个人生活有什么特点,他需要什么,他在企业中处于什么地位,他属于哪种类型的人,是心胸开阔、慷慨大方,不是小心谨慎、墨守成规、不守信用,或是妄自尊大、盛气凌人。这些问题在脑中过一遍,有助于调整自己的心理状态。

(2)谈判人员应该径直步入会场,以开诚布公、友好的态度出现在对方面前。肩膀要放松,目光的接触要表现出可信、可亲和自信。心理学家认为,谈判人员心理的微妙变化都会通过目光而表现出来。

(3)谈判人员应通过服饰仪表来塑造符合自己身份的形象。谈判人员不应蓬头垢面,服饰要美观、大方、整洁,颜色不要太鲜艳,式样不能太奇异,尺码不能太大或太小。由于各国的经济发展程度不同和风俗习惯的差异,对服饰的要求也不能一概而论,但干净、整齐的服饰在任何场合都是必要的。

(4)在开场阶段,谈判人员最好站着说话,小组成员不必围成一个圆圈,而最好是自然地把谈判双方分成若干小组,每组都有各方的一两名成员。

(5)行为和说话都要轻松自如,不要慌慌张张,可适当谈论些轻松的、非业务性的中间问题,如来访者旅途的经历、体育表演或文娱信息、天气情况、私人问候以及以往的共同经历和取得的成功等,此时应不带任何威胁的语调,不要涉及个人的隐私,使双方找到共同语言,为心理沟通做好准备。

(6)注意手势和触碰行为。双方见面时,谈判人员应毫不迟疑地伸右手与对方相握。握手作为一个相当简单的动作,却可以反映出对方是强硬的、温和的,还是理智的。在西方,一个人如果在以右手与对方相握的同时,又把左手搭在对方的肩上,说明此人精力过于充沛或权力欲很强,对方会认为"这个人太精明了,我得小心一点"。同时,最忌讳的莫过于拉下领带,解开衬衫纽扣,卷起衣袖等动作,因为这将使人产生你已精疲力竭、厌烦等印象。

总之,谈判气氛对谈判进程是极为重要的,谈判人员要善于运用灵活的技巧来影响谈判气氛的形成。只有建立一种诚挚、轻松、合作的洽谈气氛,谈判才能获得理想的结果。

二、交换意见

在建立了良好的谈判气氛之后,谈判人员相继落座,开始谈判。

在开局阶段,谈判人员切忌过分闲聊,离题太远,尽量将话题集中于谈判的目标、计划、进度和人员四个方面。就这四个方面充分交换意见,达成一致。

第一,谈判目标。谈判目标即说明双方为什么要坐在一起谈判。谈判目标因各方出发点不同而有不同的类型。例如:探测型意在了解对方的动机;创造型旨在发掘互利互惠的合作机会;论证型则在于说明某些问题。另外还有达成原则协定型、达成具体协定型、批准草签的协定型、回顾与展望型、处理纷争型,等等。目标既可以是上述的一种,也可以是其中的几种。

第二,谈判计划。谈判计划是指议程安排,其内容包括议题和双方人员必须遵循的规矩。

第三,谈判进度。这里的谈判进度是指会谈的速度或是会谈前预计的洽谈速度。

第四,谈判人员。谈判人员是指每个谈判小组的成员情况,包括姓名、职务以及谈判中的地位与作用。

上述问题也许在谈判前就已经讨论过了,但在谈判开始前,仍有必要再就这些问题协商一次。最为理想的方式是以轻松、愉快的语气先谈双方容易达成一致意见的话题。例如,"咱们先确定一下今天的议题,如何?""先商量一下今天的大致安排,怎么样?"这些话,从表面上看,好像无足轻重,分量不大,但这些要求往往最容易引起对方肯定的答复,因此比较容易创造一种一致的感觉。如果对方急于求成,一开局就喋喋不休地大谈实质性问题,己方应巧妙地避开对方肯定的答复,把对方引到谈判目的、议程上来。如对方一开始就说:"来,咱们雷厉风行,先谈合同条款。"我方可以接口应道:"好,马上谈,不过咱们先把会谈的程序和进度先定下来,这样谈起来效率更高。"从而使双方合拍。这也是防止谈判因彼此追求的目标、对策相去甚远而在开局之初就陷入僵局的有效策略。

三、开场陈述

在磋商之前,为了摸清对方的原则和态度,可做开场陈述和倡议。所谓开场陈述,即双方分别阐明自己对有关问题的看法和原则。开场陈述的重点是己方的利益,但它不是具体的,而是原则性的,简明扼要地把对几个问题的主见提出来。

陈述的内容通常包括:己方对问题的理解,即己方认为这次应涉及的问题;己方的利益,即己方希望通过谈判取得的利益;己方的首要利益,阐明哪些方面对己方来讲是至关重要的,己方可向对方做出的让步和商谈事项,己方可以采取何种方式为双方共同获得利益做出贡献;己方的原则,包括双方以前合作的结果,己方在对方心中享有的信誉,今后双方合作中可能出现的良好机会或障碍。

对陈述的时间要把握好,双方尽量平分秋色,切忌出现独霸会场的局面。发言内容要简短而突出重点,恰如其分地把己方的意图、感情倾向表示出来即可,但这并不是说应该态度模糊,关键的话语还是要准确无误地进行表达。例如,"希望有关技术方面问题的讨论结果,能使我们双方都满意。"在语言用词和态度上,要尽量轻松愉快,具有幽默感,减少引起对方焦虑、不满和气愤的可能。否则,只会使对方产生敌意,筑起一道防御之墙,丧失对方原来可能协助或支持自己的机会。

陈述的结束语需特别斟酌,其要求是表明己方陈述只是为了使对方明白己方的意图,而不是向对方挑战或强加给对方接受。例如,"我是否说清楚了","这是我们的初步意见"等都是比较好的语句。陈述完毕后,要留出一定时间让对方表示一下意见。把对方视为回音壁,注意对方对自己的陈述有何反应,并寻找出对方的目的和动机与己方的差别。

对于对方的陈述,己方一是倾听,听的时候要思想集中,不要把精力花在寻找对策上;二是要搞懂对方陈述的内容,如果有什么不清楚的地方,可以向对方提问;三是归纳,要善于思考理解对方陈述的关键问题。

双方分别陈述后,需要做出一种能把双方引向寻求共同利益的陈述,即倡议。倡议时,双方提出各种设想和解决问题的方案,然后,再在设想和符合双方商业标准的现实之间,搭起一座通向成交道路的桥梁,双方需要判断哪些设想、方案更具现实性和可能性。

四、开局阶段应考虑的因素

不同内容和类型的谈判,需要有不同的开局策略与之对应。一般来说,确定恰当的开局策略需要考虑以下几个因素。

(一)考虑谈判双方之间的关系

谈判双方之间的关系,主要有以下几种情况:双方过去有过交往,且关系很好;双方过去有过交往,关系一般;双方过去有过交往,但己方对对方印象不佳;双方过去没有交往。

1. 如果双方在过去有过交往,且关系很好,那么,这种友好的关系应作为双方谈判的基础。在这种情况下,开局阶段的气氛应是热烈、真诚、友好和愉快的。开局时,己方谈判人员在语言上应该是热情洋溢的,内容上可以畅谈双方过去的友好合作关系或双方之间的人员交往,亦可适当地称赞对方组织的进步与发展,态度应该比较自由、放松、亲切。在结束寒暄后,可以这样将话题切入实质性谈判:"过去我们双方一直合作得很愉快,我想,这次我们仍然会合作愉快的。"

2. 如果有过交往,但关系一般,那么,开局的目标是要争取创造一个比较友好、和谐的气氛。但是,与此同时,己方的谈判人员在语言的热情程度上要有所控制;在内容上,可以简单聊一聊双方过去的业务往来及人员交往,亦可说一说双方人员在日常生活中的兴趣和爱好,态度可以随和自然。寒暄结束后,可以这样把话题切入实质性谈判："过去我们双方一直保持着业务往来关系,我们希望通过这一次的交易磋商,将我们双方的关系推进到一个新的高度。"

3. 如果双方过去有过一定的交往,但己方对对方的印象不好,那么开局阶段谈判气氛应是严肃、凝重的。己方谈判人员在开局时,语言上在注意礼貌的同时,应该比较严谨,甚至可以带一点冷峻;内容上可以就过去双方的关系表示不满和遗憾,以及希望通过磋商来改变这种状况;在态度上应该充满正气,与对方保持一定距离。在寒暄结束后,可以这样将话题引入实质性谈判："过去我们双方有过一段合作关系,但遗憾的是并不那么令人愉快。千里之行,始于足下。让我们从这里开始吧。"

4. 如果过去双方从来没有交往,那么第一次的交往,应努力创造一种真诚、友好的气氛,以淡化和消除双方的陌生感以及由此带来的防备心理,为后面的实质性谈判奠定良好的基础。因此,己方谈判人员在语言上,应该表现得礼貌友好,但又不失身份,内容上多以天气情况、途中见闻、个人爱好等比较轻松的话题为主,也可以就个人在公司的任职时间、负责的范围、专业经历进行一般性询问和交谈,态度上是不卑不亢,沉稳中又不失热情,自信但不傲气。寒暄后,可以这样开始实质性谈判："这次合作是我们双方的第一次业务交往,希望它能够成为我们双方发展长期友好合作关系的一个良好开端。我们都是带着希望来的,我想,只要我们共同努力,我们一定会满意而归。"

(二)考虑双方的实力

就双方的实力而言,有以下三种情况。

1. 如果双方谈判实力相当,为了防止一开始就强化对手的戒备心理或激起对方的对立情绪,以致影响到实质性谈判,在开局阶段,仍然要力求创造一种友好、轻松、和谐的气氛。己方谈判人员在语言和姿态上要做到轻松又不失严谨、礼貌又不失自信、热情又不失沉稳。

2. 如果己方谈判实力明显强于对方,为了使对方能够清醒地意识到这一点,并且在谈判中不抱过高的期望值,同时,又不至于将对方吓跑,在开局阶段,在语言和姿态上,既要表现得礼貌友好,又要充分显示出己方的自信和气势。

3. 如果己方谈判实力弱于对方,为了不使对方在气势上占上风,从而影响后面的实质性谈判,在开局阶段,在语言和姿态上,一方面要表示出友好、积极合作的态度,另一方面,也要充满自信,举止沉稳,谈吐大方,使对方不能轻视己方。

第三节　中间阶段的策略

谈判过程的中间阶段,是双方冲突最多的阶段,因为为了维护各自的利益,或促使对方早日做出让步,谈判双方会使用各种策略来达到己方期望的最佳谈判结果。

一、主导策略(Dominant Strategy)

在谈判过程中,对谈判抱有很高期望的谈判者都渴望能够在谈判争论初期就占据主导地位,他们需要占据主导地位来控制局势。因此,主导策略具有很强的侵略性,谈判各方都力争占据主导地位,从而限制不符合自己意愿的决策,以防止对方说"不"。

主导策略有以下分类。

(一)前提条件策略(Premise Condition Strategy)

前提条件策略是指谈判双方强制设定某些前提条件,以显示不愿意就彼此的分歧进行谈判。比如说,美国对伊拉克进行空袭期间,就提出"不在胁迫下谈判"和"不与恐怖分子谈判"的前提条件。这种策略使美国与伊拉克武装力量之间产生了不可逾越的障碍,进而阻碍了谈判的展开,使得问题更为棘手。在这种策略下,要想使恐怖分子妥协的可能性就微乎其微了,更可能使谈判另一方产生过激反应,比如终止谈判等等。在伊拉克,恐怖分子就出现了绑架人质、杀害人质的过激反应。

但是,作为一种建立信任的措施,某些前提条件以及谈判一方接受这些条件的意愿将会对谈判创造有利的条件。例如,在上面的例子中,谈判中要求释放病人、儿童、妇女、老人等人质就是在恐怖分子和谈判当局之间建立信任的一个有效前提条件,随后双方才能进行更为艰难的谈判。

(二)免谈条款策略(No Bargaining Strategy)

与前提条件策略密切相关的另一种策略是免谈条款策略,即宣称某些问题在谈判中或是合同的签订过程中是免谈的。这种策略大多运用于商务谈判之中。它一般可以防止对那些力量较强的卖方或买方强加的某些固定条款和条件进行反复谈判。是否接受它们为免谈条款,在很大程度上取决于谈判双方的力量对比。

例如,在大型计算机成为一种大众化的商品之前,全世界的大型计算机市场主要由 IBM、Digital、SUN 等大型供应商控制,因此这些供应商普遍强迫客户接受卖方协议。当其他类型的计算机普及后,这些供应商的客户马上坚持使用买方协议,此时买方开始对供应商运用免谈条款策略了。

运用免谈条款策略的目的是使谈判对手逐渐丧失削弱己方谈判实力的可能性,从而削弱对手的谈判实力。这些条款有时是情绪化的,有时却是合理的。这种情绪化会使谈判对手做出错误的判断,谈判对手可能会觉得除非同意将某些问题视为免谈条款,否则谈判无法继续进行。但是,谈判对手也会有相应的应对策略。他们可以完全接受要求,也可以只做部分让步,并可能会建议将这些免谈的问题暂时放在一边,看看谈判双方在其他问题上能否有所进展。或者是暗示己方,整个谈判取决于所有问题,而非一两个。这就完全要看谈判双方实力的对比了。

(三)操纵进程策略(Controlling Process Strategy)

操纵进程策略是指谈判一方可能通过控制议程内容或讨论事项的先后次序来试图操纵整个谈判进程。一般来讲,单方面确定谈判议程或次序不符合正常的谈判规则,但在某些情况下,谈判一方会试图将多个问题按特定次序排列,以获取有利地位。

二、引导策略(Introductory Strategy)

引导策略是指谈判一方以一种较不明显的方式或以较低的代价促使对方在某些方面做出让步。引导策略有以下形式。

(一)黑脸白脸策略

黑脸白脸策略有点儿类似于我们常说的"托儿",是运用最为广泛的一种策略,并且常常是行之有效的。

在谈判中,谈判对手将会经过各种伪装运用这种策略。谈判对手可能以两个人出现,表面上互不相干,但实际上已经相互沟通过。谈判对手可能会告诉你他们接受你的立场,并告诉你这是为了双方今后更好的合作。但是他们必须面对他们严厉的老板,除非你做出让步来帮助他们,否则他们在老板面前无法交代,谈判也无法继续进行。如果己方中计,就不得不违背自己的初衷,从而更改自己的谈判底线,让对手正中下怀。

（二）高开低就策略

高升低就策略在商务谈判中使用得较多。因为谈判中的卖方在报价上通常会保留一些余地,所以买方就常常向卖方提出:"我觉得你能够给我们更加优惠的条件,以使我们的合作能够进行得更顺利!"而且这种策略还可以剔出原来价格中的部分水分。但卖方也会提防,比如采用说服的技巧来平息买方异议。比如,卖方告诉买方,我们的售后服务做得很好,因此价格会比别的厂家高一些。

（三）薄利多销策略

薄利多销策略是指谈判的一方为了达到目标,委曲求全,以求站稳脚跟,只要对方的提议有一丝可能成为他们通向未来的"金钥匙",他们就几乎会考虑对方提出的任何提议的一种"欲扬先抑"的被动策略。

第四节　收局阶段的策略

收局阶段的策略往往趋向于施压策略,因为这一阶段谈判协议日益成熟,最终的交易形式也逐渐明朗。此时,处心积虑的谈判者会通过谨慎地施加压力获得收益,并使对手在最后阶段付出代价。

一、战战兢兢策略

战战兢兢策略是一种形象的说法,它实际上是指在即将签署谈判协议时,突然放下笔要求修改某项条款从而使对手让步。这种策略一般应用在即将达成协议时,谈判双方情绪都很高涨,并耗费了大量的时间和精力,已经做好了返程准备的情况下。采用这种策略,可以榨取对手更多的让步。

当对达成协议的热切期望蒙蔽了谈判一方的理性时,另一方便有机可乘。在交易即将达成,双方已经提笔准备在合同上签字时,突然,谈判一方战战兢兢地放下手中的钢笔,说道:"我觉得我们对第八条还不是很满意,因为这条可能让我们受到价格浮动的影响。如果您愿意在合同中解决这个问题,我们现在就可以签署合同。"如果谈判的另一方迫切希望达成协议,并且能够接受让步,他们可能就会做出足够的让步,从而让另一方的笔重新回到合同上来。但是,不难想象,对方可能会故伎重施,迫使谈判对手不断让步。

二、得寸进尺策略

得寸进尺策略是一种比战战兢兢策略更过分的策略。它是指在谈判中,对方总是提出这样或那样的小难题,阻碍了整个谈判的进程,使得己方不断解决问题,而一个问题刚解决,另一个又接踵而来,而这些小问题的解决也正是己方的让步。

对应这种策略的解决办法是要求谈判对方一次提出所有剩余的"小难题",己方才予以进行回应;或是坚持只能就包括在当前谈判范围之内的条款进行讨论,否则就必须重新审查谈判范围,并对涉及的其他条款进行相应的调整。这样一来,就会使"得寸进尺"策略的使用者处于一种尴尬的境地。因此,对谈判对手提出的问题决不能逐一解决,否则只要你越显得愿意满足对手,对手就会越贪得无厌。

三、过时不补策略

在采用过时不补的收局策略时,通常显示出已接近最终期限的迹象。当你在某些问题上陷入僵局时,此种迹象就变得更为明显。如果所有问题都陷入僵局,过时不补策略就成了最后通牒,其作用将大打折扣。当它是"自然"终止谈判的一种隐晦含义时,此策略能够产生最佳效果,尤其是在最终期限具备明显的(尽管是虚假的)可信度的情况下。

显而易见,过时不补策略的意图是施加压力。尽管你对对方条件的某些方面不甚满意,但迫于时间压力,你担心继续寻求更好的条款可能会危及此次交易时,该策略就发挥作用了。最终期限往往不可靠。某些期限较为严肃,而很多期限都令人怀疑,这就很难事先确定。如果最终期限只是虚张声势,问题就会比较简单;如果事实并非如此,那么你将以交易失败而告终。

你可以等待最终期限到来,并观察届时的事态发展,从而辨别最终期限的真伪。你也可以通过向最终期限的设定者宣称:"考虑到最终期限我已经尽了最大的努力……"从而回应他所提出的最终期限。最终期限如同威胁,根据大多数人的谈判经验,最好对其漠然置之。如对其做出回应,或者表面上假装接受,往往会弄巧成拙。

四、取舍由之策略

与上述策略类似,取舍由之策略也是一种具有最后通牒压力的收局策略。它与谈判有一种对立关系,在谈判中使用越早,其可信度越低;使用越晚,其可信度越高。因为人们此时会认为对方很可能是认真的。你的选择就是按他们的要求去做,即要么取之(如果你觉得这是最佳选择),要么舍之(如果他们提供的任何条件对你都无关紧要)。当然,这不仅仅是你的难题,对方也需承受你退出的后果。

尽管你在最后通牒中显示了冷漠,对方也许仍然希望你接受条件。如果你是策略的接受方,这将是决定你如何进行回应的重要因素。你只有依据实际情况才能判断虚张声势的可能性是否存在,尽管你往往可以选择拒绝那些自己不满意的交易。

五、分割差异策略

"分割差异"是一种极具诱惑力的收局策略,并披着一层公平而且理智的妥协的外衣。它看上去是如此的合理而公正。事实证明分歧很难消除,因而这一策略建议双方分割差异。此建议极富吸引力,有时候足够使谈判者同意。如此,谈判者已经跨越了双方之间 50% 的鸿沟。如果一方能够承受这种行为的代价,那当然更好。但是,即使通过此建议,对方也已经显示了至少和己方存在 50% 的差异。这将使对方很容易面临一种困境。己方现在可能会承认,对方单方面的努力已经使双方之间的分歧缩小了一半。

多数收局阶段的策略比较明显,然而,如果谈判者在谈判桌上处于毫无防备的状态,这些策略就能发挥作用。在长期身处异地进行谈判时,或当谈判者的时间表催促其尽早启程,赶赴其他社交应酬时,谈判者就可能陷入这些策略所设下的陷阱中。所以,谈判者必须小心谨慎,不要仅仅由于自己的谈判节奏而使自己失去耐心并退出谈判。在时间意识刻薄的文化中,期待人们严格遵守时间将导致严重后果,除非谈判者能够自己调整节奏来适应。

第五节 处理僵局的策略

谈判进入实质的磋商阶段以后,谈判各方往往由于某种原因相持不下,陷入进退两难的境地。我们把这种谈判搁浅的情况称为"谈判的僵局"。当僵局形成以后,必须进行迅速的处理,否则就会对谈判的顺利进行产生影响。妥善处理僵局,必须对僵局的性质、产生的原因等问题进行透彻的了解和分析,才能正确地加以判断,从而进一步采取相应的策略和技巧,选择有效的方案,重新回到谈判桌上。

一、谈判中僵局的种类

按照人们对谈判本身的理解角度不同,可以将谈判中的僵局分为不同的类型。

(一)从狭义上的分类

大多数人认为,谈判就是交换意见、达成一致看法、签订协议的过程,这是对谈判所做的狭义上的理解。从这种狭义的角度来理解谈判,僵局的种类包括谈判初期僵局、中期僵局和后期僵局三种。

在谈判的初期,主要是双方彼此熟悉、了解,建立融洽气氛的阶段,双方对谈判都充满了期待。但是如果由于误解,或由于某一方谈判前准备得不够充分,使另一方感情上受到很大的伤害,就会导致僵局的出现,使谈判匆匆收场。

谈判的中期是谈判的实质性阶段,双方需要就有关技术、价格、合同条款等交易内容进行详尽的讨论、协商。在合作的背后,客观地存在着各自利益上的差异,这就可能使谈判暂时向着使双方难以统一的方向发展,产生谈判中期的僵局,而且,中期僵局常常具有此消彼长、反反复复的特点。有些中期僵局通过双方之间重新沟通,问题便可迎刃而解;有些则因为双方都不愿在关键问题上退让而使谈判长时间拖延,问题悬而难解。因此,中期是僵局最为纷繁多变的阶段,也是经常发生谈判破裂的阶段。

谈判后期是双方达成协议的阶段。在已经解决了技术、价格等关键性问题之后,还有诸如项目验收程序、付款条件等执行细节需要进一步商议,特别是合同条款的措辞、语气等经常容易引起争议。但谈判后期的所谓僵局不像中期那样难以解决,只要某一方表现得大度一点,稍做些让步便可顺利结束谈判。需要指出的是,后期阶段的僵局决不容轻视,如果掉以轻心,有时仍会出现重大问题,甚至使谈判前功尽弃。因为到了后期,虽然合作双方的总体利益以及各自利益的划分已经通过谈判确认,但是只要正式的合同尚未签订,总会有未尽的权利、义务、责任、利益和其他一些细节尚需确认和划分,因此不可疏忽大意。

(二)从广义上的分类

其实,谈判不仅仅是从交换意见到签订合作协议的过程,而且也是贯穿于整个合作始终的过程。

在谈判中,双方的观点、立场的交锋是持续不断的,当利益冲突变得不可调和时,僵局便出现了。所以,从广义上讲,僵局的发生是伴随整个合作过程随时随地都有可能出现的。例如,项目合作过程分为合同协议期和合同执行期,因此,谈判僵局分为协议期僵局和执行期僵局两大类。协议期僵局是双方在磋商阶段意见产生分歧而形成的僵持局面;执行僵局是在执行合同过程中双方对合同条款理解不同而产生的分歧,或出现了双方始料未及的情况导致一方把责任有意推向另一方,抑或一方未能严格履行协议引起另一方的严重不满等而引起的责任分担不明确的争议,这就是从广义角度来理解的僵局。

二、僵局形成的原因

不论是谈判中的何种僵局,其形成都是有一定原因的。只要我们能够对这些原因准确地加以判断并适度地把握,处理僵局也就有的放矢了。那么,当我们认真而冷静地对僵局的成因进行分析时,就不难发现,其原因包括以下几个方面。

(一)谈判中形成一言堂

除了书面形式的谈判以外,交易双方都是面对面地通过语言来交流信息、磋商议题的。谈判中的任何一方,不管出于何种欲望,如果过分地、滔滔不绝地论述自己的观点而忽略了对方的反应和陈述的机会,必然会使对方感到不满与反感,从而造成潜在的僵局。更严重的情况是谈判中的一方认为自己理由充分,唯恐对方不了解,或是认为只有从不同角度反复陈述自己的观点,才能取得对方的理解与信任,希望以此获得成功。他们并没有考虑到给对方表达观点的机会,剥夺了对方的发言权,造成了"曲终人散"的局面,从而形成僵局。

（二）过分沉默与反应迟钝

谈判中的任何一方,无论出于什么目的,不能或不愿在谈判桌上与对方进行充分交流,过分地沉默寡言,看似在认真、专注地倾听,实际上是反应迟钝或不置可否,这会引起对方的种种猜疑和戒备,甚至引起对方的不满,从而给对方造成心理压力,形成谈判的难堪局面,造成僵局。

（三）观点的争执

在谈判过程中,如果对某一问题双方各自坚持自己的看法和主张,谁也不愿做出让步时,往往容易产生分歧,争执不下。双方越是坚持自己的立场,分歧就会越大。这时,双方真正的利益被这种表面的立场所掩盖,而双方为了维护各自的面子,非但不愿做出让步,反而会用顽强的意志来迫使对方改变立场。于是,谈判变成了一种意志力的较量,自然会陷入僵局。

经验证明,谈判双方在立场上关注越多,就越不能注意调和双方的利益,也就越不可能达成协议。甚至谈判双方都不想做出让步,或以退出谈判相要挟,这就更增加了达成协议的难度,拖延了谈判时间,容易使谈判一方或双方丧失信心与兴趣,最终使谈判以破裂而告终。立场观点的争执所导致的谈判僵局是比较常见的,因为人们最容易在谈判中出现立场观点性争执的错误,这也是形成僵局的主要原因。

（四）偏激的感情色彩

偏激的感情色彩,是指谈判者对所商谈的议题过分地表现出强烈的个人感情色彩,提出一些不合乎逻辑的议论和意见,形成强烈的个人偏见或成见,引起对方的不满,造成谈判的僵局,甚至使谈判破裂。如谈判中买方认为供货方的要价过高,便喋喋不休地旁征博引,说某某企业的货物如何好、条件又如何优惠等,引起供货方的厌烦,导致谈判陷入僵局。

（五）人员素质低下

俗话说事在人为,人的素质永远是引发事由的重要因素,谈判也是如此。谈判人员素质的高低不仅始终是谈判能否成功的重要因素,而且当双方合作的客观条件良好,共同利益较一致时,谈判人员的素质往往是起决定性作用的因素。

事实上,仅就导致谈判僵局的因素而言,在某种程度上都可归结为人员素质方面的原因。有些僵局的产生,很明显是由于谈判人员的素质欠佳。如在使用一些策略时,因时机掌握不好或运用不当,导致了谈判过程受阻及僵局的出现。因此,无论是谈判人员作风方面的原因,还是谈判人员知识经验、策略技巧方面的不足或失误都可导致谈判僵局的出现。

（六）信息沟通的障碍

谈判本身是靠"讲"和"听"进行沟通的。事实上,即使一方完全听清了另一方的讲话内容并予以正确地理解,并能够接受这种理解时,也不意味着就能够完全把握对方所要表达的思想内涵。谈判双方信息沟通过程中的失真现象是时有发生的。在实践中,由于信息传递失真而使双方之间产生误解而出现争执,并因此使谈判陷入僵局的情况是屡见不鲜的。这种失真可能是口译方面的,也可能是合同文字方面的,这些都属于沟通方面的障碍。

信息沟通本身不仅要求真实、准确,而且还要求及时迅速。但谈判实践中却往往由于未能达到这一要求而使信息沟通产生障碍,从而导致僵局。这种信息沟通障碍就是指双方在交流彼此情况、观点,协商合作意向、交易的条件等过程中遇到的理解障碍。主要表现为:双方文化背景差异所造成的沟通障碍;由于职业或受教育程度的不同所造成的一方不能理解另一方的沟通障碍;由于心理因素等原因造成的一方不愿接受另一方意见的沟通障碍;等等。这些都可能使谈判陷入僵局。

（七）软磨硬扛式的拖延

软磨硬扛虽然是商业谈判中常用的手法,但是,如果谈判人员为了达到某种不公开的目的而采取无休止的拖延,在拖延中软磨硬扛,不仅会使对方厌恶,而且会使对方产生更大的反感,致使谈判陷入僵局和破裂。例如,谈判人员借口眼下有件急事要处理,而将谈判委托给某某代表负责,而接替者又不置可否,致使谈判没有任何实际意义,明显地是在拖延谈判时间。这样不仅不尊重对方,而且会使对方感到这种做法隐藏着某种其他含义和动机,使对方产生反感,从而造成僵局。

（八）外部环境发生变化

谈判中因环境变化,谈判者对己方做出的承诺不好食言,但又无意签约,采取不了了之的拖延,使对方忍无可忍,造成僵局。例如,市场价格突然变化,如按双方洽谈的价格签约,必给一方造成损失。若违背承诺又恐对方不接受,双方都不挑明议题,形成僵局。这是由于谈判人员缺乏应有的坦诚态度,又都企图从对方那里获得需求,造成久拖不决的僵局。

以上是造成谈判僵局的几种因素。在谈判实践中,很多谈判人员害怕僵局的出现,担心由于僵局而导致谈判暂停乃至最终破裂。其实大可不必如此,谈判经验告诉我们,这种暂停乃至破裂并不绝对是坏事。因为,谈判暂停,可以使双方都有机会重新审慎地检查各自谈判的出发点,既能维护各自的合理利益,又能使人注意挖掘双方的共同利益。如果双方都逐渐认识到弥补现存的差距是值得的,并愿意采取相应的措施,包括做出必要的进一步妥协,那么,这样的谈判结果也真实地符合谈判原本的目的。即使谈判破裂,也可以避免非理性的合作,即不能同时给双方都带来利益上的满足。有些谈判似乎形成了一胜一负的结局,实际上,失败的一方往往会以各种方式来弥补自己的损失,甚至以各种隐蔽的方式挖对方的墙脚,结果导致双方都得不偿失。所以说,谈判破裂并不总是以不欢而散而告终的。双方通过谈判,即使没有成交,但彼此之间加深了了解,增进了信任,为日后的有效合作打下了基础。从这个意义上来看,谈判僵局并非坏事,在某种程度上还可以说是一件有意义的好事。

三、僵局的处理方法

在谈判出现僵局的时候,要想妥善处理好僵局,不仅要分析原因,而且还要搞清分歧的所在环节及其具体内容。例如,是价格条款问题,还是法律合同问题,抑或是责任分担问题等等。在分清这些问题的基础上,进一步估计目前谈判所面临的形势,检查一下自己曾经做出的哪些许诺存在不当之处,进而认真分析对方为什么在这些问题上不愿意做出让步以及困难所在等。特别是要想方设法找出造成僵局的关键问题和关键人物,然后认真分析在谈判中受哪些因素的制约,并积极主动地做好相关方面的疏通工作,寻求理解、帮助和支持,通过内部协调,就可以对自己的进退方针、分寸做出大致的选择。最后,要认真研究突破僵局的具体策略和技巧,确定整体的行动方案,最终妥善地处理好谈判的僵局。

(一) 尽力避免僵局的原则

妥善处理谈判僵局的最有效途径是将形成僵局的因素消灭在萌芽状态。为此,应遵循以下几项原则。

1. 坚持闻过则喜。俗话说:褒贬是买主。谈判出现意见分歧是平常的事,提出反对的意见,一方面是谈判顺利进行的障碍,同时也是对议题感兴趣或想达成协议的表示。因此,听到对方的反对意见要"闻过则喜",应诚恳地表示欢迎。问题的关键是谈判双方从指导思想上都应坚持正确的谈判态度。提出反对意见者,说话要有充分依据,尊重对方。被提意见者要谦虚,欢迎对方畅所欲言。

2. 态度冷静、诚恳,语言适中。谈判中形形色色的反对意见中,有相当一部分是不合理的。谈判人员在解释、回答这些反对意见时,绝不能用针锋相对的愤懑的口吻来反驳,而是应该态度冷静、诚恳,解释时语言适中,既不多讲,也不寡言。这样,可以减轻对方的负担,满足对方自尊心的需要,而且可以在倾听对方意见的基础上探出对方的动机和真实目的,为制定对策做准备。同时,也应将自己的看法和对方意见的不实之处反馈给对方,从而形成谈判的对等局面。

3. 绝不为观点分歧而发生争吵。谈判既是智力的角逐,又是感情的交流。当谈判中的分歧较大时,双方都会不同程度地流露出各自的真实感情,即使在理智的控制下,言谈中难免会出现一些冷嘲热讽的现象,甚至发生情绪上的对立。为此,谈判者必须有较强的自控能力,防止变争论为争吵,不要为观点分歧的争论而出言不逊,注意语言的委婉性、艺术性,以充分的理由来强化说服力,同时注意对方的情绪变化,分析其心理状态,因势利导,寻求解决分歧的途径,使谈判得以顺利进行。

（二）努力建立互惠式谈判

所谓互惠式谈判,是谈判双方都要认定自身需要和对方的需要,然后双方共同探讨满足彼此需要的一切有效的途径与办法。即视对方为解决问题者,而不是敌人。谈判人员对于谈判对方所提供的资料采取审慎的态度,不要不信任对方;谈判中态度要温和,眼睛紧盯在利益目标上,而非立场上的纠缠;寻求共同利益而不是单纯从自身利益考虑。

为了使互惠式谈判能够有效地开展,可以采用"多头并进"的谈判方法。多头并进,就是同时议论有待解决的各个项目,如价格、付款条件、交货条件及售后服务等。由于各个具体项目之间有较大的伸缩性可以调整,当其中的一项遇到难题时,可以暂时搁放,移到下一项,或是当某一项不得不做退让时,也可以设法从其他项目得到补偿。这种谈判的办法,又叫做横向谈判。尽管进展缓慢,但可以减轻谈判人员的压力,有利于避免僵局。如果采用单项深入式的谈判,每次只集中谈论一个项目,这种谈判方法虽然进度快,但是各个项目之间缺乏呼应,易使谈判双方承受较大的压力,导致谈判陷入僵局。

互惠式谈判的核心是谈判双方既要考虑自己的利益,也要兼顾对方的利益,是平等合作式的谈判。

(三)妥善处理谈判僵局的方法

1. 潜在僵局的间接处理法。所谓间接处理法,就是谈判人员借助有关事项和理由委婉地否定对方的意见。其具体的办法有以下几种:

(1)先肯定局部,后全盘否定。谈判人员对于对方的意见和观点持不同的看法或是发生分歧时,在发言中首先应对对方的观点和意见中的一部分略加肯定,然后以充分的根据和理由间接地、委婉地全盘否定。例如,需方说:"用这种包装的商品,我们不能要!"供方经过通盘分析,了解到需方这是借包装问题来为讨价还价找借口。于是供方回答道:"是啊!许多人都认为这种包装的商品不好卖,但是如果真正认识到这种包装的好处,自然会改变看法的。已经有很多顾客专门挑选这类包装的商品了。"又如,需方说:"我们不需要送货,只要价格优惠!"供方不直接答复,却说:"你的意见有道理,可您是否算过这样一笔账,价格优惠的总额与送货的好处相比,还是送货对您更有利。"供方先肯定对方的一部分意见,然后进行核算比较,最后间接否定了需方的意见。

(2)先重复对方的意见,然后再削弱对方。这种方法是谈判人员先用比较婉转的口气,把对方的反对意见重复一遍,再做回答。在重复时原意不能改变,语言顺序可以变动。这样做可以缓和谈判气氛,显得比较温和。因为,在你复述对方的意见时,对方感到你是充分尊重他的意见的,心理压力相对会减轻些,谈判就不会因观点不同形成僵局,而能缓解潜在的对立情绪,实际上,这就意味着削弱了反对意见。

运用这种方法时,要注意研究对方的心理活动、承受能力,要因时、因人、因事而异,不能机械地套用。

(3)用对方的意见去说服对方。这是谈判人员直接或间接地利用对方的意见去说服对方,促使其改变观点的方法。例如,卖方对买方说:"你方要货数量虽大,但是要求价格的折扣幅度太大了,服务项目要求也过多,这样的生意实在是难做。"买方便可以这样去说服对方:"您说的这些问题都很实际,正像您刚才说的那样,我们要货数量大,这是其他企业根本无法与我们相比的。我们要求价格折扣幅度大于其他企业也是可以理解的!再说,以后我们会成为您的主要的长期合作伙伴,而且您还可以减少对许多小企业的优惠费用。从长远看,咱们还是互惠互利的。"

(4)以提问的方式促使对方自我否定。这种方法是谈判人员不直接回答问题,而是提出问题,使对方在回答问题的过程中否定其原来的意见。例如,供方为争取一份销售合同,派一名业务员前去与零售企业洽谈。

零售方:"我们目前还不需要你们的商品,某某企业的货倒是很适合我们的需要。"

业务员:"请问你们那么好的营业场所,柜台都摆满了吗?"

零售方:"摆满说不上,但够卖的了。"

业务员:"你们经营的商品,着重花色、利润,还是商品的质量?"

零售方:"首要的是商品的销路,同时要看利润如何。"

业务员:"我们的商品销路不错,无须我多说了!但我们的价格及各种优惠条件是其他企业无法相比的。"

零售方:"你的优惠条件相当不错,但我还要看看质量。"

业务员:"你们的营业面积有多大,经营品种有多少?"

零售方:"营业厅面积足有5 000多平方米,经营品种倒不多。"

业务员:"看来,你们柜台商品陈列并不是很丰富,我的这种商品是可以摆得下的吧!"

零售方:"摆是没有问题的。"

业务员:"怎么样? 对我的商品有什么想法?"

零售方:"让我考虑一下。"

零售方经过分析,认为购进这种商品有利可图,于是双方达成了协议。整个洽谈过程中,供方业务员通过提问的方式,促使零售方否定了自己原来的观点,进而达成了协议。

2. 潜在僵局的直接处理法。

(1)站在对方立场上说服对方。说服是以充分的理由和事实使对方认可。但是,在商务谈判中仅有充分的理由和事实并不一定能使对方信服。为此,当谈判中一方坚持固有意见时,要使说服有效,除了使用无可辩驳的证据和严密的推理外,还必须使对方的需要得到一定的满足。所以,要站在对方的立场上去讲清道理,使对方确实感到他原来所坚持的意见必须改变才行,以扭转谈判的僵局。

（2）归纳概括法。这种方法是在谈判中将对方的各种反对意见进行归纳整理、集中概括，然后有针对性地加以解释和说明，从而起到削弱对方观点与意见的效果。例如，需方代表对供方提供的商品提出很多意见，如商品的外观不新颖、包装有问题、质量与价格不相称、顾客不欢迎等等，需方提了一连串的反对意见，无非是在为讨价还价做准备。若逐一回答，不但啰唆，而且需方也未必听得进去。对此，供方代表可以将对方这一连串的反对意见进行归纳、整理，概括为商品的质量问题，进而抓住质量问题去进行解释和说服对方。这样，针对性强，说服力强，可以把对方的疑虑及早消除，有利于避免出现僵局。

（3）反问劝导法。在谈判中常常会出现莫名其妙的压抑气氛，这就是陷入僵局的苗头。出现这种情况的原因极为复杂，有的是谈判人员个人心理变化所致，有的是一方虽有反对意见但尚未表露所致，等等。这时，谈判人员适当运用反问法，以对方的意见来反问对方，可以防止陷入僵局，而且能够有效地劝说对方。例如，需方说："你提供的商品，无论是质量还是价格都可以，只是目前我们不打算进货！"供方摸不清需方的真实意图，可以巧妙地说："向您提供的这些商品，正像您说的那样，一切都不错。看来，您很识货！目前这种商品的销路看好，进些货是举手之劳，何乐而不为呢？"待需方进一步解释或回答时，供方便可知道需方的真实意图了，然后便可以有针对性地进行劝导工作，从而避免谈判陷入僵局。

（4）幽默法。幽默在谈判中运用得好，可以起到意想不到的效果。当谈判出现沉闷的气氛时，谈判人员可以说几句诙谐的话，使剑拔弩张的紧张气氛得到缓解。这样，谈判人员的心理压力也会得到缓解，精神会为之一振，可以使错综复杂的谈判活动在轻松愉快的气氛中进行。

（5）适当馈赠。谈判人员在相互交往的过程中，可以适当地互赠些礼品作为联络感情的方法，西方学者幽默地称之为"润滑策略"。这是防止谈判出现僵局的行之有效的方法，这就等于直接明确地向对方表示"友情第一"。所谓适当馈赠，就是说馈赠要讲究艺术，一是注意对方的习俗，二是防止"贿赂"之嫌，做到"礼轻情义重"。

（6）场外沟通。谈判会场外沟通亦称场外交易、会下交易等。它是一种非正式谈判，双方可以无拘无束地交换意见，达到沟通，消除障碍，避免出现僵局。对于正式谈判出现的僵局，同样可以利用场外沟通的途径直接进行解释，消除隔阂。

场外沟通,亦应提高警惕,不要做单方面的表白,以免泄露己方机密,也不要在轻松的气氛中轻信对方提供的信息。

3. 妥善处理谈判僵局的最佳时机。在谈判实践中,选择最佳时机处理僵局,往往会取得意想不到的效果。谈判活动的发展变化,在不同的时间各不相同,在不同的时间采取相应的措施处理僵局,效果大不一样。这方面的技巧和方法主要有以下几种:

(1)及时答复对方的反对意见。谈判中双方都希望自己的意见得到对方的尊重和重视,若不能给予对方明确的答复,往往会造成对方的心理障碍,形成谈判进行中的潜在僵局。为此,只要对方提出明确的反对意见后,都应及时给予答复,若一时无法答复,亦应解释清楚,这样可以采取主动,使对方感到你的诚意,有利于消除僵局。

(2)适当拖延答复。谈判中会碰到很多棘手的问题,使谈判人员不能即刻答复。在这种情况下,可以拖延一定的时间再做答复,以取得更好的效果。但拖延答复时间不宜过长,而且应当向对方说清楚。若出现下列各种情况,则可以拖延答复:①对方提出的反对意见,使你感到不能做出满意的答复时;②反驳对方意见缺乏足够的证据时;③即刻回答会使己方陷入被动;④确实有把握控制谈判局势,使对方的反对意见随着谈判的深入逐渐削弱时;⑤对方的反对意见明显偏离议题时;⑥对方由于心理原因而提出"发泄性"的反对意见时。

(3)争取主动,先发制人。若谈判人员事先发现对方会提出某种反对意见,抢在对方之前把问题提出来,作为自己的论点,劝导对方重新认识问题,可以有效地避免和消除僵局。采用这种做法应善于察言观色,随时注意对方的态度,掌握好时间,可以避免争论,避免僵局。值得注意的是,"先发制人"绝不是"强加于人"。

4. 打破谈判中僵局的做法。如果在谈判中僵局已明显化,双方又争执不下,致使谈判毫无进展时,如何妥善处理这种明显的谈判僵局,直接关系到谈判效果。妥善处理已经形成的僵局,关键是设法缓和对立情绪,弥合分歧,使谈判出现转机,推动谈判进行下去。具体的做法主要有以下几种:

(1)采取横向式的谈判。把谈判的面撒开,先撒开争执的问题去谈另一个问题,而不是盯住一个问题不放,不谈妥誓不罢休。例如,在价格问题上双方互不相让,僵住了,可以先暂时搁放一旁,改谈交货期、付款方式等其他问题,如果在这些议题上对方感到满意了,再重新回过头来谈价格问题,阻力就会小一些,商量的余地也就更大一些,从而弥合分歧,使谈判出现新的转机。

(2)改期再谈。谈判中,往往会出现严重僵持,致使谈判无法继续的局面。这时候可以共同商定休会,并商定再次谈判的时间、地点。但在休会之前,务必向对方重申己方的意见,引起对方的注意,使对方有充裕的时间进行考虑。

(3)改变谈判环境与气氛。谈判中气氛紧张,易使谈判人员产生压抑、沉闷,甚至烦躁不安的情绪。作为东道主可以组织谈判双方搞一些松弛的活动,例如游览观光、文娱活动等,使紧张的神经得到松弛。这当中,谈判双方可以不拘形式地就某些僵持问题继续交换意见,在融洽轻松的气氛中消除障碍,使谈判出现新转机。

(4)叙旧情,强调双方的共同点。这是通过回顾双方以往的合作历史,强调和突出双方的共同点和以往合作的成果,以此来削弱彼此的对立情绪,达到打破僵局的目的。

(5)更换谈判人员或者由领导出面调解。谈判中出现了僵局,经多方努力仍无效果时,可以征得对方同意,及时更换谈判人员。这是一种迫不得已的、被动的做法,必须慎重使用。必要时,可请企业的领导出面,因势利导,以表明对谈判局势的关注,也可以达到消除僵局的效果。

(四)谈判中严重僵局的处理办法

在谈判过程中,尽管双方几经努力,但僵局仍未出现缓解之势,双方都已"被套住"时,那么,僵局已经相当严重了。特别是在履行协议过程中,双方对于争议、纠纷之类问题的谈判,涉及双方的权利与义务,致使谈判双方对立情绪十分明显,气氛异常紧张。这类谈判难度大、政策性和专业技术性强。妥善的办法是在己方利益不受损失的情况下,顾全对方的自尊与利益,在灵活运用各种策略与技巧的同时,可采取适当让步和调解与仲裁的做法。

1. 适当让步,争取达成协议。对于谈判的任何一方而言,坐到谈判桌旁的目的主要是为了成功达成协议。因此,当谈判陷入僵局时,我们应当清醒地认识到,如果促使合作成功所带来的利益要大于坚守原有立场而让谈判破裂所带来的好处,那么,有效的退让也是我们应该采取的策略。

让步的基本原则是以小换大。这就要求谈判者既要经过缜密思考,步子稳妥,又要恰到好处,使对方的利益得到一定的满足,从而促成签订协议。这方面的具体做法如下：

（1）不要做无谓的让步。每次让步都要换取对方相应的让步，都要争取己方的利益。也就是说，让步要让在"加"上，让得恰到好处，使己方较小的让步换取对方较大的让步。

（2）不要轻易表态接受对方最初的让步，即使对方最初让步的效益高于己方的期望值时，也不要轻易表态。因为，对方的最初让步还有余地，而且己方推迟表态还可以引出对方的意图。

（3）在己方认为重要的问题上要力求使对方先让步；而在较次要的问题上，己方可根据实际需要，适时、适度地予以让步。

（4）虽然已经做出了让步，而后考虑到这种让步对己方不利时，可以提出修正，不要因为难为情而迟迟不敢提出要求。

（5）谈判中的让步，并不是对等的让步，每次让步的幅度不宜过大，让步的次数绝不可多，而且要设法让对方感到，己方做出的每一次让步都是重大的让步，以争取达成协议。

在严重僵局的处理过程中运用让步策略，必须通盘谋划，明确用什么方式、在什么时候、在哪些方面让步，让步到什么程度等一系列问题，绝不可盲目地让步，引起失误，出现得不偿失的结果。

2. 调解与仲裁。当谈判僵局继续发展，双方严重对峙、均无有效方法解决时，可以采取调解与仲裁的办法来处理。

（1）调解。调解是通过第三方的工作来解决僵局的一种做法。调解对谈判双方并不是强制性的，仅是由中间人对双方进行调解劝说。

（2）仲裁。仲裁是指通过专门的仲裁机构，按照仲裁规则解决纠纷的一种办法。仲裁必须是双方自愿的，其结果具有强制执行力，对双方都有约束作用。

通过第三方的调解和采用仲裁处理谈判僵局固然有效，但是，当发现调解和仲裁人员不公正时，谈判人员应及时明确提出，必要时也可以通过诉诸法院的形式对他们的不公正行为予以起诉，以保护自己的合法权益。

在具体谈判中，最终采用何种策略应该由谈判人员根据当时当地的谈判背景与形势来决定。一种策略可以有效地运用于不同的谈判僵局之中，但一种策略在某次僵局的突破中运用成功，并不一定就适用于其他同样起因、同种形式的谈判僵局。只要僵局构成因素稍有差异，包括谈判人员的组成不同，各种策略的使用效果都可能截然不同。问题还在于谈判人员本人的谈判能力和谈判实力,以及实际谈判中的个人及小组力量的发挥。应变能力强和谈判实力强的一方配以多变的策略,就能够应付各种谈判僵局。

案例应用

得寸进尺策略

下面是买卖双方的一段谈话,从中可以更好地体会出得寸进尺策略的效果。

"您这种机器要价 750 元一台,我们刚才看到同样的机器标价为 680 元,您对此有什么话说吗?"

"如果您诚心想买的话,680 元可以成交。"

"如果我是批量购买,总共购买 35 台,难道你也要一视同仁吗?"

"不会的,我们每台给予 60 元折扣。"

"我们现在资金比较紧张,是不是可以先购 20 台,3 个月后再购 15 台?"

卖主很是犹豫了一会儿,因为只购买 20 台,折扣是不会这么高的,但他想到最近几个星期不太理想的销售状况,还是答应了。

"那么您的意思是以 620 元的价格卖给我们 20 台机器。"买主总结性地说。

卖主点了点头。

"为什么要 620 元呢?凑个整儿,600 元一台,计算起来也省事,干脆利落,我们马上成交!"

卖主想反驳,但"成交"二字对他颇具吸引力,他还是答应了。

买主步步为营的得寸进尺策略生效了,他把价格从 750 元一直压到 600 元,压低了 20%。

思考题:

1. 从上面的案例中,你能总结出得寸进尺策略有哪些优势吗?

2. 如果你是卖主,你会采取什么策略应对买主?

制造僵局,摆脱困境

案例应用

我国某公司谈判代表出国洽谈业务。当我方要求与对方谈判时,对方以主人工作繁忙为借口采取拖延战术,一拖再拖,等到我方人员回国日期临近时又应用疲劳策略,以车轮大战的方式夜以继日地与我方洽谈。对如此日程安排我多次提出反对意见,但对方却一意孤行,对我方的意见置若罔闻。在这种情况下,我方人员表示:"我们本次来访是经双方事先商定的,而就你方目前日程的安排来看似乎是毫无准备,我们对贵方的谈判诚意表示怀疑。在这种情况下,继续谈判已毫无意义,我们不愿意白白浪费时间,因此,我们决定提前离开。"

对方弄不清我方这番话的真实用意,担心我方会与其他卖主签约成交,所以,关键人物接踵而至,一再表示歉意并按我方意见修改了议程。

思考题:

1. 一般谈判都要避免出现僵局,而这个谈判为什么会故意制造僵局?
2. 在采取制造僵局的策略时,应该注意哪些问题?

ON NEGOTIATION

第六章 谈判技巧

谈判是借助于谈判双方的信息交流来完成的，而谈判中的信息传递与接收则需要通过谈判人员之间的听、问、答、叙、看、辩及说服等方法来完成。谈判人员在谈判桌上必须随时注意谈判技巧的运用，以便准确地把握对方的行为与思想。

正如一位谈判专家所言：谈判人员必须十分注意捕捉对方思维过程的蛛丝马迹，以便及时了解对方需求动机的线索；必须仔细倾听对方的发言，注意观察对方的每一个细微动作。

10月20日晚间,巨人网络壳公司世纪游轮(002558.SZ)发布公告,宣布将以每股39.34元向财团发行新股,增发股票总价值为255亿元。此外,巨人网络董事长史玉柱个人以现金高于投资人价格增持50亿元。

Playtika是以色列一家以休闲社交棋牌类游戏为核心业务的网络游戏公司。本次交易完成后,上市公司将合计持有Playtika 100%股份。

该交易的报告书显示,上市公司拟向重庆拔萃、泛海资本、上海鸿长、上海瓴逸、上海瓴熠、重庆杰资、弘毅创领、新华联控股、四川国鹏、广东俊特、宏景国盛、昆明金润及上海并购基金13名交易对方,非公开发行股份及支付现金购买其持有的交易标的全部普通股。

其中,255亿股票以每股39.34元价格直接增发给上述13名交易方组成的财团,而史玉柱的50亿现金,以每股43.66元价格向史玉柱旗下的巨人投资增发股票获得。

分析人士认为,由于收购资产规模庞大,超过上市公司上年期末资产总额的50%,此次交易构成重大资产重组。但由于交易完成后,史玉柱依然是上市公司实际控制人,此次交易不构成重组上市。并且史玉柱个人增持的部分锁定期为36个月,显示了公司对该收购标的业务长期发展的信心。

巨人网络向澎湃新闻表示,公司认为Playtika拥有优秀的研发及技术优势、精细化的运营及大数据分析能力、卓越的行业并购整合及游戏改造能力、庞大的玩家用户群体及行业领先的品牌优势。通过本次交易,上市公司将大幅提升其在全球市场竞争力,打造全球化的游戏发行运营平台,借助标的公司精准的用户分析及营销能力,帮助上市公司进行产业链的全面拓展升级,增强持续盈利能力与发展潜力。

"多款游戏在被Playtika收购后,游戏数据指标及盈利能力得到显著提升,可以说Playtika在资源整合和游戏改造领域有着强大的优势。"一位巨人网络的负责人向记者表示。

公开资料显示,Playtika在2014年、2015年及2016年1~6月分别实现营业收入 33.08 亿元、45.47 亿元和 29.77 亿元,分别实现扣非后归属于母公司股东净利润 6.51 亿元、10.67 亿元和 7.33 亿元。

巨人网络向澎湃新闻表示,本次交易完成后,上市公司未来几年营业收入、归属于母公司股东的净利润均显著增加,基本每股收益将增厚,2017 年上市公司利润预计突破 30 亿元。

巨人网络还表示,网络游戏产业处于快速发展阶段,海外游戏市场前景广阔,此举顺应中国企业通过海外收购"走出去"的大浪潮。未来两年,公司将继续深耕亚太地区,布局全球海外市场。

资料来源:包雨朦. 巨人网络收购以色列游戏公司 Playtika. 澎湃新闻(http://www. thepaper. cn/newsDetail_forward_1547048) ,2016 – 10 – 21.

第一节 谈判技巧概述

一、注重利益而非立场

许多人并不一定了解,在谈判双方对立的立场背后,既可能存在冲突的利益,而实际上还可能存在共同的或可以彼此兼容的利益。

在谈判中,利益的交换是非常重要的。双方谈判能否达到双赢,主要取决于双方让步的策略,即能否准确识别利益因素对于自己和对方的重要性。

识别利益因素往往依赖于双方之间的沟通。例如,在谈判中,不妨向对方多问几个为什么,如"您为什么特别注重……""您为什么不接受……"等问题。以此来探求对方的真实利益所在。在谈判中,对于利益问题,应注意以下几点:

第一,向对方积极陈述你的利益所在,以引起对方的注意并使对方满足你的利益。

第二,承认对方的利益所在,考虑对方的合理利益,甚至在保证自己利益的前提下努力帮助对方解决利益冲突问题。

第三,在谈判中既要坚持原则(如具体的利益),又要有一定的灵活性。

第四,在谈判中对利益做硬式处理,而对人做软式处理。在谈判中要强调你为满足对方利益所做出的努力,有时也要对对方的努力表示钦佩和赞赏。

二、创造双赢的解决方案

人们在谈判中有时不欢迎律师参加,其原因是把律师在谈判中的职责想象成是从法律角度计较得失,千方百计维护谈判者的利益。而实际上让好的律师参与谈判往往会取得意想不到的效果。因为,好的律师在谈判中有能力为谈判双方寻求对双方都有利的解决方案。如果将双方的利益比做一张饼来切,那么律师并不是仅仅注重切在什么地方,而更注重在切分这块饼之前,尽量使这块饼变得更大。

然而,在许多谈判中,谈判的结局并不理想。谈判者更多的是注重追求单方面利益,坚持固守自己的立场,而从来也不考虑对方的实际情况。为什么谈判者没有创造性地寻找解决方案,没有将谈判双方的利益实现最大化?有经验的谈判专家认为,导致谈判者陷入上述谈判误区主要有如下四个障碍:

一是过早地对谈判下结论。谈判者往往在缺乏想象力的同时,看到对方坚持其立场,也盲目地不愿意放弃自己既有的立场,甚至担心寻求更多的解决方案会泄露自己的信息,减低讨价还价的力量。

二是只追求单一的结果。谈判者往往错误地认为,创造并不是谈判中的一部分,谈判只是在双方的立场之间达成一个双方都能接受的点。

三是误认为一方所得,即为另一方所失。许多谈判者错误地认为,谈判具有零和效应,对对方所做出的让步就是我方的损失,所以没有必要再去寻求更多的解决方案。

四是谈判对手的问题始终该由他们自己解决。许多谈判者认为,谈判就是要满足自己的利益需要,替对方想解决方案似乎是违反常规的。

实践证明,成功的谈判应该使得双方都有赢的感觉。只有双方都是赢家的谈判,才能使以后的合作持续下去,双方才会在合作中各自取得自己的利益。因此,如何创造性地寻求双方都接受的解决方案乃是谈判的关键所在,特别是在双方谈判处于僵局的时候更是如此。

谈判者要走出谈判误区,必须遵循如下的谈判思路和方法。

(一)将方案的创造与对方案的判断行为分开

谈判者应该先创造方案,然后再决策,不要过早地对解决方案下结论。比较有效的方法是采用所谓的"头脑风暴"式的小组讨论,即谈判小组成员彼此之间激发思想,创造出各种想法和主意,而不是考虑这些主意是好还是坏,是否能够实现。然后再逐步对这些想法和主意进行评估,最终决定谈判的具体方案。在谈判双方是长期合作伙伴的情况下,双方也可以共同进行这种小组讨论。

(二)充分发挥想象力,以扩大方案的选择范围

在上述小组讨论中,参加者最容易犯的毛病就是,觉得大家在寻找最佳的方案。而实际上,我们在激发想象阶段并不是寻找最佳方案的时候,我们要做的就是尽量扩大谈判的可选择余地。此阶段,谈判者应从不同的角度来分析同一个问题,甚至可以就某些问题和合同条款达成不同的约束程度。例如:不能达成永久的协议,可以达成临时的协议;不能达成无条件的协议,可以达成有条件的协议;等等。

(三)找出双赢的解决方案

双赢在绝大多数的谈判中都是应该存在的,创造性的解决方案可以满足双方利益的需要。这就要求谈判双方应该能够识别共同的利益所在。每个谈判者都应该牢记:每个谈判都有潜在的共同利益,共同利益就意味着商业机会,强调共同利益可以使谈判更加顺利。另外,谈判者还应注意谈判双方兼容利益的存在,这种不同的利益同时并存,并不矛盾或冲突。

(四)替对方着想,并让对方容易做出决策

让对方容易做出决策的方法是:让对方觉得解决方案既合法又正当;让对方觉得解决方案对双方都公平;另外,列举己方熟悉对方的先例,也有利于促使对方做出决策。

三、使用客观标准,破解利益冲突

在谈判过程中,尽管充分理解对方的利益所在,并绞尽脑汁为对方寻求各种互利的解决方案,同时也非常重视与对方发展关系,但还是可能会遇到令人非常棘手的利益冲突问题。若双方就某一个利益问题争执不下,互不让步,即使强调"双赢"也无济于事。例如:房东与承租人之间的房租问题;在国际贸易中的交货期长短问题;最终的价格条款的谈判问题;等等。

通常在上述情况下,一般谈判者多数会采取立场式的谈判方法。这时,解决的

方法有可能是,一方如果极力坚持自己的立场,则另一方就不得不做出一定的让步来达成协议。为什么会出现这种情况呢? 这种谈判,双方的假设前提是:①我所失即你所得;②谈判协议的达成取决于达成协议的意愿;③不考虑其他的因素,而只考虑单一价格因素。

实践证明,在谈判中,谈判者必须把握谈判遵循客观标准的基本原则,即公平有效的原则、科学性原则和先例原则。

谈判者在谈判中运用客观标准时,应注意以下几个问题。

第一,建立公平的标准。通常,在谈判中遵循的客观标准有:行业标准、有效性、对等的原则、相互的原则等。客观标准的选取要独立于双方的意愿,要公平和合法,并且在理论和实践中均是可行的。

第二,建立公平的分割利益的步骤。例如:在两个小孩分橘子的传统例子中,"一个切,一个选";大宗商品贸易由期货市场定价进行基差交易;在两位股东持股相等的投资企业中,委派总经理采取任期轮换法;等等。这些都是一些通过步骤来分割利益的例子。

第三,将谈判利益的分割问题局限于寻找客观依据。在谈判中,多问对方:您提出这个方案的理论依据是什么? 为什么是这个价格? 您是如何算出这个价格的?

第四,善于阐述自己的理由并接受对方提出的合理的客观依据。一定要用严密的逻辑推理来说服对手。对方认为公平的标准必须对你也公平。运用你所同意的对方标准来限制对方漫天要价,甚至于两个不同的标准也可以谋求折中。

第五,不要屈从于对方的压力。来自谈判对手的压力可以是多方面的,如贿赂、最后通牒、以信任为借口让对手屈从、抛出不可让步的固定价格等。但是无论哪种情况,都要让对方陈述理由,讲明所遵从的客观标准。

四、交锋中的技巧

(一)多听少说

缺乏经验的谈判者的最大弱点是不能耐心地听对方发言,他们认为自己的任务就是谈自己的情况,说自己想说的话和反驳对方的反对意见。因此,在谈判中,他们总在心里想下面该说的话,不注意听对方发言,许多宝贵信息就这样失去了。

他们错误地认为,优秀的谈判员是因为说得多才掌握了谈判的主动,其实成功的谈判员在谈判时把50%以上的时间用来听。他们边听、边想、边分析,并不断向对方提出问题,以确保自己完全正确地理解对方。他们仔细听对方所说的每一句话,因而能获得大量的宝贵信息,增加谈判的筹码。有效地倾听可以使我们了解对方的需求,找到解决问题的新办法,修改我们的发盘或还盘。"谈"是任务,而"听"则是一种能力,甚至可以说是一种天分。"会听"是任何一个成功的谈判员都必须具备的条件。在谈判中,我们要尽量鼓励对方多说,我们要向对方说:"Yes"(好的),"Please go on"(请继续),并提问题请对方回答,使对方多谈他们的情况,以达到尽量了解对方的目的。

（二）巧提问题

谈判的第二个重要技巧是巧提问题。通过提问我们不仅能获得平时无法得到的信息,而且还能证实我们以往的判断。出口商应用开放式的问题(即答复不是"是"或"不是",而需要特别解释的问题)来了解进口商的需求,因为这类问题可以使进口商自由畅谈他们的需求。例如:"Can you tell me more about your company?"(能否多介绍一下贵公司的情况?)"What do you think of our proposal?"(您看我方的建议如何?)对外商的回答,我们要把重点和关键问题记下来以备后用。

发盘后,进口商常常会问:"Can't you do better than that?"(贵方能否做得更好一些?)对此发问,我们不要让步,而应反问:"What do you mean by better?"(您所说的更好一些是指什么呢?)或"Better than what?"(比什么更好一些呢?)这些问题可使进口商说明他们究竟在哪些方面不满意。例如,进口商会说:"Your competitor is offering better terms."(你的竞争对手正向我们提供更优惠的条件。)这时,我们可继续发问,直到完全了解竞争对手的发盘。然后,我们可以向对方说明我们的发盘实际上要比竞争对手的更好。如果对方对我们的要求给予一个模糊的回答,如"No problem"(没问题),我们不要接受,而应请他做具体回答。此外,在提问前,尤其在谈判初期,我们应征求对方同意,这样做有两个好处:一是若对方同意我方提问,就会在回答问题时更加合作;二是若对方的回答是"Yes"(是的),这个肯定的答复会给谈判制造积极的气氛并带来一个良好的开端。

（三）使用条件问句

当双方对对方有了初步的了解后,谈判将进入发盘和还盘阶段。在这个阶段,我们要用更具试探性的条件问句进一步了解对方的具体情况,以修改我们的发盘。

条件问句由一个条件状语从句和一个问句共同构成,这个问句可以是特殊问句也可以是普通问句。典型的条件问句有"What... if"(如果……那么),和"If... then"(如果……就)这两个句型。例如:"What would you do if we agree to a two-year contract?"(如果我们同意签两年的合同你们将如何做?)及"If we modify our specifications, would you consider a larger order?"(如果我们进一步改进自己的产品,调整规格,你们会考虑签更大的订单吗?)在国际谈判中,条件问句有许多特殊优点。

1. 互做让步。用条件问句构成的发盘和提案是以对方接受我方条件为前提的。换句话说,只有当对方接受我方条件时,我方的发盘才成立,因此,我们不会单方面受发盘的约束,也不会使任何一方做单方面的让步,只有各让一步,交易才能达成。

2. 获取信息。如果对方对我方用条件问句构成的发盘进行还盘,对方就会间接地、具体地、及时地向我们提供宝贵的信息。例如,我方提议:"What if we agree to a two-year contract? Would you give us exclusive distribution rights in our territory?"(如果我们同意签两年的合同你方会如何考虑? 你方能给我方在我国市场上的独家经营权吗?)对方回答:"We would be ready to give you exclusive rights provided you agree to a three-year contract."(如果你方同意签三年的合同,我们就准备给你方独家经营权。)从回答中,我们可以判断对方关心的是长期合作。新获得的信息对以后的谈判会很有帮助。

3. 寻求共同点。如果对方拒绝我们的条件,我们可以另换其他条件构成新的条件问句,向对方做出新的一轮发盘。对方也可用条件问句向我方还盘。双方继续磋商,互做让步,直至找到重要的共同点。

4. 用条件问句代替"No"。在谈判中,如果直接向对方说"No",对方会感到没面子,双方都会感到尴尬,谈判甚至会因此陷入僵局。如果我们用条件问句代替"No",上述的情况就不会发生。例如:当对方提出我们不能同意的额外要求时,我们可用条件问句问对方:"Would you be willing to cover the extra cost if we agree to meet your additional requirements?"(如果我方同意你方提出的附加条件,你方愿意承担由此引起的额外成本吗?)如果对方不愿支付额外费用,也就拒绝了自己的要求,我们不会因此而失去对方的合作。

（四）避免跨国文化交流产生的歧义

国际谈判大多用英语进行，而谈判双方的母语往往又不都是英语，这就增加了交流的难度。在这种情况下，我们要尽量用简单、清楚、明确的英语，不要用易引起误会的多义词、双关语、俚语、成语。也不要用易引起对方反感的词句，如"To tell you the truth"（实话告诉你吧），"I'll be honest with you …"（对你我会以诚相待的……），"I will do my best."（我会尽力）"It's none of my business but …"（尽管与我无关但是……）。这些词语带有不信任的色彩，会增加对方的担心，从而不愿积极与我们合作。

跨国文化交流的一个严重通病是"以己度人"，即主观地认为对方一定会按照我们的意愿、我们的习惯去理解我们的发言，或从对方的发言中我们所理解的意思正是对方想表达的意思。最典型的例子就是"Yes"和"No"的使用和理解。曾经有一家美国公司和一家日本公司进行商务谈判。在谈判中，美国人很高兴地发现，每当他提出一个意见时，对方就点头说"Yes"，他以为这次谈判特别顺利。直到他要求签合同时才震惊地发现日本人说的"Yes"是表示礼貌的"I'm listening"（我一直在听）的意思，而不是"I agree with you"（我同意你的观点）的意思。实际上，"Yes"这个词的意思是非常丰富的，除了以上两种以外，还有"I understand the question"（这个问题我理解）的意思和"I'll consider it"（我会考虑）的意思。"No"的表达方式也很复杂。有些文化的价值观反对正面冲突，因此人们一般不直接说"No"，而用一些模糊的词句表示拒绝。例如，巴西人用"It's some what difficult"（这会有一些困难）代替"It's impossible"（这不可能），没有经验的谈判者若按字面意思去理解，就易引起误会，延缓谈判进程。因此，我们必须尽量了解对方的文化、对方的价值观和风俗习惯，只有这样才能正确无误地传递和接受信息。

为了避免误会，我们可用释义法确保沟通顺利进行。释义法就是用自己的话把对方的话解释一遍，并询问对方我们的理解是否正确。例如，对方说："We would accept your price if you modify your specifications."（如果你们能进一步改进你们的产品，我们就会接受你方提出的价格。）我们可以说："If I'm right in understanding you，what you are really saying is that you agree to accept our price if we improve our products as you request."（如果我没理解错的话，你实际上的意思是如果我方按照你们的要求改进自己的产品，你们会接受我方的价格。）这样做的另一个好处是可以加深对方对这个问题的印象。

最后,为确保沟通顺利的另一个方法是在谈判结束前做一个小结,把到目前为止达成的协议重述一遍并要求对方予以认可。小结一定要实事求是,措辞一定要得当,否则对方会起疑心,对小结不予认可,致使已谈好的问题又得重谈一遍。

第二节 谈判中"听"的技巧

有位哲人曾经说过:造物主所以赐给我们两只耳朵与一张嘴巴,恐怕就是希望我们多听少说吧。不管造物主是否真有这种用意,为了保证谈判人员能够在谈判中及时、准确、恰当地接受或反馈信息,必须掌握谈判中"听"的技巧。

谈判中,我们了解和把握对方观点与立场的主要手段和途径就是听。实践证明,只有在清楚地了解对方观点和立场的真实含义之后,我们才能准确地提出己方的方针和政策。从心理学和日常的生活经验来看,当我们专注地倾听别人讲话时,就表示我们对讲话者的观点很感兴趣或很重视,从而使对方产生一种满足感,这样,在双方之间就产生了一定的信赖感。正如美国早期的一位科学家富兰克林曾经说过的:"与人交谈取得成功的重要秘诀,就是多听,永远不要不懂装懂。"因此,作为谈判人员,一定要学会如何"听",在认真、专注地倾听的同时,积极地对讲话者的话做出反应,以便获得较好的倾听效果。

这里还可以从日本松下公司的创始人松下幸之助对倾听的重视程度来说明提高聆听水平的重要意义。曾有人请求松下幸之助:"用一句话来概括您的经营诀窍。"回答是:"首先要细心倾听他人的意见。"

一、克服"听"的障碍

美国的朱迪·皮尔逊博士把"听"分为两种形式,即积极的听与消极的听。所谓积极的听,就是在重要的交谈中,听者全神贯注,充分调动自己的知识、经验及感情,使大脑处于紧张状态,以便在接收信号后立即进行识别、归类、解码,并做出相应反应,如表示理解或疑惑、支持或反对、愉快或难过,等等。这种与说话者密切对应的听即为积极的听。所谓消极的听,就是指在一般的交谈中,听者处于比较松弛的状态中,即在一种随意状态中接受信息,如平时家庭中的闲谈或者非正式场合中的交谈,等等。积极的听既有对语言信息的反馈,也有对非语言信息,即表情、姿势等的反馈;而消极的听则往往不同时具有这种明显的姿势反馈和表情反馈。事实上,听一番信息量大、思想活跃、观点新颖的谈话,往往是听者比说者还要疲劳,因为听的人总要不断地调整自己的分析系统,修正自己的理解,以便与说话人同步思维。

拉夫·尼可拉斯是一位专门研究如何"听"的大学问家。经过多年的研究,他发现,即使是积极地听对方讲话,听者也仅仅能记住不到50%的讲话内容,而且,其中只有1/3的讲话内容按原意听取了,1/3被曲解地听取了,另外1/3则丝毫没有听进去。而且不同的人对于自己听取的那部分内容的理解也是不同的。一系列试验表明,"听"存在着听力障碍,当你无法接受一个人的观点时,你心中自然地就会筑起一道封闭的墙,使你无法听进对方的话,从心理上反对对方讲话的内容,并主观地认为对方的话不对,这成为你倾听的障碍。在谈判中,谈判者彼此频繁地进行着微妙、复杂的信息交流,如果谈判者一时疏忽,将会失去不可再得的信息。为了能够听得完全、清晰,就必须了解听力障碍。在人们相互交谈的过程中,倾听的障碍主要有以下几种。

(一) 判断性障碍

心理学家通过多年的实践得出结论:人们都喜欢对别人的话进行判断、评价,然后决定赞成或不赞成,这是造成不能有效倾听的重要原因之一。人们喜欢判断耳闻目睹的一切,并且总是从自己的立场出发来判断别人的话,但根据个人的信念做出的反应往往是有效倾听的严重阻碍。一般说来,你的反应会干扰对方说话,打乱对方的思维过程,反而迫使对方改变思维过程,这样就不可避免地引起对方采取防御手段,结果使对方很难坚持自己的观点,力争隐藏自己的思想和感情。即使是赞美对方的话,也会造成听的障碍,因为赞美往往使对方陶醉于其中,从而使其不能保持原来的思维过程。

(二) 精力分散、思路较对方慢及观点不一致而造成的少听或漏听

谈判是一项十分耗费精力的活动。如果谈判日程安排得紧张,谈判人员得不到充分休息,特别是在谈判的中后期,如连日征战,消耗更大,此时即使是精力十分旺盛的人,也会出现因精力不集中而产生少听或漏听的现象。一般来说,谈判人员的精力和注意力的变化是有一定规律的:在开始时精力比较充沛,但持续的时向较

短,约占整个谈判时间的 8.3% ~ 13.3%。如果是 1 个小时的谈判,精力旺盛的阶段只有最初的 5~8 分钟;如果是一个超过 6 天的谈判,只有前 3 天为精力旺盛期。谈判过程中,精力趋于下降的时间较长,约占整个时间的 83%。谈判要达成协议时,又出现精力充沛期,因为当人们意识到双方达成协议的时刻就要来到时,精力会突然复苏、高涨,但时间也很短,约占整个时间的 3.3% ~ 8.7%。此后,任何的拖延都会使谈判者的精力处于零度水平,而且再也高涨不起来了。

另外,由于人与人之间客观上存在着思维方式的不同,如果一方的思维属于收敛型,而另一方的思维属于发散型,那么由于收敛型的人思维速度较慢,发散型的人思维速度较快,双方就很难做到听与说的一致,让收敛型思维的人去听思维速度较快的发散型思维的一方的发言时,收敛型思维的人就会因思路跟不上对方或因双方思路不同而造成少听或漏听。

(三)带有偏见的听

在谈判中,以下几种常见的偏见也会造成倾听的障碍:

1. 自己先把别人要说的话定一个标准或做价值上的估计,再去听别人的话。当对方正在讲话的时候,有这种偏见的听者往往会在心里判断:对方接下来要说的是不重要的、没有吸引力的、太复杂的、老生常谈的内容。于是他便一边听一边希望对方赶紧把话题转入重点或者结束讲话。有偏见的听者常常会按自己的好恶对所听的话进行曲解,他们常常根据自己过去的经验把别人的话限制在自己所设的某种条件中,也就是说,常常自以为是地把某些话附加上自己的意思,这样就不能真正理解对方的话。

2. 因为讨厌对方的外表而拒绝听对方讲话的内容。即使对方的话很重要或者有许多值得注意的地方,谈判者也会因为讨厌其外表而不想听其讲话的内容,故不能从其中获得确实有用的信息。

3. 有些谈判者尽管心里在想别的事情,却为了使讲话者高兴而假装自己很注意听,伪装实际上也是一种偏见,伪装的听者有一个较为一般的特征,就是双眼直愣愣地盯着讲话者,做出一副洗耳恭听的样子。因为他们把注意力都集中在伪装的姿态上,所以根本没有余力去专心倾听。还有一种伪装者喜欢试着去记住别人的每一句话,却把话题的主要意义忽视了。这种伪装者常使讲话者以为他们的确是在专心倾听。因此,这种伪装的听很容易使对方产生误会,影响沟通。

（四）受收听者的文化知识、语言水平，特别是专业知识与外语水平的限制而听不懂对方的讲话内容

谈判内容总是涉及某个专业领域的，因此，如果谈判人员对专业知识掌握得有限，在谈判中一旦涉及专业方面的知识，就会造成由于知识水平的限制而形成的收听障碍。特别是在现代谈判中，由于语言上的差别，也会造成收听障碍。我国企业在涉外谈判时大多配备一个专门的翻译，由于这些翻译人员往往是从外语院校毕业，对某些业务知识掌握得不够全面，一旦需要对某些技术含量较高的业务进行全过程的翻译时，则很容易出现对某些细小的环节一带而过，或者只是翻译了大概意思。实际上，这些细小环节，有时恰恰是理解对方讲话的内容、把握对方立场和观点的关键。一词多义现象在英语中十分常见，语言本身的细微差别对未受过专门语言训练的人来说难以体察得到。如英语中常用的词语大约只有 500 个，但每个词起码可以有 20～25 种不同的解释。换言之，只要有两个人，便可以把 500 个常用的词做出 2 万多种不同的解释，这会给翻译人员带来困惑，形成听力障碍。

（五）环境的干扰形成了听力障碍

由于各地环境不同，谈判环境也是千差万别。由于环境的干扰，常常会使人们的注意力分散，从而形成听力障碍。例如：天气突然变化、电闪雷鸣，过往的行人或是飞过的鸟，修建房屋的噪音等等，都会使收听者分散注意力。我们在生活中也有体验：我们不可能同时听清楚两个人的讲话内容，当我们需要进行复述时，我们只能复述清楚一个人的讲话内容而放弃另一个，所以，荀子《劝学篇》中说："耳不能两听而聪"。

二、如何做到有效地倾听

（一）倾听的规则

1. 要清楚自己听的习惯。首先要了解，你在听人讲话方面有哪些不好的习惯，你是否对别人的话匆忙做出判断，是否经常打断别人的话，是否经常制造交往的障碍。了解自己听的习惯是正确运用听的技巧的前提。

2. 全身心地注意。要面向说话者，同他保持目光接触，要以你的姿势和手势证明你在倾听。无论你是站着还是坐着，都要与对方保持最适宜的距离。说话者都愿与认真听的人交往。

3.要把注意力集中在对方所说的话上。不仅要努力理解对方言语的含义,而且要努力理解对方的感情。

4.要努力表达出理解。在与对方交谈时,要努力弄明白对方的感觉如何,他到底想说什么。如果你能全神贯注地听对方的讲话,不仅表明你对他持称赞态度,使他感到你理解他的情感,而且有助于你更准确地理解对方发出的信息。

5.要倾听自己的讲话。倾听自己的讲话对培养倾听他人讲话的能力是特别重要的。倾听自己讲话可以使你了解自己,一个不了解自己的人,是很难真正了解别人的。倾听自己对别人讲些什么是了解自己、改变和改善自己听的习惯与态度的手段,如果你不倾听自己是如何对别人讲话的,你就不会知道别人如何对你讲话,当然也无法改变和改善自己的习惯和态度。

(二)倾听的技巧

可以将听的技巧归纳为"五要"和"五不要"。

1."五要"。"五要"是:

(1)要专心致志、集中精力地听。专心致志倾听,要求谈判人员在听对方发言时聚精会神,同时,还要配以积极的态度去倾听。要做到专心致志,就要避免出现心不在焉、"开小差"的现象发生。即使是自己已经熟知的话题,也不可充耳不闻,万万不可将注意力分散到研究对策问题上去,因为万一讲话者的内容有隐含意义时,我们没有领会到或理解错误,会造成事倍功半的结果。精力集中地听,是倾听艺术中最基本、最重要的问题。据心理学统计:一般人说话的速度为每分钟120～200字,而听话及思维的速度,大约要比说话的速度快4倍左右,因此,往往是说话者话还没有说完,听话者就大部分都能够理解了。这样一来,听者常常由于精力的富余而"开小差"。也许恰是这时,对方讲话的内容与我们理解的内容有偏差,或是传递了一个重要信息,而我们没有理解或理解错误。因此,我们必须注意时刻集中精力倾听对方的讲话,并用积极的态度去听,而不是消极地或是精神不集中地去听,这样的倾听成功的可能性就比较大。在倾听时注视讲话者,主动地与讲话者进行目光接触,并做出相应的表情以鼓励讲话者。如可扬一下眉毛,或是微微一笑,或是赞同地点点头,抑或否定地摇摇头,也可不解地皱皱眉头等,这些动作配合,可帮助我们精力集中并起到良好的收听效果。

需要特别注意的是,作为一名谈判人员,应该养成有耐心地倾听对方讲话的习惯,这也是一个谈判人员个人修养良好的标志。在谈判过程中,当我们不太理解对方的发言、甚至难以接受时,千万不可塞住自己的耳朵,表示出拒绝的态度,因为这样的肢体语言对谈判非常不利。

(2)要通过记笔记来集中精力。通常,人们当场记忆并将内容全部保持的能力是有限的,为了弥补这一不足,应该在听讲时做大量的笔记。记笔记的好处在于:一方面,笔记可以帮助自己回忆和记忆,而且也有助于在对方发言完毕之后,就某些问题向对方提出质询,同时,还可以帮助自己做充分的分析,理解对方讲话的确切含义与精神实质;另一方面,通过记笔记,可以给讲话者留下重视其讲话的印象,同时会对讲话者产生一种鼓励作用。对于谈判这种信息量较大且较为重要的活动来讲,一定要做记录,过于相信自己的记忆力而很少动笔做记录,对谈判是不利的。因为,在谈判过程中,人的思维在高速运转,大脑要接受和处理大量的信息,加上谈判现场的气氛很紧张,对每个议题都必须认真对待,所以只靠记忆是办不到的。实践证明,听话者即使记忆力再好也只能记住对方讲话的大概内容,记笔记是不可少的,这也是比较容易做到的用以清除倾听障碍的好方法。

(3)要有鉴别地倾听对方发言。在专心倾听的基础上,为了达到良好的倾听效果,可以采取有鉴别的方法来倾听对方的发言。通常情况下,人们说话时总是边说边想,来不及整理,有时表达一个意思要绕着弯子讲许多内容,从表面上听,根本听不出什么是重点,因此,听话者就需要在用心倾听的基础上,鉴别传递过来的信息的真伪,去粗取精、去伪存真,这样才能抓住重点,收到良好的倾听效果。

(4)要克服先入为主的倾听做法。先入为主地倾听,往往会扭曲说话者的本意,忽视或拒绝与自己心愿不符的意见,这种做法实为不利。因为这种听话者不是从谈话者的立场出发来分析对方的讲话,而是按照自己的主观框框来听取对方的谈话。其结果往往使听到的信息变形地反映到自己的脑海中,导致自己接受的信息不准确、判断失误,从而造成行为选择上的失误。所以必须克服先入为主的倾听做法,将讲话者的意思听全、听透。

(5)要创造良好的谈判环境,使谈判双方能够愉快地交流。人们都有这样一种心理,即在自己所属的领域里交谈,无需分心于熟悉环境或适应环境;而在自己不熟悉的环境中交谈,则往往容易变得无所适从,导致正常情况下不该发生的错误。可见,有利于己方的谈判环境,能够增强自己的谈判地位和谈判实力。事实上,美国心理学家泰勒尔和他的助手兰尼做过一次有趣的试验,证明了许多人在自己客厅里谈话,比在他人客厅里谈话更能说服对方这一观点。因此,对于一些关系重大的谈判工作,如果能够进行主场谈判是最为理想的,因为在这种环境下会有利于己方谈判人员发挥出较好的谈判水平。如果不能争取到主场谈判,至少也应选择一个双方都不十分熟悉的中性场所,这样也可避免由于"场地优势"给对方带来便利、给己方带来不便。

2."五不要"。"五不要"是:

(1)不要因轻视对方而抢话、急于反驳而放弃听。人们在轻视他人时,常常会不自觉地表现在行为上。例如,对对方的存在不屑一顾,或对对方的谈话充耳不闻。在谈判中,这种轻视的做法有百害而无一利。因为这不仅表现了己方的狭隘,更重要的是难以从对方的谈话中得到己方所需要的信息。同时,轻视对方还可招致对方的敌意,甚至导致谈判关系破裂。

谈判中,抢话的现象是经常发生的,抢话不仅会打乱别人的思路,也会影响自己倾听对方的全部讲话内容。因为在抢话的同时,大脑的思维已经转移到如何抢话上去了。抢话不同于问话,问话是由于某个信息或意思未能记住或没有理解而要求对方给予解释或重复,因此问话是必要的。抢话指急于纠正别人说话的错误,或用自己的观点来取代别人的观点,抢话是一种不尊重他人的行为。因此,抢话往往会阻塞双方的思想和感情交流的渠道,对创造良好的谈判气氛非常不利,对良好的收听更是不利。

另外,谈判人员有时也会在没有听完对方讲话的时候,就急于反驳对方的某些观点,这样也会影响收听效果。事实上,我们把对方的讲话听得越详尽和全面,反驳时就越准确、有力;相反,如果在对对方谈话的全部内容和动机尚未全面了解时,就急于反驳,不仅使自己显得浅薄,而且常常还会使己方在谈判中陷入被动,对己方十分不利。

(2)不要使自己陷入争论。当你内心不同意讲话者的观点时,对他的话不能充耳不闻,不能只等着自己发言。一旦发生争吵,也不能一心只为自己的观点找根据而把对方的话当成耳旁风。如果你不同意对方的观点,也应等对方说完以后,再阐述自己的观点。

(3)不要为了急于判断问题而耽误听。当听了对方讲述的有关内容时,不要急于判断其正误,因为这样会分散我们的精力而耽误倾听下文。虽然人的思维速度快于说话的速度,但是如果在对方还没有讲完的时候就去判断其正误,无疑会削弱己方倾听的能力,从而影响倾听效果。因此,切记不可为了急于判断问题而耽误听。

(4)不要回避难以应付的话题。在谈判中,往往会涉及一些诸如政治、经济、技术以及人际关系等方面的问题,可能会令谈判人员一时回答不上来。这时,不可持充耳不闻的态度。遇到这种情况时,要有信心、有勇气去迎接对方提出的每一个问题。只有用心去领会对方提出的每个问题的真实用意,才能找到摆脱难题的办法。为了培养自己急中生智、举一反三的能力,平时应多加训练,多加思考,使自己在遇到问题时不乱不慌。

(5)不要逃避交往的责任。交往的双方缺一不可:既要有说话者,又要有听话者。而且每个人都应轮流扮演听话者的角色。作为一个听话者,不管是在什么情况下,如果你不明白对方说出的话是什么意思,你就应该用各种方法使他知道这一点。在这里,你可以向对方提出问题加以核实,或者积极地表达出你听到了什么,或者使用一些方法让对方纠正你听错之处。

如果能从以上几个方面进行努力,谈判过程中"听"的障碍就可以减轻或消除,也就很少或不会发生因听不见、听不清、没听懂而使双方相互猜忌、争执不下的现象。当然,策略上的需要不在此列。

第三节 谈判中"问"的技巧

谈判中常运用"问"作为摸清对方需要、掌握对方心理、表达自己感情的手段。如何"问"是很有讲究的,重视和灵活运用发问的技巧,不仅可以引起双方的讨论,获取信息,而且还可以控制谈判的方向。作为谈判者,谈判中到底哪些问题可以问,哪些问题不可以问,为了达到某一个目的应该怎样问,以及问的时机、场合、环境等等,有许多基本常识和技巧需要了解和掌握。

"问"一般包含三个因素:问什么问题,何时发问,怎样发问。

一、谈判中发问的类型

(一)封闭式发问

封闭式发问指在特定的领域中能带出特定的答复(如"是"或"否")的问句。

例如,"您是否认为售后服务没有改进的可能","您第一次发现商品含有瑕疵是在什么时候"等。封闭式问句可令发问者获得特定的资料,而答复这种问句的人并不需要太多的思索即能给予答复。但是,这种问句有时会有相当程度的负面影响。

（二）澄清式发问

澄清式发问是针对对方的答复,重新提出问题以使对方进一步澄清或补充其原先答复的一种问句。例如,"您刚才说对目前进行的这一宗买卖可以取舍,这是不是说您拥有全权跟我们进行谈判?"澄清式问句的作用就在于:它可以确保谈判各方能在叙述"同一语言"的基础上进行沟通,而且还是针对对方的话语进行信息反馈的有效方法,是双方密切配合的理想方式。

（三）强调式发问

强调式发问旨在强调自己的观点和己方的立场。例如,"这个协议不是要经过公证之后才生效吗?""怎么能够忘记我们上次合作得十分愉快呢?"" 按照贵方要求,我们的观点不是已经阐述清楚了吗?"

（四）探索式发问

探索式发问是针对对方的答复,要求引申或举例说明,以便探索新问题、找出新方法的一种发问方式。例如,"这样行得通吗?""您说可以如期履约,有什么事实可以说明吗?""假设我们运用这种方案会怎样?"探索式发问不但可以进一步发掘较为充分的信息,而且还可以显示发问者对对方答复的重视。

（五）借助式发问

借助式发问是一种借助第三者的意见来影响或改变对方意见的发问方式。例如,"某某先生对你方能否如期履约关注吗?""某某先生是怎么认为的呢?"采取这种提问方式时,应当注意提出意见的第三者,必须是对方所熟悉而且是他们十分尊重的人,这种问句会对对方产生很大的影响力;否则,运用一个对方不很知晓且谈不上尊重的人作为第三者加以引用,则很可能会引起对方的反感。因此,这种提问方式应当慎重使用。

（六）强迫选择式发问

强迫选择式发问旨在将己方的意见抛给对方,让对方在一个规定的范围内进行选择回答。例如,"付佣金是符合国际贸易惯例的,我们从法国供应商那里一般可以得到3% ~5%的佣金,请贵方予以注意。"按理说,在提出这一问题之前,发问者至少应先取得对方将付佣金的承诺。但是,这种提问却把这一前提去掉,直接强迫对手在给出的狭小范围内进行选择,可谓咄咄逼人。运用这种提问方式要特别慎重,一般应在己方掌握充分的主动权的情况下使用,否则很容易使谈判出现僵局,甚至破裂。需要注意的是,在使用强迫选择式发问时,要尽量做到语调柔和、措辞达意得体,以免给对方留下专横跋扈、强加于人的不良印象。

（七）证明式发问

证明式发问旨在通过己方的提问,使对方对问题做出证明或理解。例如,"为什么要更改原已定好的计划呢,请说明道理好吗?"

（八）多层次式发问

多层次式发问是指含有多种主题的问句,即一个问句中包含有多种内容。例如,"贵国当地的水质、电力资源、运输状况以及自然资源情况怎样?""你是否就该协议产生的背景、履约情况、违约的责任以及双方的看法和态度谈一谈?"这类问句因含过多的主题而使对方难于周全把握。许多心理学家认为,一个问题最好只包括一个主题,最多也不能超过三个主题,这样,才能使对方有效地掌握。当然,在一定的情况下,也可以灵活掌握。

（九）诱导式发问

诱导式发问旨在开渠引水,对对方的答案给予强烈的暗示,使对方的回答符合己方预期的目的。例如,"贵方如果违约是应该承担责任的,对不对?""谈到现在,我看给我方的折扣可以定为4%,你方一定会同意的,是吗?"这类提问几乎使对方毫无选择余地而按发问者所设计好的答案回答。

（十）协商式发问

协商式发问是指为使对方同意自己的观点,采用商量的口吻向对方发问。例如,"你看给我方的折扣定为3%是否妥当?"这种提问,语气平和,对方容易接受。而且,即使对方没有接受你的条件,但是谈判的气氛仍能保持融洽,双方仍有继续合作的可能。

二、提问的时机

（一）在对方发言完毕之后提问

在对方发言的时候,一般不要急于提问,因为打断别人的发言是不礼貌的,容易引起对方的反感。当对方发言时,你要认真倾听,即使你发现了对方的问题,很想立即提问,也不要打断对方,可先把发现的和想到的问题记下来,待对方发言完毕再提问。这样不仅反映了自己的修养,而且能全面、完整地了解对方的观点和意图,避免操之过急,曲解或误解了对方的意图。

(二)在对方发言停顿和间歇时提问

在谈判中,如果因对方发言冗长、不得要领、纠缠细节或离题太远而影响谈判进程,那么,你可以借他停顿、间歇时提问,这是掌握谈判进程、争取主动的必然要求。例如,当对方停顿时,你可以借机提问:"您刚才说的意思是?""细节问题我们以后再谈,请谈谈您的主要观点好吗?"

(三)在议程规定的辩论时间提问

对于大型外贸谈判,一般要事先商定谈判议程,设定辩论时间。在双方各自介绍情况和阐述的时间里一般不进行辩论,也不向对方提问。只有在辩论时间里,双方才可自由提问、进行辩论。在这种情况下,要事先做好准备,可以设想对方的几个方案,针对这些方案考虑己方对策,然后再提问。在辩论前的几轮谈判中,要做好记录,归纳出谈判桌上的分歧,再进行有的放矢的提问。

(四)在己方发言前后提问

在谈判中,当轮到己方发言时,可以在谈己方的观点之前,对对方的发言进行提问,不必要求对方回答,而是自问自答。这样可以争取主动,防止对方接过话茬,影响己方的发言。例如,"您刚才的发言要说明什么问题呢? 我的理解是……对这个问题,我谈几点看法。"

在充分表达了己方的观点之后,为了使谈判沿着己方的思路发展,牵着对方的鼻子走,通常要进一步提出要求,让对方回答。例如,"我们的基本立场和观点就是这些,您对此有何看法呢?"

三、提问的要诀

为了获得良好的提问效果,需掌握以下提问要诀。

(一)要预先准备好问题

最好是提出一些对方不能迅速想出适当答案的问题,以期收到意想不到的效果。同时,预先有所准备就不会在对方反问面前毫无准备。有些有经验的谈判人员,往往会提出一些看上去很一般,并且比较容易回答的问题,而这些问题恰恰是随后所要提出的比较重要的问题的前奏。这时,如果对方思想比较松懈,突然面对所提出的较为重要的问题时往往措手不及,就收到出其不意的效果。而且,对方很可能在回答无关紧要的问题时已经暴露其思想,这时再让对方回答重要问题,对方只好自成体系,按照原来的思路来回答问题,或许这个结果正是我们所需要的。

(二)要避免提出那些可能会阻碍对方让步的问题

可能会阻碍对方让步的问题会明显影响谈判效果。事实上,这类问题往往会给谈判的结局带来麻烦。提问时,不仅要考虑自己的退路,同时也要考虑对方的退路,要把握好时机和火候。

(三)不强行追问

如果对方的回答不够完整,甚至回避不答,这时不要强行追问,而是要有耐心和毅力等时机到来时再继续追问,这样做以示对对方的尊重。待时机成熟时,对方自然会回答。

在适当的时候,我们可以将对方一个已经发生,并且答案也是我们知道的问题提出来,验证一下对方的诚实程度,以及对方处理事物的态度。同时,这样做也可给对方一个暗示,即我们对整个交易的行情是了解的,有关对方的信息我们也是充分掌握的,这样可以有助于我们做出进行下一步合作的决策。

(四)既不要以法官的态度来询问对方,也不要接连不断地提问题

像法官一样询问谈判对手,会造成对方的敌对与防范的心理和情绪。因为双方谈判绝不等同于法庭上的审问,需要双方心平气和地提出和回答问题。另外,重复连续地发问,往往会导致对方的厌倦、乏味而不愿回答,有时即使回答也是马马虎虎,甚至会出现答非所问。

(五)提出问题后应闭口不言,专心致志地等待对方做出回答

通常的做法是,当我们提出问题后,应闭口不言,如果这时对方也是沉默不语,则无形中给对方施加了一种压力。这时,我们保持沉默,由于问题是由我们提出,对方就必须以回答问题的方式来打破沉默,或者说打破沉默的责任将由对方来承担。

(六)要以诚恳的态度来提问

当直接提出某一问题时,对方或是不感兴趣,或是态度谨慎而不愿展开回答,

我们可以转换一个角度,并且用十分诚恳的态度来问对方,以此来激发对方回答问题的兴趣。实践证明,这样做会使对方乐于回答,也有利于谈判双方感情上的沟通,有利于谈判的顺利进行。

（七）提出问题的句子应尽量简短

在谈判过程中,提出问题的句子越短越好,而由问句引出的回答则越长越好。因此,我们应尽量用简短的句式向对方提问。当我们的提问比对方的回答还长时,我们将处于被动的地位,显然这种提问是失败的。

以上几点技巧,是基于谈判者之间的诚意与合作提出来的,旨在使谈判者更好地运用提问的艺术来发掘问题,获取信息,把握谈判的方向。切忌将这些变成谈判者之间为了自己的利益而进行必要竞争的教条。

四、提问的其他注意事项

（一）在谈判中一般不应提出的问题

1.不应提出带有敌意的问题。不应抱着敌对心理进行谈判,应尽量避免那些可能会刺激对方产生敌意的问题。因为一旦问题含有敌意,就会损害双方的关系,最终会影响交易的成功。

2.不应提出有关对方个人生活和工作方面的问题。对于大多数国家和地区的人来讲,回避询问个人生活和工作方面的问题已经成为一种习惯。例如,对方的收入、家庭情况、女士或太太的年龄等问题都是不应涉及的。另外,也不要涉及对方国家或地区的政党、宗教等方面的问题。

3.不要直接指责对方品质和信誉方面的问题。忌讳直接指责对方在某个问题上不够诚实,这样做不仅会使对方感到不快,而且还会影响彼此之间的真诚合作。有时,这样做非但无法使对方变得更诚实,反而还会引起对方的不满甚至是怨恨。事实上,谈判双方的真真假假、虚虚实实是很难用是否诚实这一标准来评价的。若真的需要审查对方是否诚实,可以通过其他途径来进行。如果我们发现对方在某些方面不够诚实时,我们可以把已经了解到或掌握的真实情况陈述给对方,对方自然会明白我们的用意了。

4.不要为了表现自己而故意提问。为了表现自己而故意提问会引起对方的反感,特别是不应提出与谈判内容无关的问题以显示自己的"好问"。要知道,故意卖弄的结果往往是弄巧成拙,被人蔑视。

(二)注意提问的速度

提问时说话速度太快,容易使对方感到你是不耐烦,甚至有时会感到你是在用审问的口气对待他,容易引起对方的反感;反之,如果说话太慢,容易使对方感到沉闷、不耐烦,从而降低了你提问的力度。因此,提问的速度应该快慢适中,即使对方听懂你的问题,又不使对方感到拖沓和沉闷。

(三)注意对手的心境

谈判者受情绪的影响在所难免。谈判中,要随时留心对手的心境,在你认为适当的时候提出相应的问题。例如,对方心境好时,常常会轻易地满足你所提出的要求,而且会变得粗心大意,透露一些相关的信息。此时,抓住机会,提出问题,通常会有所收获。

第四节 谈判中"答"的技巧

有问必有答,人们的语言交流就是这样进行的。问有艺术,答也有技巧。问得不当,不利于谈判;答得不好,同样也会使己方陷入被动。谈判人员对自己所说的每一句话都负有责任,都将被对方认为是一种承诺,这会给回答问题的人带来一定的精神负担和压力。因此,一个谈判人员水平的高低,在很大程度上取决于其答复问题的水平。

通常,在谈判中应当针对对方提出的问题实事求是地正面作答,但是,由于谈判中的提问往往千奇百怪、五花八门,多是对方处心积虑、精心设计之后才提出的,可能含有谋略、圈套、难测之心。如果对所有的问题都正面回答,并不一定是最好的答复,所以答复也必须运用一定的技巧。

一、回答问题之前,要给自己留有思考的时间

在谈判过程中,绝不是回答问题的速度越快越好,因为谈判与竞赛抢答的性质是截然不同的。有些人在对方提问的声音刚落,就急着回答问题。这些人通常有这样一种心理,就是如果对方问话与己方回答之间所空的时间越长,就会让对方感

觉己方对此问题缺少准备,或以为己方几乎被问住了;如果回答得很迅速,就显示出己方已有充分的准备,也显示了己方的实力。其实不然,谈判经验告诉我们,在对方提出问题之后,你可通过点烟、喝水,调整一下自己坐的姿势和椅子,整理一下桌上的资料,翻一翻笔记本等动作来延缓时间,考虑一下对方的问题。这样做既显得自然、得体,又可以让对方看得见,从而减轻或消除对方对己方的错误感觉。

二、针对提问者的真实心理答复

谈判者在谈判桌上提出问题的目的往往是多样的,动机也往往是复杂的,如果我们在没有深思熟虑、弄清对方的动机之前,就按照常规来做出回答,效果往往不佳。如果我们经过周密思考,准确判断对方的用意,便可做出一个高水准的回答。人们常用下面的一个实例来说明,建立在准确把握对方提问动机和目的基础上的回答是精彩而绝妙的。艾伦·金斯伯格是美国著名的诗人,在一次宴会上,他向中国作家提出一个怪谜,并请中国作家回答。谜面是:"把一只 2.5 千克重的鸡装进一个只能装 0.5 千克水的瓶子里,用什么办法把它拿出来?"中国作家回答道:"您怎么放进去的,我就会怎么拿出来。您凭嘴一说就把鸡装进了瓶子,那么我就用语言这个工具再把鸡拿出来。"此可谓是绝妙回答的典范。

三、不要彻底地回答问题,因为有些问题不必回答

谈判中并非任何问题都要回答,有些问题并不值得回答。在谈判中,对方提出问题或是想了解己方的观点、立场和态度,或是想确认某些事情。对此,我们应视情况而定,对于应该让对方了解或者需要表明己方态度的问题要认真回答;而对那些可能会有损己方形象、泄密或一些无聊的问题,不予理睬就是最好的回答,但要注意礼貌。当然,用外交活动中的"无可奉告"一词来拒绝回答,也是回答这类问题的好办法。总之,回答问题时可以将提问者的问话范围缩小,或者不做正面回答,而对答复的前提加以修饰和说明,以缩小回答范围。例如,对方询问己方产品质量如何,己方不必详细介绍产品所有的质量指标,只需回答其中主要的几个指标,从而造成质量很好的印象。又如,对方对某种产品的价格表示出关心,直接询问该产品的价格。如果彻底回答对方,把价格如实相告,那么,在进一步的谈判过程中,己方可能会陷入被动,所以,应该首先避开对方的注意力,做这样的答复:"我相信产品的价格会令你们满意,请允许我先把这种产品的几种性能做一下介绍。

我相信你们会对这种产品感兴趣的。"

四、逃避问题的方法是避正答偏，顾左右而言他

有时，对方提出的某个问题己方可能很难直接从正面回答，但又不能拒绝回答，逃避问题。这时，谈判高手往往用避正答偏的办法，即在回答这类问题时，故意避开问题的实质，而将话题引向歧路，借以破解对方的进攻。例如，可跟对方讲一些看似与此问题相关实际无直接关系的问题，东拉西扯，不着边际，说了一大堆话，看上去回答了问题，其实并没有回答。经验丰富的谈判人员往往会在谈判中运用这一方法。

五、对于不知道的问题不要回答

参与谈判的所有的人都非全能全知。谈判中，尽管我们准备得很充分，也经常会遇到难解的问题，这时，谈判者切不可为了维护自己的面子而强作答复，因为这样有可能损害自己的利益。例如，我国某公司与美国外商谈判合资建厂事宜时，外商提出有关减免税收的请求。中方代表恰好对此不是很了解，可为了能够谈成，就盲目地答复了，结果使己方陷入十分被动的局面。经验和教训一再告诫我们，谈判者对不懂的问题，应坦率地告诉对方不能回答，或暂不回答，以避免被动。

六、有些问题可以答非所问

答非所问在知识考试或学术研究中是一大忌，然而从谈判技巧角度来研究，却是一种对不能回答的问题的一种行之有效的答复方法。有些问题可以通过答非所问来给自己解围。例如，古代有一个精明的人，他从别人那里借来一匹马，便牵去与一个财主进行交换，财主问："你的马是从哪里来的？"他回答道："我想卖马的念头有两年了。"财主又问："为什么要换马？"他回答道："这马比你的马跑得快。"这两句话的回答是答非所问，换马人就是这样运用灵巧的方式，回避了一个事实，即马是他人的，换马是想要获得财主的马，于是此人的目的达到了。谈判中我们并不主张像这个换马人一样在谈判双方之间用尽心机，因为谈判必须是建立在相互信赖的基础上，但是在双方利益冲突时，在如何巧妙地回答对方的有关利益分割方面的问题上，倒是可以从这个例子中获得借鉴。

七、以问代答

以问代答是用来应付谈判中那些一时难以回答或不想回答的问题的方式。此法如同把对方踢过来的球又踢了回去,请对方在自己的领域内反思后寻找答案。例如,在工作进展不是很顺利的情况下,其中一方问对方:"你对合作的前景怎样看?"这个问题在此时可谓十分难回答,善于处理这类问题的对方可以采取以问代答的方式,"那么,你对双方合作的前景又是怎样看呢?"这时双方自然会在各自的脑海中加以思考和重视,对于打破窘境起到良好的作用。谈判中运用以问代答的方法,对于应付一些不便回答的问题是非常有效的。

八、有时可以采取推卸责任的方法

谈判者面对毫无准备的问题,往往不知所措,或者即使能够回答,但鉴于某种原因而不愿意回答。对这类问题通常可以如此回答:"对这个问题,我虽没有调查过,但曾经听说过。"或"贵方某某先生的问题提得很好,我曾经在某一份资料上看过有关这一问题的记载,就记忆所及,大概是……"

九、重申和打岔有时也很有效

谈判中,要求对方再次阐明其所问的问题,实际上是为自己争取思考问题的时间的好办法。在对方再次阐述其问题时,我们可以根本不去听,而只是考虑如何做出回答。当然,这种心理不应让对方有所察觉,以防其加大进攻的力度。有人打岔那将是件好事,因为这可为我们赢得更多的时间来思考。有些富有谈判经验的谈判人员估计谈判中会碰到某些自己一时难以回答而又必须回答的、出乎意料的棘手问题,于是,为了赢得更多的时间,就事先在本组内部安排好某个人,专门在关键时间打岔。打岔的方式多种多样,比如借口外面有某某先生的电话,有紧急的文件需要某某先生出来签字等等。有时,回答问题的人自己可以借口去洗手间,或去打个电话等等来拖延时间。

总之,在实际谈判中,回答问题的要诀在于知道该说什么和不该说什么,而不必考虑回答的问题是否切题。谈判桌上的双方在各方的实力基础上斗智斗勇。在回答问题时要有艺术性和技巧,对这些技巧,谈判人员必须熟练地加以掌握和运用。

第五节 谈判中"叙"的技巧

谈判中的"叙"与"答"既有相通之处,又存在很大的差别。"答"是基于对方提出的问题,经过思考后所做的有针对性的、被动性的阐述;而"叙"则是基于己方的立场、观点、方案等,通过陈述来表达对各种问题的具体看法,或是对客观事物的具体阐述,以便让对方有所了解。

谈判中的"叙"是一种不受对方所提问题的方向、范围制约,带有主动性的阐述,是传递信息、沟通情感的方法之一。因此,谈判者能否正确、有效地运用叙述的功能,把握叙述的要领,会直接影响谈判的效果。

谈判过程中的叙述大体包括"入题""阐述"两个部分。按照常理,谈判者在叙述问题、表达观点和意见时,应当态度诚恳,观点明确,语言生动、流畅,层次清楚、紧凑。但这只是针对一般情况而言的,具体地讲,谈判中的叙述应把握以下技巧。

一、入题技巧

谈判双方在刚进入谈判场所时,难免会感到拘谨,尤其是谈判新手,在重要谈判中,往往会产生忐忑不安的心理。采用适当的入题方法,将有助于消除这种尴尬心理,轻松地开始谈判。

(一)迂回入题

为避免谈判时单刀直入,过于直露,影响谈判的融洽气氛,谈判时可以采用迂回入题的方法,如先从题外话入题,从自谦入题,从介绍己方谈判人员入题,从介绍本企业的生产、经营、财务状况入题等。

1. 从题外话入题。通常可将有关季节或天气的情况、目前流行的事物以及有关社会新闻、旅行、艺术、社会名人等作为话题。通过上述题外话入题,要做到新颖、巧妙,不落俗套。

2. 从自谦入题。如果对方是在己方所在地谈判,可谦虚地表示如各方面照顾不周,自己才疏学浅、缺乏经验,希望对方多多关照等等。当然,自谦要适度,不要给对方以虚伪或缺乏诚意的感觉。

3.从介绍己方谈判人员入题。通常可简略介绍己方人员的职务、学历、经历等,这样既打开了话题,消除了对方的不安心理,又显示了己方的强大阵容,使对方不敢轻视或轻举妄动。

4.从介绍己方的生产、经营、财务状况等入题。这样做可先声夺人,提供给对方一些必要的资料,充分显示己方雄厚的财力、良好的信誉和质优价廉的产品等基本情况,也给对方以充分的讨论空间。

（二）先谈一般原则,再谈细节问题

一些大型的对外谈判,由于需要洽谈的问题千头万绪,双方的高级人员不应该也不可能介入全部谈判,往往要分成若干等级进行多次谈判,这就需要采取先谈一般原则问题,再谈细节问题的方法。一般原则问题达成一致后,洽谈细节问题也就有了依据。

（三）从具体议题入手

一般而言,大型的对外谈判总是由具体的一次次谈判组成的,在每次具体的谈判会议上,双方可以首先确定本次会议的谈判议题,然后从这一具体的议题入手进行洽谈。这样做可以避免谈判时无从下手,从而提高效率。

二、阐述技巧

谈判入题后,接下来便是双方阐述各自的观点,这也是谈判的一个重要环节。

（一）开场阐述

己方开场阐述要做到以下几点:①开宗明义,明确本次会谈所要解决的主题,以集中双方的注意力,统一双方的认识;②表明己方通过洽谈应当得到的利益,尤其是对己方至关重要的利益;③表明己方的基本立场,既可以回顾双方以前合作的成果,说明己方所享有的信誉,也可以展望或预测今后双方合作中可能出现的机遇或障碍,还可以表示己方可采取何种方式以便为双方共同获得利益做出贡献等;④开场阐述应是原则的而不是具体的,应尽可能简明扼要;⑤开场阐述的目的是让对方明白己方的意图,以创造协调的洽谈气氛,因此,阐述应以诚挚和轻松的方式来表达。

对方阐述时,主要注意以下几点:①认真耐心地倾听对方的开场阐述,归纳并弄懂对方开场阐述的内容,思考和理解对方阐述的关键问题,以免产生误会;②如果对方开场阐述的内容与己方的意见差距较大,切记不要打断对方的阐述,更不要立即与对方争执,而应当先让对方说完,认同对方之后再巧妙地转开话题,从侧面进行反驳。

（二）让对方先谈

在谈判中,当己方对市场态势和产品定价的情况不是很了解,或者当己方尚未确定购买何种产品,或者己方无权直接决定购买与否的时候,一定要坚持让对方首先说明可提供何种产品、产品的性能如何、产品的价格如何等等,然后,再审慎地表达意见。有时,即使己方对市场和产品定价比较了解,心中有较为明确的购买意图,而且能够直接决定购买与否,也不妨先让对方阐述利益要求,报价和介绍产品,然后,在此基础上提出自己的要求。这种方式常能收到奇效。

（三）注意正确使用语言

1. 准确易懂。在谈判过程中,所使用的语言要力求规范、通俗,使对方很容易听明白。有时如确需使用某些专业术语,则应尽量使用简明易懂的用语加以解释。一切语言均要以达到双方沟通、保证洽谈顺利进行为前提。叙述的目的在于让对方相信己方所言的内容均为事实,并使其接受己方的观点。为了达到这一目的,叙述时万万不可炫耀自己的学问有多高深或卖弄自己的学识,这样做不但达不到目的,反而会令对方生厌。

2. 简明扼要,具有条理性。由于人们有意识的记忆能力有限,在短时间内只能记住有限的、具有特色的内容,所以,在谈判中一定要用简明扼要而又有条理性的语言来阐述自己的观点。这样,才能在洽谈中收到事半功倍的效果。反之,如果信口开河,不分主次,不仅不能使对方及时把握要领,而且还会使对方产生厌烦感,这是应当避免的。

3. 叙述要真实,第一次就要说准。谈判中叙述基本事实时,应本着客观真实的态度进行叙述。不要夸大事实真相,同时,也不缩小事情的本来面目,力求使对方相信并信任己方。如果自己对事实真相加以修饰的行为被对方发现,哪怕是一点点破绽,也会大大降低己方公司的信誉,从而使己方的谈判实力大为削弱,再想重新调整已来不及。在谈判过程中,当对方要你提供资料或信息时,要说得准确,不要模棱两可,含混不清。如果你对对方要求提供的资料和信息不甚了解,应延迟答复,切忌脱口而出。要尽量避免使用含上下限的数值。

4.语言应富有弹性。谈判过程中所使用的语言,应当丰富、灵活、富有弹性。对于不同的谈判对手,应使用不同的语言。如果对方谈吐优雅,很有修养,己方语言也应相对讲究,做到出语不凡;如果对方语言朴实无华,己方用语也不必过多修饰;如果对方语言爽快、直露,己方就不要迂回曲折、语言晦涩。要根据对方的学识、气质、性格、修养和语言特点,及时调整己方的洽谈用语。这是迅速缩短谈判双方距离、实现平等交流的有效方法。

5.发言紧扣主题。任何商贸洽谈的双方,都是抱着一定的目的,肩负着一定的使命来到谈判桌前的。这便决定了每次谈判必有一个主题。由于时间有限,在谈判中双方都应紧紧围绕主题进行阐述,不要发表与谈判主题无关的意见,以免使对方产生反感和延误时间。同时,在谈判中也不要转弯抹角,以免给谈判带来障碍。

6.措辞得体,不走极端。有时,在谈判过程中难免会发生尖锐、激烈的争论。在这种情况下,要尽量以和缓的语言表达自己的意见,不仅语调要柔和,而且措辞要得体,适合场面需要。有些过于极端的语言易刺伤对方自尊心,引起对方反感,带来尴尬的局面,影响谈判进展。有些语言可能会使对方对你的谈判诚意产生怀疑,致使谈判走上歧途,或者中断。

7.注意语调表达的含义。不同的语调可赋予同一句话以不同的含义,也可以表达说话者不同的思想感情。例如,"这价格不错",若以平常的语调讲,是一个肯定的评价,表达了说话者对这一价格的同意或赞赏。但若以高调带拖腔的方式讲出,则表达了说话者对这价格的不满。谈判者应通过语调的变化显示自己的信心、决心、不满、疑虑和遗憾等思想感情。同时,也应善于通过对方不同的语调来洞察对方肯定、赞赏、否定、不满等感情变化。谈判者说话的目的是让对方听懂并记住,说得太快不仅达不到说话者预期的目的,还可能使对方既听不清也记不住,在有翻译的情况下更应注意,说得太快也会使对方产生不尊重他的感觉。因此,如果想让对方注意你的谈话,就要把语速放平稳。

谈判者声音的高低强弱,也是影响谈判效果的重要因素之一。声音过高过响,震耳欲聋,不会使人感到亲切。声音过低过弱,不会使人感到振奋。因此,应当合理使用声音的强弱,最好有高有低,抑扬顿挫,犹如一幕戏,有高潮,有低潮,还要有收尾。要让对方感到自然舒适。在谈判中,滔滔不绝地阐述观点、发表意见时,如果突然停顿或者有意识地重复某几句话时,能起到意想不到的作用,这可以引导听者对停顿前后的内容和重复的内容进行回顾和思考,加深双方的理解和沟通。另外,停顿还可给对方机会,抒发己见,打破沉默,活跃谈判桌上的气氛。

8. 注意折中迂回。在谈判中转换话题,放弃对某些问题的讨论或绕弯子说服对方的技巧的运用,是掌握谈判主动权的必然要求。

折中迂回技巧一般适用于下列场合:想避开对己方不利的话题;想回避某些问题;不同意某些观点,但又不便于直接否定对方;想拖延对某些问题做出决定的时间;想把问题引向对己方有利的方面;想转移角度阐述问题以说服对方等等。

折中迂回的技巧主要表现在:当面临对己方不利的问题时,主动避开对方话锋,将谈话重点转回到对己方有利的问题上来,答非所问或不直接回答对方的问题;绕弯子解释或提出新问题;谈一些题外话,冲淡一下主题,或有意识地谈些意思不清的话,激励己方人员做不相关的交谈;改变原定程序和计划,忽然建议一个令对方不能马上接受的方案;提议某些问题要调查后再讨论;否认某些问题的存在;等等。

使用折中迂回技巧应当慎重,要区别轻重缓急。如在谈判比较正常地进行时,可经常使用"可是……""但是……"等词语,使问题向有利于己方的方向转化。在遇到对方无理纠缠,同时己方又不希望谈判破裂时,可适当采用上述折中迂回的技巧。

9. 使用解困用语。当谈判出现困难,无法达成协议时,为了突破困境,给自己解围并使谈判继续进行,可使用下列解困用语:

"真遗憾,只差一步就成功了!"

"就快要达到目标了,真可惜了!"

"这样做,肯定对双方都不利!"

"再这样拖延下去,只怕最后结果不妙。"

"既然事已至此,懊恼也没有用,还是让我们再做一次努力吧!"

"我相信,无论如何,双方都不希望前功尽弃!"

使用这些解困用语,有时确能产生较好的效果。只要双方都有谈判诚意,对方很有可能会欣然接受你的意见,从而促使谈判成功。

10. 不以否定性的语言结束谈判。从人的听觉习惯考察,在某一场合下,他所听到的第一句话和最后一句话,常常能给他留下很深的印象。所以,在谈判中要注意,不能以否定性的语言来结束谈判。假如你忽视了这一条,就会给对方造成一种不愉快的感受,并且印象深刻;同时,对下一轮谈判将会带来不利影响,甚至危及前一轮谈判中谈妥的问题或达成的协议。所以,谈判终了时,最好能给谈判对手以正面评价,并稳健中肯地把谈过的议题予以归纳。例如:

"您在这次谈判中表现很出色,给我留下了深刻的印象。"

"您处理问题大刀阔斧,钦佩!"

"今天会谈在某些问题上达成了一致,但在某些方面还要再谈。"

"对贵方的某些要求,我方将予以研究,待下次会议再谈。"

不论谈判结果如何,对参与谈判的人来说,每一次谈判都是谈判双方的一次合作过程。因此,一般情况下,在谈判结束时对对方给予的合作表示谢意,对对方的出色表现给予肯定,或者简要概括一下谈判的效果,是谈判者应有的礼节,对今后的谈判也是有益的。

(四)叙述时发现错误要及时纠正

谈判人员在谈判的叙述当中,常常会由于种种原因而出现叙述上的错误,谈判者应及时发现并及时纠正,以防造成不应有的损失。有些谈判人员,当叙述中有错误时,碍于面子,采取顺水推舟、将错就错的做法,这是要坚决反对的,因为这样做往往会使对方产生误解,从而影响谈判的顺利进行。还有些谈判人员,当发现自己叙述中有错误时,采取事后自圆其说、文过饰非的做法,结果不但没能"饰非",反而越描越黑,对自己的信誉和形象产生损害,更严重的是可能会失去合作机会,后果不堪设想。

第六节　谈判中"看"的技巧

谈判不仅是语言的交流,同时也是行为的交流。谈判中,我们不仅要听其言,而且还要观其行。广东有一句谚语:当一个人笑的时候腹部不动就要提防他了。伯明翰大学的艾文·格兰特博士说过:"要留心椭圆形的笑容。"因为这种笑不是发自内心的,即皮笑肉不笑。因此,在谈判中,我们可以通过仔细观察对方的言谈举止,捕捉其内心活动的蛛丝马迹;也可以揣摸对方的姿态神情,探索引发这类行为的心理因素。运用这种技巧,不仅可以判断对方的思想变化,决定己方对策,同时可以有意识地运用行为语言传达信息,促使谈判朝着有利于己方的方向发展。

姿态和动作语言所传递的信息是真实可信的。"此时无声胜有声",人们通过姿势、动作等无声语言传递的信息,有时可以代替甚至超过有声语言所起的作用。

有声语言与姿态、动作等语言均可传递信息,但是从这两种语言的发出者与控制者的角度来看,他们在对这两种语言的控制与利用方面是有很大区别的。通过有声语言这种方式来传递信息,对信息发出者来讲,是可以控制的,但是通过无声的姿态和动作语言来传递信息,其信息的发出者有时是难以控制的。因为有声语言本身是人们有目的、有意识地发出来的,而姿态和动作语言虽然人们可以有意识地去控制,但它们更多的是在人们无意识之中或是在潜意识之中进行的。按照常理,人们的某些习惯动作是这个人心理的长期一致的外在化表现。可以肯定地说,人们在无意识或潜意识中完成的姿态和动作语言,其传递的信息往往是比较真实可信的。据一位在第二次世界大战期间服役于德国情报局的人讲,他当时抓获了许多美国的情报人员,依据的线索是:这些人在用餐时,往往用右手拿叉子,没有严格地训练成欧洲人吃东西用叉子的方法;另外,他们在就座的时候,两腿交叉的姿势是美国式而不是欧洲式的。因此说,对谈判对手姿态和动作的观察、分析,是我们获得谈判者信息、了解对手的一个极为重要的方法和手段。

如果需要判断对方通过有声的语言传递的信息是真是假,可信度如何,我们可以通过对对方动作姿态和表情,特别是讲话时的动作姿态和表情的观察来证实。姿态和动作语言所传递的信息是真实可信的,对对方姿态和动作的分析具有重要的意义。

一、面部表情

(一)眼睛所传达的信息

"人的眼睛和舌头所说的话一样多,不需要词典,却能够从眼睛的语言中了解整个世界,这是它的好处。"这是爱默生关于眼睛的一段精辟论述。眼睛具有反映人们深层心理的功能,其动作、神情、状态是最明确的情感表现,因此眼睛被人们称为"心灵的窗户"。

眼睛的动作及所传达的信息主要有以下几个方面:

1. 根据目光凝视讲话者时间的长短来判断听者的心理感受。通常,人们交谈时,听者视线接触对方脸部的时间在正常情况下应占全部谈话时间的30% ~60%。

超过这一平均值,可认为其对谈话者本人比对谈话内容更感兴趣;低于这个平均值,则表示其对谈话者和谈话内容都不怎么感兴趣。

2. 眨眼频率有不同的含义。正常情况下,一般人每分钟眨眼 5 ~ 8 次,每次眨眼一般不超过 1 秒钟。如果每分钟眨眼次数超过 5 ~ 8 次这个范围,一方面表示神情活跃,对某事物感兴趣;另一方面也表示其个性怯懦或羞涩,因而不敢直视对方,做出不停眨眼的动作。在谈判中,通常是指前者。从眨眼时间来看,如果超过 1 秒钟的时间,一方面表示厌烦,不感兴趣;另一方面也表示自己比对方优越,因而对对方不屑一顾。

3. 倾听对方谈话时,几乎不看对方是试图掩饰的表现。据一位有经验的海关检查人员介绍,他在检查过关人员已填好的报关表时,还要再问一句:"还有什么东西要申报吗?"这时,他的眼睛不是看着报关表,而是看着过关人员的眼睛,如果该人不敢正视他的眼睛,那么就表明该人在某些方面可能有试图掩饰的情况。

4. 眼睛瞳孔所传达的信息。眼睛瞳孔放大,炯炯有神而生辉,表示此人处于欢喜与兴奋状态;瞳孔缩小,神情呆滞,目光无神,愁眉苦脸,则表示此人处于消极、戒备或愤怒的状态。实验证明,瞳孔所传达的信息是无法用人的意志来控制的。现代的企业家、政治家或专业赌徒为了防止对方察觉到自己瞳孔的变化,往往喜欢戴有色眼镜。如果谈判桌上有人戴着有色眼镜,就应加以提防,因为他可能很有经验。

5. 眼神闪烁不定所传达的信息。眼神闪烁不定是一种反常的举动,常被认为是掩饰的一种手段或是人格上不诚实的表现。一个做事虚伪或者当场撒谎的人,其眼神常常闪烁不定,以此来掩饰其内心的秘密。

6. 瞪大眼睛看着对方是对其有很大兴趣的表示。

眼神传递的信息远不只这些。人类眼睛所表达的思想,有些确实是只能意会而难以言传的,这就要靠谈判人员在实践中用心加以观察和思考,以不断积累经验,争取把握眼睛的动作所传达的种种信息。

(二)眉毛所传达的信息

眉毛和眼睛的配合是密不可分的,二者的动作往往共同表达一个含义,但单凭眉毛也能反映出人的许多情绪变化。人们处于惊喜状态时,眉毛上耸,即所谓"喜上眉梢"之说;处于愤怒或气恼状态时,眉角下拉或倒竖,人们常用"剑眉倒竖"形容这种发怒的状态;眉毛迅速地上下运动,表示亲切、同意或愉快;紧皱眉头,表示人们处于困窘、不愉快、不赞同的状态;表示询问或疑问时,眉毛会向上挑起。

（三）嘴的动作所传达的信息

人的嘴巴除了说话、吃喝和呼吸以外,还可以有许多动作,借以反映人的心理状态。例如:紧紧地抿住嘴,往往表现出意志坚决;撅起嘴是不满意和准备攻击对方的表现;遭受失败时,人们往往咬嘴唇,这是一种自我惩罚的动作,有时也可解释为内疚的心情;嘴角稍稍向后拉或向上拉,表示听者是比较注意倾听的;嘴角向下拉,是不满和固执的表现。

与嘴的动作紧密联系的是吸烟的姿势。在现代社会中,吸烟能够表现一个人的心理和情绪变化。谈判中,吸烟的姿势具有较强的表现力,而且也是评判一个人态度的重要依据。吸烟所传达的信息可概括如下:

1. 吸一口烟后,将烟向上吐,往往表示积极、自信,因为此时伴随吸烟动作的身体上部姿势,也是向上昂起的;而当将烟朝下吐时,则表示情绪消极、意志消沉、有疑虑,因为此时身体上部的姿势是向下的,即所谓的"垂头丧气"。

2. 烟从嘴角缓缓吐出,给人一种消极而诡秘的感觉,一般反映出吸烟者此时的心境与思维比较曲折回荡,力求从纷乱的思绪中理出一条令人意想不到的途径来。

3. 吸烟时不停地磕烟灰,表明内心有冲突或不安。这时的吸烟已不是一种生理需要,完全成了吸烟者减缓和消除内心冲突与不安的一种道具。因为内心冲突和不安往往使人手足无措,通过不停地磕烟灰这个动作,可以使人的手有事可做,从而转移了这种冲突与不安。

4. 烟灰烧了很长,却很少拿起来抽,表明吸烟者在紧张思考或等待紧张情绪的平息。其之所以很少抽是因为大脑专注于某个问题的思考,而暂时忘记了吸烟一事。

5. 没抽几口就把烟掐掉,表明吸烟者想尽快结束谈话或已下决心要做一件事。掐灭烟是为了不让吸烟来分散其精力,干扰其刚刚决定的事情。其实,吸烟本身可能不会给他带来什么干扰,但这样做却暴露了其内心的活动。

6. 斜仰着头,烟从鼻孔吐出,表现出一种自信和优越感,以及一种悠然自得的心情。通过斜仰着头这一动作,主动地拉开了与谈话对象及其目光交流的距离,从而体现出吸烟者内心的那种自信、优越和悠然自得的心态。

在通常情况下，人们的面部表情是由面部的各个器官协同动作来共同表现的。谈判人员要注意观察对方面部各器官的动作配合，以掌握其变化规律。

二、上肢的动作语言

手和臂膀是人体比较灵活的部位，也是使用最多的部位。借助手势或与对方手的接触，可以帮助我们判断对方的心理活动或心理状态。同时，也可帮助我们将某种信息传递给对方。

第一，拳头紧握，表示向对方挑战或自我紧张的情绪。握拳的同时如伴有手指关节的响声，或用拳击掌，则表示向对方无言的威吓或发出攻击的信号。握拳使人肌肉紧张，能量比较集中。一般只有在遇到外部的威胁或挑战时，人们才会紧握拳头，以准备进行抗击。

第二，用手指或手中的笔敲打桌面，或在纸上乱涂乱画，往往表示对对方的话题不感兴趣、不同意或不耐烦的意思。这样做，一方面可以打发和消磨时间，另一方面也起到暗示或提醒对方注意的作用。

第三，两手手指并拢并置于胸的前上方呈尖塔状，表示充满信心。这种动作在西方常见，特别是在主持会议、领导者讲话、教师授课等情况下常见。它通常可表现出讲话者的高傲与独断的心理状态，起到一种震慑听讲者的作用。

第四，手与手连接放在胸腹部的位置是谦逊、矜持或略带不安的心情的反映。在给获奖运动员颁奖之前，主持人宣读比赛成绩时，运动员常常有这种动作。

第五，两臂交叉于胸前，表示保守或防卫；两臂紧紧交叉于胸前，往往是怀有敌意的标志。

第六，吸手指或指甲。成年人做出这样的动作是不成熟的表现，即所谓"乳臭未干"。

第七，握手所传达的信息。握手的动作来自原始时代的生活。原始人在狩猎或战争时，手中常持有石块和棍棒等武器。如果是没有任何恶意的两个陌生人相遇，常常是放下手中的所有东西，并伸开手掌，让对方摸一摸自己的掌心，以此来表示手中未持武器。久而久之，这种习惯逐渐演变成为今天的"握手"动作。

原始意义的握手不仅表示问候，而且也表示一种信赖、契约和保证之意。标准的握手姿势应该是，用手指稍稍用力握住对方的手掌，对方也用同样的姿势用手指稍稍用力回握,用力握手的时间约在 1 秒钟到 3 秒钟之内,如果双方握手与标准姿势不符时,便有除了问候、礼貌以外的附加意义,主要包括以下几种情况:

其一,如果感觉对方手掌出汗,表示对方处于兴奋、紧张或情绪不稳定的心理状态。

其二,如果对方用力同我们握手,则表明此人具有好动、热情的性格,这类人往往做事喜欢主动。美国人大都喜欢采用这种握手的方式,这主要与他们好动的性格是分不开的。如果感觉对方的握手不用力,一方面,可能是该人个性懦弱,缺乏气魄;另一方面,可能是对方傲慢矜持,爱摆架子的表现。

其三,握手前先凝视对方片刻,再伸手相握,在某种程度上,这种人是想在心理上先战胜对方,将对方置于心理上的劣势地位。先注视对方片刻,意味着对对方的一个审视,观察对方是否值得自己去同其握手。

其四,掌心向上伸出与对方握手,往往表现其性格软弱,处于被动、劣势或受人支配的状态。在某种程度上,手掌心向上伸出与人握手,有一种向对方投靠的意思。如果是掌心向下伸出与对方握手,则表示想取得主动、优势或支配地位。另外,手掌心向下,也有居高临下的意思。

其五,用双手紧握对方一只手,并上下摆动,往往是表示热烈欢迎对方的到来,也表示真诚感谢,或有求于人,或肯定契约关系等含义。在荧屏上或是生活中,我们常常可以看到,人们为了表示感谢对方、欢迎对方或恳求对方等,往往会用双手用力去握住对方的一只手。

三、下肢的动作语言

腿和足部往往是最先表露潜意识情感的部位,主要的动作和所传达的信息如下:

第一,摇动足部,用足尖拍打地板,抖动腿部,都表示焦躁不安、无可奈何、不耐烦或欲摆脱某种紧张感的意思。通常,在候车室等车的旅客常常伴有此动作,谈判桌上这种动作也是常见的。

第二,双足交叉而坐,对男性来讲往往表示从心理上压制自己的情绪,如对某人或某事持保留态度,表示警惕、防范,尽量压制自己的紧张或恐惧。对女性来讲,如果再将两膝盖并拢起来,则表示拒绝对方或一种防御的心理状态。这往往是比较含蓄而委婉的举动。

第三,分开腿而坐,表明此人很自信,并愿意接受对方的挑战。如果一条腿架到另一条腿上就座,一般在无意识中表示拒绝对方并保护自己的势力范围,使之不受他人侵犯。如果频繁变换架腿姿势,则表示情绪不稳定、焦躁不安或不耐烦。

四、腹部的动作语言

腹部位于人体的中央部位,它的动作带有极丰富的表情与含义。在我国,一直重视腹部的精神含义,把腹、肚、肠视为高级精神活动与文化的来源以及知识、智慧的储藏所。

第一,凸出腹部,表现出自己的心理优越、自信与满足感,可谓腹部是意志和胆量的象征。这一动作也反映了扩大势力范围的意图,是威慑对方,使自己处于优势或支配地位的表现。

第二,解开上衣纽扣露出腹部,表示开放自己的势力范围,对对方不存戒备之心。

第三,抱腹蜷缩,表现出不安、消沉、沮丧等情绪支配下的防卫心理,病人、乞丐常常这样做。

第四,腹部起伏不停,反映出兴奋或愤怒,极度起伏,意味着即将爆发的兴奋与激动状态。

第五,轻拍自己的腹部,表示自己的风度、雅量,同时也包含着经过一番较量之后的得意心情。

以上是谈判及交往中常见的动作语言及其所表达的信息。当然,这些动作语言仅仅是就一般情况而言的,不同的民族、地区,不同的文化层次及个人修养,其动作、姿态及所传达的信息都是不同的,应在具体环境下区别对待。另外,我们在观察对方动作和姿态时,不能只从某一个孤立的、静止的动作或姿态去判断,而应分析和观察其连续的、一系列的动作,特别是应结合对方讲话时的语气、语调等进行综合分析,这样才能得出比较真实、全面、可信的结论。

第七节　谈判中"说"的技巧

谈判中,很重要的工作就是说服,它常常贯穿于谈判的始终。那么,谈判者在谈判中能否说服对方接受自己的观点,以及应当怎样说服对方,从而促成谈判的和局,就成了谈判能否成功的一个关键。

谈判中的说服,是综合运用听、问、答、看、叙及辩等各种技巧,改变对方的起初想法,使之接受己方的意见。说服工作做得好,谈判的和局就会随之产生。说服是谈判中最艰巨、最复杂,也是最富技巧性的工作。谈判之前,双方都有设法说服对方的意图,然而实际操作起来,到底是谁能说服谁,或者彼此都没有被说服,或者相互说服,从而达成了一种折中意见,这三种结局往往是事先不好断言的。谈判者只有进入实际谈判中,才能比较出高低,得出结论。生活中,人们常常有这样的感觉,即同一件事,不同的人去做,其效果截然不同。有时明明自己的观点是正确的,却不能说服对方,有时甚至还反过来被对方"驳"得哑口无言。其实,要想说服他人,不仅要掌握正确的观点,而且还要掌握微妙的交往技术。在此,我们从谈判者行为和心理的角度,结合谈判实践,提出以下有关说服的技巧。

一、说服他人的基本要诀

想要说服他人的人,总是希望自己能够成功,但是如果不讲究方法,不掌握要领,急于求成,往往会事与愿违。人们在说服他人时常犯的错误有:一是先想好几个理由,然后才去和对方辩论;二是站在领导者的角度,以教训人的口气,指点他人应该怎样做;三是不分场合和时间,先批评对方一通,然后强迫对方接受其观点等等。这些做法,未必能够说服对方,因为这样做,实际上是先把对方推到错误的一边,也就等于告诉对方,我已经对你失去信心了,因此,效果往往并不理想。

说服他人的基本要诀主要包括以下几个方面。

（一）说服技巧的环节

1.建立良好的人际关系,取得他人的信任。一般情况下,当一个人考虑是否接受他人意见时,总是先衡量一下他与说服者之间的熟悉程度和友好程度。如果相互熟悉,相互信任,对方就会正确地、友好地理解你的观点和理由。社会心理学家认为,信任是人际沟通的"过滤"。只有对方信任你,才会理解你友好的动机,否则,即使你说服他的动机是友好的,也会经过"不信任"的"过滤"作用而变成其他的东西。因此,说服他人时能取得他人的信任是非常重要的。

2.分析你的意见可能导致的影响。首先,应向对方诚恳说明要他接受你的意见的充分理由,以及对方一旦被你说服将产生什么利弊得失;其次,要坦率承认如果对方接受你的意见,你也将获得一定利益。这样一来,对方会觉得你诚实可信。反之,如果你不承认能从谈判中获得一定利益,对方必定认为你话中有诈,缺乏诚意,从而将你拒之门外。

3.简化对方接受说服的程序。当对方初步接受你的意见时,为避免其中途变卦,要设法简化确认这一结果的程序。例如,在需要书面协议的场合,可提前准备一份原则性的协议书草案,告诉对方,"只需在这份原则性的协议书草案上签字即可,至于正式的协议书我们会在一周内准备妥当,到时再送到贵公司请您斟酌。"这样,往往可当场取得被说服者的承诺,并避免了在细节问题上出现过多的纠缠。

(二)说服技巧的要点

1.站在他人的角度设身处地谈问题,不要只说自己的理由。要说服对方,就要考虑到对方的观点或行为存在的客观理由,即要设身处地为对方想一想,从而使对方对你产生一种"自己人"的感觉。这样,对方就会信任你,就会感到你是在为他着想,效果将会十分明显。

2.消除对方的戒心,创造良好的氛围。从谈话一开始,就要创造一个说"是"的气氛,不要形成一个说"否"的气氛。不要把对方置于不同意、不愿做的地位,然后再去批驳他、劝说他。例如说:"我知道你会反对,可是事情已经到了这一步了,还能怎么样呢?"这样说来,对方仍然难以接受你的看法。在说服他人时,要把对方看做能够做或同意做的。例如:"我知道你能够把这件事情做得很好,只是不愿意去做而已";"你一定会对这个问题感兴趣的";等等。谈判实例表明,从积极的、主动的角度去启发对方、鼓励对方,就会帮助对方提高自信心,并接受己方的意见。

美国著名学者霍华曾经提出让别人说"是"的30条原则,现摘录几条,供谈判者参考。

● 尽量以简单明了的方式说明你的要求。

● 要照顾对方的情绪。

● 要以充满信心的态度去说服对方。

● 找出引起对方兴趣的话题,并使他继续感兴趣。

● 让对方感觉到,你非常感激他的协助,如果对方遇到困难,你就应该努力帮助他解决。

● 直率地说出自己的希望。

● 切忌以高压的手段强迫对方。

● 要表现出亲切的态度。

● 掌握对方的好奇心。

● 让对方了解你并非是"取",而是在"给"。

● 让对方自由发表意见。

● 要让对方证明,为什么赞成你是最好的决定。

● 让对方知道,你只要在他身边便觉得很快乐。

3. 说服用语要推敲。在谈判中,欲说服对方,用语一定要推敲。事实上,说服他人时,用语的色彩不一样,说服的效果就会截然不同。通常情况下,在说服他人时要避免用"愤怒""怨恨""生气""恼怒"这类字眼。即使在表述自己的情绪,如担心、失意、害怕、忧虑等时,也要在用词上注意推敲,这样才会收到良好的效果。另外,忌用胁迫或欺诈的做法进行说服。

二、说服顽固者的技巧

在与谈判对手往来过程中,我们相信多数对手是能够通情达理的,但也会遇到固执己见、难以说服的对手。对于后一种对手,人们常常感到难以对付,难以理解,左右为难。这种人在很大程度上是性格所致,并非他们不懂道理。事实上,只要我们抓住他们的性格特点。掌握他们的心理活动规律,采取适宜的说服方法,晓之以理,动之以情,他们是完全可以被说服的。

顽固者往往比较固执己见,这通常是性格比较倔强所致。顽固者有时心肠很软,但表面上不轻易"投降",甚至还会态度十分生硬,有时还会大发雷霆。其实,有时他们自己也往往搞不清谁对谁错,但还是坚持自己的观点。有时他们尽管明知自己已经错了,但由于自尊心的作用,也不会轻易地承认自己的错误,除非你给他一个台阶。因此,在说服顽固者时,通常可采取以下几种方法。

(一)下台阶法

当对方自尊心很强,不愿承认自己的错误时,你不妨先给对方一个台阶下,说一说他正确的地方,或者说一说他错误存在的客观根据,这也给对方提供了一些自我安慰的条件和机会。这样,对方就不会感到失掉面子,因而容易接受你善意的说服。

（二）等待法

对方可能一时难以被说服,不妨等待一段时间,对方虽没有当面表示改变看法,但对你的态度和你所讲的话,事后他会加以回忆和思考的。必须指出,等待不等于放弃。任何事情,都要给他人留有一定的思考和选择的时间。同样,在说服他人时,也不可急于求成,要等待时机成熟时再和他交谈,效果往往比较好。

（三）迂回法

当对方很难听进正面道理时,不要强逼他进行辩论,而应采取迂回的方法。就像作战一样,对方已经防备森严,从正面很难突破,解决的办法最好是迂回前进,设法找到对方的弱点,一举击破对方。说服他人也是如此,当正面道理很难说服对方时,就要暂时避开主题,谈论一些对方的看法,让他感到你的话对他来说是有用的,使他感到你是可信任的。这样你再逐渐把话转入主题,晓之以利害,他就会更加冷静地考虑你的意见,并容易接受你的说服。

（四）沉默法

当对方提出反驳意见或有意刁难时,有时是可以做些解释的,但是对于那些不值得反驳的抗议,就需要你讲究一点艺术手法,不要有强烈的反应,相反可以表示沉默。对于一些纠缠不清的问题,并且遇上的是不讲道理之人,那就当做没听见,不予理睬,使对方觉出他所提出的问题可能没有什么道理,人家根本就没在意,于是他自己就会感到没趣,就会放弃自己的意见,从而达到说服对方的目的。

三、认同的技巧

在谈判中要想说服对方,除了要赢得对方的信任,消除对方的对抗情绪外,还要用双方共同感兴趣的问题作为跳板,因势利导地解开对方思想的纽结,说服才能奏效。事实证明,"认同"是双方相互理解的有效方法,也是说服他人的一种有效方法。

随着现代文明的进步、人际交往的深化,人们都在呼吁要沟通彼此的心灵。心灵的沟通被视为社会生活的最高境界,认同就是人们之间心灵沟通的一种有效方式。所谓认同,就是人们把自己的说服对象看成是与自己相同的人,寻找双方的共同点,这是人与人之间心灵沟通的桥梁,也是说服对方的基础。在人与人的交往中,首先应求同,随着谈话的深入,即使是陌生人,双方之间也会发现越来越多的共同点。谈判更是如此,双方本着合作的态度走到一起,共同的东西本来就很多,随着谈判的进展,双方越来越熟悉,在某种程度上会感到比较亲近,这时,某些心理上的疑虑和戒心便会减轻,从而也就便于说服对方了,对方也容易相信和接受己方的看法和意见。

寻找共同点可以从以下几个方面入手:

第一,寻找双方工作上的共同点。例如,共同的职业、共同的追求、共同的目标,等等。

第二,寻找双方在生活方面的共同点。例如,共同的国籍、共同的生活经历、共同的信仰,等等。

第三,寻找双方兴趣、爱好上的共同点。例如,共同喜欢的电视剧、体育比赛、国内外大事,等等。

第四,寻找双方共同熟悉的第三者,作为认同的媒介。例如,在同陌生人交往时,想说服他,可以寻找双方共同熟悉的一个人,通过各自与这个人的熟悉程度和友好关系,相互之间也就有了一定的认同,从而也就便于说服对方了。

案例应用

有理不在声高

中国国货公司的创办者李康年是一位具有高度民族气节的人。即使在整个上海沦陷时期,中国国货公司也坚持抵制日货,提倡国货。为此,日本人恨不得立即把李康年杀了。

有一天傍晚,一个日本商人带着两名全副武装的士兵闯入中国国货公司滋事。他们来到进货部,强行要求推销日货。有关人员迅速告诉了经理李康年。李康年让日本人在会客室等候接见,随即向一位旅日多年后又回国定居的朋友求援,要他充当临时翻译。

李康年和他的朋友刚走进会客室,三个日本人便气势汹汹地上前问罪:"你就是李康年? 你为什么要歧视日货,敌视皇国、皇军?"

案例应用

李康年有理有据地驳斥:"你们误会了,我公司不仅不销日本货,而且英国货、美国货、法国货也不卖,这是我公司的经营宗旨。本公司成立之初,股东大会通过的章程规定只销本国货,所以名为中国国货公司。我受董事会委托,主持公司日常事务,当然无权经营公司章程规定之外的业务。换了您,不也一样吗?"日本商人无言以对,带着两名日本兵灰溜溜地走了。

思考题:

李康年在回答日本商人的问题时用了什么技巧?我们可以从中得到什么启示?

ON NEGOTIATION

第七章 谈判的心理建设

　　谈判是谈判双方心理沟通的过程。如果谈判双方在谈判过程中能够产生相互满意的心理状态，会在双方之间建立相互信任和理解的关系，从而使谈判更加顺利和有效。反之，敌对或者相互厌恶的心理必将导致谈判的失败。因此，如何把控谈判者的心理，进而引导对方的心理走向，是获得谈判成功的关键所在。

新闻导读

据法新社报道,中国远洋运输集团(COSCO)于 8 月 10 日宣布,他们已经完成了从管理希腊比雷埃夫斯港的比雷埃夫斯港口管理局(OLP)手中购买多数股份的程序。中远集团在网站上发布声明表示,集团下属的中远海运(香港)正式成为了比雷埃夫斯港口管理局的控股股东,将接管该港口管理局的经营。

在 2016 年 7 月由希腊议会批准的协议中,中远集团以 3.685 亿欧元的价格从比雷埃夫斯港口管理局手中购得 67% 的股权,中远集团将可以管理经营比雷埃夫斯港直至 2052 年。

比雷埃夫斯港口管理局表示,新任命的 11 人管理委员会有 7 名中国代表,包括主席和首席执行官。

中远集团是本次唯一的投标者。据集团网站介绍,这是集团成立之后最重要的海外收购项目之一,是推进全球化战略布局的重要举措。

中远集团希望将地处雅典南部数英里之外的比雷埃夫斯港发展成为欧洲最大的集装箱港口及世界最大邮轮母港之一。按协议,中远集团将投资 2.94 亿欧元进行邮轮码头扩建、改善修船码头、新建滚装船码头多层存车库等一系列设施。此外,集团将加快中欧海路快线的建设,拉近中国与东南欧的距离。

2008 年,中远集团已经获得了比雷埃夫斯港二号、三号集装箱码头的 35 年特许经营权。据新华社报道,比雷埃夫斯港的运输能力已在过去几年中大幅提高,从 2010 年到 2015 年,每年港口吞吐量由 88 万标准箱(TEU)上升到 336 万标准箱,其全球排名由第 93 名上升到第 39 名。

希腊左翼总理齐普拉斯在 2015 年上任前曾一直反对该港的私有化。但今年 7 月,在希腊议会批准与中国的交易之际,他前往中国进行了历时 6 天的访问,寻找投资合作机会,并前往中远集团访问。当时他曾表示,比雷埃夫斯港将升级为一个国际港口,从而成为中国贸易进入欧洲的第一站,也是进入欧洲的大门,这标志着中国同希腊之间互惠互利的关系。

资料来源:薛雍乐. 中远集团控股比雷埃夫斯港口管理局. 澎湃新闻(http://www.

thepaper. cn/newsDetail_forward_1512195），2016 - 08 - 11

第一节　谈判心理概述

一、谈判心理的概念

心理是指生物对客观物质世界的主观反映。人们在活动的时候,通过各种感官认识外部世界事物,通过头脑的活动思考事物的因果关系,并伴随着喜、怒、哀、惧等情感体验。这种折射着一系列心理现象的整个过程就是心理过程。人具有心理活动,人的心理活动都有一个发生、发展、消失的过程,一般包括知觉、记忆、想象、思维、情感、个性、态度等。人的心理是复杂多样的,在不同的专业活动中,会产生与之联系的特定心理。

谈判心理是指在谈判活动中谈判者的各种心理活动。它是谈判者在谈判活动中对各种情况、条件等客观现实的主观能动的反映。例如,谈判一方第一次与对手会晤时,若谈判对手彬彬有礼、态度诚恳、善于沟通,就会对对方有好的印象,对谈判取得成功抱有希望和信心。反之,如果谈判对手态度狂妄、盛气凌人、难以友好相处,谈判一方就会对其留下坏印象,从而对谈判的顺利开展存有忧虑,进而影响谈判预期的调整和行动计划。

二、谈判心理的特点

与其他心理活动一样,谈判心理有自身的特点和规律,我们可以将其总结为内隐性、相对稳定性、个体差异性等。

(一)谈判心理的内隐性

谈判心理的内隐性是指谈判心理藏之于脑、存之于心,别人无法直接观察到。

尽管谈判心理具有内隐的特点,由于人的心理会影响人的行为,行为与心理有密切的联系,因此,人的心理可以反过来从其外显行为加以推测。例如在谈判中,对方作为购买方对所购买商品在价格、质量、售后服务等方面的谈判协议条件都感到满意,那么在双方接触中,谈判对方会表现出温和、友好、礼貌赞赏的态度反应和行为举止;如果很不满意,则会表现出冷漠、粗暴、不友好、怀疑甚至挑衅的态度反应和行为举止。掌握这其中的一定规律,我们就能较为充分地了解对方的心理状态。

（二）谈判心理的相对稳定性

谈判心理的相对稳定性是指人的某种谈判心理现象产生后往往具有一定的稳定性。例如,谈判人员的谈判能力会随着谈判经历的增多而有所提高,但在一段时间内却是相对稳定的。

正是由于谈判心理具有相对稳定性,我们才可以通过观察分析去认识它,可以运用一定的心理方法和手段去改变它,使其利于谈判的开展。

（三）谈判心理的个体差异性

谈判心理的个体差异,是指因谈判者个体的主客观情况不同,谈判者个体之间的心理状态存在着一定的差异。谈判心理的个体差异性,要求人们在研究谈判心理时,既要注重探索谈判心理的共同特点和规律,又要注意把握不同个体心理的独特之处,以有效地为谈判服务。

三、研究谈判心理的意义

谈判,既是问题的谈判,又是心理的较量。它不仅被商务实际条件所左右,也受到谈判心理的影响。

在谈判中,运用谈判心理知识对谈判进行研究,分析"对手的言谈举止反映什么""其有何期望""如何恰当地诱导谈判对手"等,对成功地促进谈判很有必要。掌握谈判心理现象的特点,认识谈判心理发生、发展、变化的规律,对于谈判人员在谈判活动中养成优良的心理素质,保持良好的心态,正确判断谈判对手心理状态、行为动机,预测和引导谈判对手的谈判行为,有着十分重要的意义。

此外,谈判中虚实交替、真假掺杂的心理策略对谈判的成果影响很大。对谈判心理的熟悉,有助于提高谈判的艺术性,从而灵活有效地处理好各种复杂的谈判问题。

四、谈判心理的作用

研究和掌握谈判心理,对于谈判有以下几方面的作用。

（一）有助于培养谈判人员自身良好的心理素质

谈判人员良好的心理素质是谈判取得成功的重要基础条件。谈判人员的坚定信心、对谈判的诚意、在谈判中的耐心等都是保证谈判成功不可或缺的心理素质。良好的心理素质,是谈判者抗御谈判心理挫折的条件和铺设谈判成功之路的基石。谈判人员加强自身心理素质的培养,可以减少焦虑、恐惧或急躁,摒弃不良的心理行为习惯,更好、更快地从心理上适应谈判,从而最终把自己造就成从事谈判方面的人才。

谈判人员应具备的基本心理素质包括:

1. 自信心。所谓自信心,就是相信自己的实力和能力。它是谈判者充分施展自身潜能的前提条件。缺乏自信往往是谈判遭受失败的原因,没有自信心,就难以勇敢地面对压力和挫折,面对艰辛曲折的谈判,只有具备必胜的信心才能促使谈判者在艰难的条件下通过坚持不懈的努力走向胜利的彼岸。

自信不是盲目的自信和唯我独尊。自信是在充分准备、充分占有信息和对谈判双方实力科学分析基础上对自己有信心,相信自己要求的合理性、所持立场的正确性及说服对手的可能性,这样才有惊人的胆魄,才能做到大方、潇洒、不畏艰难、百折不挠。

2. 耐心。谈判的状况各种各样,有时是非常艰难曲折的,谈判人员必须有抗御挫折和打持久战的心理准备。这样,耐心及容忍力是必不可少的心理素质。耐心是谈判抗御压力的必备品质和谈判争取机遇的前提。在一场旷日持久的谈判较量中,谁缺乏耐心和耐力,谁就将失去在谈判中取胜的主动权。有了耐心可以调控自身的情绪,不被对手的情绪牵制和影响,使自己能始终理智地把握正确的谈判方向。

有了耐心可以使自己有效地注意倾听对方的诉说,观察了解对方的举止行为和各种表现,获取更多的信息。耐心有利于提高自身参加艰辛谈判的韧性和毅力。耐心也是对付意气用事谈判对手的策略武器,能取得以柔克刚的良好效果。

此外,在僵局面前一定要有充分的耐心,以等待转机。谁有耐心、更沉得住气,就可能在打破僵局后获取更多的利益。

3. 诚心。一般来讲,谈判属于建设性的协商过程,这种谈判需要双方都具有诚意。具有诚意,不但是谈判应有的出发点,也是谈判人员应具备的心理素质。诚意,是一种负责的精神、合作的意向、诚恳的态度,是谈判双方合作的基础,也是影响、打动对手心理的策略武器。有了诚意,双方的谈判才有坚实的基础;才能真心实意地理解和谅解对方,并取得对方的信赖;才能求大同存小异取得和解和让步,促成上佳的合作。要做到有诚意,在具体的活动中,对于对方提出的问题,要及时答复;对方的做法有问题,要适时恰当地指出;自己的做法不妥,要勇于承认和纠正;不轻易许诺,承诺后要认真践诺。诚心能使谈判双方达到良好的心理沟通,保证谈判气氛的融洽稳定,能排除一些细枝末节小事的干扰,能使双方谈判人员的心理活动保持在较佳状态,建立良好的互信关系,提高谈判效率,使谈判向顺利的方向发展。

（二）有助于揣摩谈判对手心理,实施心理诱导

谈判人员须对谈判心理有所认识,经过实践锻炼,可以通过观察分析谈判对手言谈举止,揣摩弄清谈判对手的心理活动状态,如其个性、心理追求、心理动机、情绪状态等。谈判人员在谈判过程中,要仔细倾听对方的发言,观察其神态表情,留心其举止包括细微的动作,以了解谈判对手心理,了解其深藏于背后的实质意图、想法,识别其计谋或攻心术,防止掉入对手设置的谈判陷阱并正确做出自己的谈判决策。

人的心理与行为是相联系的,心理引导行为。而心理是可诱导的,通过对人的心理诱导,可引导人的行为。

英国哲学家弗朗西斯·培根在他写的《谈判论》中指出:与人谋事,则需知其习性,以引导之;明其目的,以劝诱之;谙其弱点,以威吓之;察其优势,以钳制之。培根此言对于谈判人员至今仍有裨益。

了解谈判对手心理,可以针对对手不同的心理状况采用不同的策略。了解对手人员的谈判思维特点、对谈判问题的态度等,可以开展有针对性的谈判准备和采取相应的对策,把握谈判的主动权,使谈判向有利于我方的方向转化。比如,需要是人兴趣产生和发展的基础,谈判人员可以观察对方在谈判中的兴趣表现,分析了解其需要所在;相反地,也可以根据对手的需要进行心理诱导,激发其对某一事物的兴趣,促成谈判的成功。

（三）有助于恰当地表达和掩饰我方心理

谈判必须进行沟通,了解谈判心理将有助于表达我方需求,可以有效地促进沟通。如果对方不清楚我方的心理要求或态度,必要时我方可以通过各种合适的途径和方式向对方表达,以有效地促使对方了解并重视我方的心理要求或态度。

作为谈判另一方,谈判对手也会分析研究我方的心理状态。我方的心理状态

往往蕴含着商务活动的重要信息,有的是不能轻易暴露给对方的。掩饰我方心理,就是要掩饰我方有必要掩饰的情绪、需要、动机、期望目标、行为倾向等。在很多时候,这些是我方在谈判中的核心机密,失去了这些秘密也就失去了主动。这些秘密如果为对方所掌握,就成了助长对方滋生谈判诡计的温床。谈判的研究表明,不管是红白脸的运用、撤出谈判的胁迫、最后期限的通牒、拖延战术的采用等,都是与一方了解了另一方的某种重要信息、一方对另一方的心理态度有充分把握有关的,因而对此不能掉以轻心。

为了不让谈判对手了解我方某些真实的心理状态、意图和想法,谈判人员可以根据自己对谈判心理的认识,在言谈举止、信息传播、谈判策略等方面施以调控,对自己的心理动机(或意图)、情绪状态等做适当的掩饰。如在谈判过程中被迫做出让步,不得不在某个已经决定的问题上撤回,为了掩饰在这个问题上让步的真实原因和心理意图,可以用类似"既然你在交货期方面有所宽限,我们可以在价格方面做出适当调整"等言词加以掩饰;如我方面临着时间压力,为了掩饰我方重视交货时间的这一心理状态,可借助多个成员提出不同的要求,以扰乱对方的视线,或在议程安排上有意加以掩饰。

(四)有助于营造谈判氛围

谈判心理的知识还有助于谈判人员处理与对方的交际与谈判,形成一种良好的交际和谈判氛围。

为了使谈判能顺利地达到预期的目的,需要适当谈判氛围的配合。适当的谈判氛围可以有效地影响谈判人员的情绪、态度,使谈判顺利推进。一个谈判的高手,往往会营造谈判氛围,会对不利的谈判气氛加以控制。对谈判气氛的调控往往根据双方谈判态度和采取的策略、方法而变,一般地,谈判者都应尽可能地营造出友好和谐的谈判气氛以促成双方的谈判。但适当的谈判氛围,并不一味都是温馨和谐的气氛。出于谈判利益和谈判情境的需要,必要时也会有意地制造紧张甚至不和谐的气氛,以对抗对方的胁迫,给对方施加压力,迫使对方做出让步。

第二节　影响谈判的心理因素

谈判是特定的人(一国的国际贸易商人)与人(另一国的国际贸易商人)之间

的交流行为,是涉及谈判者心理活动的复杂过程。心理因素强烈地影响谈判行为,谈判者对谈判方针、谈判作风、谈判策略、谈判技巧的选择和谈判结果的认定都包含着心理因素的作用。

一、知觉

知觉是一系列组织并解释外界客体和事件产生的感觉信息的加工过程。换句话说,知觉是客观事物直接作用于感官而在头脑中产生的对事物整体的认识。对客观事物个别属性的认识是感觉,对同一事物的各种感觉的结合,就形成了对这一物体的整体认识,也就是形成了对这一物体的知觉。

(一)知觉的选择性

知觉作为感性认识,对客观事物的反映不是消极的和被动的,而是一种积极能动的过程。这种知觉能动性的主要表现是知觉的选择性。知觉的选择性就是指个体根据自己的需要与兴趣,有目的地把某些刺激信息或刺激的某些方面作为知觉对象而把其他事物作为背景进行组织加工的过程。

1. 影响知觉选择性的因素。人知觉的选择性既受客观因素的影响,也受本人主观因素的影响。客观因素主要是知觉对象的特点、背景的差别;主观因素是本人的兴趣、需要、个性特征和经验。

2. 知觉的个别差异。知觉的选择性使得不同的人对同一事物往往会产生不同的知觉,表现出个别差异。不同神经类型的人,知觉的广度和深度也不同:多血质的人知觉速度快,但不稳定,不细致;黏液质的人知觉速度慢,但相对稳定和细致。

(二)知觉习惯

人的知觉有社会知觉,包括对别人的知觉、对人际的知觉和对自我的知觉。人的社会知觉表现如第一印象、晕轮效应等。这些知觉习惯有助于提高人们知觉的效率,但也会引发对人的各种偏见,因此在对人的知觉上要注意防范人的知觉习惯产生的不良影响,以实现对人的正确知觉。

1. 第一印象。在与陌生人交往的过程中,所得到的有关对方的最初印象称为第一印象。第一印象并非总是正确,但却总是最鲜明、最牢固的,并且决定着以后双方交往的过程。它有助于人们对别人的知觉,但又可能由于对人的知觉不全面、停留在表面而不深入,形成一些影响对人正确知觉的偏见。第一印象往往取决于人的外表、着装、言谈和举止。正常情况下,仪表端庄、言谈得体、举止大方的人较易获得良好的第一印象,得到人们的好感。

由于第一印象有较大影响作用,谈判者必须重视谈判双方的初次接触:一方面注重在初次接触中给对方留下好的印象,赢得对方的好感和信任;另一方面,也要注意在今后接触中对对方多做些了解。

2. 晕轮效应。晕轮效应是指当认知者对一个人的某种特征形成好或坏的印象后,倾向于据此推论该人其他方面的品质、特征。这一突出的品质、特征起到一种类似晕轮的作用,使得观察者看不清他的其他特征,仅从一点做出对这个人整个面貌的判断,其本质上是一种以偏概全的认知上的偏误。

晕轮效应在谈判中的作用有正面也有负面的。如若谈判一方给另一方留下某个方面的良好、深刻的印象,那么他提出的要求、建议往往比较容易引起对方积极的响应;如果能引起对方的尊敬或崇拜,就容易掌握谈判的主动权。反之,如果看法或印象不好,那他提出的建议即使对双方都有利,也会受到怀疑和不赞同。

3. 刻板效应。人的知觉有刻板的习惯。刻板效应是指人们用刻印在自己头脑中的关于某人、某一类人的固定印象,作为判断和评价人的依据的心理现象。刻板印象常常是一种偏见,人们往往把某个具体的人看做某类人的典型代表,把对某类人的评价视为对某个人的评价,因而影响正确的判断。但通过改变知觉者的兴趣、注意力,给知觉者增加更多的感知信息,就有可能改变这一刻板的印象。

在谈判中,谈判对手不会轻易让你了解商业秘密或有些事实的真实情况,而且还会故意制造一些假象来迷惑你。如此,谈判者就需要通过观察对方言行举止中偶尔流露出来的真实自我和信息,运用敏锐的洞察力,透过现象看本质,弄清对方的真实状况和意图。

二、思维

思维是人用头脑进行逻辑推导的属性、能力和过程。思维以感知为基础又超越感知的界限,它探索与发现事物的内部本质联系和规律性,是认识过程的高级阶段。

国际谈判就是买卖双方思维的较量,思维活动贯穿国际谈判始终。要想取得国际谈判的成功,双方必须贯彻正确、理性的思维。

（一）谈判思维要素

大量的实践证明,国际谈判最为有效的思维方法是辩证逻辑思维方法。其基本形式就是从概念出发,进行判断、推理、论证的过程。

1. 概念是反映事物本质和内部联系的思维形式。在国际谈判中,理清概念是谈判者抓住论题本质及其内部联系的基础。谈判者概念混淆,会使谈判发生方向性的错误。

2. 判断是对客观事物矛盾本性有所断定的思维形式。辩证逻辑思维坚持"是中有否""否中有是"的动态观点,表现在四个对立统一的方面:同一与差异、肯定与否定、个别与一般、现象与本质。在谈判中,这四个对立统一的思维判断无处不在。

3. 推理是在分析客观事物矛盾运动的基础上,从已有的知识中推出新知识的思维方式。推理的形式有类比、归纳和演绎。

4. 论证是指引用论据来证明论点的过程和方法,即用一个或一些真实的命题确定另一命题真实性的思维形式,通过简单的推理或者一系列的推理来完成。

（二）谈判思维艺术

国际谈判思维有不同的类型:

1. 散射思维。散射思维是多个角度对谈判议题进行全方位理性确认的思维方式。它的具体方法是对有关信息进行筛选、过滤、加工、整理和鉴别,筛除与谈判内容无关的信息,留下与谈判密切相关的可靠信息。

2. 超常思维。超常思维是超越常规、打破思维定势,用不同于一般思维的方式进行思考的思维形式。在谈判实践中,人们常常有这样的感觉,困难不是来自于对方实力的威胁,而是自己谈判思路的枯竭或是感觉到谈判对手咄咄逼人的思维攻势。在对手快捷的思维攻击下,你如果顺其应答就会发现自己十分被动,处处受制于人。而此时,超常思维便是进攻和防卫的最有效的谈判武器。运用超常思维,可以超出对手的想象力,能有效地控制谈判局势,甚至能使对方立刻接受你的方案。

3. 跳跃思维。跳跃思维指在谈判中把事物发展过程的某些内容跳跃过去,而迅速抓住自己想要说明问题的思维方式。这种思维方式由于能在复杂的事物或大量的信息面前迅速抓住问题的本质,因而被谈判者普遍采用。跳跃思维的心理基础是找到要害,一举成功,无论在说明问题还是反击对方时,运用这种思维方式均能取得不错的效果。

4. 逆向思维。逆向思维指从与对手立场及议题结果对立的角度思考、判断、推理的思维方式。逆向思维是一种违反常规思维的思维方式,是一种强迫性的思维方式,主要手段是反问、否定与反证,既可用于进攻,又可用于防守。在谈判中运用逆向思维方式容易发现一些在正常思维条件下不易发现的问题,利用这些问题可以作为与对方讨价还价的条件或筹码。

5. 快速思维。快速思维指思维的速度快、结论快、反应快。谈判中的快速思维,主要指针对论题快速地应答或反击,其对象或为某一枝节,或为某一主体,其效力不在于说服对手,意在震吓动摇谈判对手的意志。与散射思维不同的是,快速思维可能全方位体现,也可能仅在于某一点或某一线。

三、需要

需要引发动机,动机驱动行为。谈判需要是谈判行为的心理基础,谈判人员必须抓住从需要到动机引发行为的联系去分析谈判活动,从而准确把握谈判活动的实质。

(一)谈判需要的定义

需要是指人体组织系统中的一种缺乏、不平衡的状态。需要一般具有对象性、阶段性、社会制约性和独特性特征。人类个体需要的产生,受到诸多因素的影响,主要有生理状态、情境和认知水平。

谈判需要是指谈判人员的个体主观需要和谈判客观需要在其头脑中的反映。谈判需要是一种特殊的需要,它对谈判存在着决定性的影响,因此,必须加以重视。

(二)谈判需要类型

美国心理学家亚伯拉罕·马斯洛提出将人类需求像阶梯一样从低到高按层次分为五种:

1. 生理上的需要。这是人类维持自身生存的最基本要求,包括对以下事物的需求:呼吸、水、食物、睡眠、生理平衡等。

2. 安全上的需要。这是人类要求对以下事物的需求:人身安全、健康保障、资源所有性、财产所有性、道德保障、工作职位保障、家庭安全。

3.情感和归属的需要。这一层次包括对以下事物的需求:友情、爱情、性亲密。人人都希望得到相互的关系和照顾,感情上的需要比生理上的需要来得细致,它和一个人的生理特性、经历、教育、宗教信仰都有关系。

4.尊重的需要。该层次包括对以下事物的需求:自我尊重、信心、成就、对他人尊重、被他人尊重。人人都希望自己有稳定的社会地位,要求个人的能力和成就得到社会的承认。

5.自我实现的需要。该层次包括对以下事物的需求:道德、创造力、自觉性、问题解决能力、公正度、接受现实能力。

马斯洛认为以上这五种需要是从低到高、逐级发展的,每个时期都有一种需要占主导地位。

谈判的物质性需要是指对资金、资产、物质资料等方面的需要;精神性需要是指对尊重、公正、成就感等方面的需要。与谈判对手进行谈判,既应注意对方物质方面的需要,同时也不能忽视对方尊重、独立自主、平等方面的需要。

与马斯洛需要层次论相对应的,谈判需要也有各种需要表现:

第一,谈判人员有生理需要。

第二,谈判人员有较强的安全需要。出于信用风险的考虑,谈判人员更倾向于与老客户打交道。在与新客户交往的过程中往往比较谨慎,对其主体资格、财产、资金、能力、信誉等状况会比较关注。

第三,谈判人员有较强的尊重需要。谈判人员作为公司的代表,需要得到对方足够的诚意与尊重,不然在心理防卫机制的作用下,很可能会出现敌意行为,甚至引发谈判僵局、谈判破裂等恶果。

第四,谈判人员也有情感、自我实现等方面的需要。如结交新客户、掌握尽可能多的客户资源,可以使得谈判人员在组织内部的地位得到无形的提升,加速迈向自我实现的远大目标。

(三)谈判需要的分析与利用

人的需要引发人的行为动机,从而驱动人的行为。一般说来,当人产生某种需要又未得到满足时,会产生一种紧张不安的心理状态,在遇到能够满足需要的目标时,紧张的心理状态就会转化为动机,推动人们去从事某种活动,向目标前进。

谈判人员在谈判中要注重研究谈判对手的需要,把握其行为的规律性,以掌握谈判的主动权。一个有经验的谈判人员在谈判交锋之前,不仅应对自己一方的需要有深入的了解,还应对谈判对方的需要进行认真的分析揣摩。

一般地,谈判者当前的主导需要、需要满足的状况(或未满足的程度)、需要满足的可替代性等因素都影响着谈判的行为。分析谈判者需要特别是对手需要时要考虑到这些方面,根据具体情况采取相应的谈判对策。

1. 主导需要因素。任何人或组织在某一时期一般都会有某一种或几种需要是占主导地位的需要,即主导需要。主导需要是一段时期内突出的需要。在谈判中,要注意分析对手在不同时期、不同条件下存在的主导需要,据此采取灵活的反应和对策。

了解谈判对手的主导需要,根据其主导需要采取相应的策略,刺激其欲望,激发其动机,诱导其谈判心理。可据此设计报价或还价,使报价或还价在照顾我方利益的同时仍具有有效满足对方主导需要的吸引力、诱惑力,使对方始终保持谈判的热情和积极性。

了解谈判对手的主导需要,在必要的时候,可针对对手的需要采取适当的措施,让其需要得到一定的满足,有效地减少或排除谈判障碍,适时推进谈判进程。

2. 需要急切程度因素。了解对方的需要,要进一步了解其需要的急切程度。一方的需要越迫切,越想达成谈判协议。当某种需要对需要者来说非常有价值而急需得到时,需要者往往会不惜代价得到它。

谈判者的行为表现因其需求层次不同往往有很大程度的不同。俗话说"饥不择食",人或组织在谈判中的行为也存在着类似这样的情况。

3. 需要满足可替代性因素。如果谈判一方只能选取一种需要对象满足需要,同时受制于唯一的谈判对象,仅此一家,别无选择,需要满足的可替代性较弱,那么,与谈判对方达成谈判协议的可能性就大。需要满足的可替代性较强,可以"货比三家",有较好的需求替代对象,与某一谈判方达成谈判协议的确定性就差。

谈判时,谈判人员可以通过这一因素对谈判对手的谈判态度和成交欲望做出判断、选择对策,但在具体处理问题时要谨慎、灵活。作为卖方,在对方未能货比三家时也不能因为对手别无选择而一味要挟,要考虑到事情是会变化的,对方的别无选择也可能是暂时的、相对的,如果要挟过甚,对方可能会另寻他法来满足自身需要。

四、动机

动机,在心理学上一般被认为涉及行为的发端、方向、强度和持续性,是使人们朝着所期望的目标前进的一种内在驱动力。谈判动机是指促使谈判人员去满足需要的谈判行为的驱动力。

(一)谈判动机的因素

谈判动机的产生决定于两个因素:内在因素和外在因素。

内在因素是指需要,即因个体对某些东西的缺乏而引起的内部紧张状态和不舒服感,产生需要欲望和驱动力,引起活动。

外在因素包括个体之外的各种刺激,即物质环境因素的刺激和社会环境因素的刺激,如商品的外观造型、优雅的环境、对话者的言语、神态表情等对人的刺激。

(二)谈判动机的类型

动机有生理性动机、社会性动机等种类,谈判的具体动机类型有:

1.经济型动机。此类动机是指谈判者对成交价格等经济因素很敏感,十分看重经济利益,谈判行为主要受经济利益驱使。

2.冲动型动机。此类动机是指谈判者在谈判决策上表现冲动,谈判决策行为受情感等刺激所诱发。

3.疑虑型动机。此类动机是指谈判者的谈判行为受疑心和忧虑的影响,由此引发谨小慎微的谈判行为。

4.冒险型动机。此类动机是指谈判者喜欢冒风险去追求较为完美的谈判成果。

五、个性

个性,也称为人格,即一个人在思想、性格、品质、意志、情感、态度等方面不同于其他人的特质。个性是由多层次、多侧面的心理特征结合构成的整体,这些层次特征包括气质特征、性格特征、能力特征等。

谈判人员个个不同,其个性对谈判的方式、风格、成效都有着较大的影响。对谈判个性心理的研究和掌握,可以提高对谈判的适应性,有利于开创性地开展谈判和争取上佳的谈判成果。

（一）气质

气质是人的个性心理特征之一，它是指在人的认识、情感、言语、行动中，心理活动发生时力量的强弱、变化的快慢和均衡程度等稳定的动力特征。

根据研究，心理学家认为人的气质可分为四种类型：胆汁质（兴奋型）、多血质（活泼型）、黏液质（安静型）、抑郁质（抑制型）。

1. 多血质：活泼好动、反应迅速、喜欢与人交往、注意力容易转移、兴趣容易变换。

2. 胆汁质：直率、热情、精力旺盛、情绪易于冲动、心境变换剧烈。

3. 黏液质：安静、稳重、反应缓慢、沉默寡言、情绪不易外露，注意稳定但又难于转移，善于忍耐。

4. 抑郁质：孤僻、行动迟缓、体验深刻、善于觉察别人不易觉察到的细小事物。

纯粹属于这四种典型气质类型的人很少，大多数人属于混合型。

出于谈判的需要，公司等商业组织应该根据员工的气质特征、气质类型来选择我方谈判人员，并根据对方已知谈判人员的气质特征、气质类型采取相应的谈判策略。

（二）性格

性格是指人对现实的态度和人的相应行为方式中表现出的稳定倾向。它是具有核心意义的个性心理特征，也是一种与社会相关最密切的人格特征。

谈判人员往往各有各的性格特点：有的人精明，反应灵敏，有的人固执呆板；有的人沉稳冷静，而有的人易兴奋冲动；有的人喜欢直言，而有的人幽默而善于旁敲侧击。此外，谈判人员按其性格类型可分为进取型、关系型和权力型等类型。根据不同的性格类型，要采用相应的策略方法与之周旋。

对于进取型的谈判对手，可以针对他们对成功期望高、急于求得谈判利益、对关系期望低的特点，有一个较详尽的谈判计划来积极应对。应注意策略地控制谈判进程，以求谈判能取得成果。在谈判中，考虑到对手参与的热情高，应适当尊重其意见，让其适当实现谈判目标，使其有获胜的心理满足，但不能轻易让步，同时也利用其追求成果的心理争取其做出让步。

对于关系型的谈判对手，考虑他们对关系的期望高、对权力的期望较低的特点，对对方不过分苛求，应积极主动地进攻，控制谈判的程序和局势。同时，对其热情的态度不能掉以轻心,防止掉入人际关系的陷阱里去。

对于权力型的谈判对手,可以利用他们对成功和关系的期望一般、对权力的期望高、希望能够影响他人的特点,让其参加谈判程序的准备,让其先做陈述,使他觉得自己获得了某种特权,以满足其对权力的需求。不要企图控制他、支配他,不要提出过于苛刻的条件,但不能屈服其压力,要运用机会和条件争取他的让步。

(三)能力

能力,是人完成一项目标或者任务所体现出来的素质。能力是直接影响活动效率,并使活动顺利完成的个性心理特征。为了能顺利开展谈判活动,国际谈判人员必须具备一定的谈判能力。

1. 谈判能力的含义。谈判能力分为一般能力和特殊能力两大类。一般能力又称智力,是指多种活动所必需的能力,记忆能力、观察能力、想象能力、思维能力等都属一般能力,通常用智力商数来测量。特殊能力是指在专业活动中所需要的能力,如数学能力、专业鉴赏能力、谈判沟通能力、组织管理能力等。

2. 国际谈判应具备的能力。

(1)观察能力。观察是人的有目的、有计划、系统的、比较持久的知觉。观察力是能够随时而又敏锐地注意到有关事物的各种极不显著但却重要的细节或特征的能力。敏锐的观察力有助于很好地洞察事物的本来面貌,使得通过捕捉到与事物本质相联系的某些"蛛丝马迹",洞察人们的心理状态、意图。

作为一个谈判人员,在云谲波诡的谈判中,必须具备良好的观察力,才能在谈判的独立作战或群体作战中明察秋毫,审时度势,避开险难,探索行动的方向和路子,寻求突破。

(2)决断能力。谈判是一项相当独立的现场工作。很多事务的决断需要在谈判现场做出,这就需要谈判人员具备良好的对事务的判断和决策能力。

决断能力表现在谈判人员可以通过对事物现象的观察分析,能够由此及彼,由表及里,去粗取精,去伪存真,排除各种假象的干扰,了解事物的本质,做出正确的判断;表现在能及早地洞察存在的问题或关键所在,准确地预见事物发展的方向和结果;表现在综合运用各种方法、手段,对不同条件、不同形势下的问题能及时做出正确的行为反应和行动选择。谈判人员的决断能力与了解掌握科学的判断和决策的相关知识方法有关,与一定的专业实践经验的积累有关,谈判人员应注意在学习和实践这两个方面下功夫,提高自身的决断能力。

(3)语言表达能力。谈判主要借助语言形式进行。语言作为谈判和交际的手段,谈判人员必须熟练地掌握它,必须提高自身的语言表达能力。语言有口头语言和文字语言,都应该学好、用好。

语言表达能力的提高:一要注意语言表达的规范,增强语言的逻辑性;二要注意语言表达的准确性,必须语音纯正,措辞准确,言简意赅;三要讲究语言的艺术性,表现在语言表达的灵活性、创造性和情境适用性上。

语言是沟通的主要工具,要提高沟通的能力,就必须有效地克服语言沟通的障碍,提高语言表达技巧,要注重无声语言、暗示性语言、模糊语言、幽默语言、情感语言的运用。谈判人员不仅要熟练地运用本国语言(包括某些主要的方言),还应精通外语。除此以外,谈判人员还应善于运用和理解身体语言,以增强谈判的沟通能力和理解能力。

(4)应变能力。商务活动一个重要的特点就是带有较大的不确定性,这种不确定性就要求从事商务活动的人员要有相应的准备和办法,要有临场应变能力。所谓应变能力,是指人对异常情况的适应和应付的能力。

谈判中,经常会发生各种令人意想不到的异常情况。当这些异常事件、情况出现时,假若谈判人员缺乏处理异常情况的临场应变能力,就有可能使谈判招致失败或不利的后果。处变不惊,应是一个优秀的谈判人员具备的品质。面对复杂多变的情况,谈判者要善于根据谈判情势的变化修订自己的目标和策略,冷静而沉着地处理各种可能出现的问题。

六、态度

态度是个体对特定对象(人、观念、情感或者事件等)所持有的稳定的心理倾向。这种心理倾向蕴含着个体的主观评价以及由此产生的行为倾向性。

在商业活动中面对的谈判内容多种多样,我们不能拿出同一样的态度对待所有谈判。我们需要根据谈判对象与谈判结果的重要程度来决定谈判时所要采取的态度。

如果谈判对象对企业很重要(比如长期合作的大客户),而此次谈判的内容与结果对公司并非很重要,那么就可以抱有让步的心态进行谈判,即在企业没有太大损失与影响的情况下满足对方,这样以后的合作会更加有力。

如果谈判对象对企业很重要,而谈判的结果对企业同样重要,那么就抱持一种友好合作的心态,尽可能达到双赢,将双方的矛盾转向第三方,比如市场区域的划分出现矛盾,可以建议双方一起或协助对方去开发新的市场、扩大区域面积,将谈判的对立竞争转化为携手竞合。

如果谈判对象对企业不重要,谈判结果对企业也是无足轻重、可有可无,那就可以轻松上阵,不要把太多精力消耗在这样的谈判上,甚至可以取消这样的谈判。

如果谈判对象对企业不重要、但谈判结果对企业非常重要,那就以积极竞争的态度参与谈判,不用考虑谈判对手,完全以最佳谈判结果为导向。

第三节　谈判中心理挫折的防范与应对

一、谈判中的心理挫折

人们需要的存在,会引发动机,动机一旦产生便引导人们的行为指向目标。人们在有目的的活动中,遇到无法克服或自以为无法克服的阻碍,使其需要或动机不能得到满足的情况就是挫折。

（一）心理挫折的含义

心理挫折是指人们在某种动机的推动下所要达到的目标受到阻碍,因无法扫除障碍而产生的紧张状态或情绪反应。

（二）心理挫折的行为表现

1.攻击。人在受挫时,生气、愤怒是最常见的心理状态。诸如语言过火、激烈,情绪冲动,容易发脾气,并伴有挑衅、煽动的动作。攻击是在人产生心理挫折感时可能出现的行为,但攻击的程度却因人而异。

2.倒退。这是指人遭受挫折后,可能发生的幼稚的、儿童化的行为,如像孩子一样的哭闹、暴怒、任性等。目的是为了威胁对方或唤起别人的同情。

3.畏缩。它是指人受挫后发生的失去自信、消极悲观、孤僻离群、盲目顺从、易受暗示等行为表现,这时其敏感性、判断力都相应降低。

4.固执。即顽固地坚持某种不合理的意见或态度,盲目重复某种无效的动作,不能像正常情况下那样正确合理地做出判断。具体表现为心胸狭窄、意志薄弱、思想不开朗,这都会直接影响人们对具体事物的判断分析,导致行动失误。此外,不安、冷漠等都是心理挫折的表现。

二、心理挫折的预防和应对

谈判是一项艰辛而困难重重的工作,困难多就易遭遇失败,有失败就有挫折。心理挫折会引发谈判人员情绪上的沮丧,从而产生对谈判对手的敌意,容易导致谈判的破裂。因此,谈判人员应对此做好心理准备,做好对心理挫折的防范,对自己所出现的心理挫折准备有效的办法及时地加以化解,并对谈判对手出现挫折而影响谈判顺利进行的问题有较好的应对办法。

(一)心理挫折的预防

1.消除引起客观挫折的原因。人的心理挫折是伴随着客观挫折的产生而产生的,如果能减少引起客观挫折的原因,人的心理挫折就可以减少。

2.提高心理素质。一个人遭受客观挫折时是否体验到挫折,与他对客观挫折的容忍力有关,容忍力较弱者比容忍力较强者易受到挫折。人对挫折的容忍力又与人的意志品质、承受挫折的经历及个人对挫折的主观判断有关。有着坚强意志品质的人能承受较大的挫折,有较多承受挫折经历的人对挫折有较高的承受力。

为了预防心理挫折的产生,从主观方面来说,要尽力提高谈判人员的意志品质,提高对挫折的容忍力。

(二)心理挫折的应对

在谈判中,不管是我方人员还是谈判对方产生心理挫折,都不利于谈判的顺利开展。为了使谈判能顺利进行,对心理挫折应积极应对。

1.要勇于面对挫折。常言道"人生不如意事十有八九",对于谈判来说也是一样,谈判往往要经过曲折的谈判过程、艰苦的努力才能达到成功的彼岸。谈判人员对于谈判所遇到的困难甚至失败要有充分的心理准备,以提高对挫折打击的承受力,并能在挫折打击下从容应对新的变化环境的情况,做好下一步的工作。

2.摆脱挫折情境。相对于勇敢地面对挫折而言,这是一种被动地应对挫折的办法。遭受挫折后,当谈判人员再无法面对挫折情境时,通过脱离挫折的环境情境、人际情境或转移注意力等方式,可让情绪得到修补,能以新的精神状态迎接新的挑战。美国著名成人教育学家、心理学家卡耐基就曾建议人们在受到挫折时用忙碌来摆脱挫折情境、驱除焦虑的心理。

3.情绪宣泄。情绪宣泄是一种利用合适的途径、手段将挫折的消极情绪释放排泄出去的办法。其目的是把因挫折引起的一系列生理变化产生的能量发泄出去,消除紧张状态。情绪宣泄有助于维持人的身心健康,形成对挫折的积极适应,并获得应对挫折的适当办法和力量。

情绪宣泄有直接宣泄和间接宣泄的办法。直接宣泄有流泪、痛哭、怨气发泄等形式,间接宣泄有活动释放、诉说等形式。

有专家认为,面对谈判对方的愤怒、沮丧和反感,一个好的办法是给对方一个能够发泄情绪的机会,让对方把心中郁闷的情绪和不满发泄出来,让他把话说完,这样他心里就不再留下什么会破坏谈判的隐患。让对方发泄情绪,可借此了解对方心理等状况,可以有针对性地开展说服性的工作。

谈判活动经常会出现马拉松式的漫长过程,出现拉锯式的僵局,出现错综复杂的局面,甚至出现令人绝望的困境,这些都会使谈判者在心理和精神上饱受煎熬。然而,有着良好心理素质的谈判者,通常都具有坚强的毅力和意志,对于谈判活动,无论其多么艰辛和漫长,他们都能坚持到底,绝不轻言放弃。

案例应用

通用电气收购阿尔斯通

2015 年 11 月 2 日,通用电气公司宣布,其对阿尔斯通电力与电网业务的收购已经成功完成。通过欧洲、美洲、亚洲等地 20 多个国家和地区监管部门的反垄断审查之后,通用电气才最终达成了交易。这是通用电气迄今在工业领域最大一笔收购,成交价最终锁定在 97 亿欧元(约合 678 亿元人民币)。

通用电气公司(General Electric Company,简称 GE)是世界上最大的提供技术和服务业务的跨国公司之一。GE 是一家多元化服务的公司,从飞机发动机、发电设备到金融服务,从医疗造影、电视节目到塑料,GE 公司致力于通过多项技术和服务创造更美好的生活。2014 年通用电气公司在美国 500 强排行榜中排名第 9 位。

案例应用

阿尔斯通(Alstom)成立于 1928 年,总部位于法国巴黎附近,是全球轨道交通、电力设备和电力传输基础设施领域的领先企业,以创新环保的技术而闻名。2014 年阿尔斯通在世界 500 强排行榜中排名第 441 名。

2004 年,阿尔斯通陷入财务危机面临破产,法国政府出手买下 21% 的股份,帮助阿尔斯通渡过难关。2006 年,法国政府把持股卖给法国房地产巨头布依格(Bouygues)集团,稍后布依格集团又继续增加持股,至 2014 年为 29%。但获得新注资的阿尔斯通并没有再度雄起,反倒是将布依格集团深度套牢。2008 年的经济危机更是给阿尔斯通带来了灾难性打击,股价当年就跌了 30%,此后虽然通过大规模裁员和出售旗下资产增加现金流的方式试图补救,但仍然止不住下滑趋势,到了 2014 年,该公司再陷破产危机。

2014 年,阿尔斯通 CEO 柏珂龙私下密会美国 GE 公司洽谈收购方案,恰逢 GE 公司正试图调整全球战略,加强能源等核心业务,因此双方一拍即合,很快议定了收购价格和相关事宜,并在 4 月份向法国政府申请并同时向媒体"透露消息"。

同时,燃气轮机巨头德国西门子也宣布参与竞购。西门子方面提出"资产置换"方案,以其运输设备生产业务(主要是生产火车)及现金,换取阿尔斯通的发电设备生产业务,且同样愿意提出与 GE 相同的财务条件,并保证不裁撤阿尔斯通员工、管理层人士,工厂地址也保持不变。但这套方案会使得两家企业的轨道市场份额占据欧洲市场的 2/3,欧盟的反垄断部门可能会表示反对,反垄断风险过高。

GE 对此迅速调整战略,首先在价格做出让步,将收购价从 94 亿欧元提升到 123.5 亿欧元,并在条款上也做出了一定让步,包括承诺法国政府不裁员、保证法国能源独立,同时配合舆论手段打击对手。两个月后,2014 年 6 月 22 日,阿尔斯通内部邮件宣布董事会接受 GE 公司收购,并认为"GE 的方案不仅满足了阿尔斯通和股东利益,同时也针对法国政府的疑虑提供了保证"。

欧盟监管机构担心收购交易将导致欧洲的燃气轮机和大型汽机等能

案例应用

源设备价格上涨,GE 公司展开了积极谈判并主动让步,告知欧盟监管机构愿意转让部分阿尔斯通的燃机给其竞争对手意大利安萨尔多能源公司(Ansaldo Energia),也愿意出售部分知识产权,其中包括:①阿尔斯通的GT26 型(F 级燃气轮机)产品线;②阿尔斯通的 GT36 技术开发项目,该项目的完成将会带来一款 H 级的燃气轮机产品;③34 台 GT26 型燃气轮机的服务合同,阿尔斯通燃气轮机机队的其他机组(大约 720 台)的服务将留在GE。通过谈判和让步,2015 年 9 月 8 日,欧盟批准了该项并购项目。

通用电气无疑是这次收购交易的赢家,通过收购阿尔斯通,GE 已然拿下燃机的半壁江山;此外,它将拥有约 1500GW 的发电装机量,比通用电气当前装机量增长 50%;同时通用电气将全面渗透火电厂总体设计,拥有更广泛的电网产品线。对于阿尔斯通来说,本次交易价格高出原始估值 20多亿欧元,同时也甩掉了多年并不景气的电力电网业务包袱,保证其战略调整,将集中力量继续做强交通领域。法国政府通过数轮博弈,在政府持股、核能独立自主和保证就业等关键问题上获得了不少话语权和承诺,也是赢家之一。

思考题:

1. GE 赢得谈判的关键要素有哪些?

2. 你认为阿尔斯通对谈判的结果是否满意?

ON NEGOTIATION

学习要点

谈判，不仅是谈判双方基于经济利益的交流与合作，也是双方所具有的不同文化之间的碰撞与沟通。在不同国家、不同民族之间进行的国际谈判更是如此。国际谈判受到各自国家、民族的政治、经济、文化等多种因素的影响，其中最难以把握的就是文化因素，而文化因素也直接造就了各国、各地区谈判风格的差异。因此，在谈判中正确把握文化因素，进而对各地域的谈判风格、礼仪、禁忌深入了解是至关重要的。

新闻导读

6 月 30 日下午,美的集团宣布收购东芝家电业务控股权的交易已经完成。这意味着美的已经获得收购东芝的所有必要的相关审批,包括日本反垄断监管机构的审批和国家发改委的备案,美的已经获得了东芝家电业务 80.1% 的股份。

2016 年 3 月份,美的集团披露了一份与东芝签署的股份转让协议,美的将以 514 亿日元(约 33 亿人民币)的价格收购东芝家电业务子公司 Toshiba Lifestyle Products & Services Corporation(简称 TLSC)80.1% 的股权。同时,美的还将获得 40 年的东芝品牌在全球的授权以及超过 5 000 项与东芝白色家电相关的专利。

6 月 30 日,美的与东芝就本次交易的所有相关协议达成一致,并完成了协议的签署,本次交易全部 514 亿日元的价款也已经支付完毕。

美的收购东芝,可以借助东芝品牌更好地进军国产品牌难以进入的发达国家市场。如在日本本土市场,东芝的产品定位在高端。在欧洲和北美,东芝也拥有一定知名度。

美的收购东芝另一方面是双方的技术互补。东芝拥有例如扫地机器人、充电吸尘器以及冰箱变频技术等专利技术,这些技术虽然美的也有,但不够精湛,美的的优势在于制造和成本。

美的集团近年频频展开国际并购。6 月 29 日,美的收购机器人公司库卡也获得重要进展。美的称,6 月 28 日,库卡的监事会和执行管理委员会(即管理层)达成一致意见,推荐库卡的股东接受美的这次要约收购。当天,美的与库卡签署了《投资协议》,承诺保持库卡运作的独立性,确保库卡不裁员。

资料来源:周玲,张春楠. 美的收购日本东芝. 澎湃新闻(http://www. thepaper. cn/newsDetail_forward_1491797),2016 - 06 - 30.

第一节　影响国际谈判风格的文化因素

英国哲学家弗朗西斯·培根曾在《谈判论》一书中指出："与人谋事,则须知其习性,以引导之;明其目的,以劝诱之;知其弱点,以威吓之;察其优势,以钳制之。与奸猾之人谋事,唯一刻不忘其所图,方能知其所言;说话宜少,且须出其最不当之意之际。于一切艰难之谈判中,不可存在一蹴而就之想;唯待而图之,以待瓜熟蒂落。"这段话是对谈判经验的深刻总结。尤其是"与人谋事,须知其习性,以引导之"早已成为至理名言。

所谓谈判风格,主要是指在谈判过程中谈判人员所表现出来的言谈举止、处事方式、思维习惯以及个人爱好等特点。由于文化背景不一样,不同国家、地区的谈判者具有不同的谈判风格。研究各国的谈判风格,就要从影响谈判风格的文化因素谈起,主要包括以下几个方面。

一、语言及非语言行为

国际活动的语言差异是最直观明了的。解决语言问题的方法也很简单,如雇用一位翻译或者用共同的第三语言交谈就行了。模拟谈判研究表明,谈判人员的语言、行为方式在各种文化中具有较高的相似性。但无论如何,差异也是显而易见的。在不同语言中,各种信息交流技巧的使用频率呈现一定的差异性(见表 8 - 1),如果不了解这些差异,就很容易误解谈判对手所传递的信息,从而影响谈判目标的实现。

表 8 - 1　不同语言中各种交流技巧的使用频率比较

技巧＼使用频率＼国别	中国	日本	韩国	俄罗斯	德国	英国	法国	巴西	加拿大	美国
承诺	6	7	4	5	7	11	5	3	7	8
威胁	1	4	2	3	3	5	5	2	2	4
推荐	2	7	1	4	5	6	3	5	5	4
警告	1	2	0	0	1	1	3	12	3	1

续表

技巧＼使用频率＼国别	中国	日本	韩国	俄罗斯	德国	英国	法国	巴西	加拿大	美国
报偿	1	1	3	3	4	5	3	2	2	2
惩罚	0	1	5	1	2	0	3	3	2	3
肯定规范评价	1	1	1	0	0	0	0	0	1	1
否定规范评价	0	3	2	0	1	1	0	1	2	1
保证	10	15	13	11	9	13	10	8	11	13
自我泄漏	36	34	36	40	47	39	42	39	28	36
提问	34	20	21	27	11	15	18	22	36	20
命令	7	8	13	7	12	9	9	14	8	6

资料来源:改编自 Philip R. Cateora and John L. Graham. International Marketing, 11th. McGraw – Hill Companies Inc. 2002;Kitty O. Locker. Business and Administrative Communication, 5th. McGraw – Hill Companies Inc. 2000;关世杰. 跨文化交流学. 北京大学出版社,1995。

非语言行为方面的文化差异往往较为隐蔽,难以被意识到。不同文化间客观存在着交流技巧差异,如沉默时段、插话次数和凝视时间差异(见表 8 - 2)。在谈判中,谈判人员以非语言的更含蓄的方式发出或接受大量的比语言信息更为重要的信息,而且所有这类信号或示意总是无意识地进行的。因此,当外国伙伴发出不同的非语言信号时,具有不同文化背景的谈判对手极易误解这些信号,而且还意识不到所发生的错误。这种不知不觉中所产生的个人摩擦如果得不到纠正,就会影响商业关系的正常展开。由表 8 - 1 及表 8 - 2 可见,国际谈判中语言及非语言行为之间的差异是十分复杂的。就日本、巴西和法国文化而言,日本人的相互交流风格是最礼貌的,较多地采用正面的承诺、推荐和保证,而较少采用威胁、命令和警告性言论,他们礼貌的讲话风格中最突出的是他们不常使用"不""你"和面部凝视,但经常保持一段沉默;巴西人使用"不"和"你"字的频率较高,他们的谈判风格显得较为奔放,而且在谈判中似乎不甘寂寞,不时地凝视对方并触碰对方;法国人的谈判风格显得更为随意,特别是他们使用威胁和警告的频率较高,此外,他们还很频繁地使用插话、面部凝视以及"不"和"你"字。可见,唯有弄清楚这些差异,方能避免对日本人的沉默寡言、巴西人的热心过头或者法国人的直言的误解,从而取得国际谈判的成功。

表 8 – 2 不同语言中非语言交流技巧的使用频率比较

使用 技巧 国别 频率	中国	日本	韩国	俄罗斯	德国	英国	法国	巴西	加拿大	美国
沉默时间百分比	7.7	8.3	0	12.3	0	8.3	3.3	0	5	5.7
插话间隔时间(分钟)	1.75	4.84	1.36	2.26	1.44	5.66	1.45	2.10	1.45	5.88
凝视时间百分比	37	13	33	29	34	30	53.3	52	48.7	33.3
每小时接触次数	0	0	0	0	0	0	0.2	9.4	0	0

资料来源:改编自 Philip R. Cateora and John L. Graham. International Marketing, 11th. McGraw – Hill Companies Inc. 2002;Kitty O. Locker. Business and Administrative Communication, 5th. McGraw – Hill Companies Inc. 2000;关世杰. 跨文化交流学. 北京大学出版社,1995。

二、风俗习惯

在国际谈判中,通常有一些正式或非正式的社交活动,如喝茶、喝咖啡、宴请等。这些活动受文化因素的影响很大,并制约着谈判的进行。如阿拉伯人在社交活动中常邀请对方喝咖啡。按照他们的习惯,客人不喝咖啡是很失礼的行为,拒绝一杯咖啡会造成严重麻烦。曾经有一位美国人拒绝了沙特阿拉伯人请他喝咖啡的友好提议,这种拒绝在阿拉伯世界被认为是对邀请人的侮辱,结果这位美国人因此而丧失了一次有利可图的商机。

德国人在绝大多数时候都是穿礼服,但无论穿什么,都不会把手放在口袋里,因为这样做会被认为是粗鲁的。德国人很守时,如对方谈判者迟到,德国人对其的态度就可能会很冷淡。另外,德国人不习惯与人连连握手,若你与他连连握手,他会觉得惶惶不安。

芬兰人在买卖做成之后,会举行一个长时间的宴会,请对方洗蒸汽浴。洗蒸汽浴是芬兰人一项重要的礼节,表示对客人的欢迎,对此是不能拒绝的,因为芬兰人经常在蒸汽浴中解决重要问题和加强友谊。

在澳大利亚,大部分交易活动是在小酒馆里进行的。在澳大利亚进行谈判时,谈判者要记住哪一顿饭该由谁付钱,在付钱问题上既不能忘记也不能过于积极。

在南美洲,不管当地气候怎样炎热,都以穿深色服装为宜。南美人与人谈判时相距很近,表现亲热,说话时把嘴凑到对方的耳边。有些南美国家的人乐于接受一些小礼品。

中东地区的人好客,但在谈判时缺乏时间观念,同他们谈判不能计较时间长短,而应努力取得其信任,即要先建立起朋友关系,这样就容易达成交易。

在与法国人进行紧张谈判的过程中,与他们共进工作餐或游览名胜古迹,对缓和气氛、增进彼此的友谊大有裨益。但千万不能在餐桌上或在游玩时谈生意,因为这样会破坏他们的食欲,让他们觉得扫兴。法国人的习惯是在吃饭时称赞厨师的手艺。

在日本,很多交易都是在饭店、酒吧和艺伎馆里消磨几个小时后达成的。

北欧人和美国人谈生意时讲究保留一定的隐私。在英国和德国,秘书们会将新的来客挡在外面以避免经理们在会谈中受到打扰。在西班牙、葡萄牙以及南美一些国家,敞门办公的现象可能会发生,但新来的客人也常常被请到外面等候。阿拉伯人也有"敞开门户"的习惯,客人任何时候来都欢迎,因而许多时候当一位阿拉伯人与人会谈时,可能有新的客人进来,对此,习惯了谈话不被打扰的北欧和美国人很快就会感到窘迫,因为周围坐着几位前来拜访的新客人。

三、思维差异

在进行国际谈判时,来自不同文化区域的谈判者往往会遭遇思维方式上的冲突。以东方文化和英美文化为例,两者在思维方面的差异有:①东方文化偏好形象思维,英美文化偏好抽象思维。②东方文化偏好综合思维,英美文化偏好分析思维。综合思维是指在思想上将每个对象的各个部分联合为整体,将其各种属性、方面、联系等结合起来;分析思维是指在思想上将一个完整的对象分解成各个组成部分,或者将其各种属性、方面、联系等区别开来。③东方人注重统一,英美人注重对立。如中国哲学虽不否认对立,但比较强调统一,而西方人注重把一切事物分为两个对立的方面。

基于客观存在的思维差异,具有不同文化习惯的谈判者呈现出决策上的差异,形成顺序决策方法和通盘决策方法间的冲突。当面临一项复杂的谈判任务时,采用顺序决策方法的西方人特别是英美人常常将大任务分解为一系列的小任务,将价格、交货、担保和服务合同等问题分次解决,每次解决一个问题,从头至尾都有让步和承诺,最后的协议就是一连串小协议的总和。而采用通盘决策方法的东方人则注重对所有的问题整体讨论,不存在明显的次序之分,通常要到谈判的最后,才会在所有的问题上做出让步和承诺,从而达成一揽子协议。

例如,在美国,如果一半的问题定下来了,那么谈判就算完成了一半。但是在日本,好像什么事也没定下来,然后,突然间一切又全成定局。结果是美国人常常就在日本人宣布协议之前做出了不必要的让步。美国人所犯的这种错误反映出来的是双方思维及决策方式上的差异。对于美国人来说,谈判是一个解决问题的活动,双方都满意的交易就是答案。而对于日本人来说,谈判是建立一种长期的、互利的业务关系,经济问题仅仅是谈话的资料而不是内容,谈判进展不能以已经解决了多少问题来衡量。只有建立了一种可行的、和谐的业务关系,细节问题就会自行解决。因此,美国的谈判者必须了解日本人这种全盘考虑问题的方法,必须就看似杂乱无章的一揽子问题进行同时谈判做好准备。

四、价值观

国际谈判中价值观方面的差异远比其他方面的文化差异隐藏得更深,因此也更难以克服。价值观差异对国际谈判行为的影响主要表现为因客观性、时间观念、竞争和平等性等观念差异而引起的误解和厌恶。

(一)客观性

谈判中的客观性反映了行为人对"人和事物的区分程度"。西方人特别是美国人具有较强的"客观性",如"美国人根据冷酷的、铁一般的事实进行决策""美国人不徇私""重要的是经济和业绩,而不是人""公事公办"等话语就反映了美国人的客观性。因此,美国人在国际谈判时强调"把人和事区分开来",其感兴趣的主要为实质性问题。相反,在世界其他地方,"把人和事区分开来"这一观点往往令人难以接受。例如,在重视人际关系的东方和拉丁美洲文化中,经济的发展往往是在家族控制的领域内实现的。因此,来自这些国家的谈判者不仅作为个人来参与谈判,而且谈判结果往往会影响到这个人,个人品行和谈判结果成了两个并非不相干的问题,而且实质上两者变得不可分开。

(二)时间观念

不同文化具有不同的时间观念。例如:北美文化的时间观念很强,对美国人来说时间就是金钱;而中东和拉丁美洲文化的时间观念则较弱,在这些地区的人看来,时间应当是被享用的。

在对待时间的态度上,总的来说,欧美国家的人工作和生活节奏快,时间观念强,人们信奉"时间就是金钱"的观念,因而在谈判中都很注意准时。但在一些发展中国家里,人们往往不太重视时间,不讲究准时参加谈判和宴会,有时甚至有意识地拖延时间,以显示其地位的尊贵。对于谈判,南美人有时迟到一两个小时都是有可能的。就韩国人来说,在谈判中,如果是对方选择的会谈地点,他们绝不会提前(哪怕半分钟)到达,总是准时或故意略微迟到。当然,在欧美国家中也因为文化的差异而有不同的情况。例如,法国人在会谈时很注意对方是否准时,而自己则常常迟到,并且常以"塞车"一类借口加以搪塞。

爱德华·霍尔把时间的利用方式分为两类:单一时间利用方式和多种时间利用方式。单一时间利用方式强调"专时专用"和"速度"。北美人、瑞士人、德国人和斯堪的纳维亚人具有此类特点。单一时间利用方式就是线性地利用时间,仿佛时间是有形的一样。直率是单一时间利用方式这一文化的表现形式。

而多种时间利用方式则强调"一时多用"。中东和拉丁美洲文化具有此类特点。多种时间利用方式涉及关系的建立和对言外之意的揣摩。在多种时间利用方式下,人们有宽松的时刻表、淡薄的准时和迟到概念以及意料之中的延期。这就需要有较深的私交和"静观事态发展"的耐性。因此在谈判中,当两个采用不同时间利用方式的经营者遇到一起时,就需要调整,以便建立起和谐的关系,并要学会适应彼此的工作方式,这样可以避免由于"本地时间"与"当地时间"不一致所带来的麻烦。

(三)竞争和平等观

竞争和平等性差异对谈判的影响可以借助模拟谈判之类的实验经济学的结果得到粗略的反映。模拟谈判实验观察了来自不同文化的小组参加同样的买卖游戏所得到的"谈判蛋糕"。这一模拟体现了谈判的精华,即竞争和合作。令 N 为 n 个来自不同文化小组进行模拟买卖所得到的"谈判蛋糕"的观察结果所构成的集合,那么:

$$N = N\{N_1, N_2, N_i, \cdots, N_n\}$$

$$N_i = N_i(V_i, B_i, S_i)$$

其中,N_i 表示来自第 i 种文化的谈判双方的"谈判蛋糕",V_i 表示买方和卖方在模拟中所得的共同利润,B_i 和 S_i 分别表示共同利润在买方和卖方间的所得百分比减去 50% 后的值,即 $B_i + S_i = 0$。

显然,V_i越大,合作效果越好;$B_i < 0$, $S_i > 0$ 表明利润分配对卖方有利,$B_i > 0$, $S_i < 0$ 表明利润分配对买方有利,且 $|B_i|$ 或 $|S_i|$ 越大,利润分配越不平等。

考察模拟实验的结果见表 8 - 3。从中不难发现,就美国文化和日本文化而言,日本人最善于做大蛋糕,而美国人的蛋糕大小一般。相反,美国人对利润的划分相对而言较日本人公平。日本人划分蛋糕的方式对买方较为有利。事实上,在日本,顾客被看做上帝,卖方往往会顺从买方的需要和欲望;而美国的情况完全不同,美国卖方往往将买方更多地视为地位相等的人,这也符合美国社会奉行的平等主义价值观。在许多美国经理看来,利润划分的公平性似乎比利润的多少更为重要。

表 8 - 3　模拟实验中同一文化内谈判双方的合作效果与利润分配平等程度比较

观察变量 ＼ i	日本	韩国	俄国	德国	英国	法国	巴西	美国
	1	2	3	4	5	6	7	8
V_i	V_1	V_2	V_3	V_4	V_5	V_6	V_7	V_8
买卖双方合作效果由大到小	$V_1 > V_5 > V_7 > V_6 > V_8 > V_3 > V_2 > V_4$							
B_i	B_1	B_2	B_3	B_4	B_5	B_6	B_7	B_8
利润分配有利于买方程度由大到小	$B_2 > B_1 > B_6 > B_5 > B_3 > B_4 > B_8 > B_7 > 0$							

资料来源:改编自 Philip R. Cateora and John L. Graham. International Marketing, 11th. McGraw – Hill Companies Inc. 2002;Kitty O, Locker. Business and Administrative Communication, 5th. McGraw – Hill Companies Inc. 2000;关世杰. 跨文化交流学. 北京大学出版社,1995。

五、人际关系

成功的谈判要求始终保持畅通无阻的信息交流,然而不同的文化背景使国际谈判中谈判者之间的信息交流面临许多障碍和冲突。因此,谈判人员必须能够在谈判中和对手保持良好的人际关系,保证良好的沟通以便谈判顺利进行。对此,美国学者温克勒指出:"谈判过程是一种社会交往的过程,与所有其他社会事务一样,当事人在谈判过程中的行为举止、为人处世,对于谈判的成败至关重要,其意义不亚于一条高妙的谈判策略。"

在日本,人们的地位意识浓厚,等级观念很重,因而与日本人谈判,搞清楚其谈判人员的级别、社会地位是十分重要的。在德国,人们重视体面,注意形式,对有头衔的德国谈判者一定要称呼其头衔。澳大利亚人参与谈判时,其谈判代表一般都是有决定权的,因而与澳大利亚人谈判时,一定要让有决定权的人员参加,否则澳大利亚人会感到不愉快,甚至中断谈判。

法国人天性比较开朗,具有注重人情味的传统,因而很珍惜交往过程中的人际关系。对此有人说,在法国,"人际关系是用信赖的链条牢牢地相互联结的"。另外,在与法国人谈判时不能只想到谈生意,否则会被认为太枯燥无味。

由于在近代史上法兰西民族在社会科学、文学、科学技术领域的卓越成就,法国人民族自豪感很强,有时甚至有些自傲。因此,在与法国人进行谈判时,谈判人员应表现得不卑不亢,既不损害对方的民族自尊,也不能妄自菲薄,低三下四。与法国人谈判要派熟悉产品的人员,因为法国人大多数专业性强,如果谈判人员对产品的专业知识一点不了解,即使在商贸方面有丰富的经验,也很难得到法国人的尊重。

综上所述,包括风俗习惯、语言表达、人际关系、时间观念等因素的文化差异塑造了不同国家各异的谈判风格。要想在国际谈判的战场上纵横捭阖,就必须对此深入了解。以下各节里,我们将对世界上主要国家和区域的谈判风格逐一进行分析。

第二节 美洲人的谈判风格、礼仪与禁忌

一、美国人的谈判风格、礼仪与禁忌

(一)美国人的谈判风格

在国际贸易中,美国占有举足轻重的地位。相应的,美国人的谈判风格在世界上也具有相当大的影响力。我国谈判人员与美国人谈判的机会较多,因此,掌握美国人的谈判方式对我国谈判人员具有十分重要的意义。

美国是个年轻的国家,历史上大批拓荒者从欧洲来到北美,从美国东海岸进军西海岸,冒着极大的风险,开拓出一片片土地。这种开拓精神世代流传,现代的美国人仍具有强烈的进取精神。美国是个移民国家,人口流动性大,开放程度较高,

现代观念强烈,传统的东方君主制和西方的贵族世袭制在这里找不到生存的根基。因此,美国人很少受权威和传统观念的支配,而具有强烈的创新意识和竞争意识。

从总体上讲,美国人的性格是外向、随意的。有些研究美国问题的专家将美国人的性格特点归纳为:外露、坦率、诚挚、豪爽、热情、自信、说话滔滔不绝、不拘礼节、幽默诙谐、追求物质上的实际利益等。

美国谈判人员有着与生俱来的自信和优越感,他们总是十分有信心地步入谈判会场,不断发表自己的意见和提出自己的权益要求,往往不太顾及对方而显得气势上咄咄逼人,而且语言表达直率,喜欢开玩笑。这种心态常常会在谈判桌上形成一种优势——无论其年龄或资历如何,似乎不把对方放在眼里(其实不一定)。他们坦率外露,善于直接向对方表露出真挚、热忱的感情,这种情绪也容易感染别人,对此应充分利用,以创造良好的谈判气氛,并以相应的态度给对方以鼓励,创造成功机会。

美国人办事干脆利落,不兜圈子。在谈判桌上,他们精力充沛,头脑灵活,会在不知不觉中将一般性交谈迅速引向实质性谈判,并且一个事实接一个事实地讨论,直爽利落,不讲客套,并总是兴致勃勃,乐于以积极的态度来谋求自己的利益。为追求物质上的实际利益,他们善于使用策略,采用各种手法。正因为他们自己精于此道,所以他们十分欣赏那些说话直言快语、干净利落,又精于讨价还价,为取得经济利益而施展策略的人。也正因为美国人具有这种干脆的态度,与美国人谈判,表达意见要直接,"是"与"否"必须清楚。如果美国谈判人员提出的条款、意见是无法接受的,就必须明确告诉他们不能接受,不得含糊其辞,使他们存有希望。有人认为,为了不失去继续洽谈的机会,应该装出有意接受的样子而含糊作答,或者迟迟不答,这种做法实际上适得其反,不仅会给对方造成不良印象,还容易导致纠纷的产生。

当双方发生纠纷时,美国谈判人员希望谈判对手的态度认真诚恳,即使双方争论得面红耳赤,他们也不会介意。中国人在出现纠纷时往往喜欢赔笑脸,以为这样能使对方消解怒气,这样做,实际上会使美国人更不满,因为他们看来,出现纠纷而争论时,双方心情都很恶劣,笑容必定是装出来的,他们甚至可能认为面露笑容表示你已经认为理亏了。另外,在谈判过程中,要绝对避免指名批评,因为美国人谈到他人时,都会顾及避免损坏他人的人格。例如,不要指责客户公司中某人的缺点或竞争公司的缺点,这是美国人蔑视的行为。

美国谈判人员重视效率,喜欢速战速决。因为美国经济发达,生活、工作节奏极快,造就了美国人信守时间、尊重进度和期限的习惯。美国有句谚语:不可盗窃时间。在美国人看来,时间就是金钱。如果不恰当地占用了他们的时间,就等于偷了他们的美元。美国人常以"分"为单位计算时间,在谈判过程中,他们连一分钟也舍不得浪费去进行毫无意义的谈话。美国人认为,最成功的谈判人员是能熟练地把一切事情用最简洁、最令人信服的语言迅速表达出来的人,因而美国谈判人员为自己规定的最后期限往往较短。谈判中,他们十分重视办事效率,尽量缩短谈判时间,力争每一场谈判都能速战速决。如果谈判一旦突破其最后期限,谈判很可能破裂。除非特殊需要,同美国人谈判时间不宜过长。因为大多数美国公司每月或每季度都必须向董事会报告经营利润情况,如果谈判时间过长,就会对美国人失去吸引力。所以只要报价基本合适,就可以考虑抓住时机拍板成交。

美国人的法律意识根深蒂固,律师在谈判中扮演着重要角色。因为生意场上普遍存在着不守诺言或欺诈等现象,美国谈判人员往往注重防患于未然,凡遇谈判,特别是谈判地点在外国的,他们一定要带上自己的律师,并在谈判中会一再要求对方完全信守有关诺言。一旦发生争议和纠纷,最常用的办法就是诉诸法律,因为此时友好协商的可能性不大。美国谈判人员提出的合同条款大多是由公司法律顾问草拟、董事会研究决定的,谈判人员一般对合同条款无修改权,对法律条款一般不轻易让步。美国人习惯于按合同条款逐项讨论直至各项条款完全谈妥。

美国人在谈判方案上喜欢搞全盘平衡的"一揽子交易"。所谓一揽子交易,主要是指美国人在谈判某个项目时,不是孤立地谈其生产或销售,而是将该项目从设计、开发、生产、工程、销售到价格等一起商谈,最终达成全盘方案。美国文化培养的谈判人员较注重大局,善于通盘筹划,他们虽讲实利,但在权衡利弊时,更倾向于从全局入手。所以,美国谈判人员喜欢先总后分,先定下总交易条件,再谈具体的条件。他们这种一揽子交易手法,对于拓宽谈判思路、打破僵局具有一定的积极意义,然而却显得居高临下、咄咄逼人。我们相应的策略是,从分析入手,不争高位。首先,谈判的项目不同,决定权不同。有的可由地方决定,有的需由中央批准,只有协调后才可进行一揽子交易。因此可以以协调各部门为借口,推掉一些不合适的交易谈判方法。其次,一揽子交易中若许多关键细节不明确,双方实际利益不平衡,那么谈判会像漏桶打水,所得不多。这些细节条件可作为敲定全盘的前提。最后,一揽子交易是由大及小的策略,可用逆向思维去应付,即由小及大的方法,用局部思维将其由大化小,以看透其中计谋。上司若要参与一揽子谈判,应在谈判人员进行了局部谈判之后,坚持由下向上、由分到总的原则。

(二)美国人的谈判礼仪与禁忌

同美国人在一起时不必要过多地客套,他们大多性格外向,直爽热情,即使昨天还是未见过面的陌生人,今天一见面也会立刻显露出多年之交的老朋友那样的亲热感,直呼其名,甚至当天就可以做成一笔大生意。美国人在与人见面与离别时,都面带微笑地与在场的人们握手;彼此问候较随便,大多数场合下可直呼名字;对年长者和地位高的人,在正式场合下,则使用"先生""夫人"等称谓;对于婚姻状况不明的女性,不冒失地称其为夫人;在比较熟识的女士之间或男女之间会亲吻或拥抱。美国人交谈时习惯保持一定的身体间距,彼此站立间距约0.9米,每隔2～3秒有视线接触,以表达有兴趣、诚挚和真实的感觉。他们的时间观念很强,约会要事先预约,赴会要准时,但商贸谈判有时亦会比预定时间推迟10～15分钟。美国人喜欢谈论有关商业、旅行方面的内容及当今潮流和世界大事,喜欢谈政治,但不乐意听到他人对美国的批评,因此最好对他们多听少讲。在美国,多数人随身带有名片,但是,他们的名片通常是在认为有必要以后再联系时才交换,因此,美国人在接受别人的名片时往往并不回赠。不管是否有人在场,都不要与女士谈论有关她个人的问题,如婚姻状况等,如果她自己说了,也只能简单问几句。

在美国,一般性的款待均在饭店举行,小费通常不包括在账单里,一般是15%。进餐时,宾主可以谈论生意。餐巾一般放在膝上,左手经常放在腿上,他们认为把肘部放在餐桌上是不文雅的举动,当然,不少美国人也不介意。美国人有着不同的文化背景,这也反映在丰富的食品上。他们出于关注健康的原因,进食大量蔬菜和水果;同时,牛肉、猪肉和鸡肉也是大众化肉食。快餐店的普及从另一个侧面反映出美国人的食物偏好和紧张的生活节奏。

美国人也在周六、周日休息,此外,公定假日有元旦、退伍军人节、感恩节、哥伦布日等,不宜在这些时间找美国人洽谈。美国人谈判时总是充满信心,只简单寒暄几句就进入正题,答复明确肯定。在与美国人谈判时,过于低估自己的能力、缺乏自信也是没有必要的,这样会令对方瞧不起。

美国人不喜欢对方谈判时拐弯抹角,躲躲闪闪。同美国人谈判,也不需要装出一副莫测高深、含糊隐晦的样子,"是"与"否"必须表示清楚。如果他们提出的要求无法满足也应据实告诉他们。遇到不清楚的问题时要问清楚,这样不但美国人不会不高兴,反而会对你有好的印象,也可以避免纠纷。

美国人对时间非常吝啬,因此与美国人谈判必须守时,办事必须高效。美国人喜欢一切井然有序,不喜欢事先没有联系,以及与突然闯进来的"不速之客"去洽谈生意。美国人或谈判代表总是注重预约晤谈,何时以及在何地方、谈多长时间,都是预先约定。双方见面之后,稍作寒暄,便开门见山,直接进入谈判正题,很少有不必要的废话。

二、加拿大人的谈判风格、礼仪与禁忌

(一)加拿大人的谈判风格

加拿大居民大多数是英国和法国移民的后裔,在加拿大从事对外贸易的人也主要是英国后裔和法国后裔。英国裔人大多集中在多伦多和加拿大的西部地区;法国裔人主要集中在魁北克。温哥华是华侨的主要聚居地,华侨占一定比例,他们为我国与加拿大的合作起到了桥梁的作用。

英国裔同法国裔加拿大人在谈判风格上差异较大。英国裔人谨慎、保守、重守信誉。他们在进行谈判时相当严谨,一般要对所谈事物的每个细节都充分了解后,才可能答应要求。并且,英国裔人在谈判过程中喜欢设置关卡,一般不会爽快地答应对方提出的条件和要求,所以从开始到价格确定这段时间的商谈是颇费脑筋的,正所谓"好事多磨",对此,要有耐心,急于求成往往不能把事情办好。不过,一旦最后拍板,签订契约,英国裔人日后执行时很少出现违约的现象。

法国裔人没有英国裔人那么严谨。与法国裔人刚刚开始接触时,你会觉得他们都非常和蔼可亲,平易近人,客气大方。但是只要坐下来谈判,涉及实质问题时,他们就判若两人,讲话慢吞吞,难以捉摸。因此,若希望谈判成功,就要有耐性。法国裔人对于签约比较马虎,常常在主要条款谈妥之后就急于要求签约。他们认为次要的条款可以等签约后再谈,然而往往是那些未引起重视的次要条款成为日后履约纠纷的导火线。因此,与他们谈判时应力求慎重,一定要在所有合同条款都详细、明了、准确之后,才可签约,以避免不必要的麻烦和纠纷。

(二)加拿大人的谈判礼仪与禁忌

1. 加拿大人见面或分手时要行握手礼,相互亲吻对方脸颊也是常用的礼节。

除密友之外,一般不宜直接称呼对方小名,对法语是母语的加拿大籍谈判者,要使用印有英、法两种文字的名片。

在加拿大,约会要事先预约并准时赴约,款待客人一般在饭店或俱乐部进行。就餐时要穿着得体,男士着西服,系领带,女士则穿裙子。进餐时间可长达2~3小时。一般祝酒词为 Cheers("祝好",用于英语地区),Sante("祝你健康",用于法语地区)。在法语区就餐,双手(不是双肘)放在桌上。如被邀请作私人访问,应随身携带小礼品或鲜花,也可派人给对方赠送鲜花。

2. 加拿大谈判者比美国人更显得有耐心和温和,加拿大人的时间观念很强,所以要严格遵守合同的最后期限。

3. 与加拿大人谈判要注重礼节,情绪上要克制,不要操之过急。对英国裔人要有足够的耐心,从开始接触到价格确定这段时间,要不惜多费脑筋,认真地与对方斟酌,多用实际利益和事实来加以引导,稳扎稳打,切不可过多地施加压力。

4. 与法国裔人谈判应力求慎重,没弄清对方的意图与要求前不要贸然承诺。另外,不要被对方的催促牵着鼻子走,对主要条款与次要条款都要一丝不苟,力求详细明了和准确,否则不予签约,以免引出日后的麻烦。签订的合同条款往往详尽而冗长,对法国裔人还须准备法文资料和将合同译成法文。

5. 加拿大公司的高层管理者对谈判影响较大,应将注意力集中在他们身上,以使谈判能尽快获得成功。

三、拉丁美洲人的谈判风格、礼仪与禁忌

(一)拉丁美洲人的谈判风格

拉丁美洲是指美国以南的地区,包括墨西哥、中美洲和南美洲。它东临大西洋,西濒太平洋,由于曾受属于拉丁语系的西班牙和葡萄牙的殖民统治,所以称为拉丁美洲。

拉丁美洲人最突出的性格特点是固执、个人人格至上和富于男子气概,同时,他们也比较开朗和直爽。固执不妥协的特点体现于拉美人的商贸谈判中,就是对自己意见的正确性坚信不疑,往往要求对方全盘接受,很少主动做出让步;如果他们对别人的某种请求感到不能接受,一般也很难让他们转变。个人人格至上的特点使得拉美人特别注意的是谈判对手本人而不是对手所属的公司或者团体。他们

判定谈判对手的工作能力以及在公司、团体中所处的地位往往是根据对手讲话的语气和神情,一旦他们认定对方是有较强工作能力和丰富工作经验并且是公司或团体中的重要人物,便会对之肃然起敬,以后的谈判就会比较顺利。拉美人对男子气概的崇尚使他们轻视妇女,正因为如此,他们不喜欢同女性进行谈判。当然也有例外,那就是女性谈判者如果能用带有权威的、不容置疑的语调和大量事实向他们表明,自己同他们一样有经验、懂技术、胜任业务,甚至做得比他们更好,并且令人信服地向他们展示自己的能力,这就能让他们感到敬佩,从而暂时消退他们所谓的男子气概,因为拉美人是崇尚个人奋斗、敬仰成功者的。

拉美人的生活比较悠闲和恬淡,他们不很注重物质利益,而比较注重感情,这与崇尚实际利益的美国人大为不同。因此,想与拉美人做生意,最好先与他们交朋友,一旦你成为他们的知己后,他们会优先考虑你为做生意的对象。同样,同拉美人进行谈判,感情因素也很重要,以公事公办、冷酷无情的态度对待他们是绝对行不通的。相反,若彼此关系熟悉、私交不浅的话,如果你有事拜托他们,他们会毫不犹豫地为你优先办理,并充分考虑你的利益和要求,这样,双方的洽谈会自然而然地顺利进行下去。

拉美人是享乐至上主义者,即便是谈判做生意,他们也不愿意使一些娱乐活动受到妨碍。许多拉美国家假期很多,如秘鲁的劳动法规定,工作 1 年,就可以有 1 个月的带薪假期。因此在谈判过程中,常常会碰到这样的情况:一笔生意正在洽谈中,拉美谈判人员突然休假,使得谈判活动戛然而止。即使你心急如焚,也得耐着性子等到谈判对方休假归来,才能继续谈下去。在谈判中,他们也常常会慢半拍。当你觉得谈判已到了实质阶段时,他们却常常认为这仅仅是准备阶段。在洽谈中,常会听到他们说:"明天再谈吧",或是"明天就办",到了明天,却仍然是同样的话。拉美人这种处理事务节奏较慢、时间利用率低的情况往往会让性急的外国人无可奈何。但是,如果想用速战速决的办法和拉美人谈判只会令他们非常恼火,甚至会使他们更加停滞不前。因此,最好的办法还是放慢谈判节奏,始终保持理解和宽容的心境,并注意避免工作与娱乐发生冲突。

拉美各国有相同点,也有不同点。巴西人酷爱娱乐,他们不会让生意妨碍其享受闲暇的乐趣。当举世闻名的巴西狂欢节来临之时,千万别同拉美人去谈生意,否则会被视为不受欢迎的人。巴西人重视与个人的良好关系,他们愿意和自己喜欢的人做生意。

阿根廷人比较正统,非常欧洲化。他们在同你一见面时就会不停地握手,在商谈中也不厌其烦地与对方反复握手。

哥伦比亚、智利、巴拉圭人较为保守。他们穿着讲究,谈判时服饰正规,也特别欣赏彬彬有礼的客人。

厄瓜多尔人和秘鲁人的时间观念不强,他们大多不遵守约会时间。但作为谈判另一方,在这点上千万不能"入乡随俗",而应遵守时间,准时出席。

（二）拉丁美洲人的谈判礼仪与禁忌

要开拓拉美市场,必须有充足的资金以应付他们拖欠货款而导致的资金周转问题。一些拉美人责任感不强,信誉较差,与拉美人打过交道的谈判者很多都会提到拉美人不讲信用。仅就货款收回这一点就令人深有感触,他们在接到货物后,常常不一定会按付款日期把钱汇来。有位银行家曾说过,他们是会付钱的,只是生性懒散,不把当初约好的付款日期当回事而已。所以,对这类问题,要多花时间耐心催促,不必太担心他们赖账。

交易时应注意寻找靠得住的对象,必须与负责管理的人谈生意,确保谈判成果。要切实了解其资信情况,尤其是做大宗贸易时更要注意,免得我方吃亏上当,蒙受损失。在中南美洲国家中,除了巴西、阿根廷、哥伦比亚等国以外,对进口许可证审查很严,因此事先如未确定是否已获得许可证,千万不要着手组织生产,以免陷于进退两难的境地。谈判中对一些概念、专门术语要明确地敲定,对各种业务要求、程序必须不厌其烦地谈具体、谈清楚、写明确。在合同中,文字要力求清楚、明了和周密,以防万一。在涉及履行有关条款的日期问题上,要反复强调利害关系,并详细明了地确定对此的限制性约束条款,以免使我方蒙受损失而无法弥补。

在拉美做生意,至关重要的一点是寻找代理商。大多数拉美国家普遍存在代理制度。如果在当地没有代理商,做生意时会困难重重。尽管你可以向这些国家派驻代表,但他们同样必须与当地的代理商打交道。外国人在拉美的首次谈判很可能发生在与期望成为其代理商的拉美人之间。在选择代理商时必须非常慎重,要仔细审查,看其是否符合你开展业务的需要。如果不慎选中了一个不合格的代理商,日后想摆脱他就会遇到很大的麻烦。因为大多数拉美国家的法律保护当地的代理商,禁止随便解雇他们,即使可以解雇,雇主也必须赔偿由于其"任意"解雇而给代理商造成的损失。可见,要解雇一名代理商不是一件容易的事。选定代理商后,必须与其签订代理合同,在合同中明确规定双方的权利和义务,更为重要的是应该详细清楚地规定代理权限,以免日后发生纠纷。

第三节 欧洲人的谈判风格、礼仪与禁忌

一、英国人的谈判风格、礼仪与禁忌

(一) 英国人的谈判风格

英国人一般比较冷静和持重。英国人在谈判初期,尤其在初次接触时,通常与谈判对手保持一定距离,决不轻易表露感情。随着时间的推移,他们才与对手慢慢接近、熟悉起来。这时,你会逐渐发现,他们精明灵活,善于应变,长于交际,待人和善,容易相处。他们常常在开场陈述时十分坦率,愿意让对方了解他们的有关立场和观点,同时也常常考虑对方的立场和行动,他们对于建设性意见反应积极。英国商界赞同一句话:"不要说'这种商品我们公司没有',应该说'只要您需要,我们尽量替您想办法'。"这不仅反映了英国人的灵活态度,也表现了他们十足的自信心。他们的自信心强,还特别表现在讨价还价阶段,如果出现分歧,他们往往固执己见,不肯轻易让步,以显示其大国风范,让人觉得他们持有一种非此即彼、不允许讨价还价的谈判态度。

英国人十分注意礼仪,崇尚绅士风度。他们谈吐不俗,举止高雅,遵守社会公德,很有礼让精神。无论在谈判场内还是在谈判场外,英国谈判人员都很注重个人修养,尊重谈判业务,不会没有分寸地追逼对方。同时,他们也很关注对方的修养和风度,如果你能在谈判中显示出良好的教养和风度,就会很快赢得他们的尊重,为谈判成功打下良好的基础。由于古老的等级传统,使英国人的等级观念变得非常严格而深厚,他们颇为看重与自己身份对等的人谈问题。因此,在洽谈生意时,在对话人的等级上,诸如官衔、年龄、文化教育程度、社会地位上都应尽可能与之对等,以求平衡,表示出平等和尊重,这对于推进对话,加强讨价还价的力量有一定的作用。英国人的绅士风度还表现在他们谈判时不易动怒,也不易放下架子,喜欢有

很强的程序性的谈判,一招一式恪守规定。谈判条件既定后不愿改动,注意钻研理论并注重逻辑性,喜欢用逻辑推理表明自己的想法。他们听取意见时随和,采纳意见时却不痛快,处理复杂问题比较冷静。这种外交色彩浓厚的谈判风格常使谈判节奏受到一定制约。但是,采用简单、直截了当又不失礼貌的谈判手法会使他们为证明自己并不拖拉而配合你,从而加快节奏。绅士风度常使英国谈判人员受到一种形象的约束,甚至成为他们的心理压力,对此应充分利用。在谈判中以确凿的论据、有理有力的论证施加压力,英国谈判人员就不会因坚持其不合理的立场而丢面子,从而取得良好的谈判效果。

英国人经常说"谢谢"和"对不起",这使他们的生活变得和谐。英国人在上班的时间里都能埋头苦干,英国员工一般很少加班,但经理级人员则和美国人一样经常从早上干到深夜。英国社会的最大特征是其严格的等级制度依然存在,不同的等级语言不同,连阅读的报纸也有差异,所以,在与英国人接触时要注意等级的差异。英国人的另一特征是各人依自己的想法生活,而不随声附和他人的意思。他们的基本想法是:除非受人之托,否则,就不干涉他人之事,也就是坚守自己的步调。对英国社会和英国人的复杂程度是很难了解透彻的,但要想与英国人打交道,起码需要了解英国人及其社会结构。

英国人在商业活动中有一些明显的缺点。例如,他们经常不遵守交货时间,造成迟延,引起直接的经济损失。这使他们在谈判中比较被动,外国谈判者会利用这点迫使他们接受一些苛刻的交易条件,如索赔条款等。另外,英国人在商业活动中一般不善于从事日常的业务访问。并且,英国人都以使用英语为自豪,即使他们会讲第二外语,他们也不愿在谈判中使用,因此,与他们做生意要尽可能地讲英语。

英国人生活比较优裕舒适,每年夏冬两季有三周至四周的假期,他们利用这段时间出国旅游。因此,他们较少在夏季和圣诞节至元旦期间做生意。英格兰从1月2日开始恢复商业活动,在苏格兰则要等到4月以后。在这些节假日里应尽量避免与英国人洽谈生意。

(二)英国人的谈判礼仪与禁忌

与英国人谈判时,见面和告别时要与男士握手;与女士交往,只有等她们先伸出手时再握手。会谈要事先预约,赴约要准时。若请柬上写有"black tie"字样,赴约时,男士应穿礼服,女士应穿长裙。男士忌讳带有条纹的领带,因为带条纹的领带可能被认为是军队或学生校服领带的仿制品；忌讳以皇室的家事为谈话的笑料；不要把英国人笼统称呼为"英国人"，应该具体地称呼其为苏格兰、英格兰或爱尔兰人。

英国人款待客人多数在酒店和餐馆举行，若其配偶不在场，可在餐桌上谈论生意。社交场合不宜高声说话或举止过于随便，说话声音以对方能听见为妥。英国人招待客人的时间比较长，先喝果汁苏打，接着换成白葡萄酒、红葡萄酒，然后是雪茄烟，再加上一道白兰地酒，总共大约要花上 3 个小时。英国人习惯约会一旦确定就必须排除万难赴约，所以，和英国人订约会不能提前太久，如果时间很早就约定了，等于让他过早做出决定，难为他。受到款待之后，一定要写信表示谢意，否则会被认为不懂礼貌。要约会对方时，如果是过去未曾见过面的，那么一定要写信告诉对方面谈目的，然后再约时间。总之，凡事要规规矩矩，如果不懂礼貌或不受约束的话，办事是难以顺利进行的。

在英国，赠送礼品是普通的交往礼节，所送礼品最好标有己方公司名称，以免留下贿赂对方之嫌。如被邀作私人访问，则应捎带鲜花或巧克力等合适的小礼品。另外，要明显表示出对年长者的礼貌。英国人喜欢谈论其丰富的文化遗产、动物等，足球、网球、板球和橄榄球是很受英国人欢迎的体育运动，谈谈这些运动也是不错的话题。

英国人比较保守，对新事物不一定感兴趣，给外国人一种"讲究礼仪""高傲""追求风度"的印象。遇到有纠纷时，也不会轻易地道歉，他们相信自己的所作所为是完美的。体谅旁人是英国人的特点，英国人会考虑到对方的立场以后才开始行动，以免给别人造成不舒服的感觉。也就是说，英国人做事比较中规中矩，经常会考虑到别人的意识和行动。在他们认为，"机会主义"或"三心二意"不是贬义词，所以，英国人的变化是正常的。

在英国谈生意时，不要拒绝同主人一起去打高尔夫球，因为很多合同往往是在打高尔夫球期间签订的。同英国人交谈时，忌讳谈论他们的政治和历史等话题。英国人很保守，沉默寡言，流行的谈话题目是天气。切忌将"女王"说成"英格兰女王"，面对威尔士和苏格兰人更不能这么讲，正规的说法应该是"大不列颠及北爱尔兰联合王国女王"。

在与英国人谈判时，注意不要没完没了地光顾自己说，因为他们认为打断别人的讲话是不礼貌的。当他们不想听时，往往局促不安，眼睛发呆，失去光泽。所以，讲话时要顾及他们的反应,适可而止。

英国人除了说英语外,不使用其他语言。因此,与英国人谈判时,最好是讲英语或带英语翻译。

二、德国人的谈判风格、礼仪与禁忌

(一)德国人的谈判风格

1990年,联邦德国与民主德国合并为统一的德国,虽然统一前由于意识形态的差别,联邦德国人和民主德国人在价值观念、思维方式等方面存在着许多差别,但从整个民族的特点来看,德国人具有自信、谨慎、保守、刻板、严谨的特点,以及办事富有计划性、注重工作效率和追求完美的特征。简而言之,就是做事雷厉风行,有军旅作风。德国谈判人员身上所具有的这种日耳曼民族的性格特征会在谈判桌上得到充分的展现。

德国人严谨保守的特点使他们在谈判前就准备得十分充分周到。他们会想方设法掌握翔实的第一手资料,他们不仅要调查研究对方要购买或销售的产品,还要仔细研究对方的公司,以确定对方能否成为可靠的商业伙伴。只有在对谈判的议题、日程、标的物的品质和价格,以及对方公司的经营、资信情况和谈判中可能出现的问题及对应策略做了详尽研究、周密安排之后,他们才会坐到谈判桌前。这样,他们立足于坚实的基础之上,就处于十分有利的境地。德国人对谈判对方的资信非常重视,他们保守,不愿冒风险。因此,如果与德国人做生意,一定要在谈判前做好充分准备。

德国人非常讲究效率,并且他们的思维富于系统性和逻辑性。德国人认为那些"研究研究""考虑考虑""过段时间再说"等拖拖拉拉的行为,简直是耻辱,他们的座右铭是"马上解决"。他们觉得判断一个谈判人员是否有能力,只需看其办公桌上的文件是否快速有效地处理就行了。如果文件堆积如山,多是"待讨论""待研究"的一拖再拖的事情,那就可以断定该工作人员是不称职的。因此,德国人在谈判桌上会表现出果断、不拖泥带水的特征。他们喜欢直接表明所希望达成的交易,准确确定交易方式,详细列出谈判议题,提出内容详细的报价表,清楚、坚决地陈述问题。他们善于明确表达思想,准备的方案清晰易懂。如果双方讨论列出问题清单,德国人一定会要求在问题的排序上应体现各问题的内在逻辑关系,否则就认为逻辑不清,不便讨论。并且他们认为每场讨论应明确议题,如果讨论了一上午却不涉及主要议题,他们会抱怨组织无效率。因此,在与德国人谈判时,进行严密的组织、充分的准备、清晰的论述,并明确主题,可以促进谈判效率,从而可以更充分地利用时间和减少双方的误解。

德国人自信而固执。他们对本国产品极有信心,在谈判中常会以本国的产品为衡量标准。德国企业的技术标准相当严格,对于出售或购买的产品他们都要求很高的质量,因此要让德国人相信你公司的产品能够满足交易规定的高标准,他们才会与你做生意。德国人的自信与固执还表现在他们不太热衷于在谈判中采取让步的方式。他们考虑问题周到系统,缺乏灵活性和妥协性。他们总是强调自己方案的可行性,千方百计迫使对方让步,常常在签订合同之前的最后时刻还在争取使对方让步。鉴于日耳曼民族这种倔强的个性特点,应尽量避免采取针锋相对的讨论方法,而要"以柔克刚""以理服人"。常言道:有理不在声高。要以灵活的态度选择攻击点,正视分歧,表明立场,同时始终保持友好和礼貌的态度以化解对方僵硬的态度,不要激起对方的"犟脾气"。大多数德国人虽然固执,但还是很重理性的,只要把握住这点,本着合理、公正的精神,就能最终软化其僵硬的立场。

德国人素有"契约之民"的雅称,他们崇尚契约,严守信用,权利与义务的意识很强。在谈判中,他们坚持己见,权利与义务划分得清清楚楚。不论涉及合同任何条款,他们都非常细心,对所有细节认真推敲,要求合同中每个字、每句话都准确无误,然后才同意签约。德国人对交货期限要求严格,一般会坚持严厉的违约惩罚性条款,外国客商要保证成功地同德国人做生意,就得严格遵守交货日期,而且可能还要同意严格的索赔条款。德国人受宗教、法律等因素的影响,比较注意严格遵守各种社会规范和纪律。在往来中,他们尊重合同,一旦签约,他们就会努力按合同条款一丝不苟地去执行,不论发生什么问题都不会轻易毁约,而且签约后,他们对于交货期、付款期等条款的更改要求一般都不予理会。他们注重发展长久的贸易伙伴关系,求稳心理较强。

德国人非常守时,不论工作还是做其他事情,都有板有眼,一丝不苟。因此与他们打交道,不仅谈判时不应迟到,一般的社交活动也不应随便迟到。对于迟到的谈判人员,德国人对之不信任的反感心理会毫无保留地流露出来,从而影响谈判气氛,令对方处于尴尬的境地。另外,在德国,谈判时间不宜定在晚上,除非特别重要。虽然德国人工作起来废寝忘食,但他们都认为晚上是家人团聚、共享天伦之乐的时间,而且他们会认为你也有相同的想法。所以,冒昧地请德国人在晚上谈判或是在晚上对他们进行礼节性拜访会让他们觉得你的行为有失礼貌。

天气、业余爱好、旅游、度假在德国是很好的话题。足球、骑车、代步旅行是德国大众喜欢的健身运动。德国人喜欢送礼以表达友情,但赠送礼品是直接送给个人而不是给公司,尤其对权力大的德国人送礼时应予以特别关照。

(二)德国人的谈判礼仪与禁忌

德国人重视礼节,在社交场合中,握手随处可见,会见与告别时,行握手礼应有力。与德国人约会要事先预约,务必准时到场。德国人对谈判者是非常尊重的,因此不要和他们称兄道弟,最好称呼"先生""夫人""小姐"。他们极重视自己的头衔,当同他们一次次握手、一次次称呼其头衔时,他们会格外高兴。穿戴也勿轻松随便,有可能的话,在所有场合都穿西装。交谈时不要将双手插入口袋,也不要随便吐痰,他们认为这些是不礼貌的举止。如果德国人坚持要做东道主,可以愉快地接受邀请,应邀去私人住宅用晚餐或聚会,应带鲜花等礼物,习惯上,就餐前说"Cutten appetite"(好胃口)。主人举杯祝酒后方可喝饮料。如果有人以个人身份向你举杯,你应在随后的就餐期间回敬答礼。就餐期间,双手要放在桌面上,直到最后一位客人用餐完毕并上过咖啡和白兰地后,才能吸烟。客人要在晚餐或聚餐会临近尾声时,主动告辞,不要逗留过晚。德国人性格刚强,自信心强,他们强调交往中的个人才能。在他们看来,生意场上的成功凭个人本事,公司只不过提供了个人施展才华的舞台而已。公司员工的敬业精神大都很强,为了取得更大的工作成绩,不惜牺牲自己部分休息、娱乐时间。德国人在与人交往之初,常常显得拘谨和含蓄,他们需要时间熟悉对方。

与德国人谈判时,穿着要整洁,举止得体,处事克制,不要主动提出没有依据的观点。德国人在称呼对方时,往往在对方姓氏之前冠以"先生""夫人""小姐"。对博士学位获得者和教授,则在其姓氏之前添加"博士""教授"。因此,知道谈判对手的准确职衔很重要,并在会谈中重视以职衔相称。

德国人谈判时语气一般比较严肃,不会用开玩笑的方式打破沉默。他们希望人与人之间保持距离,直到谈判有结果为止。年轻的德国人则随和一些,比较小型的会议也能使气氛轻松一些。

德国人素来享有讲究效率的良好声誉。他们工作作风果断,厌恶谈判对方支支吾吾、模棱两可和拖拉推诿。

三、法国人的谈判风格、礼仪与禁忌

(一)法国人的谈判风格

在近代历史上,法兰西民族在社会科学、文学、科学技术方面有着卓越成就。法国人具有浓厚的国家意识和强烈的民族、文化自豪感。他们性格开朗、眼界豁达,对事物比较敏感,为人友善,处事时而固执、时而随和。

法国人对本民族的灿烂文化和悠久历史感到无比骄傲。他们时常把祖国的光荣历史挂在嘴边。重视历史的习惯使法国谈判人员也很注意商业与外交的历史关系和交易的历史状况,即过去的交易谈判情况。传统友好国家的谈判者会为双方外交关系的历史所鼓舞或制约,因此利用历史的观念可以排除一定的现实干扰,比如现实中可能出现的第三者的干扰。讲究历史为谈判双方树起一道历史的墙,使双方在历史交易的基础上只能前进,不能后退。

法国人为自己的语言而自豪,他们认为法语是世界上最高贵、最优美的语言,因此在进行谈判时,他们往往习惯于要求对方同意以法语为谈判语言,即使他们的英语讲得很好也是如此,除非他们是在国外或在生意上对对方有所求。所以,要与法国人长期做生意,最好学些法语,或在谈判时选择一名好的法语翻译。

法国人很有人情味,他们非常珍惜人际关系。法国人很重视交易过程中的人际关系,一般来说,在尚未结为朋友之前,他们是不会轻易与人做大宗生意的,而一旦建立起友好关系,他们又会乐于遵循互惠互利、平等共事的原则。因此,与法国人做生意,必须善于和他们建立起友好关系,这不是一件十分容易的事,需要做出长时间的努力。在社会交往中,家庭宴会常被视为最隆重的款待。但无论是家庭宴会还是午餐招待,法国人都将之看做人际交往和发展友谊的机会,而不认为是交易的延伸。因此,如果法国人发现对方的设宴招待是为了利用交际来促使商业交易更为顺利,他们会很不高兴,甚至断然拒绝参加。

与法国人洽谈生意时,不应只顾谈生意上的细节,这样做很容易被法国对手视为"此人太枯燥无味,没情趣"。要注意,法国人大多性格开朗、十分健谈,他们喜欢在谈判过程中谈些新闻趣事,以创造一种宽松的气氛。据说,在法国,就连杂货店的女老板都能轻松自如、滔滔不绝地谈论政治、文化和艺术。所以,在谈判中除非到了最后拍板阶段可以一本正经地只谈生意之外,其他时间可谈一些关于社会新闻和文化艺术等方面的话题来活跃谈判气氛。另外,要引起注意的是,法国人在谈判中讲究幽默与和谐,但他们不愿过多提及个人和家庭问题,与他们谈话时应尽量避免此类话题。

与美国人对议题逐个磋商的方式不同,法国人在谈判方式上偏爱横向式谈判,即先为协议勾画出一个轮廓,然后达成原则协议,最后再确认谈判协议各方面的具体内容。法国人不如德国人那么严谨,但法国人却喜欢追求谈判结果,不论什么会谈、谈判,在不同阶段,他们都希望有文字记录,而且名目繁多,诸如"纪要""备忘录""协议书""议定书"等,用以记载已谈的内容,以在以后的谈判中起到实质性作用。对于频繁产生的文件应予以警惕,慎重行事,对己有利的内容,可同意建立文件;对己不利却难以推却的可仅建立初级的纯记录性质的文件,注意各种不同类型文件的法律效力,严格区别"达成的协议点""分歧点""专论点""论及点"等具体问题,否则产生的文件会变得含糊不清,成为日后产生纠纷的隐患。另外,法国人习惯于集中精力磋商主要条款,对细节问题不很重视,并且在主要条款谈成之后,便急于求成,要求签订合同,而后又常常会在细节问题上改变主意,要求修改合同,这一点往往令人十分为难。因此,签约时要小心从事,用书面文字加以确认,保证最终的文件具有法律约束力,以防止他们不严格遵守,在市场行情不好的时候撕毁协议。

法国人谈判时思路灵活,手法多样,为促成交易,他们常会借助行政、外交的手段或让名人、有关的第三者介入谈判。这种承认并欢迎外力的心理和做法可以为我所用。例如,有些交易中常会遇到进出口许可证问题,往往需要政府出面才能解决问题。而当交易项目涉及政府的某些外交政策时,其政治色彩就很浓厚,为达成交易,政府可以从税收、信贷等方面予以支持,从而改善交易条件,提高谈判的成功率。

法国人大多注重靠自身力量达成交易,愿以自己的资金从事经营,因而他们办事不勉强。法国人喜欢个人拥有较大的办事权限,在进行谈判时,多由一人承担并负责决策,谈判效率较高。在法国中小企业中,也有许多法国人是不熟悉国际贸易业务的,与他们做生意时,应尽量把每个细节都商定清楚。

法国人对商品的质量要求很高,条件比较苛刻,同时他们也十分重视商品的美感,要求包装精美。法国人从来就认为法国是精品商品的世界潮流领导者,巴黎的时装和香水就是典型代表,因此他们在穿戴上都极为讲究。在他们看来,衣着可以代表一个人的修养与身份。所以在谈判时,稳重考究的着装会带来好的效果。

法国人的时间观念不很强,他们在商业往来或社会交际中经常迟到或单方面改变时间,而且总会找一大堆冠冕堂皇的理由。在法国还有一种非正式的习俗,即在正式场合,主宾身份越高,来得越迟。所以,与他们做生意需要学会忍耐。但法国人对于别人的迟到往往不予原谅,对于迟到者,他们会很冷淡地接待。因此,如果你有求于他们时,千万别迟到。

法国人讲究鲜明的生活节奏感。在工作时间里,人们在各自的岗位上高效率地工作,体现出现代社会快节奏的主旋律。一到8月度假节,大部分行业的职工均告休假,假期一般为4周的时间。人们去世界各地旅游观光,尽情享受生活,此时,生意上的往来几乎完全中断。实际上,7月份的最后一周,人们的心思就已经从生意上转移了,因此应力求避免在这一时期访问法国。冬季的度假在圣诞节期间,为时一周。

(二)法国人的谈判礼仪与禁忌

与法国人见面时要握手,且应迅速而稍有力。告辞时,应向主人再次握手道别。女士一般不主动向男士伸手,因而男士要主动问候,但不要主动向上级人士伸手。熟悉的朋友可直呼其名,对年长者和地位高的人士要称呼他们的姓。一般则称呼"先生""夫人""小姐"等,且不必再接姓氏。

到法国洽谈生意时,严禁过多地谈论个人私事,因为法国人不喜欢谈论个人及家庭的隐私。交谈话题可涉及法国的艺术、建筑、食品和历史等。约会要事先预约,准时到场,一般主宾身份越高来得越迟,但是拜访者不能迟到,否则他们会冷淡地接待你。简短互致问候后,直接进入讨论要点,商业用语几乎都用法语。

在法国,商业款待多数在饭店举行,只有关系十分密切的朋友才会被邀请到家中做客。在餐桌上,除非东道主提及,一般避免讨论业务。法国人讲究饮食礼节,就餐时保持双手(不是双肘)放在桌上,一定要赞赏烹饪的精美。法国饭店往往价格昂贵,要避免订菜单上最昂贵的菜肴,商业午餐一般有十几道菜,要避免饮食过量。吸烟要征得许可,避免在公共场合吸烟。当主要谈判结束后设宴时,双方谈判代表团负责人通常互相敬酒,共祝双方保持长期的良好合作关系。受到款待后,应在次日打电话或写便条表示谢意。

法国人喜欢良好的谈判气氛,谈判时不能只顾谈问题。初步接触时,可在适当情况下,聊聊社会新闻、文化娱乐等话题,以此培养友情,使关系融洽,营造良好的谈判氛围。彼此之间的信赖程度增加了,谈判成功的可能性就大大增加了。

四、意大利人的谈判风格

与法国人不同,意大利人的国家意识比较淡薄,法国人常为祖国感到自豪,意大利人却不习惯提国名,而更愿意提故乡的名字。虽然如此,意大利人与法国人也有许多共同之处。在商务活动中,两国人都非常重视个人的作用。意大利的商业交往大部分都是公司之间的交往,在谈判时,往往是出面谈判的人决定一切。意大利人在交往活动中比其他任何国家都更有自主权,所以,与谈判对手关系的好坏是能否达成协议的决定因素之一。

与法国人相似,意大利人常常不遵守约会时间,这是他们明显的缺点。有时候他们甚至不打招呼就不去赴约,或单方面推迟会期。他们工作时有点松松垮垮,不太讲效率。但是,他们在做生意时是绝对不会马虎的。

意大利人善于社交,但情绪多变,做手势时情绪激动,表情富于变化。意大利人喜好争论,他们常常会为了很小的事情而大声争吵,互不相让,如果允许的话,他们会整天争论不休。在进行合同的谈判和做出决策时,他们一般不愿仓促表态,与日本等国家的谈判人员不同的是,意大利人这时并非要与同事协商,而是因为他们比较慎重。如果对方给他们一个做出决策的最后期限,他们会迅速拍板决定。这说明他们办事多是胸有成竹而且有较强的处理紧急情况的能力。

意大利人对于合同条款的注重明显不同于德国人,而接近于法国人。他们特别看重商品的价格,谈判时表现得寸步不让,而在商品的质量、性能、交货日期等方面则比较灵活。他们力争节约,不愿多花钱追求高品质,德国人却宁可以多付款来换取高质量的产品和准确的交货日期。

意大利的商业贸易比较发达,意大利人与外商交易的热情不高,他们更愿意与国内企业打交道。由于历史和传统的原因,意大利人不太注意外部世界,不主动向外国观念和国际惯例看齐,他们信赖国内企业,认为国内企业生产的产品质量较高,而且国内企业与他们存在共同性。所以,与意大利人做生意要有耐性,要让他们相信你的产品比他们国内生产的更为物美价廉。

意大利人追求时髦,他们衣冠楚楚,潇洒自如,通常在现代化的办公室里工作。

与他们谈判时,着装潇洒入时会给他们留下好印象。

五、西班牙人的谈判风格、礼仪与禁忌

(一)西班牙人的谈判风格

西班牙人生性开朗,看过西班牙斗牛舞的人都会为他们奔放的热情所吸引。西班牙人略显傲慢,在谈判时常常怀有一种居高临下的优越感,仿佛自己是世界的主人。西班牙人考虑问题很注重现实,他们对工作、生活中的各种关系和事务的安排,都是十分严肃认真的。

西班牙人一般不肯承认自己的错误,他们即使按照合同遭受了一点损失也不愿公开承认他们在签订合同时犯了错误,更不会主动要求对合同进行修改。这时,如果对方考虑到他们在合同中遭受到的损失而帮助他们下台阶的话,就会赢得他们的信任和友谊,为今后更好地与他们进行合作奠定坚实的基础。

西班牙人强调个人信誉,签订合同后一般都会很认真地履行。但这也不排除其中存在一些投机性的掮客,且不乏资金雄厚者,这些掮客的主要目的是赚钱,一旦出现波折,如市场情况不利时,他们可能会一走了之。所以,与他们做生意要小心谨慎。

(二)西班牙人的谈判礼仪与禁忌

鉴于社交礼仪和传统习惯,西班牙人认为直截了当地拒绝别人是非常失礼的,因此绝不说"不"字。西班牙人口头上一般也不会说"不"字,所以在与他们洽谈时,不能使用诱导式问句,让他们回答"是"或"否",否则,即使你得到了肯定的答复,也可能久久得不到回音——实际上他们拒绝了你。遇到这种情况,千万不要性急,只有仔细揣摩他们的真实意图,设法与他们达成相互谅解与信任,才能与他们继续商谈和合作。

西班牙人与外商洽谈时态度极其认真,谈判人员一般也具有决定权。因此,与他们谈判必须选派身份、地位相当的人员前往,否则他们会不予理睬。另外,穿戴讲究的西班牙人也希望谈判对方衣饰讲究,他们绝不愿意看到穿戴不整或过于随便的人坐到谈判桌前。西班牙人通常在晚餐上谈生意或庆祝生意成功,他们的晚餐大多在晚上9点以后开始,一直进行到午夜才结束。

与西班牙人谈判时,应注意以下一些方面:针对其特点,以相应的礼节与之交

际和洽谈,创造融洽的谈判气氛;但是另一方面,又要做好各种准备,随时应付其坚持强硬立场的做法。为了避免谈判的僵局,我方宜多准备几种配套方案,逐步试探,稳扎稳打,既让其感觉有收获、有利益,又不至于使我方过分迁就,并能保证我方应得的利益。切忌不要过分地开诚布公,也不要一下子和盘托出我方的意见,这些都会导致对我方不利。在具体讨论合同中的各项条款时,力求详细并附之以约束性条款,以便必要时依据国际惯例和有关条款与其周旋。

六、葡萄牙人的谈判风格

葡萄牙位于欧洲西南部伊比利亚半岛的南端,曾经是世界上数一数二的殖民国家。

葡萄牙人善于社交,而且很随和,在初次认识时,就会表现出亲密感来。但是,当你想进一步接近他们时,他们却又退缩回去,因此,很难和他们开诚布公地交谈。

葡萄牙人处理问题常以自我为中心,协调性较差,无法使优秀的个人能力结合起来发挥团体的作用。

葡萄牙人讲究打扮,即使在很热的天气也西装革履,在工作和社交等场合一般都打领带。对这一点在与他们交往时应当注意。葡萄牙人在工作之余,也与客户进行交际,但共进晚餐的时候不多。

葡萄牙人做生意没有很强的时间观念,他们在决策时有拖延的习惯。他们喜欢用汇票作为交易的支付方式,但常常不能爽快履约。比如约定货款在某日期汇付,而到了约定日期,他们往往不会如数汇付,而是毫无愧意地提出只付其中一部分,剩下部分要延后到某日再汇付。这种要求延迟支付的现象时有发生,因此与他们进行交易时应在合同中严格确定付款日期,并尽可能加入相应的迟付解决条款。

七、希腊人的谈判风格、礼仪与禁忌

(一)希腊人的谈判风格

希腊是欧洲古代文明的发源地,与其他欧洲国家相比,经济不甚发达。希腊人有着自己传统的价值观,他们敬重有钱的人或是有羊群、土地、橄榄园和房子的人。商业的观念在希腊人头脑中根深蒂固,至今希腊人做生意的方法仍很传统,讨价还价随处可见,甚至包括餐馆的菜价。

希腊人在做生意时比较诚实,但是履行义务的效率并不高。他们不太珍惜时间,在谈判时很少严谨地安排时间,有时提前结束,有时拖延好几天。希腊人喜欢带客人到熟悉的餐馆,不论午餐安排在什么时候,都会耗掉整个下午,这让许多业务繁忙、时间紧张的外商很不习惯,但如果想达成交易的话就必须忍耐。

（二）希腊人的谈判礼仪与禁忌

与希腊人谈话时,尽量别提及土耳其,因为大多数希腊人对这一问题非常敏感。

希腊人不十分讲究穿戴,因此外国人一定不要"以貌取人",不要通过谈判人员的穿戴来判断他们的财富和成就。

还应注意的是,每年的6月至8月,在每星期三下午,人们基本不在自己的岗位上。

八、荷兰、比利时和卢森堡人的谈判风格、礼仪与禁忌

（一）荷兰、比利时和卢森堡人的谈判风格

荷兰、比利时、卢森堡是三个政治、经济关系密切的国家。这三个国家的人有一些共同特点。例如,他们办事都比较稳重,一般在面谈之后会及时写信给对方提起面谈时的有关内容,目的是为了确认谈判的内容。他们都喜欢花些时间对商业协定或会谈做出计划,然后才行事。他们不喜欢对方没有事先约定就去拜访他们。因此,倘若你事先没与对方约好就不能与其见面。这不像在中国,中国人常会在出访时说:"没什么事,只是刚好路过,顺便来看看而已。"

荷兰以农牧业和园艺闻名,田园情调很浓,工业化程度也很高,在轻重工业方面都有相当的成就。荷兰人比较朴素,性格坦率、开诚布公。荷兰人没有比利时人的贵族气息。他们讲究秩序,事先安排计划是他们的习惯。因为荷兰是靠对外贸易起家的商业国,荷兰国民对贸易的认识非常深刻。荷兰人擅长赚钱和理财,善于进行贸易谈判和建立国际关系,也很会利用自己的经济实力签订对自己有利的合同来获得额外的利益,他们在国际商贸领域非常有竞争性。

荷兰人多数会讲多国语言,一般都会英语和德语,但在内部协商时一般都用荷兰语。他们在谈判中喜欢时时插入闲谈,还会端出咖啡,边喝边谈。要记住,与荷兰人面谈后要及时写信给他们以确认谈话内容。

比利时是一个发达的工业国家,与荷兰和法国接壤,兼有这两国的一些特征。首都布鲁塞尔是欧盟总部所在地,首都以北居住着佛拉芒人,他们是几个世纪以前来此定居的荷兰人的后裔,首都以南居住着说法语的比利时人。日耳曼血统的荷兰裔人与法国裔人都有很强的民族意识,因此在比利时进行商业活动时,要考虑到这点,尽量尊重他们各自的民族情感。例如,在寄送产品目录时,使用英文目录较为保险,不要直接寄送法语目录,从而引起荷兰裔人的不悦。同样,在洽谈业务时也不要用法语同荷兰裔的比利时人交谈。

比利时人喜欢社交,常把做生意和交际娱乐结合在一起,他们喜欢招待客人。比利时人的工作态度很现实、很稳健。公司的上层雇员工作很努力,愿意加班。工作需要时,周末也可以洽谈业务;若有急事,即使在乡下度假,他们也会马上赶回来。

比利时人的商业道德水平相当高,做生意讲信誉,很少有让人受骗上当的事情发生,在付款时也很少有纠纷。

卢森堡是欧洲的袖珍国家,该国素以发达的金融业闻名于世。卢森堡人与比利时人在相当程度上具有共性。

(二)荷兰、比利时和卢森堡人的谈判礼仪与禁忌

与比利时人谈判时,应注意要十分尊重对方,维护其较强的自尊心,多从正面给予赞许,而且要十分注重礼节和仪表。比利时人注重地位、外表和服装。在交谈中,如果对方顺便问起你所投宿的旅社名称,而你回答的旅社并非一流时,尽管他们表面上不动声色,但内心可能已经看轻你,这会对谈判产生不利影响。与比利时人谈判要有韧劲,不要轻易退让,但也不应以硬碰硬,而应心平气和地多有说服力的事实和令人折服的道理,避其锋芒,因势利导,稳扎稳打。与比利时人打交道,最好直接找其高级负责人。首先要写信给他,说明洽商要点并弄清他指定会面的日期。这里要求我方成员的身份要与对方相当或略高于对方,否则就很难获得见面机会。由于布鲁塞尔是众多的国际机构的所在地,食物价格非常昂贵,因此,当对方邀请吃饭时,不要拼命点菜;反过来,当你邀请对方时,也只能指望他们同样手下留情。由于比利时人喜爱社交活动,所以要注意在获得谈判成功以前,不要因为过多的社交活动而被拖得筋疲力尽,影响谈判桌上的锐气。

比利时人的贵族气息比较浓厚,他们注重地位、外表和礼节。谈判时,他们总

希望对方的地位与自己相当。因此,与他们做交易,己方谈判人员的身份必须与之相当或略高。比利时人注重礼节已到了极端的地步,无论什么时间、什么地点,只要相遇都要握手,只要道别,都要握手并说"再见",即使在离开办公室时,对同事也是如此。可以说,在比利时,握手多多益善。

另外,对上述三国的谈判伙伴,如果事先未与其约好,则不能见面。他们喜欢花费一些时间预先对会谈做些计划,因此你必须在去这三个国家之前就和他们约定,而不能到旅馆后再联系。与荷兰和卢森堡人洽谈时,应以礼相待,以坦诚对坦诚,千万不要耍什么手腕,否则对方会十分反感,对谈判不利。要根据对方认真的特点,谈判条款要适应对方要求,循序渐进,逐项讨论,逐项落实,步步为营。还要注意到,他们在谈判中有时是非常不讲情面的,他们会利用自己的经济实力取得额外的收益。因此,在谈判时也不能心慈手软。签约后还应当充分肯定和适度赞扬对方真诚严谨的态度与踏实的经营作风,这样更能获得对方的认同与信任,有助于合同的顺利履行,并为今后的再次合作奠定良好基础。

九、奥地利人和瑞士人的谈判风格

奥地利人和蔼可亲,善于交际,容易接近,除非在交易中发生很大纠纷,否则,他们深藏不露的排他性格不易被发现,他们讨厌不检点的行为。

奥地利人喜欢招待客人,一般愿意在自己家中进行,当然,上餐馆用餐的机会也不少,而且菜肴丰富。若商务需要使你在奥地利逗留较长时间,不应总让对方破费请客,最好在对方招待一两次之后回请对方一次。适于招待的时间是周末下午。

奥地利国有企业工作人员的素质比较高,但一些企业人浮于事,洽谈中往往难以判断谁是主要负责人。他们重视地位、头衔,所以在写信或平时称呼时应加倍小心,别把头衔弄错了。奥地利人比较保守,一般在建立商业关系之前,他们不愿意公开有关公司业务情况的数据。

瑞士在第二次世界大战后成为国际转口贸易中心,经济地位十分特殊。它的精密仪表工业举世闻名,化工、手工艺品、食品加工工业也非常发达,旅游业是其财富的一大来源。作为一个地处内陆的山国,其居民自古以来团结一致,具有较强烈的排他性,待人十分严格。与他们做生意,需花相当的时间与他们交朋友,建立信任关系。

十、北欧人的谈判风格、礼仪与禁忌

(一) 北欧人的谈判风格

北欧的概念在一般意义上是指位于日德兰半岛、斯堪的纳维亚半岛上的芬兰、挪威、瑞典、丹麦、冰岛 5 国。它们有着相似的历史背景和文化传统,都信奉基督教,历史上为防御别国的侵扰而互相结盟或是宣布中立以求和平。现代的北欧,国家政局稳定,人民生活水平较高。由于其宗教信仰、民族地位及历史文化的影响,使北欧人形成了心地善良、为人朴素、谦恭稳重、和蔼可亲的性格特点。

北欧人是务实型的,工作计划性很强,凡事按部就班。与其他国家人相比,北欧人在谈判中显得沉着冷静。他们喜欢谈判有条不紊地按议程顺序逐一进行,谈判节奏较为舒缓,但这种平稳从容的态度与他们的机敏反应并不矛盾,他们善于发现和把握达成交易的最佳时机并及时做出成交的决定。

北欧人在谈判中态度谦恭,非常讲究文明礼貌,不易激动,善于同外国客商搞好关系。同时,他们的谈判风格坦诚,不隐藏自己的观点,善于提出各种建设性方案。他们喜欢追求和谐的气氛,但这并不意味着他们会一味地顺应对方的要求。实际上,北欧人在自以为正确时,具有相当的顽固性和自主性,这也是一种自尊心强的表现。

北欧人为保证其竞争力,总是大规模地投资于现代技术,他们的出口商品往往是高质量、高附加值的产品,而他们进口的商品也多半是自己需要而在国内难以买到的高品质产品。北欧人有着强大的市场购买力,在谈判中,对于高档次、高质量、款式新奇的消费品,他们会表现出很大的兴趣,千方百计达成交易,而对一般性商品则不屑一顾,常以种种苛刻条件让对方知难而退。

北欧人将蒸汽浴视为日常生活中必不可少的一部分。大多数北欧国家的宾馆里都设有蒸汽浴室。在北欧,谈判之后去洗蒸汽浴几乎成了不成文的规定。如果北欧谈判者邀请你去洗蒸汽浴,这充分说明你是很受欢迎的,因为洗蒸汽浴是受到良好招待的明显标志。到北欧洽谈生意的外国客商也应不失时机地发出邀请或接受邀请,以增加双方接触的机会,增进友谊。

北欧国家所处纬度较高,冬季时间长,所以北欧人特别珍惜阳光。夏天和冬天分别有 3 周与 1 周的假期。这段时间,几乎所有公司的业务都处于停顿状态,人们都休假去了。因此,做交易应尽量避开这段时间。当然,也可以利用假期将至为由催促对方赶快成交。

(二)北欧人的谈判礼仪与禁忌

与北欧人谈判,更多的时候应考虑如何与其配合。首先,以坦诚态度对待来自北欧的谈判人员较好,这可以使谈判双方感情融和、交流顺畅,形成相互信任的气氛,以推进谈判。其次,要以理性的方式对付北欧人顽固的态度,北欧人看问题比较固执,这种固执与他们那种具有建设性的积极意愿相呼应。然而,伴随着积极的行动之后,一般是消极的固守。此时,外国谈判者不能操之过急,应充分注意论述的理由。不论理由的分量如何,均需有理可说。

北欧人讲究礼貌,在与外国人交往中也最讲礼仪。瑞典人在社交场合非常守时,但是在商业问题上却常常不严格守时,你的信函和电报可能得不到答复,提出的期限已过,但对方不说明原因。不要把这些问题看得太认真。

北欧人不喜欢无休止地讨价还价,他们希望对方的公司在市场上是优秀的,希望对方提出的建议是他们所能得到的最好的建议。如果他们看到对方的提议中有明显的漏洞,他们就会重新评估对方的职业作风和业务能力,甚至会改变对对方企业水平的看法,进而转向别处去做生意,而不愿与对方争论那些他们认为一开始就应该解决的琐碎问题。另外,北欧人性格较为保守,他们更倾向于尽力保护他们现在拥有的东西。因此,他们在谈判中更多地把注意力集中在怎样做出让步才能保住合同,而不是着手准备其他方案以防做出最大让步也保不住合同的情况。

由于北欧人信奉基督教,而且具有坦诚耿直的性格,因此,应尊重他们的习俗,以诚相见,投其所好。这将有利于获得对方的好感与信任,为谈判创造良好的合作气氛。在与北欧人谈判时,一方面,事先应准备多个方案和各种相关材料,以及时参与对方提出的方案的讨论,或向对方提出反建议;另一方面,谈判中要"以稳对稳",注意表述的逻辑性、条理性,以适应对方的要求。尤其在分析问题时,多用事实说话,以增强说服力,切不可转弯抹角、故弄玄虚。鉴于他们有比较保守和固执的一面,需要拍板时会显得优柔寡断,所以切不可有急躁情绪,要耐心地说明利害关系。否则,将欲速而不达,适得其反。

在北欧,代理商的地位很高。尤其在瑞典和挪威,没有代理商的介入,许多谈判活动就难以顺利进行。因此,与北欧人做生意,必须时刻牢记这些代理商和中间商。

北欧人较为朴实,工作之余的交际较少。晚间的招待一定在家里进行,不到外面餐馆去用餐。如果白天有聚餐,一般是在大饭店里预订好座位吃饭,这种宴会也不铺张浪费;如果是私下聚会,则往往只有咖啡和三明治。北欧人力戒铺张,他们把简朴的招待视为对朋友的友好表示,即使对待老主顾也是如此。

北欧人普遍喜欢饮酒,为了公众利益,北欧国家都制定了严厉的法律来限制人们饮酒。因此,这些国家的酒价十分昂贵。北欧人特别喜欢别人送如苏格兰威士忌酒之类的礼物,如果在谈判中以酒作为馈赠礼品,他们会十分高兴。

北欧人特别是瑞典人在商业交际中往往不太守时,但他们在其他社交场合中非常守时,遇到他们迟到的情况,只要没有造成什么严重后果,就不要太计较,许多时候,用一笑置之来展示自己的洒脱是明智的做法。

十一、俄罗斯人的谈判风格、礼仪与禁忌

(一)俄罗斯人的谈判风格

1991 年 12 月苏联解体,分裂为十几个国家。其中,俄罗斯是面积最大、人口最多、经济实力最强的国家。俄罗斯联邦包括 16 个自治共和国,位于欧洲东部和亚洲北部,人口为 14 810 万,有 100 多个民族,其中俄罗斯族约占总人口的 81.5%。它的语言是俄语,国民大多信奉东正教。

俄罗斯人待人谦恭,却缺乏信任。他们求成心切,求利心切,喜欢谈大额合同,对交易条件要求苛刻,缺乏灵活性。

俄罗斯人办事效率较低,他们绝不会让自己的工作节奏适应外商的时间安排。除非外商提供的商品正是他们急切想要的,否则,他们的办事人员绝不会急急忙忙奔回办公室,立即向上级呈递一份有关谈判的详细报告。俄罗斯人在谈判时,往往喜欢带上各种专家,这样不可避免地扩大了谈判队伍,各专家意见不一有时也延长了谈判时间,减慢了谈判节奏。因此,与俄罗斯人谈判时,切勿急躁,要耐心等待。

俄罗斯人承袭了古老的以少换多的交易之道,在谈判桌前显得非常精明。他们很看重价格,会千方百计地迫使对方降价,不论对方的报价多么低,他们都不会接受对方的首轮报价。他们的压价手法多种多样,软硬兼施。例如,他们会以日后源源不断的新订单引诱对方降价,一旦对方降低了价格,他们就会永远将价钱压在

低水平上。另外,他们会"欲擒故纵",告诉对手:"你的开价实在太高,你的竞争者们报价都相当低,如果跟他们做生意,现在都快达成协议了。"再不然,他们就使出"虚张声势"的强硬招数,比如大声喊叫"太不公平了!"或是敲桌子以示不满,甚至拂袖而去。这时,你最好坚守阵地,不为所动。更为灵活的做法是,事先为他们准备好一份标准报价表,所有价格都有适当溢价,为以后的洽谈降价留下后路,迎合俄罗斯人的心理。

与俄罗斯人交易还需注意几点:一是要慎重考虑以降低风险,保护自己。不论交易大小或对方以何种理由和心情论证某项交易,在谈判中都应有强烈的风险意识,努力加强保护措施。一般可利用对方求成心切的心理,让其充分介绍风险。并且要对交易实施过程中的风险,如陆运的过关手续费用及可能发生的盗窃问题等,都要落实保护措施,而且保护措施应适应目前俄罗斯的行政和法律状况,使保证措施切实可行,而不是仅仅停留在文字上。二是要注意利益均衡,讲求实效。与俄罗斯人谈判时,可从各个角度要求对方,如谈判人员、程序、文本、条件等,以使双方利益相平衡。另外,不论合同金额大小,均应立足实效进行谈判。因为有的交易金额虽小,但先交钱后取货有利可图;有的交易金额虽大,但条件苛刻,实效不大,做成交易后得利很小,没什么重要的经济意义。

(二)俄罗斯人的谈判礼仪与禁忌

俄罗斯人文明程度较高,不仅家中比较整洁,而且注意公共卫生。另外,俄罗斯人很重视仪表,喜欢打扮,在公共场合注意言行举止,比如他们从不将手插在口袋里或袖子里,即使在热天也不轻易脱下外套。在谈判中,他们也注意对方的举止,如果对方仪表不俗,他们会比较欣赏;相反,如果对方不修边幅就坐到谈判桌前,他们会很反感。

俄罗斯人的地位意识较强,称呼时要加头衔(如部长、主任等)。会见要事先预约,并准时赴约,见面或告辞时要用力握手。谈论话题,可选俄罗斯人引以为自豪的建筑、文学、艺术、芭蕾、戏剧等,以及曲棍球、足球、篮球、排球和越野滑雪等大众化体育运动。

与其他国家相比,俄罗斯人与人交往时常有较多的身体接触,但他们不善于使用手势和脸部表情。典型的晚间款待是观赏马戏表演或听音乐会,或上酒店进餐,几乎没有人会邀请外国客商去其私宅访问。准备任何适当的礼物都会受欢迎,如

T恤衫、口香糖、磁带、优质圆珠笔等。受俄方款待时,要准备敬酒及回敬。就餐时双手放在桌上,用餐毕,稍坐一会儿,并称赞东道主的款待。

与俄罗斯人谈判的时候应做好准备,陈述应详尽、符合实际,并正确和出色地回答对方提出的特别是高新技术产品的技术和标准等方面的问题,谈判班子中需配备这方面的专业技术人员。

谈判时要给自己多留余地,俄罗斯人提出的要求往往趋于极端。如果是销售商品,应当判定对方是否真的有兴趣和有能力为己方的产品或劳务支付报酬。如果觉察俄方只是为了获得信息而不是做生意,就不要提供详细的资料。

在同对方的主要决策者交往时,要注意充分利用给人印象深刻的头衔和职务,也要准备在与高层行政人员交往中投入大量的时间。

在达成最后协议以前,应当认真检查以确保所有条款都经过了再三考虑。在己方认为所有细节都已解决之后,对方在最后一分钟也可能会提出新的要求。

十二、东欧人的谈判风格

东欧诸国一般是指捷克、斯洛伐克、波兰、匈牙利、罗马尼亚、保加利亚、塞尔维亚和黑山、克罗地亚、斯洛文尼亚、马其顿等。它们与我国的交往比较密切。东欧的谈判人员作风随意,待人谦恭。在谈判中,他们有时显得急于求成,注重实利,对现实利益紧抓不放。

东欧人情绪起伏较大,他们言行活跃,谈判准备工作随意,有时会出现一些漏洞。对此,应在谈判之前就约法三章,在谈判时循章行事,如对方无诚意,应尽早结束谈判,不要再耗费时间和精力。

东欧人特别看重别人的尊重,与他们谈判时,应以尊重为前提,以敬换情,通过一系列尊敬对方的措施感动对方,换取信任,来促进彼此思想的沟通和信息的交流,以使谈判顺利进行。

东欧人较为注重现实利益,他们对于各种交易条件都要权衡利弊,以利换利。对我方已获得口头承诺的利益,应立即用严格的书面形式明确,确保自己的利益。

东欧人虽有以上共同特征,也有各自的差异。例如,匈牙利人具有东方人的气质,重视信誉,容易交往;罗马尼亚人精明、开朗,善于察言观色和讨价还价;捷克人和斯洛伐克人进取心强,反应敏捷;等等。

第四节 亚洲人的谈判风格、礼仪与禁忌

一、日本人的谈判风格、礼仪与禁忌

(一)日本人的谈判风格

在日本人的观念中,个人之间的关系占据了统治地位。日本人在同外商进行初次交往时,喜欢先进行个人的直接面谈,而不喜欢通过书信交往。对于找上门来的客商,他们则更倾向于选择那些经熟人介绍来的,因此在初访日商时,最好事先托朋友、本国使馆人员或其他熟悉的人介绍。日本人善于把生意关系人性化,他们通晓如何利用不同层次的人与谈判对方不同层次的人交际,从而探明情况、研究对策、施加影响、争取支持。日本谈判人员总是善于创造机会,与谈判对手的关键领导拉关系,以奠定发言的基础。重视发展人际关系,是日本人在谈判中屡获成功的重要保证。另外,日本人很注意交易中人际关系的和谐。他们愿与熟人长期打交道,不喜欢也不习惯直接的、纯粹的商业活动,认为开门见山地直接进行谈判往往会欲速而不达。与日本人进行第一次洽谈,首先应进行拜访,让本公司地位较高的负责人拜访对方同等地位的负责人,以引起对方的重视,在拜访中,一般不要涉及重要的事项,也不要涉及具体的实质性问题。可以通过一番寒暄,谈谈日本人的各方面,用迂回的方式称赞对方;或是谈谈中国的历史、哲学,特别是儒家文化等,因为日本人对这方面颇感兴趣,有的甚至达到专家水平,若你在这方面有所研究会令他们肃然起敬,有利于接下来的正式谈判。

日本人的团队精神在世界上是首屈一指的。单个日本人与其他民族的人相比,在思维、能力、创新精神或心理素质方面不一定总是出类拔萃。但是,日本人一旦结为一个团体,这个团体的力量就会十分强大。日本企业的谈判代表团多是由曾经共事的人员组成,彼此之间互相依赖,有着良好的协作关系,团体倾向性强。谈判团内角色分工明确,但每个人都有一定的发言决策权,实行谈判共同负责制。在谈判过程中常常会遇到这样的情形:碰到日方谈判团事先没有准备过或内部没有协商过的问题,他们很少当场明确表态,拍板定论,而是要等到与同事们都协商

过之后才表态。因此,同日本企业打交道,与担任中层领导的人员以及其他有权参加决定的成员之间建立和培养良好的关系,往往有助于交易谈判的展开。集体观念使得日本人不太欣赏个人主义和自我中心主义的人,他们往往率团前去谈判,同时也希望对方能率团参加,并且双方人数大致相等。如果对方没做到这一点,他们就会怀疑对方谈判人员的能力、代表性及在公司中的人际关系,甚至会认为对方没把他们放在眼里,是极大的失礼。

日本人的等级观念根深蒂固,他们非常重视尊卑秩序。日本企业都有尊老的倾向,一般能担任公司代表的人都是有 15 ~ 20 年公司工作经历的人。他们讲究资历,不愿与年轻的对手商谈,因为他们不相信对方年轻的代表会有真正的决策权。日本人走出国门进行谈判时,总希望对方迎候人的地位能与自己的地位相当。在日本谈判团内等级意识也很严重,一般都是谈判组成员奋力争取、讨价还价,最后由"头面人物"出面稍做让步,达到谈判目的。还应注意的一点是,日本妇女一般不参与大公司的经营管理活动,日本人在一些重要场合也是不带女伴的。所以遇到正式谈判,一般不宜让女性参加,否则日本人可能会表示怀疑,甚至流露出不满。利用日本人尊老敬长的心理,与日方谈判时,派出场的人员最好官阶、地位都比对方高一级,这样从对话、谈判条件、人际相处等方面均会有利于谈判的进行。

日本人在谈判时表现得彬彬有礼,富有耐心,实际上他们深藏不露,固执坚毅。日本人在谈判中会显得殷勤谦恭,对长者或对某方面强于自己的人充满崇敬之情。在国外,他们恪守所在国的礼节和习惯,谈判时则常在说说笑笑中讨价还价,这反映了"礼貌在先,慢慢协商"的态度,使谈判在友好的气氛中进行,同时也使对方逐渐放松警惕,便于他们杀价。欧美一些国家的人称日本人的彬彬有礼是"带刀的礼貌"。要对付极善于"以柔克刚""微笑谈判"的日本对手,就必须牢记一条:谈判中友谊是有价的。如果遇到日方年长者大谈古典哲学、现代艺术,以期在谈笑中兜售自己的观点、施加个体的影响,或是遇到日方年轻者以尊敬亲近的态度请求关照时,都应警惕地想到:日本人那谦恭的外表之下隐藏着誓不屈服和妥协的决心。

许多时候,日本谈判人员在谈判中显得态度暧昧,婉转圆滑,即使同意对方的观点,也不直截了当表明,往往给人以模棱两可的印象。他们非常有耐性,一般不愿率先表明自己的意图,而是耐心等待,静观事态发展。他们善于搞"蘑菇战":一方面,如果预案与事实不符,就用缓兵之计迅速地研究出新方案,部署新阵地,并会故作镇静,掩盖事实和其意图。另一方面,他们会想方设法了解对方的意图,特别是对方签约的最后期限是他们千方百计想打听的事项。如果对方急于求成,他们往往会拼命杀价或一声不吭,将对方折磨得精疲力竭,而在对方最后期限即将来临时突然拍板表态,让对方在毫无思想准备的情况下措手不及。面对日本人的顽强精明,最好的办法是以阵地战回应。首先要制定好方案,不论对手是安静沉默还是疾风骤雨的攻击,都要依然如故,不乱阵脚。如果预案与事实不符,也可运用缓兵之计迅速地研究出新方案,部署新阵地后再战。

日本人十分通晓"吃小亏占大便宜"和"放长线钓大鱼"的谈判哲理。无论是在谈判桌前还是在会场外,他们都善于用小恩小惠或表面的小利去软化对手的谈判立场,从而获取更大的利益。例如,他们常用折扣手法来奉迎买方心理,其实在主动提出打折之前他们早已抬高了价格,留足了余地。又如,他们喜欢采用出钱让几个人出国监造设备、监装货物,或用请客送礼等办法软化对手。面对日方的这种做法,应注意避免舍本逐末,要追求根本利益,而不要贪图表面的小利。许多日本人在谈判战略上都能灵活处理眼前利益与长远利益的关系,比如在整台机械设备上让利,达成交易,从而取得之后的专用零配件的供应权。因此,与日本人谈生意,要对交易利益虑及远近,通盘考虑,以防得今日、失明朝。

日本人吃苦耐劳,他们在谈判中常常连续作战、废寝忘食。一旦谈判中出现变化,他们会主动整理成文字,不管这项工作多么繁重累人。这也是他们的一项重要谈判策略,通过文字整理,使协议中的所用词语发生细微变化,尽量使协议有利于自己。因此,对其整理好的文件应小心审阅,保持高度警惕。在签订合同之前,日本人通常格外谨慎,认真审查全部细节;而在订立合同之后,他们一般较重视合同的履行,履约率较高。但这并不排除在市场行情不利时,一些日本公司会千方百计寻找合同漏洞来拒绝履约的情况。

(二)日本人的谈判礼仪与禁忌

日本人待人接物非常讲究礼仪,他们在贸易活动中常有送礼的习惯。日本人认为礼不在贵,但要有特色、有纪念意义,并对地位不同的人所送礼物的档次要有所区别,以示尊卑有序。日本人重视交换名片,一般不论在座有多少人,他们都要一一交换。交换时首先根据对象不同行不同的鞠躬礼,同时双手递上自己的名片,然后以双手接对方的名片,在仔细看后微笑点头,两眼平视对方,说上一句"见到你很高兴"之类的客套话。对此,外商也需理解和遵循,否则会被日本人视为不懂规矩、没有礼貌。日本人的谈吐举止都要受到严格的礼仪约束,称呼他人使用"先生""夫人""女士"等,不直呼其名。他们强调非语言交际,鞠躬是很重要的礼节,鞠躬越深,表明其表达敬意的程度越深,但其与西方人交往时,通常行握手礼。与日本人交换名片时,要向日方谈判班子的每一位成员递送名片,不能遗漏。传递名片时,一般由职位高、年长者先出示。接到名片时,切忌匆忙塞进口袋,最好把名片拿在手里,仔细反复确认姓名、公司名称、电话、地址,以示尊重。日本人对客人的款待大多数在饭店举行,先发邀请书,常招待客商去卡拉 OK、酒吧、夜总会等场所。在日本,会见要遵守时间,若到东京等闹市赴会,要预留一点时间以免交通堵塞而迟到。谈论日本饮食、建筑、体育以及世界各地的旅游观感是容易引起日本人兴趣的话题。日本公司在与外国客户开始业务联系时,常常会馈赠礼品,收到礼品后,应向东道主表示深切的谢意,并应以公司为名义回赠礼品。

日本人喜欢笑脸相迎,礼貌在先。他们注重谈判对手的身份、地位、年龄与性别和人数,不仅要求对方与其身份地位相应,甚至还希望对方在年龄和性别上也与之对应,否则便认为对方不重视这次谈判。在日本商界有两条针对外国谈判对手的不成文习俗:一是谈判对手理应是男性,特别是谈判负责人;二是要求主谈人在年龄与职务上与日方基本一致。日本女士通常不参与正式经贸谈判,若我方谈判负责人是女士,有可能导致不必要的误解,但这种情形正在逐步好转。

日本人忌讳在谈判过程中随意增加人数。日本人总是不甘落后,日方的谈判人员总要超过对方,对此要有所准备。日方愿意自己一方人多,除了心理作用——人多会使对方感到紧张外,另一个更直接的原因是,日本人在做出决定时,需要各个部门、各个层次的雇员参加。参加谈判的人越多,那些做出决定的负责人以后也就越容易达成一致意见。

日本人忌讳代表团中有律师、会计师和其他职业顾问,日方代表团不会包括这些人。许多日本人对律师总是抱着怀疑的态度,他们觉得那些每走一步都要先同律师商量的人是不值得信赖的。因此,只要可以不用律师作为主要谈判人员,就不要带律师。与日本谈判的代表团中尽可能不包括青年人和妇女。日本人不愿意和对方的年轻人会谈,这除了日本社会上的年龄偏见外,还有另外一个因素,就是日本人很难相信年轻的谈判者会有决策大权,他们感到和"毛孩子"谈判是浪费时间和有失尊严。但是这样的观念也在逐渐改变,因为年轻人的观念新,有锐气,所以,现在日本很多公司先让年轻人与外商谈判和接触,最后再由年纪大的人出马。

对日本人"以礼求让,以情求利"的习惯要胸有成竹,熟谙应付之法,既不能因为言行失礼而影响了谈判,也不要因一味讲人情而放松戒备,在"讨价还价"上丧失利益。与日方谈判时,我方人员的谈吐也应尽量婉转一点,要不动声色,表现出足够的耐心,举止又不失彬彬有礼。谈判前要充分做好准备工作,摸清情况,有备赴会。在谈判中对日方提出的新建议、新方案,如果有的情况还把握不准,切勿轻率表态,而要毫不懈怠地认真仔细地了解情况,研究对策。如果一时未能达成协议,宁可暂时休会或约定下次会谈日期。在与日方谈判时,一定要具备敏锐的判断力。我方人员在谈判中的讲话应当缓慢而清楚,避免给对方以匆匆忙忙、急于求成的印象。

如与日本的大公司打交道,日方通常会为你提供一位英语翻译,但日方的英语翻译通常水平不高,经常曲解双方意见,因此,明智的做法是带上自己的翻译。另外,通过翻译讲话时,要把名词术语事先告知翻译,尽可能避免使用那些成语和俚语,说话速度要慢,说得清楚一些,把话分成段,每段最长不要超过 2 分钟,以便于翻译人员进行翻译。

虽然日本人自己往往开价太高,但是他们不喜欢别人报价高。提高报价,日本人就会对你的诚意失去信心。对日本人来说,诚意和一致性比最低标准或最大利润更为重要。他们对对方及对方公司的信誉和信心是谈判能否成功的关键。他们希望你是一个值得依赖的贸易伙伴,你在谈判桌上的言行以及你过去行为的历史要比你改变要求或者提出一个所谓的更好建议都重要很多。如果你做出了某种让步,不要建议日本人也做出相应的让步,这是日本人自己的事,要由他们自己去决定。当然,你可能会说:"瞧,如果你在这个问题上妥协,我们就给你这种好处。"但是,日本人喜欢自己提出一项建议,至少谈判时如此。你可以通过某一个中间媒介或你的中间人私下向日方转达你的希望,但是当日本人在你面前提出某项建议时,即使那主意是你的,也要显得是他们自己想出来的办法。

注意不要当面和公开批评日本人,如果他们在同事和对方面前丢了脸,他们会感到羞辱和不安,谈判也会因此终结。在拖延了好几周的谈判中,你可以写些表示理解的信,或者提醒对方哪些问题达成了协议和存在分歧,你很快就会得到答复。

不要与日本人正面交锋或攻其不备,对于公开的挑战,日本人通常不会立即做出反应。他们对临时找借口感到不自在,还可能由于你的话使他们无法回答而感到难堪。因此,有什么问题使己方感到不安或需要澄清某些事情时,最好在会谈之外正式提出来,如果属于棘手问题,就让中间人来提,这样就会得到日方的答复,而日本人也会因此欣赏你的敏感或机智。不要直截了当地拒绝日本人,而说你还要进一步考虑。如果你不得不否定某个建议,也要以明确、委婉而非威胁的态度来陈述理由。日本人的语言中没有绝对拒绝或否定的用语。要想弄清日本人确实是在否定某种建议,就必须学会那些微妙的暗示,包括支支吾吾的语言和犹豫不决的态度。无休止的讨论、出于礼貌的保全面子、围绕问题谈来谈去、旁敲侧击等等,都是日本人谈判行为准则的重要组成部分。日本人非常看重谈判中己方的集体和谐。如果日本人觉得对方的行为对他们的和谐观念形成威胁,他们就不会信任对方,而把对方看做是一个不可靠的贸易伙伴。

日本人非常讲面子,他们不愿对任何事情说“不”字。他们认为直接的拒绝会使对方难堪甚至恼怒,是极大的无礼。因此,在谈判过程中,他们即使对对方的提议有保留,也很少直接予以反驳,一般是以迂回的方式陈述自己的观点。同样,在和日本人谈判时,语气要尽量平和委婉,切忌妄下最后通牒。有时对方仅仅说一声“不”,都会令他们无法接受,认为这个人不但没礼貌,而且无诚意。另外,不要把日本人礼节性的表示误认为是同意的表示。日本人在谈判中往往会不断点头并说:“哈依!”这常常是告诉对方他们在注意听,并不是表示“同意”。因此,在洽谈中,你必须善于察言观色,仔细体会,才能避免日语中诸多的隐含意思所引起的误解。最好是找一名双方都信任的翻译,不仅可以帮你了解日方的想法,还可以避免双方因意见不一致而出现难以下台的局面,保住双方的面子。

二、韩国人的谈判风格、礼仪与禁忌

(一)韩国人的谈判风格

韩国以“贸易立国”,经济发展迅猛,是亚洲“四小龙”之一。中韩建交后,双方经贸往来十分频繁,两国贸易互补性强、潜力大。

韩国人在长期的国际贸易实践中,积累了丰富的经验,他们善于在不利的贸易谈判条件中寻找突破口,从而占据有利地位,让对手甘拜下风。因此,西方发达国家称他们为“谈判的强手”。

韩国人重视在会谈初始阶段就创造友好的谈判气氛。他们一见面总是热情地打招呼,向对方介绍自己的姓名、职务等。就座后,若请他们选择饮料,他们一般选择对方喜欢的,以示对对方的尊重和了解,然后再寒暄几句与谈判无关的话题,如天气、旅游等,以此创造一个和谐融洽的气氛,之后才正式开始谈判。

韩国人逻辑性强,做事条理清楚,注重技巧。谈判时,他们往往先将主要议题提出来进行讨论。按谈判阶段的不同,主要议题一般分为五个方面:阐明各自意图、报价、讨价还价、协商、签订合同。对于大型谈判,他们更乐于开门见山、直奔主题。韩国人能灵活地使用谈判的两种手法——横向谈判与纵向谈判。前者是先为协议勾画出大体框架,达成原则协议后再逐项确定谈判各方面的具体内容;后者是对双方共同提出的条款逐项磋商,逐条讨论,最后签订一个完整的谈判协议。谈判过程中,韩国人会针对不同的谈判对象,使用"声东击西""疲劳战术""先苦后甜"等策略,不断地讨价还价,并且显得十分顽强。有的韩国人直到谈判的最后一刻还会提出"价格再降一点"的要求。但是,韩国人在谈判时远比日本人爽快,他们往往在不利的形势下,以退为进,稍做让步以战胜对手。在签约时,韩国人喜欢用三种具有同等法律效力的文字作为合同的使用文字,即对方国家的语言、朝鲜语和英语。

(二)韩国人的谈判礼仪与禁忌

韩国人很注重谈判礼仪。他们十分在意谈判地点的选择,一般喜欢在有名气的酒店、饭店会晤洽谈。如果由韩国人选择了会谈地点,他们一定会准时到达,以尽地主之谊;如果由对方选择地点,他们则会推迟一点到达。在进入谈判会场时,一般走在最前面的是主谈人或地位最高的人,多半也是谈判的最终拍板者。

与韩国人交谈时,和对方进行眼光接触是很重要的,它能够显示引起注意和具有诚意,并在个人之间形成一种微妙而有意义的联系。如果没有眼光接触,你在韩国可能会被认为是一个不存在的人;反之,你会处处受到尊重。例如,你停车在交通灯旁,正好一位韩国司机减速,你们眼光相遇,他就会向你点头微笑,友好地让你先走。

韩国人见面时稍鞠躬,呈递与接受名片时都用双手,称呼人的习惯与中国人相同。韩国人在商业款待中经常大量饮酒,他们的妻子通常不参加活动。交换礼物是他们常见的交往礼节,收到礼物后,不要当面打开,而且一定要回赠食品和小纪念品等礼物。韩国的饭店中一般没有收小费的习惯,服务费已包括在账单内,餐桌上传递东西要用左手支托右臂或右腕。韩国人的个性中,既有爱面子的一面,又有独立性强、讲话直率的一面。一个韩国人极不愿意说出"不"字来拒绝你。在阐述己方的情况时,不要过于咄咄逼人、言辞激烈或带有威胁性,应当冷静而有条理地将己方意见叙述清楚,这样韩国人才有可能对你的建议做出积极的反应。韩国人不喜欢高声大笑和做过分夸张的姿态,也不喜欢喧闹的行为。虽然他们直言不讳,但也不喜欢太鲁莽,他们珍视一种"内在"的气质。

一个习惯于同外国人打交道的有礼貌的韩国人,他会一直听你讲话而不打断你。在他看来是他正在"操纵"你,也就是说,他正在控制局面,占有上风。可是当他急于进入更深一层的会谈或者他忍不住要以自己的理解来阐述某个观点时,他也会打断对方的话。这时候他就不太注意面子了,也不在意谁处于上风。打断谈话时,你不要感到不快,这常常是一些好迹象,表明其心急,意味着他真心希望谈判成功,达成交易。

如果韩国人找上门来谈某项交易,而你并不感兴趣,也不要直接表明你不喜欢。要记住,韩国人对人的感情非常敏感,他们非常注意人们的反应和感情,他们也希望你与他们的感情协调起来。他们不愿意说"不"字来拒绝人家,同时,他们也不希望你说出"不"字来伤他们的面子。他们认为在与人说话的时候,尤其是与陌生人说话的时候,为了尊重对方,应让对方先把话说完,等对方说完以后,再表示自己同意与否。

与韩国人谈判要非常讲究策略,通情达理、和气协调也很重要。如果你已经回答过某个问题,而对方又有人提出这一问题,也不要吃惊。因为韩国人在做出决定前,要确保其正确性。因为一个大错误会给他们带来麻烦,甚至辞职或被解雇。正是由于韩国人在交谈中往往不够直接,你就更要仔细倾听他们的讲话,辨别其真实意思。有时书面合同也会改变而需要重新谈判,因此要有耐心,结果会很缓慢地取得。

与韩国人谈判时,最好找一个中间人做介绍。韩国是一个组织严密的社会,所有有影响的人物大家都熟悉,可以请双方都尊重的第三者出面介绍。

三、南亚和东南亚人的谈判风格、礼仪与禁忌

(一)南亚和东南亚人的谈判风格

南亚和东南亚包括许多国家,主要有印度尼西亚、新加坡、泰国、菲律宾、印度、

马来西亚、巴基斯坦、孟加拉国等。这些国家与我国贸易往来频繁、互补性强,是我国发展对外经济贸易的重点地区之一。南亚和东南亚人因国别不同而体现出不同的性格特点,从事谈判的方式也有所不同。

印度尼西亚除了雅加达等大城市使用英语外,一般都使用印尼语。印尼人的宗教信仰十分坚定,所以与之进行贸易往来必须特别注意他们的宗教信仰。印尼人非常有礼貌,与人交往也十分小心谨慎,绝对不讲别人的坏话。在洽谈时,如果双方交往不深,虽然他们表面上十分友好亲密,但心里可能却完全不这样想。只有建立了牢固的友谊,才可能听到他们的真心话,这时他们也可以成为十分可靠的合作伙伴。因此,与印尼人打交道不能性急,要花时间努力与其建立友谊。另外,印尼人与北欧人有相反的特点,那就是印尼人特别喜欢家中有客人来访,而且无论客人在什么时候来访都很受欢迎,不像北欧人那样如果没有事先约定就不能见面。在印尼,随时都可敲门拜访以加深友情,这样也有利于谈判的顺利进行。

新加坡位于连接太平洋和印度洋的咽喉要道,具有十分重要的战略地位。新加坡经济发达,被誉为亚洲"四小龙"之一。在新加坡,华人约占 70% 以上,其次是马来人、印度人、巴基斯坦人等。

新加坡华裔有着浓重的乡土观念,其同甘共苦的合作精神非常强烈。他们的勤劳能干举世公认。他们注重信义、友谊,讲面子。在商业交往中,十分看重对方的身份、地位及彼此的关系。对老一辈华裔来说,"面子"在商业洽谈中具有决定性意义,交易要尽可能以体面的方式进行。交易中,遇到重要决定,新加坡华人往往不喜欢签订书面字据,但是一旦签约,他们绝不违约,并对对方的背信行为十分痛恨。

泰国是亚太地区新兴的发展中国家。泰国人崇尚艰苦奋斗和勤奋节俭,不愿过分依附别人,他们的生意也大都由家族控制,不信赖外人。同业之间会互相帮助,但却不会形成一个稳定的组织来共担风险。与泰国人进行谈判时,要尽可能多地向他们介绍己方个人及公司的创业历程和业务开展情况,以获得他们的好感。与他们结成推心置腹的朋友,要费相当长的时间和很大的努力,但一旦双方建立了友情,他们就会信任你,在你遇到困难时,也会给你以帮助。他们喜欢的是诚实、善良和富有人情味的人,而不仅仅是精明强干的人。

菲律宾是个岛国,资源丰富,教育普及,居民中有 42 个种族,其中马来裔人、印尼裔人占90%以上。菲律宾人天性和蔼可亲,善于交际,作风落落大方。他们的应酬颇多,常常举行聚会。聚会大多在家中举行,稍微正式一点的聚会,请柬上会注明"必须穿着无尾礼服等正式服装",若没有无尾礼服,可以穿当地的正装,即香蕉纤维织成的开襟衬衫式衣服。同菲律宾人做生意,最容易实现相互沟通的途径是入乡随俗,在社交场合尽可能做到应酬得体,举止有度,言行中表现出良好的修养和十足的信心。

印度是个古老的国家,传统观念影响很大。印度的企业家,包括技术人员在内,一般不愿把自己掌握的技术和知识传授给别人。在谈判中,印度人往往不愿做出有责任心的决定,遇到问题时也常常回避责任,因此,与他们进行交易,要能够拉下面子,订立合同条款时务必严密细致,力求消除日后纠纷的隐患。印度人疑心很重,与他们建立相互信任需要很长时间。印度社会层次分明、等级森严,这与他们古老的宗教教义有关,与他们打交道时要十分注意这一点。

印度税收水平很高,逃税情况相当严重,因此对印度公司进行资信调查比较困难,调查报告所列数据的真实性也不易分辨。所以,同印度人进行往来之前,最好先委托我国驻外机构帮助调查其信誉,或亲自进行调查,以免因此受到损失。

巴基斯坦和孟加拉国的国民绝大部分是穆斯林,在从事交往时应首先了解这两个国家的社会生活和风俗习惯,否则难免会因为小事而伤害对方的自尊心,妨碍商业活动。

孟、巴两国商业活动的对象是处于管理职位上的人,这些人出生于上流社会且以留学欧美者居多。他们不喜欢与对方用电话商谈,而希望对方亲自登门造访,双方促膝而谈,这样才能达成交易。与孟、巴两国人做交易,会讲一口流利的英语是至关重要的,否则会被认为没有受过良好教育而遭到蔑视,从而影响商业活动。谈判中还应注意的一点是,任何约定都必须采用书面形式,以防日后产生纠纷。

(二)南亚和东南亚人的谈判礼仪与禁忌

泰国人常见的问候方式是两手掌合拢,手指伸开置于胸前,微微鞠躬。他们喜欢谈论文化遗产,足球、羽毛球、排球、乒乓球是最受泰国人欢迎的体育运动。如果客人表示喜欢某件东西,泰国人会认为有义务将该物赠送给客人。男女间在公开场合一般不表示亲热,并避免身体接触。两脚交叉的坐姿被视为失礼。要避免踩脚及用腿挪动或指点东西,也不能用脚踩住宅或庙宇的门槛。被邀去私人家庭访问,不必送礼物,除非客人要在东道主家待一段时间。谈判事先要预约,而且要准时。在泰国，尽管幽默感和大笑被认可，但是仍以稳重为宜。与泰国人谈判，要力求耐心细致，各条款内容具体明确，这样有利于对方准确理解和取得认同，也有利于减少落实中的分歧和扯皮现象。一旦达成协议，要讲究信用，决不能无故食言。

印度尼西亚和马来西亚两个国家有许多相似的地方。谈判时必须注意其宗教信仰——每年有一个月的"斋月"，白天日出后到日落前这段时间不能吃东西。因为印度尼西亚是一个多民族国家，移民较多，所以，与印尼人交往时不要谈论政治和民族问题。

印度尼西亚和马来西亚人一般都很讲礼貌，推崇礼让，不喜欢背后评论他人，所以非深交者很难听到他们的心里话。印度尼西亚人有礼貌、好客。马来西亚男女之间很少相互握手，在社交场合中，男子应向女士点头或略行鞠躬礼。他们喜欢谈论本国的经济成就、美丽的风景和体育运动。如果马来西亚东道主招待晚餐，次日应送鲜花或写便条以示谢意。商业洽谈之间不常送礼物，但若赠送或接受礼物时要用双手。在餐桌上，也要用双手传递或接受饮料。

与印度尼西亚人的谈判过程一般较为漫长，一定要有足够的耐心。谈判可以在高级行政人员之间或下级具体执行人员之间展开。如果有条件聘用当地代理人，对绕过印尼政府各种繁多的机构不无帮助。与马来西亚人谈判也会有长时间和详尽的讨论，要做好提供大量信息的准备。马来西亚人处事精细，他们逐步而且小心翼翼地形成自己的观点和立场，因此，对其做法要有思想准备，要从其谈话的字里行间确定其真正意图。

马来西亚人注重面子，看重人的身份地位，谈判时应避免询问尖锐而直接的问题，以免使其为难。与马来西亚人确立信任关系是谈判成功的前提，他们更重视个人信誉，在谈判中，马来西亚人往往会有礼貌但却很坚定地不断迫使对方做出让步。

菲律宾人受西方影响较深，喜欢模仿美国的生活方式，但是对于美国在菲律宾的存在及影响他们有不同的看法。菲律宾人喜欢别人泛泛谈论他们的家庭，也喜欢听对方的家庭情况，但却不喜欢别人谈论他们的国家，应当避免同他们谈论政治、宗教、社会状况及腐败等敏感问题。菲律宾人和蔼可亲，善于交际，为人大方，比较重信用，但商业意识不强，缺乏计划性，懂外贸业务的人不多。菲律宾人喜欢举行聚会，聚会大都在家里举行。与菲律宾人会晤要准时，哪怕他们自己并非如此。菲律宾人对时间比较随便，参加会议或约会时往往比预定时间要晚到 10~20

分钟。对菲律宾人应以礼相待,避免对其直接批评。对于菲律宾人来讲,名声是一种重要的德行,公开受批评可能会给其个人带来耻辱。

新加坡人也很重感情、重信用。面子问题对新加坡人来讲很重要,公开场合的为难会严重损害(如果不是结束的话)未来潜在的交易。新加坡人一般不喜欢与外国人谈论政治、宗教等问题,而喜欢多谈论该国的文明、管理制度、经济发展的成就。新加坡人为人友好,但不习惯于开玩笑,不接受西方式的幽默。他们认为:西方人伸起手指表示可以(OK)是粗鲁之举;人的头部不能随便触摸。如果谈判对手属于私营公司,则几次洽谈后便可请其吃饭,但政府官员不能接受这类邀请。在餐桌上可谈论业务。当地没有给小费的习惯,也没有赠送礼物的习惯。与新加坡人谈判应有的放矢地选择话题,不要伤害他们的自尊心。新加坡的新一代华人采取了许多新的经营方式,强调事实、技术细节及周密的合同。较传统的华人则把生意更多地建立在信誉之上,合同比较简单、笼统,口头达成的协议履约率也很高,对背信弃义行为深恶痛绝。在新加坡谈判,要竭力避免任何构成贿赂的暗示。在这方面,新加坡政府有着极清白的声誉。在与有中国血统的新加坡人谈判时,要十分讲究和努力发扬中华民族的礼仪美德,表现出对华侨、华人的信任与尊重,做到以诚感人,以情动人。但不要把他们等同于中国人,否则会引起其不快与顾虑。与新加坡人谈判,事先要预约,而且要准时,迟到被认为是不礼貌的;新加坡人以强调企业精神和勤奋而闻名,通常谈判是快节奏的;谈判中可直接涉及钱的问题;价格和时间表通常是主要问题;谈判要言必信,行必果,建立起双方的深切了解和真诚友谊。这样,就完全有可能成为对方长期合作的忠实伙伴。

印度人日常礼仪不多,传统的问候方式是将两手掌并拢,手指向上置于额下,微鞠躬,以示尊敬。印度人喜欢谈论其艺术和建筑遗产。款待或其他社交活动,应邀请印度人偕夫人一起参加,但印度穆斯林的妻子则不公开抛头露面。印度教徒不允许外人接触其食物。他们认为牛是神圣的,他们不吃牛肉,也不使用牛皮,素食很普遍。印度人重视家庭,强调物质生活简朴,自谦被视为美德。印度的男女界限较严,男人一般不能单独和女人讲话,也不同女人握手等。对印度公司的资信调查也很困难,这是因为印度的出口手续繁杂,课税重,而逃税情况较为普遍,有时候在调查报告上所列的数字真伪难辨。印度是一个宗教气氛很浓的国家,穆斯林、印度教徒、锡克教徒等,都各有其特殊的教义和礼俗。在印度,政治与宗教纠纷较多,印度与巴基斯坦关系较为复杂。在印度,要尊重他们的民族风俗和教义教规,避免谈及个人问题、政治和宗教,不要多谈天气炎热潮湿,也不要讨论印度和巴基斯坦的关系,因为这是一个不愉快的话题。与印度人交往时应尽量做到热情有礼,谈判前应做好充分准备,多以事实和数据说话,设身处地,摆明利益关系,以使其增强信心,打消顾虑,做出决断。由于印方的决策来自上层,所以应尽可能地直接与其高层人士打交道。合同必须以英文和当地文字书写,还应将合同条款制订得严密细致,以免埋下日后纠纷的隐患。

巴基斯坦与孟加拉国大多数居民信奉伊斯兰教,社会生活笼罩在宗教影响之中。多数人不抽烟、不喝酒。女性一般不参加商业活动,商业上的聚会是清一色的男性。因此,在与这两个国家谈判时,我方不宜派出女性负责人。巴基斯坦人喜欢谈论他们自己的种族群体,以及巴基斯坦所取得的成就。如果他们盯着你看,不要以为这是无礼,盯着看是巴基斯坦文化习俗中的一种常见现象。在从事商业接触时,首先要了解这两个国家的社会生活,特别是要认识其受宗教影响而形成的风俗与习惯,否则难免会因为一些芝麻小事而刺伤对方的自尊心,从而妨碍谈判的顺利进行。另外,言谈中也要注意切勿触犯对方教义。在这两个国家,我方谈判者应十分注重礼节,语气要亲切随和,尽量避免因信口开河而失信伤人。在巴、孟两国,商谈是不能用电话的,必须亲自访问对方,促膝而谈,这样交易才能有所进展。这两个国家的人在商业习惯上较重视文字契约,而且讲究信用。巴基斯坦政府机构繁多,往往要做多次访问、开多次会议后才能进入实质性的商业项目,因此要特别有耐心。巴基斯坦和孟加拉人对时间有些随便,不过,他们期待对方准时。与这两个国家的人做交易,必须会讲一口流利的英语。根据对方重视文字证据与契约的特点,在商谈中应随时并详细地拟订备忘录,在对每一个合同条款认真讨论之时都应做详细、准确的表述与记录。一旦对方认同并记录成交的事项,不可无故废约,要讲究信用。合同应用英文和当地文字书写。

巴基斯坦和印度的关系比较复杂,两国在克什米尔领土问题上常有争执,因此要避免把巴基斯坦与印度做比较,也要避免同他们谈论政治、宗教等问题。

四、阿拉伯人的谈判风格、礼仪与禁忌

(一)阿拉伯人的谈判风格

阿拉伯国家主要分布在西亚的阿拉伯半岛和北非。它们经济单一,绝大多数

国家盛产石油,国民经济以出口石油及石油制品为主。进口商品主要是粮食、肉类、纺织品以及运输工具、机器设备等。

由于受地理、宗教、民族等问题的影响,阿拉伯人以宗教划派,以部族为群。他们家庭观念较强,性情固执而保守,脾气倔强,重朋友义气,热情好客,却不轻易相信别人。他们喜欢做手势,以形体语言表达思想。尽管不同的阿拉伯国家在观念、习惯和经济实力方面存在较大差异,但作为整个阿拉伯民族来讲却有较强的凝聚力。

在阿拉伯国家,伊斯兰教一向被奉为国教,是除阿拉伯语以外阿拉伯民族的又一重要凝聚力量。阿拉伯人非常反感别人用贬损或开玩笑的口气来谈论他们的信仰和习惯,嘲弄或漠视他们的风俗。

在阿拉伯人看来,信誉是最重要的,谈生意的人必须首先赢得他们的好感和信任。与他们建立亲近关系的方法有:由信仰伊斯兰教或讲阿拉伯语的同宗、同族的人引见;以重礼相待,如破格接待;在礼仪和实际待遇上均予以照顾,使其既有面子又得实惠。阿拉伯人好客知礼的传统使他们对亲友邻居敞开的大门对外国客商同样是敞开的。对远道而来并亲自登门拜访的外国客人,他们十分尊重。如果他们问及拜访的原因,最好是说,来拜访他是想得到他的帮助。因为阿拉伯人不一定想变得更加富有,但却不会拒绝"帮助"某个已逐渐被他尊重的人。当合同开始生效时,拜访次数可以减少,但定期重温、巩固和加深已有的良好关系仍非常重要,能给他们留下一个重信义、讲交情的印象,会让客商在以后的谈判中获得意外回报。另外,崇尚兄弟情义的阿拉伯人不会因为事务缠身而冷落了自己的阿拉伯兄弟。常与他们打交道的外商经常会遇到这样的情况:谈判正在紧张进行,阿拉伯一方的亲友突然到访,他们会被请进屋内边喝茶边聊天,外商则被冷落一旁,直到亲友离去谈判才会继续。在阿拉伯人看来,这不是失礼行为,对此,你最好能表示理解和宽容。

阿拉伯人的谈判节奏较缓慢。他们不喜欢通过电话来谈生意。从某种意义上说,与阿拉伯人的一次谈判只是同他们进行磋商的一部分,因为他们往往要很长时间才能做出谈判的最终决策。如果外商为寻找合作伙伴前往拜访阿拉伯人,第一次很可能不但得不到自己期望出现的结果,还会被他们的健谈所迷惑,有时甚至第二次乃至第三次都接触不到实质性话题。遇到这种情况,要显得耐心而镇静。一般来说,阿拉伯人看了某项建议后,会去证实是否可行,如果可行,他们会在适当的时候安排由专家主持的会谈。如果这时你显得很急躁,不断催促,往往欲速而不达。因为闲散的阿拉伯人一旦感到你把他挤进了繁忙的日程中,他就很可能把你挤出他的日程。

阿拉伯人特别重视谈判的早期阶段,在这个阶段,他们会下很大工夫打破沉默局面,制造气氛。经过长时间的、广泛的、友好的会谈,在彼此敬意不断增加的同时,他们其实已就谈判中的一些问题进行了试探和摸底,并间接地进行了讨论。应注意的是,谈话时的话题要把握分寸,不要涉及中东政治,不要谈论国际石油政策以及宗教上的敏感问题。同时,在交谈时,不能架起腿,更不能将鞋底对着谈话者,否则阿拉伯人会认为你不诚实可信。这种社交式的、内容泛泛但气氛友好的会谈,可以使正式谈判取得成功的可能性大大增加,随之而来的结果可能是在突然之间协议便达成了。

在阿拉伯国家中,谈判决策由上层人员负责,但中下级谈判人员向上司提供的意见或建议却会得到高度重视,他们在谈判中起着重要作用。阿拉伯人等级观念强烈,其工商企业的总经理和政府部长们往往自视为战略家和总监,不愿处理日常的文书工作及其他琐事。所以,外商在谈判中往往要同时与两种人打交道,首先是决策者,他们只对宏观问题感兴趣;其次是专家以及技术员,他们希望对方尽可能提供一些结构严谨、内容翔实的资料以便仔细加以论证。与阿拉伯人做生意时千万别忽视了后者的作用。

在阿拉伯商界还有一个阶层,那就是代理商。几乎所有阿拉伯国家的政府都坚持,无论外商的生意伙伴是个人还是政府部门,其商业活动都必须通过阿拉伯代理商来开展。如果没有合适的代理商,很难想象外商能在生意中进展顺利。一个好的代理商会为外商提供便利,对其业务的开展大有裨益。例如:他可以帮助雇主同政府有关部门尽早取得联系,促使其尽快做出决定;快速完成日常的文书工作,加速通过烦冗的文件壁垒;帮助安排货款回收、劳务使用、货物运输、仓储乃至膳食等事宜。

阿拉伯人极爱讨价还价,无论商店大小均可讨价还价。标价只是卖主的“报价”。更有甚者,不还价即买走东西的人,还不如讨价还价后什么也不买的人更受卖主的尊重。阿拉伯人的逻辑是,前者小看他,后者尊重他。市场上常出现的情景是,摆摊卖货的商人会认真看待与他讨价还价的人,价格与说明会像连珠炮似的甩出,即使生意不成也仅是肩一耸、手一摊表示无能为力。因此,为适应阿拉伯人讨价还价的习惯,外商应建立起见价即讨的意识,凡有交易条件,必须准备讨与还的方案;凡想成交的谈判,必定把讨价还价做得轰轰烈烈。高明的讨价还价要有智慧,即找准理由,令人信服,做到形式上相随、形式下求实利。

阿拉伯人注重小团体和个人利益,所以,他们谈判的目标层次极为鲜明,谈判手法也不相同。在整体谈判方案中,应预先分析他们利益层次的所在范围,在了解他们的利益层次时要讲究多种形式以及用高雅、自然、信任的表达方式。在处理层次范围时,要注意交易的主体利益与小团体和个人利益是成反比的,应以某种小的牺牲换取更大的利益。只有先解决好利益层次的问题,在谈判时才会有合理的利益分配,从而为最终的成功打下基础。

阿拉伯人在商业交往中习惯使用"IBM"。这里的"IBM"不是指 IBM 公司,而是指阿拉伯语中分别以 I,B,M 开头的三个词语。I 是"因夏利",即"神的意志";B 是"波库拉",即"明天再谈";M 是指"马列修",即"不要介意"。他们常以这几个词作为武器保护自己,以抵挡对方的"进攻"。比如,双方已订好合同,后来情况发生变化,阿拉伯人想取消合同,就会名正言顺地说这是"神的意志"。在谈判中当形势对外商有利时,他们却耸耸肩说"明天再谈吧",等到明天一切又要从头再来。当外商因阿拉伯人的上述行为或其他不愉快的事而恼怒不已时,他们又会拍着外商的肩膀,轻松地说:"不要介意"。所以,与阿拉伯人做生意,要记住他们"IBM"的做法,配合对方悠闲的步伐,慢慢推进才是上策。

(二)阿拉伯人的谈判礼仪与禁忌

阿拉伯人不轻易相信别人,家庭观念很重。在阿拉伯人的社会里,等级观念很强,主人绝对不做佣人干的事,即使这个工作极为轻而易举。他们不喜欢和外人谈论政治和宗教,不喜欢把阿拉伯湾称为波斯湾,也不喜欢人家谈论他们忌讳的动物。伊斯兰教徒在每天的祈祷时间内,社会商业活动会暂时停下来。中东阿拉伯国家的人们,往往在咖啡馆里谈生意,与他们见面时,宜喝咖啡、红茶或清凉饮料,忌讳饮酒、吸烟、拍照,也不要谈中东政局和国际石油政策。阿拉伯人中的富有阶层比较好客,常常为了应酬各种朋友和客人而不惜停下公务活动乃至谈判工作。

与阿拉伯人谈判时要尊重对方的教义与习俗,如果己方能有懂得伊斯兰教义甚至会说阿拉伯语的人参加谈判,更有利于创造和谐的谈判气氛和取得对方的好感。与伊斯兰教徒交谈时,要注意适当的称谓,切勿乱叫外号。对他们的教义教规,不应妄加评论。切忌用他们认为"不洁"的左手和他们握手,替他们拿食物。

与阿拉伯人谈判,可以充分利用对方喜欢交际和好客、不习惯谈判一开始就转入正题(认为这样有失身份)的特点,在谈判前和谈判开始时,主动热情地进行广泛友好的交流,选择他们喜欢的话题,甚至先请他们喝上一杯咖啡,使他们高兴。这样既可密切与对方的关系,获得对方的信任与敬意,又可从中了解一些我方需要的信息,这其实也有助于缩短开局与磋商阶段的时间。

阿拉伯人不欣赏抽象的介绍说明,不愿花钱买原始材料和统计数据。因此在谈判中可以采用多种形式,如采取数字、图形、文字和实际产品相结合的方式,形象地向他们说明有关情况。要注意的是,对于确实需要提供的材料,必须请一流的翻译并按照阿拉伯人的习惯进行精细的译解,千万不要为了节省成本而随便找人翻译,否则,翻译的失误可能造成灾难性的后果。另外,材料中所附图片也应以从右向左的顺序排列,并且图片内容不得冒犯阿拉伯人的风俗习惯。

在阿拉伯国家,妇女一般不能在公开场合抛头露面。因此,应该尽量避免派女性去阿拉伯国家谈生意,如果谈判小组中有妇女,也应将其安排在从属地位,以示尊重他们的风俗。在谈话中尽量不涉及妇女问题。

五、犹太人的谈判风格

犹太人分布在世界各地,尤以以色列、美国和俄罗斯居多。犹太人为数不多,但名人辈出,他们为世界的科学、文化、艺术和思想做出了不朽的贡献。例如,科学家爱因斯坦、天才画家毕加索、乐圣贝多芬,以及擅长秘密外交的美国前国务卿基辛格等,都是犹太人。犹太人非常团结,他们严格信奉犹太教。历史上长期颠沛流离的生活和为生存艰难困苦的奋斗,把他们磨炼得意志坚强、勤俭而精明。犹太人被誉为世界上最会做生意的赚钱能手。

犹太人的关系网广泛而且坚固,他们对外团结一致并善于利用关系网查询谈判对方的情况,对于不守信誉的行为不会宽容。如果他们发现对方曾在与其他人做生意时表现出种种令他们无法接受的行为,他们就会拒绝继续谈判,即使以前的谈判进展顺利也一样。所以,要同犹太人长期做生意,就必须给他们留下良好印象。

犹太人非常精明,他们的交易条件苛刻,很难讨价还价。他们在谈判中不会轻易接受对方的条件,对于价格锱铢必较。他们对协议条款总是字斟句酌,毫不马虎,千方百计地让措辞有利于自己,以便万一市场行情变化,他们可以做出有利于自己的解释或寻找漏洞而拒绝履行合同。因此,与犹太人做生意签协议时,必须先充分地了解产品的市场行情,做到心中有数,然后在合同措辞上要特别注意严谨。如果你不熟悉法律,最好还是请一名内行的律师协助签约,以防犹太人在情况不利时寻由毁约。

犹太人在洽谈时友好而坦诚。刚见面时,他们会笑容可掬地向对方问候。在谈判过程中,他们从不含糊其辞,如果他们觉得你的建议无法接受,就会明白告诉你"不能接受",而不会像日本人那样支支吾吾,不置可否。如果还有商量的余地,犹太人也会坦率地告诉对方。他们认为只有明确地答复对方,才能避免谈判中产生不必要的纠纷。在双方发生争议时,犹太人的态度会非常认真和诚恳,但不会轻易承认自己有失误的地方。除非对方刨根问底,找出确实的证据,他们才会为自己的失误承担责任。

犹太人在洽谈中有时会为了某些条件与你争得面红耳赤,而过后不久,他们又会面带笑容地主动向你问好。如果你的心理承受能力不够强,他们就很容易抓住你的心理,取得主动权,向你连连发起进攻。因此,遇到这种情况,应当稳住阵脚,不露声色,以沉着的态度应付他们。

第五节 大洋洲人和非洲人的 谈判风格、礼仪与禁忌

大洋洲包括澳大利亚、新西兰、斐济、巴布亚新几内亚等20多个国家和地区。其中澳大利亚和新西兰是两个经济较发达的国家。大洋洲居民有70%以上是欧洲各国移民,其中以英国移民的后裔居多,多数国家通用英语。经济上以农业、矿业为主,盛产小麦、椰子、甘蔗、菠萝、羊毛以及铅、锌、锰等多种矿物。主要贸易对象是美日和欧洲一些国家,出口以农、畜、矿产品为主,进口商品主要是机械、汽车、纺织品和化工品等。

非洲是面积仅次于亚洲的世界第二大洲,东临印度洋,西濒大西洋,北隔地中海与欧洲相望,东北角的苏伊士运河为亚非两大洲的分界线,地理位置十分重要。非洲大陆有50多个国家,近6亿人口,绝大多数国家属于发展中国家。

一、大洋洲人的谈判风格

澳大利亚是大洋洲面积最大、人口最多的国家。它由 6 个州组成,各州有各自的宪法、铁路、地区开发、教育等事项由各自的州政府办理,因此各州之间的地区观念比较浓厚。地广人稀的澳大利亚,其居民沉着好静,不喜欢生活环境被扰乱。

澳大利亚人在谈判中很重视办事效率。他们派出的谈判人员一般都具有决定权,同时也希望对方的谈判代表也具有决定权,以免在决策中浪费时间。他们极不愿意把时间花在不能做决定的空谈中,也不愿采用开始报价高,然后慢慢讨价还价的做法。他们采购货物时大多采用招标的方式,以最低报价成交,根本不给对方讨价还价的机会。

澳大利亚员工一般都很遵守工作时间,不迟到早退,但也不愿多加班,下班时间一到就会立即离开办公室。经理阶层的责任感很强,对工作很热心。

澳大利亚人待人随和,不拘束,乐于接受款待。但他们认为招待与生意无关,是两项活动,公私分明,所以与他们交往,不要以为在一起吃过饭生意就好做了。恰恰相反,澳大利亚人在签约时非常谨慎,不轻易签约,一旦签约,也较少发生毁约现象。他们重视信誉,而且成见较重,加上全国行业范围狭小,信息传递快,如果谈判中有不妥的言行会产生广泛的不良反应,所以谈判人员必须给他们留下好的第一印象,才能使谈判顺利进行。

新西兰是一个农业国,工业产品大部分需要进口。该国的国民福利待遇相当高,大部分人都过着富裕的生活。他们在贸易活动中重视信誉,责任心很强,加上经常进口货物,多与外商打交道,从而都精于谈判,富有交易经验。

二、大洋洲人的谈判礼仪与禁忌

澳大利亚人随和、热情,谈吐不乏幽默,体育锻炼与娱乐可作为合适的话题,在进餐和社交场合不宜谈论业务。澳大利亚人在饭店没有给小费的习惯。拜访私人家庭,客人应享用盘中盛好的食物,不要自己去挑选各种菜肴。打哈欠时要用手遮住嘴,并表示歉意。对澳大利亚女子,无论何时何地、何种场合,都应持尊重、赞美的态度。

同大洋洲人谈判时态度要随和,而且要真诚,不宜过分谦虚。要实事求是地说明商品的品质、特点、功能和价值。对他们陈述观点,应详细真实,并做好准备回答其提出的关键性问题,签订的合同应具体、详尽。澳大利亚人很守时,同他们见面事先要预约,而且要准时赴约。

三、非洲人的谈判风格

按地理习惯,非洲可分为北非、东非、西非、中非和南非五个部分。不同地区、不同国家的人民在种族、历史、文化等方面的差异极大,因而他们的生活、风俗、思想等方面也各具特色。

非洲各部族内部的生活具有浓厚的大家庭色彩。他们认为,有钱人帮没钱人是天经地义的事。非洲人工作效率不高,办事时常拖沓,时间观念较差。谈判时,他们很少准时到会,即使到了也很少马上开始谈判,往往要海阔天空地闲聊一会儿。对此,要有心理准备并有耐心。

非洲有些从事谈判的人员对业务并不熟悉,因此与其洽谈生意时,应把所有问题乃至各个问题的所有细节都以书面确认,以免日后产生误解或发生纠纷。另外,在非洲还要避免与那些"皮包商"做生意。他们往往只为骗取必要的许可证再转卖出去,或为了拿到你提供的样品,积极找你谈生意并一口答应你的条件和建议,得手后便逃之夭夭。

非洲诸国中,南非的经济实力最强,黄金和钻石的生产流通是其经济的主要支柱。南非人的商业意识较强,他们讲究信誉,付款守时。他们一般会派出有决定权的人负责谈判,不会拖延谈判时间。尼日利亚的经济实力也较强,虽以农业为主,但石油储量丰富,工业发展很快,许多上层人物都受过高等教育,能巧妙运用关税政策,低价进口物美价廉的外国产品。扎伊尔以农业为主,是重要的矿产国,但对外贸易的经验不够丰富。坦桑尼亚、肯尼亚和乌干达三国位于非洲东部,它们形成了共同市场,期望经济合作,三国的地方资本已有所发展,但缺乏经验,因此与这三国人洽谈生意时,不能草率行事。

四、非洲人的谈判礼仪与禁忌

非洲各国内部存在许多部族,各部族的人大都倾向于为自己的部族效力,对于国家的感情则显得相对淡漠。非洲人有许多禁忌需要注意,比如,他们崇尚丰盈,鄙视柳腰,因此在非洲妇女面前,不能提"针"这个字。又如,非洲人认为左手是不洁的,因此尽管非洲人也习惯见面握手,但千万注意别伸出左手来握,即使对方人很多也一样,否则会被视为对对方的不敬。

非洲人的权力意识很强,在一些非洲国家,时常会出现利用采购权吃回扣的事。因此,去非洲做生意,应当注意使用适当技巧,取得各环节有关人士的信任和友谊,才可能使交易进展顺利。

与非洲人洽谈时,首先要尊重其礼仪风俗,维护对方的自尊心,力求通过日常的交往增进友谊,为谈判顺利进行打下良好的基础。洽谈时不要操之过急,而应适应其生活节奏,使对方感到我方对其的尊重与关照,增进认同感。谈判中要对所有问题乃至各种术语和概念、条款细节逐一阐明与确认,以免日后发生误解与纠纷。

案例应用

　　两位商界的老总,经中间人介绍相聚谈一笔生意,这是一笔双赢的生意,而且做得好还会大赢,看到合作的美好前景,双方的积极性都很高。A老总首先拿出友好的姿态,恭恭敬敬地递上了自己的名片,B老总单手把名片接过来,一眼没看就放在了茶几上。接着他拿起了茶杯喝了几口水,随后又把茶杯压在了名片上,A老总看在眼里,随意谈了几句话,起身告辞。事后,A老总郑重地告诉中间人,这笔生意他不做了。当中间人将这个消息告诉B老总时,他简直不敢相信自己的耳朵,一拍桌子说:"这不可能!哪儿有见钱不赚的人?"他立即打通A老总的电话,一定要他讲出个所以然来。A老总道出了实情:"从你接我名片的动作中,我看到了我们之间的差距,并由此预见到了未来的合作还会有许多的不愉快,因此,还是早放弃的好。"闻听此言,B老总放下电话痛惜失掉了生意,更为自己的失礼感到羞愧。一个接名片的动作,就丢掉了一桩生意,这使他认识到,在生意场上,人们不是只看产品质量,更要看人的素质。

　　思考题:

　　1.你认为A老总的做法明智吗?说说你的想法。

　　2.如果B老总是美国人,或者是拉美人,如果你是A老总,你将怎么做?

案例应用

判断题：

判断下列说法正确与否,并说明理由。

1. 不要公开批评日本人,这会使他们在同事面前丢脸,他们会感到羞辱和不安,谈判也会因此受到影响。

2. 与韩国人谈判,不要说"不"字,谈判后要及时离开。

3. 与印度人谈判时,要多以事实和数据说话。

4. 菲律宾人对时间比较随便,会议或约会往往比约定的时间要晚10~20分钟。

5. 如果到信奉伊斯兰教的国家谈判,不宜派女士当谈判负责人。

6. 与巴基斯坦和孟加拉国谈判,最好不要用电话商谈。

7. 与中东各国进行谈判,应一开始就进入主题,不要浪费时间。

8. 与大洋洲人谈判时,越谦虚越容易博得对方的尊敬。

9. 与韩国人谈判时要与男士握手,对女士鞠躬。

10. 与美国人谈判时忌讳使用降价的谈判方法。

ON NEGOTIATION

学习要点

如何取得谈判的控制力，是谈判者获得谈判成功的关键。本章主要介绍谈判控制力的获得途径：谈判驱动力获取方法、找到谈判的压力点所在并掌握有效化解的方法。

美的集团(000333,SZ)29 日早间公告,6 月 28 日,德国库卡集团监事会及执行管理委员会达成一致意见,推荐库卡集团股东接受本次要约收购。同日,就本次要约收购相关的特定事宜及要约收购交割后公司对库卡集团的相关承诺及安排,公司与库卡集团签署了《投资协议》,该协议的有效期为 7 年半,自签署之日起生效。

除了公告协议签订外,美的集团还公布了部分协议涉及内容:①公司没有与库卡集团签署控制协议、促使库卡集团退市,或对库卡集团进行重组的意愿。②公司支持库卡集团监事会及执行管理委员的独立性,并保持库卡集团融资策略的独立性。③公司尊重库卡集团的品牌及知识产权,并准备订立隔离防范协议承诺保密其商业机密和客户数据,以维持库卡与其客户及供应商的稳定关系。④公司尊重库卡集团员工、员工委员会及工会的权利,公司承诺并明确表示不会促使现有全球员工人数改变、关闭基地或有任何搬迁行动的发生。⑤公司支持库卡集团的战略计划,包括进一步拓展中国市场和工业 4.0 业务。另外,公司支持库卡增加研发人员及扩展现有科研设施,并致力加深与库卡在物流自动化及服务机器人等业务的合作。

2016 年 5 月,美的集团对外宣布,拟以每股 115 欧元要约收购德国工业机器人公司库卡,从而将对库卡的持股比例从 13.5% 提升至 30% 以上。若收购成功,美的将成为库卡的第一大股东。

美的对库卡公司的收购,引起了德国政府官员的注意。考虑到关键技术流失问题,德国经济部长加布利尔曾表示,德国政府正在试图协调,安排对工业机器人制造商库卡集团提出另一个收购要约,对抗中国美的集团的 45 亿欧元收购出价。

不过他随后也表示,政治界无法阻止这个交易的进行,因为其中并不涉及安全利益问题。"我们可能施加的影响被限制在口头上",他表示。

除了政府官员反对外,目前库卡最大的股东福伊特(Voith)总裁兼首席执行官 Hubert Lienhard 也对此次收购表示不能理解。他说,"库卡回复这一控股提案的方式,让我们很惊讶,令我个人震惊。相关考核必须要完全在结果未知的情况下进行。"作为大股东,Voith 在股东大会上有权否定管理层的路线。

面对这些质疑，美的集团在宣布收购方案后公告：重申美的不以库卡退市为目标，要约收购的目标是对库卡的持股从 13.5% 增至 30% 以上，将尽力维持库卡在德国的上市公司地位、业务独立性和管理团队的稳定性。

对于美的来说，库卡的核心优势在于机器人综合制造实力强、下游应用经验丰富，美的希望通过此次收购，布局机器人领域的中游总装环节，并积累下游应用经验，为其在中国推广做足铺垫。同时，白色家电企业属于劳动密集型企业，用机器人代替人工已经逐渐成为制造领域里的趋势之一。

拥有百年历史的库卡公司总部在德国南部城市奥格斯堡，是全球主要的工业机器人生产厂商之一。库卡同时也是全球领先的机器人、自动化设备及解决方案的供应商，专注于工业机器人制造、自动化控制系统两大业务。2015 年收购瑞士 Swisslog 之后其在自动化系统集成上更进一步。目前，库卡 50% 的机器人与控制系统应用于汽车行业。

资料来源：王心馨．美的收购德国库卡．澎湃新闻（http://www.thepaper.cn/newsDetail_forward_1490878），2016 - 06 - 29.

人们在日常生活中能够发现，几乎生活的每个层面都是由规则与法律控制或者规制的，然而谈判活动却是例外之——游戏中没有正式的规则。在谈判中，你受自己的个性、完整性与诚实度引导——你取得的控制愈多，达成你的协商目标就愈容易。本章主要讨论如何控制谈判的方向、进程、目标达成，以帮助谈判者赢得谈判的主动权。

第一节　谈判驱动力

首先，我们了解一下谈判的过程中可能会有哪些动机，发现并了解这些动机是掌控谈判的关键所在。

一、竞争驱动

竞争驱动是谈判新手最熟悉的一种驱动力，这也正是他们为什么会把谈判看成是一种挑战的原因。如果你认为对方的目的只是要打败你,特别是当你知道对方是一位经验丰富的谈判高手,或者是残酷无情的谈判专家之后,你很容易产生一种恐惧感。在汽车交易中,这种现象尤为普遍。汽车交易商总是希望能以"本城最低价"来吸引客户,但同时却又会按照销售提成给自己的销售人员付钱。客户的目的非常简单,他们只是希望能够尽量压低价格,他们并不关心经销商是否赔钱或者销售人员是否能得到提成。而对于销售人员来说,他们唯一的驱动力就是提高价格,因为这是他们可以赚到更多钱的唯一方式。

竞争驱动下的谈判人员知道,要想取得谈判的胜利,一个最好的方法就是了解对手,同时又尽可能地不让对手知道自己的情况。知识本身就是一种极为强大的武器,那些比较注重竞争的谈判人员相信,正是基于这个原因,所以你对对手了解得越多,让对手对你了解得越少,你就会越容易赢得谈判的胜利。在收集信息时,谈判人员总会刻意地排斥对方提供的所有信息,因为他相信,对方之所以会透露这些信息,很可能是在耍花招。所以他通常会选择从对方的员工或者是合伙人那里收集信息。

与此同时,因为他假设自己的谈判对手也在做同样的事情,所以他会努力防止己方的信息泄露出去。之所以会出现这种情况,是因为他相信谈判是一场"你死我活"的较量,双方一定会分个输赢高低。可他没有想到的是,谈判的结果可能是双赢,因为双方都是在谋求不同的东西。通过更好地了解对方,双方都可以有意识地在那些对自己并不重要、但对别人却很重要的条件下做出让步,从而最终达到双赢的结果。

二、解决驱动

解决驱动是最理想的谈判形势,这时双方非常希望能够找到一个解决方案,并愿意通过共同讨论来达到这一目的。在这种情况下,双方都不会对对方产生任何威胁,彼此都抱着良好的意愿,希望能够达成一个共赢的解决方案。一心希望找到解决方案的谈判人员往往会抱有一种非常乐观的心态,他们希望能够找到一种富有创造性的解决方案,因为他们相信,一定可以找到一种更好的办法来解决眼前的问题,只是他们暂时还没有想到罢了。

在和那些只是希望找到解决方案的人进行谈判时,一个最大的好处就是,他们不会预设任何立场。他们并不会受到公司政策或传统的限制,他们会感觉任何的条件都是可以商量的,只要不违法或者不违反他们的原则,他们愿意考虑你的任何建议,因为他们并不会把你当成竞争对手。

这听起来是一个非常完美的解决办法,不是吗? 双方竭力合作,共同找到一个公平的解决方案。但即便如此,也会出现一些问题。比如说你的谈判对手很可能会假装自己只是在寻求问题的解决方案,一旦你亮出了自己的底牌,告诉他们你的想法,他们就会转而采取一种竞争性的态度,努力为自己谋求最大利益。所以,当对方告诉你他只是希望找到一个解决方案时,一定要保持警惕。

三、个人驱动

你可能曾经遇到过这样的对手,他们谈判的目的不是为了要获胜,也不是为了要寻找到一个完美的解决方案。在谈判时,他们最主要的驱动力就是谋求个人利益。一说到这点,我立刻就会想到那些按照时间收费的律师。这些律师往往不会尽快解决一起官司,因为那样并不符合他们的个人利益。遇到这种情况时,你最好想办法首先满足对方的个人利益。你或许可以直接告诉对方的律师你所想到的解决方案,如果对方拒不接受的话(因为那样很可能意味着他会失去一部分律师费),你可以威胁称你会直接找他的客户。毫无疑问,对方律师并不希望你这样做,但如果他感觉自己的客户有可能接受你的建议,或许他会被迫接受你的建议。

四、组织驱动

在进行谈判时,很可能会发现这样一种情况:你会觉得他真的只是想要找到一个尽可能好的解决方案,但他同时又必须能够向自己的组织交差。这种情况在国会当中经常会发生,因为议员们一方面希望能够达成一个比较合理的解决方案,但同时又会担心自己的选民表示不满。尤其是在进行匿名投票时,你会发现这种情况经常发生。

在和那些必须对自己组织负责的对手进行谈判时,你会发现他们很可能不愿意在你面前摆明自己的问题,因为那样会让人感觉他们是在和你共谋。这时你需要想想看"谁是这件事情的真正主宰者"? 是他们的股东、他们的法律部门,还是政府法令? 他们需要绕过哪些障碍才能接受最佳的解决方案? 一旦弄清了他们所面临的问题,你就可以调整自己的方案,让对方所在的组织更容易接受。比如说,你可以在公共场合维持一个比较激进的形象,但在进行谈判时,你又可以进行轻微的调整。通过这种方式,对方所在的组织通常就会感觉你在做出一些比较大的让步。

当你遇到类似情况时,不妨设法为你的谈判对手创造一些条件,帮助他来说服自己的组织。

五、态度驱动

在那些受态度驱动的谈判人员看来,只要谈判双方彼此喜欢并信任对方,他们就可以成功地解决分歧、达成共识。受态度驱动的谈判人员永远不会通过电话或中间人来解决问题,他们喜欢直接面对自己的谈判对手,希望能亲自感受一下对方是一个怎样的人,他们相信:"只要能够了解对方,我们就可以找到适当的解决方案。"

毫无疑问,如果你和客户对彼此都有好感,那将是一件对双方都有好处的事情。因为如果没有这一条件,你就很难在谈判中达到双赢。但问题是,这是一对平行线。当你在设法让客户喜欢你的同时,客户也许正在想办法让你喜欢他们。如果双方彼此都很有好感,你们就会很容易做出一些让步。但有时谈判高手知道,有些事情要比让对方喜欢你更加重要:你必须想出一种对双方都有好处的解决方案。

第二节　谈判压力点

本节将介绍三个有效的施压方法,以及在对方使用这些策略时你该如何有效应对,以更好地掌控整个谈判。

一、时间压力

在面临时间压力时,人们就会变得更加灵活。时间压力可以让人们更容易做出让步。在谈判过程中我们可以看到,双方所做出的80%让步都是在最后20%的谈判时间当中完成的。谈判双方在谈判初期很少会做出任何让步,如果其中一方在刚开始谈判时提出太多要求,对方很少会做出让步。另一方面,当谈判双方在最后20%的谈判时间中提出要求时,对方往往更容易做出让步。

有些不道德的谈判者会利用时间压力来对付你,他们往往会在最后1分钟才同意你所提出的某些条件，即便是他们在刚开始谈判时就可以这样做。即使如此，当你以为谈判已经结束、准备起草最终合同时，对方又会提出一些新的要求，因为他们知道，迫于时间压力，这时候你往往会更加灵活一些。

（一）安排好你的时间

1. 一开始就提出所有的细节问题。应该在谈判刚开始时就把所有的细节问题都提出来，千万不要说"哦，好吧，我们以后再谈这件事情吧"之类的话。一件刚开始看起来并不重要的小事可能会由于时间的推迟而变成大问题。

2. 不要告知对方你的最后期限。通常情况下，如果对方知道你有时间压力，他们就会把谈判的重点内容一直拖延到最后 1 分钟。面对这种时间压力时，你往往很容易被迫做出让步。

如果双方的截止日期相同的话，你该怎么办呢？这就会带来一个非常有趣的问题。我们不妨用租赁办公室的事打个比方，假如说再过 6 个月你的 5 年租约就到期了，你必须与房东重新谈判、重新续约。你可能会告诉自己："我可以用时间压力来对付房东，一直等到最后一刻才和他谈判，这时他就会面临很大的时间压力。他知道，如果我不再续租的话，他的房子就要空闲好几个月，这对他来说可是一笔不小的损失"。听起来似乎是一个不错的策略，可是你别忘了，房东也可以用同样的方式来对付你，他完全可以拖延到最后一刻才和你进行谈判，让你也面对同样的时间压力。

所以，这时你们双方所面对的截止日期是完全相同的，在这种情况下，哪一方应该利用时间压力、哪一方应该避免呢？答案是：在谈判中拥有更多优势的一方应当利用时间压力，另一方则应当避免时间压力，尽量在截止日期之前与对方展开谈判。这样公平吧？可问题是，你该如何判断自己在谈判中是否占有优势呢？答案是：在谈判过程中拥有更多选择的一方往往占有较大的优势。不妨设想一下，如果你无法续约的话，对方还会有哪些选择呢？

要想确定这个问题，你可以拿出一张纸，在中间划上一条线。在线的左边，写出你的后备选择：你还有什么其他地点可供选择？这些地点的成本是高还是低？把办公室电话以及所有公司地址的资料更新一遍需要多少钱？如果你搬家的话，你的客户还能找到你吗？在这条线的右边，列出房东的所有选择：这栋大楼是否是专门的写字楼？他是否很容易找到新的租户？新的租户是否愿意支付更多的租金？房东要花多少钱来重新装修房间以满足新租户的要求？由于大多数人都会认为自己在谈判中处于劣势地位，所以这张表格往往可以帮助你更清楚地认识到自己在谈判中的位置。毕竟，你非常清楚自己面临怎样的压力，可你并不完全了解房东的处境。要想让自己在谈判当中变得更加有优势，一个最有效的做法就是：知道你总是会觉得自己在谈判中处于劣势，并学会弥补这种感觉。因此，当你通过这种方式列出双方的选择时，你最终可能会发现：房东所面临的选择的确比你更多。

所以要想完全避免这个问题，你就应该给自己留出足够的时间进行谈判。但另一方面，要想在与房东的谈判中占有绝对优势，你就必须在谈判开始之前为自己找到足够多的选择，只有这样，你才能在谈判时利用时间压力占尽上风。

（二）有效利用时间压力

1. 更加灵活。对方在谈判当中投入的时间越长，他们就越容易接受你的某些观点。下次进行谈判时，如果你感觉自己很难说服对方，不妨想一想曼哈顿哈德逊河拖船的故事，只要有足够的耐心和毅力，一艘小小的拖船就可以把一艘巨轮拖到大海里去。另一方面，如果这艘小拖船急于求成，拼命把巨轮往大海里拽，恐怕永远都无法成功。有些人在谈判时就是如此，一旦在谈判中遇到任何问题，他们就会变得不耐烦，拼命说服对方改变立场。这时候我建议你不妨想一想哈德逊河里的那些拖船，只要每次移动哪怕一点点，小拖船就能撼动大巨轮。只要拥有足够的耐心，你就可以一点一点地说服你的谈判对手。

不幸的是，你的对手也可能用同样的方法来对付你。在一次谈判当中投入的时间越长，你也就越容易做出让步。因为通常情况下，当一场谈判拖延太久时，你的潜意识就会冲你发出尖叫：你在这次谈判上花了这么多时间，千万不要就这样空着手回去，一定要谈出点什么结果！每次遇到这种情况，你都可能做出一些新的让步。有时谈判高手知道，无论谈判进行到何种地步，你都应该把自己已经投入的时间和金钱看成是沉没成本，应当完全忽视它们。无论你们是否达成协议，你所投入的时间和金钱都无法收回。所以一定要冷静地审查眼前的谈判条款，要反复告诫自己：我应该忘掉自己已经投入的时间和金钱，重新开始谈判！如果你感觉自己很难接受对方提出的条件，一定要立刻停止，千万不要犹豫。记住，一定不要因为那些已经投入的时间和金钱而做出让步，因为你所失去的很可能比你已经投入的更多。

2. 接受时间。利用时间的另一种方式就是谈判专家们所谓的"接受时间"。刚开始谈判时，对方可能根本不会考虑你的条件，但只要你有足够的耐心，抽出足够的时间与对方沟通，对方很可能会渐渐发现你的条件也并非无法接受。谈判专家通常把人们完成这一心理转变所需要的时间称为"接受时间"。

所以在谈判的过程中，一定要注意把握好接受时间，并且一定要有耐心，对方可能需要一段时间来仔细考虑你的报价。时间就像金钱一样，拿出时间进行投资一样可以给你带来回报，所以在进行谈判时，一定要花时间仔细研究每一个步骤，学会利用时间所带来的压力为自己争取利益，千万不要匆匆忙忙地达成交易。

二、信息压力

在谈判过程中，拥有最多信息的一方往往可以主导另一方，因为信息就是力量，一方对另一方了解得越多，他们获胜的机会往往也就越大。

收集信息的法则 1：大胆地承认自己不知道。要想真正了解自己的对手，你首先必须承认自己的无知，而对于大多数人来说，要做到这点并不容易。所以收集信息的第一条法则就是：千万不可过于自信。要承认你并非无所不知，而且你所知道的答案很可能是错误的。

收集信息的法则 2：不要害怕提问。提问是收集信息的一种方式——这看起来很简单，但在很多情况下，很多谈判者却做不到这一点，因为他们感到害怕或者他们早已经知道答案了。

那么，怎样才是最好的提问方式呢？答案是：提一些开放式的问题。开放式的问题往往能获取更多的信息。通过提问向对手获取信息时，可以采用以下四种策略：

（1）重复对方的问题。比如说"你的要价太高了"，可他们并没有解释自己为什么会觉得你的要价太高。这时你可以重复一下对方的问题：你觉得我们要价太高了吗？大多数情况下，当你说出这句话时，对方都会详细解释自己为什么会觉得你的要价太高。或者有时他们也无法给出解释，因为他们只是随便说说，想观察一下你的反应而已。

（2）询问对方的感受。比如说你是一名承包商，工头告诉你："我一到工地他们就把我臭骂一顿，简直让人难以忍受。"这时你不用问："这到底是什么原因呢？"你可以换种方式问："你感觉怎么样？"对方可能会回答："或许原因在我吧，我迟到了整整一个小时,工地上有足足3卡车水泥在那里等着,不知道该卸在哪儿。"

（3）询问对方的反映。比如说你的银行可能会告诉你:我们的借贷委员会要求小企业老板提供一份个人担保。这时你可以尝试着问对方:那你对这个规定怎么看呢?她可能会告诉你:我觉得这完全没必要,只要你能保证你的公司净资产值不少于贷款金额,我觉得根本不需要个人担保……我来看看有没有什么办法可以说服他们吧!

（4）要求对方复述一遍自己的话。打个比方,当有人告诉你"你的要价太高了"时,你可以告诉对方:"我不明白你为什么这么说。"通常情况下,对方都不会重复自己的原话,他们可能会详细解释一下自己为什么认为你的报价太高。

收集信息的法则3:让对方进入你的势力范围。在谈判过程中,谈判地点是一个非常重要的因素。如果是在对方公司的总部展开谈判,你就会进入对方的势力范围,这时你往往很难收集到自己想要的信息,当人们处于自己的工作环境当中时,他们通常会被一条无形的链条包围起来——这时他们会非常明显地区分哪些信息可以透露、哪些信息不可透露。当人们处于自己不熟悉的工作环境中时,他们总是很小心,这时他们很难和你分享一些重要的信息。但只要你能把他们带离不熟悉的工作环境,就往往能极大地解除对方心理压力,这时你就会比较容易获取自己想要的信息。

收集信息的法则4:不要直接收集信息。当你在谈判之前没有进行任何调查,其实处于一种非常危险的状态。有些第三方会告诉你一些你的对手不愿意告诉你的信息,你可以通过这些人来验证你的对手所告诉你的信息。不妨先从那些和你的对手有过生意往来的人入手,我想你很可能会对结果感到大吃一惊,因为你根本没有想到,就连你的竞争对手都会愿意与你分享很多信息。从局外人那里获取信息时,不妨先透露给他们一些信息作为交换,但一定要注意:千万不要透露任何你不想让他们知道的信息。

然后就是那些和你的对手打过交道的人。比如说你打算与一家零售连锁店的某个人谈判,这时你不妨先找到某位分公司的工作人员,你可以从他那里了解一些相关的信息。比如说公司的决策流程是怎样的,公司选择供应商的标准和原则,公司在进行决策时所考虑的一些细节,如公司的预期边际利润、公司通常的支付方式等。在进行这种对话时,一定要留意对方的言外之意,可能在你不知不觉之间,真正的谈判就已经开始了。比如,那位分公司经理可能会告诉你:"他们从来不会接受低于40%的毛利。"同时需要提醒你的是，千万不要告诉对方任何你不想让其总部知道的信息，你告诉他的任何情况最终都会被转给他的上司。

你还可以利用"同行交流"的方式来获取信息，人们总是喜欢和自己的同行分享信息。谈判高手知道如何通过"同行交流"来获取信息，因为几乎所有的行业都会存在这种交流。工程师、包工头、卡车司机……都会和自己的同行进行交流，把他们聚到一起之后，你就可以很容易地搜集到很多通过其他途径根本无法获取的信息。

收集信息的法则5：巧妙提问。虽然提出问题的主要目标是收集信息，但除了收集信息之外，提问同时还可以达到许多其他目的，比如说：

（1）批评对方。你们是否已经解决了配送问题？你们的消费者投诉案件进展如何？你们在亚特兰大的分公司刚刚开张6个月，为什么突然关闭了？环球公司为什么会取消与你们的合同？这些通常都是一些你已经知道答案，或者你其实并不关心的问题。

（2）引发对方思考。你们真的觉得在波多黎各设立分公司的决定是正确的吗？你们对新的广告公司感觉如何？你们的人对我们两家公司之间的业务往来有何看法？把所有业务都交给经销商是否会让你们感到有些紧张？

（3）教育对方。你们参加了我们获得年度包装大奖的那次颁奖典礼了吗？你们看到《新闻周刊》上那篇对我们产品的评论文章了吗？你们知道我们在曼谷开设新厂了吗？你们知道我们的副总裁曾经是环球公司的总裁吗？

（4）表明你的立场。你们知道那些专家们觉得我们的配送系统是业内最好的吗？你觉得我们为什么愿意做那件事情呢？你知道还有什么人会相信这个吗？你知道为什么我们95%的客户会增加自己的订单金额吗？

（5）让对方做出承诺。你们觉得哪种型号最适合你们？你们希望我们送多少货？你们是想要豪华包装，还是按照邮件订单的要求包装？你们希望我们能够在多长时间之内送货？

（6）拉近双方之间的关系。这是一个调解人和仲裁者经常用到的技巧，他们会说："如果我能让他们同意把价格提高5%，你会怎么做？你并没有指望他们会接受你的这个建议，是吗？"

三、准备随时离开

在所有的谈判施压方式中,这一条是最为有力的。通过这种方式,你可以告诉对方:"如果你不能给我想要的东西,那我只好离开谈判桌。"如果说有什么办法可以让你的谈判技巧迅速改进十倍的话,那就是:随时准备离开。该策略的危险就在于,一旦时机掌握不好,你很可能会在谈判过程中错过离开谈判桌的最佳时间。

一旦能够成功地给对方造成假象,让对方相信你可以随时停止谈判的话,你就成了一名优势谈判高手了。通常情况下,你可以把整个过程分成四个步骤:

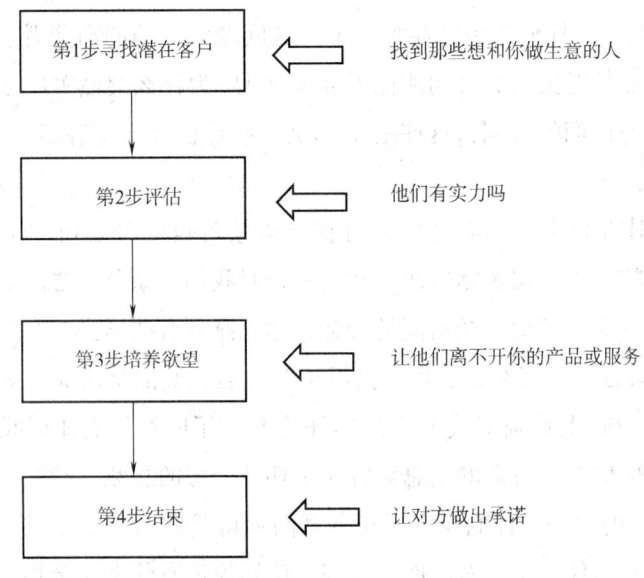

图 9 - 1 随时准备离开的步骤

"离开谈判桌"的技巧通常会用在第四阶段,只有当你成功地培养了对方的欲望,并准备要求对方做出承诺时,你才能采用"离开谈判桌"的技巧。

在使用这一技巧时,一定要牢记你的主要目标:你的目的并不是真的要离开谈判桌。同时,在进行一些比较重要的谈判时,一定要在使用"离开谈判桌"技巧的同时加上白脸—黑脸策略,千万不要单独"离开谈判桌"。这样,当你威胁要离开谈判桌而对方并没有竭力挽留时,你还可以使用白脸—黑脸策略来挽回局面。

第三节 如何取得谈判的控制

一、何时、如何取得谈判中的控制

(一)在谈判开始前取得控制

你可以由控制谈判的环境,也就是坐在谈判桌前开始树立自己的声势:

1. 在你的地盘交易。在自己的地盘进行谈判更容易控制整个谈判,维持谈判的优势,因此,在谈判前即可提出在自己的地盘进行谈判。如果陷入对手的地盘谈判,则应试着把谈判移到你的地盘,如果可以的话,提出你得回桌上拿些报告或资料,并用站立或走动的方式来彰显自己,不要坐着。同时,在谈判开始时应注意不要做第一个说话的人,让你的对手起头,如此你便有额外的机会了解对方的立场——并决定你要采取的方法。

2. 把谈判定在精神状态最巅峰的时间。在体能巅峰状态谈判是很重要的,因此不论如何,尽可能选择个人体能最好时来配合谈判的时间。我们每个人都有新陈代谢的机能,连同我们个人的特性及习惯,支配着我们的行动。如果你惯于晚起,而且不到日上三竿不起床,试着把所有的谈判都排在午后。如果你的体能巅峰状态在早上,那便把谈判放在那时。

3. 在想象中排练谈判的过程。当做想象练习时,想象自己在谈判桌上,想象要说和做的一切事情,以及对手如何反应,要详细。当你进入真正的谈判中,你会时常发现谈判展开的程序和你想象的相去不远,这时你便有了优势。在某种意义上来说,你会"经历同样的事"。借着脑中的排练,真正的谈判对你来说会变得更加容易(你不会再那么紧张或焦虑),还会多享受一点谈判的过程,此外,你很快就会发现成功的比率节节上升。

(二)在谈判进行时取得控制

一旦你真正面对对手时,可借由以下提示继续控制交易过程。

1. 问问题。问题使对手处在防守局面,当对手回答你的问题时,他便无法问你问题或专注在他的谈判策略。同时,问问题可以帮你发掘只有你的对手才知道的资讯,或是非如此难以取得的信息,它们让你更能控制谈判的流程及气势。

采取连续问题,十分适于维持控制及发展谈判的气势。应将前面的问题迭进到最后的问题,大结局——你的最终目标。连续问题的目的不是恫吓、激怒或威胁,而是要不受打扰,一气呵成,这样你加起来的问题才有较大的作用。

2. 专注在一个议题直到解决为止——即使对手想跳到另一个议题。销售员整天都这样做。假设你想为起居室买一套新的厚绒沙发,售货员开始推销一组相配的椅子、咖啡桌及柜灯,他说整套组合会给你算个特别价格,你说不想花那么多钱。销售员便描述店里的特别贷款选择——你可以把东西拿回家,等到公元2019年时再付款!突然,你本来注意在沙发的价钱上,现在陷进了改换整个房间的讨论又脱身不得,很多人就因此被迫买下这些新增的东西。不要让它发生在你身上,专注你要的东西,坚定地说,"不了,谢谢。起居室现在缺的只是张沙发,这要多少钱?"然后开始掏钱。这会使你们两个都集中注意在主要的谈判立场上,并帮助你保持对谈判的控制。

3. 协议开始后就不要提新的议题。这会无谓地扩大讨论,且造成不确定的气氛。

4. 一旦协商开始,不要介入任何新的成员或成分。如果一旦介入,就给了对手完美的机会想出新的点子起死回生甚至对已同意的议题起了三思的念头。交易中牵涉的成员愈多,重开旧议题的机会就愈大,你维持控制的努力也愈难。

5. 学会运用漏斗法。漏斗法是确保结束的议题正式结束的一种方法,漏斗法意味问题一旦解决后就把它放在一边不要管,稍后在谈判中也许会因参阅或总结而再看到——不过不是再重开协商。它可增加你对谈判的控制,因为对方无法再重新开启或重谈已经解决的问题。累积的协商经验越多,你就越懂得漏斗法的技巧。当对手企图重新开启已结束的议题时(他们常做这种事),巧妙地提醒他该问题已经解决了。如果他仍坚持讨论,很快地解释在议题上的协议是什么,然后再进行别的事。不要让自己或对手开始讨论或协商已结束的议题。

二、重新取得失去的控制

当你失去对谈判的控制,你会被迫做出让步。在那发生之前,你必须重新取得控制——越快越好。

一旦你失去对谈判的控制,依下述步骤重新找回:

（1）立刻要求休息或"暂停"。然后重新评估交易,想想什么地方出错,你又能如何弥补。

（2）寻找采取攻击的方法。

（3）休息之后,马上概述谈判过程迄今发生的事情,这会帮助你控制局势。一旦你完成摘要,开始着手自己的谈判立场。你现在又取回了谈判的控制。

总之,对谈判者来说,你对谈判的控制越多,取得想要东西的机会就越大。在谈判之前,你可以借由选择谈判的地点及时间、在脑中排练谈判的过程来取得控制。谈判期间,你可以借问问题、避免新成分及集中讨论来取得并维持控制。当你发觉失去控制时要求休息,利用休息的时间想想哪里出错、为什么,一个重新取得控制的好方法是借着概述到目前为止的谈判重新开始,然后你再由自己的交易立场起步。

第四节　处理困难谈判

谈判者在谈判中经常会遇到困难的谈判,为保证对谈判的控制,谈判者需要掌握困难谈判的应对及分析方法。当谈判一方将一个"烫手山芋"交给另一方时,后者通常会表现得十分吃惊,然后他会尝试着做出他认为是正确的反应。这类冲突通常由谈判一方有意挑起,旨在借此使对方发怒。图9-2为困难谈判需要分析的要项。

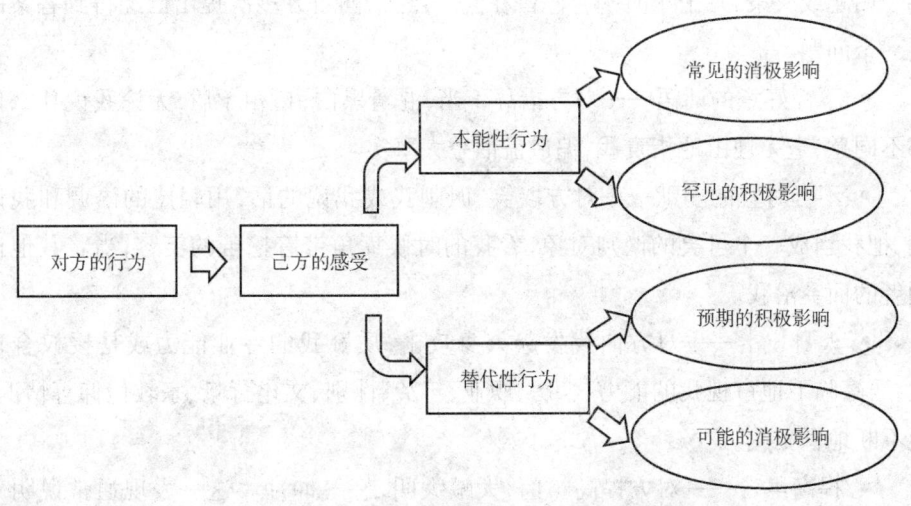

图9-2　困难谈判的六个分析要项

按照这一顺序行事,要想实现谈判目标是难上加难:①挑衅煽动行为;②受迫方的习惯性情绪;③受迫方的本能回应;④本能性行为或惯常性行为所造成的影响;⑤受迫方的替代性回应行为;⑥替代性行为的预期影响。前四项代表谈判局面极度紧张时近乎自动的因果关系,它们显示了谈判者之间常见交锋的出现顺序。后面的两个补充项,主要以另辟蹊径为目的。

下面我们逐项进行解释和分析。

一、挑衅煽动行为

如果对咄咄逼人的谈判者进行深入分析,我们就会发现,这类谈判者往往任由自己被对方错误的逻辑牵着鼻子走。在他眼中,谈判另一方不是他的敌人,就是他的对手,而且浑身都是错误随他指摘。下面就让我们稍做停留,分析一下那些态度咄咄逼人的谈判者们挑衅煽动的行为。以下行为,是按照令人不快的程度从低到高依次排列的。

• 缺乏倾听的表现——对方无视我,不听我说话。谈判对方心不在焉,目光游离,不知道我在说什么,不断地打断我,自说自话,粗暴地推翻我的论据,手上玩着钢笔或手机,手指敲着桌面,不时看看表,神情倨傲轻蔑。倾听的缺席,是咄咄逼人型谈判者身上最常见的特征。

• 不断绕圈——对方不断重复同一类动作,或是话语,总是绕回已经谈过的某个话题或决策,几个小时一直停留在同一点上,向对方多次提出已经得到答案的同一个问题。

• 不怀好意的话语——对方措辞不当,混淆黑白,自相矛盾,无论我说什么他都不同意,毫无理由地指责我,编造谎话夸大事实。

• 不合时宜的幽默——对方取笑、讽刺我或我说的话,用轻蔑的语调和我谈判,把我当成一个可笑的谈判对象,看我的时候嘴角带着挖苦的笑容,当着其他谈判者的面奚落我。

• 人身攻击——对方向我发起人身攻击,质疑我的专业能力或是授权合理性,居高临下地审视我的能力、学历、职业、年龄、性别、文化背景、宗教信仰等情况。他不断地冒犯我。

• 提高声音——对方提高嗓门,大喊大叫,怒气冲冲。这一表现通常说明对方在心里已经对某一事物或谈判内容下了定论,不容更改。紧急事件的谈判中也可能出现这样的情况，而且由于这类谈判一般为多人参与，所以情况还可能会恶化。

- 语言粗俗——对方侮辱我，辱骂我，在交流中使用脏话。

- 威胁——对方不断威胁我，说他要停止谈判离开这里，他咆哮着告诉我我一定会后悔的，告诉我无路可走只能向他妥协，他否定我的备用方案，并向我炫耀他自己的备用手段（解聘、占领、辞职等）。有时这种语言上的威胁甚至会转化为行动。

- 表现激动——对方站了起来，举止粗暴，激动地挥舞着某个东西（例如钢笔、文件、水瓶、抽屉、椅子、小旗，就看他在手边能找到什么），他在谈判中离席，走出会议室时狠狠地关上门。他会气得满脸通红、汗流浃背。

- 空间上的强制占有——对方或是逼近我，弯下身居高临下地看着我，或是突然带着一群人闯入我的办公室，把我的房间和物品占为己有，查封我的财产，绑架我。

以上行为——如果需要的话，我们还可以不断拉长这张清单——这些言行令人反感，对谈判毫无贡献，我们甚至可以说如果谈判破裂，那就是拜它所赐。无论这些行为是否是谈判者有意为之，但在谈判另一方眼中，它们就是这样让人抗拒的。通常另一方会认为，咄咄逼人的一方是为了扰乱对方的方寸，达到操纵对方的目的，而有意识地采取这些手段的。这些会产生负面影响的行为，是谈判中令人无法忍受状况的直接来源。总的来说，咄咄逼人的一方利用自己的行为，让对方饱受情绪失控之苦。事实上，在谈判中这些行为并不少见，能够预见这些行为对整个谈判的损害。接下来我们将主要探讨以上行为可能带来的情绪影响，以及受迫方如何应对。

二、受迫方的习惯性情绪

攻击性的行为所催生的情绪，会随着时间的推移不断变化，而情绪的强烈程度也会不断加强：

初始阶段，我们的情绪处于可控的缓和阶段，这些情绪主要是简单的惊讶、措手不及、觉得好玩或者不快，同时我们在心里还会希望这一切可以"尽快过去"。

失望不断加剧的阶段，我们会觉得对方在兜圈子，我们感到气愤无力，甚至有可能勃然大怒，希望和对方大打出手，直接离席或者将对方赶出会议室。

极端阶段,此时我们的情绪已超越一个可控的临界点,我们的情绪爆发,无可挽回。我们不再犹豫是否要放任自己的情绪,我们甚至直接用暴力的行为或言辞还击对方。

在这个过程中,受迫的一方既没有时间也没有能力判断对方是否在进行情绪型的施压。他只是单纯地承受对方的压力,并试图做出合适的回应。所以整个局势对他十分不利,他开始无法接受,然后逐渐发展成了无法控制局势。

受迫方一旦达到愤怒状态,其可能的负面作用主要有以下两方面:①报仇。通常愤怒由报仇的欲望取代,一旦受迫者决心报仇,说出或做出危及其交易立场的可能性就会很大。②要么照我的方式,否则另请高明。愤怒也会使受迫者变得顽固,一旦生气了,受迫者也许会在所有的谈判立场上冥顽不灵地坚持着,一点让步或讨价还价的空间都不给,也许变得不愿默认任何改变,即使合理。

对于受迫的谈判者而言,平静心绪、倾听自己十分重要。因为只有这样才能找准自己在情绪时间轴上的位置,才能将自己控制在理性范围内。身处这一环境的每一个人多少都会有些暴躁易怒,但是所有人都应该努力对自己所处的情绪状态保持清醒,都应该能够确认自己距离爆发的临界点还有多远。谈判者内心越是急躁,他们就越无法把注意力集中在谈判内容上,离自己的目标也就越远。而谈判客体(谈判的内容)越是远离我们的视野,谈判主体(谈判的对方)越是有取代谈判客体的倾向,那么整个谈判就越容易亮起红灯,谈判者的情绪就越容易战胜理智。因此,认清情绪问题的先兆十分重要。

另一个需要时时记在心中的指向信号,就是我们对时间的感受。如果我们在谈判中情绪出现波动,我们体内的时钟就会失常,一切都会发生得十分迅速。我们既没有思考的时间,也没有行动的时间,话语有时脱口而出,好像根本不受我们的控制。因此,我们在这时会有时间不够用的感觉,没有足够的时间深思熟虑,一切都匆匆忙忙。但是时间不够的感觉有时也会伴随着时间太多的感觉出现,这一看似矛盾的现象,是因为尽管我们总是需要更多的时间来分析情境,选择策略,但是同时也希望可以尽早结束谈判。所以,在谈判遇到瓶颈的时刻,我们的时间感会比平时强烈许多。

上述的介绍对于谈判的控制十分重要,在棘手的谈判局势下,谈判者应该密切注意自己处于情绪时间轴上的哪个位置,避免在情绪方面的自我放任。

三、受迫方的本能回应

在面对对方的攻击性行为时，没有接受过培训或缺乏经验的谈判者的态度往往可以用一个词来概括：尝试。被步步紧逼的谈判者可能会依次采取以下回应对策：他尝试着让对方一直说下去，尝试着让自己的发言更有建设性，尝试着不发火，尝试着保持沉默，尝试着坚持倾听……但无论谈判者尝试着如何回应，通常这些尝试收效甚微，最后只是把谈判者本人弄得精疲力竭而已。随着谈判氛围越来越紧张，受迫方心底渐渐升起绝望之感，最后，会被迫做出本能性的回应。以下四种姿态是他们常有的选择：逃避、退让、对抗或妥协。

（一）逃避

就是指面对冲突避而不战。在某些情况下，逃避姿态并非如它显得那样的消极，尤其是在谈判桌外拥有良好解决方案的前提下。不过，在这种情况下，当场拍桌子走人和约定日后延期谈判之间仍是有区别的。自己的回应方式对对方产生怎样的影响，这方面的思考可以再继续深入。但是需要指出的是，逃避的方式与以下三种回应姿态截然不同，因为后三者都以促进谈判为目标，也就是说希望还能继续谈判。

（二）退让

就像沉默一样，把一切责任都归到自己身上，任由对方实施阴谋，任凭自己处于不利位置，以致最后完全放弃自己所坚持的立场。退让其实就是屈服，只要谈判者不断退让，这种好说话的态度就是进攻者最希望看到的，只需对谈判对象稍加压力，后者就会乖乖让步，而且下次谈判的时候进攻者很可能会故伎重演。不过这种谈判姿态在长期看来并不稳定：它好像一颗被延迟了爆炸时间的定时炸弹，最后还是要爆炸。如果受害方最后以牙还牙，将同样暴力的方法使用在进攻方身上，谈判只能陷入针锋相对的冲突状态。

（三）对抗，或与对方针锋相对，以牙还牙、以眼还眼

被进攻方准备用同样的方式和对方玩下去，他希望自己可以把这一招数玩得比对方更好，最后以此赢过对方。既然对方大声喊叫，那么我就要喊得比他更大声；他握紧拳头，我就挥舞拳头；他敲桌子，我就摔门；他发来一份充满恶意的电子邮件，我就用我的回复邮件对他进行狂轰滥炸。这种谈判态度的危险性显而易见，

谈判情势不断恶化,谈判成本增加,谈判结果完全由偶然事件决定。此外,这种方式也不够合情合理,如果我们效仿对方的所作所为,我们也就很难理直气壮地对对方的行事方式进行批评。谈判就此陷入恶性循环,我们很难再确定到底是谁有理谁无理,每个人从自己的立场出发,都觉得错不在自己,因为对方才是始作俑者。在这种循环下,就像是先有鸡还是先有蛋的问题,我们很难说清楚到底是谁先挑起了纷争。

(四)妥协

妥协就是通过放弃自己对一些谈判内容的坚持,以换取更好的谈判环境。通常这种妥协的谈判姿态会带来很大的风险,因为每次遇到谈判双方关系紧张的情况,就用实质性的让步妥协来委曲求全,这和屈服的姿态一样,都属于不战而降、无功而返的情况。并且这种妥协未必总是有效的,因为有时它只会促使进攻方故伎重演,直到自己退无可退。

四、本能性行为或惯常性行为所造成的影响

虽然谈判者都知道以上大部分的惯常行为并不能有效地帮助我们实现目标,但是它们在谈判中依然很常见,因为谈判者们不知道除了这样做之外,还有什么别的选择。

在最好的情况下,上述行为可以产生效果,让谈判活动重新回到就内容而谈判的正轨上。但是在大部分的时间里,这些行为于事无补,这四种基本姿态(逃避、退让、对抗、妥协)所带来的结果往往是很糟糕的。据理力争可能会让谈判局面变得更糟——让谈判陷入危机,最后只能以破裂告终。为了图一时之快而进行反击,结果只会让自己后悔,因为谈判活动和双方的合作关系都因此而破裂。面对对方的攻击,就怒气冲冲大发脾气,结果只能是自知失言,追悔莫及:我怎么就让自己说了这样的话呢?这样的以牙还牙在当时的确可以暂时平复心情,但它的灾难性后果却是长期的。总之,凭着直觉行事的谈判者,在最后只能得到一个并不满意的协议,或者只能在谈判桌外寻求解决之道,因为谈判进程的受阻就等于谈判在内容上也没有取得进展。

通常,受迫方并非对本能性回应行为的后果一无所知,他们知道这样做会带来怎样的消极影响,但是由于缺乏有效的训练,不知道还可以有什么别的选择,结果

对此无能为力。

五、受迫方的替代性回应行为

如果说最常见的回应行为都属于本能性反应的范畴(例如我们上面提到的四种谈判姿态),那么在这里我们想指出替代性行为与它们是不同的。替代性行为是经过考虑之后做出的反应,这些行为的关键点首先就在于排除一切不利于目标的因素。谈判者在做出回应之前,必须有一个基本问题要考虑,该问题是我们在面对情绪性环境下一切言行的准绳:现在我准备要说或要做的,对实现我的目标有帮助吗? 如果我对此仍抱有疑问,如果我的言行可能会使我与自己的目标背道而驰,那么我就应该克制自己,静下心来考虑到底应该采取怎样的替选方案。在所有有助实现目标的举措中,有四步回应行为值得一提,它们在某种程度上就是我们手上的王牌。

第一步回应行为就是主动式的倾听行为。尝试理解对方需要我付出怎样的代价,包括理解他的情绪、理解他的考虑,甚至是理解他咄咄逼人的态度,我都应该表现出这方面的能力,包括重新向对方挑明这些负面情绪,虽然这样可能会刺激到对方。在谈判出现紧张局势的时候,没有任何时刻比此时更需要主动式的倾听,也没有任何时刻比此时更难做到主动式的倾听。这是是否掌握主动式倾听这一方式的终极考验,在我内心的情绪已经亮起红灯、在我心底有声音不断对我说"我不想再听这家伙说下去了,他应该滚一边凉快去"的时候,我是否还能够调动自己主动式倾听的能力呢? 我们需要提醒自己,我们应该理解对方,但这并不等于要同意他的说法。留给对方自由表达的空间,也就是为自己争取时间,保证自己的退路。如果受迫方可以在不做出任何实质性让步的前提下,成功地理解对方,并向对方展示自己的理解,那么他就在成功的道路上迈出了一大步。所以,关键在于通过关注对方及其情绪方面的情况,最后理解对方、承认对方。

同时,谈判者应转换心态,欢迎对方批评和建议。谈判的大部分时间都花在相互指责上,与其拒绝对方的批评,不如对此持欢迎态度。我们不应要求对方接受或放弃某个观点,而应问对方这个观点是否有什么不妥,分析对方的否定态度,发现其中潜在的利益,并站在他们的角度改进自己的想法。根据从对方了解的情况重新定制自己的方案,这样批评就不再是谈判进程中的障碍。

这一方面是大多数进攻型行为的潜在要求,另一方面又是我们接下来采取建设性措施不可或缺的一部分。主动式倾听的技巧可以帮助我们重建与对方的关系。接着我们还可以进行积极的发言,可以向对方提出问题、假设、建议和要求,但最好不要直白地道出自己的目的或直接地指责对方,这是一个平复心绪、放缓节奏、克制情绪的时刻。

第二步,重新导向,就当什么事都没有发生,把对方攻击性的能量转化为有助于解决问题的能量,这就是柔道的技巧。此时我们应该重新引导语流的方向,对其进行疏导。当然这并不意味着我们要对对方的话语置若罔闻,而是指我们要能够超越表象,找出背后建设性的意图。这一步回应措施事先假定在对方咄咄逼人的话语背后隐藏着积极的意图,对方希望解决问题,而不是把问题弄得更加复杂。主要的准则就在于将对方针对自己的攻击重新引导到关注谈判内容的方向上去。我们需要将抱怨的话语集中分析,将它们引向有助于我们找到谈判问题的解决方法,或是找出在场各方都可以接受理由的方向。最后,附带着帮助对方意识到谈判之外解决方式的价值,但不能让这种暗示变成对方眼中的威胁,而是要帮助对方意识到重新展开就内容本身进行谈判的必要性。

这一步的技巧不仅要求谈判者具有极强的自制力,而且也要求进攻的一方要具有足够的善意,要求他能够心无旁骛地把注意力放在解决问题甚至是达成共识的目标上。要求双方暂时从当时的情境下跳脱出来,暂时忘记他们之间不愉快的过去。尽管不一定每个人都可以做到,但是为了能够更好地引导谈判方向,我们的目光应该越过不愉快的当下,想象美好的未来,暂时忘记眼下的不顺,因为这只是表面的现象而已。

第三步,关注于谈判流程的改善。如果积极的倾听活动无法帮助我们重新与对方建立起正常的联系,如果重新导向也无法让我们把话题转向谈判的实质内容,那么为什么不集中精力尝试着重新推动谈判向前发展呢?这就是如何展开谈判的问题,主要有以下两个步骤:

首先我们要让对方注意到我们还在进行谈判。此时谈判者的发言重在描述自己的个人感受和失望情绪,最好是从指责意味更少的"我"的角度传达信息,而不是从"你"的角度传达信息(当我觉得自己受到打压时,我就很难再集中精力,为我们的问题找出合适的解决之道),重在告诉对方此时自己不能有效地达成共识(按照目前的情况,我不认为自己有能力有效地继续我的工作),重在要求对方谈谈他的目标和动力来源(当你这样说或那样说的时候,你的目的是什么呢),或者直接以问句的形式"点破"对方的花招(我觉得刚刚你好像说了一些我明显不能接受的话,如果换作是我对你说了这样的话,你会如何界定它们? 你会有什么感觉呢),有时为对方提供一面镜子,让他换位思考一下,让他意识到自己的行为不利于创造价值。

其次是改善谈判流程,提出互动准则(我觉得也许用另一种方式展开讨论会更有用些)。例如要求双方轮流发言,不要打断对方发言,禁止人身攻击,如果需要的话也可以暂停谈判,让双方平复一下情绪。虽然有时我们可以坐在原位上平静心绪(例如禅宗就主张在做出非原定的决定之前要深呼吸三次),但有时直接和对方一起站起来,出去喝一杯咖啡或者透透气(按照尤里的亲切说法就是"去阳台上吧")也能够起到为激烈谈判气氛降温的作用。如果被进攻的一方觉得自己已经接近爆发的临界边缘,自己之后可能无法再以建设性的态度参与谈判的话,那么他可以直接向对方指出:尽管他也觉得很遗憾,但现在有必要暂时停止谈判。他无需指责对方,只是说眼下的情形让他无法继续谈判,但是他的大门始终向对方敞开,他也随时准备在平和交流的前提下重新和对方开始对话。

第四步可能的举措,就是换个谈判者继续谈判。谈判桌边的成员组成会影响谈判的质量,因此,我们可以要求新的成员加入,要求某些成员暂时退出,或是调整大家的角色。重新挑选谈判代表团的成员,或重新分配大家的发言任务。当然,如果要谈判另一方更换成员的话,措辞谨慎是必须的。不过,有时我们也可以私下和对方负责人交流(两人间交流),或是要求和对方的委托人(谈判另一方的上级)直接对话,或是就扩大或缩小两方代表团规模的问题和对方交涉,要求补充或减少己方或对方的某些谈判代表团成员。另外,要求其他的利益相关者加入谈判,以巩固己方同盟,也是可行的做法。一份忠实的谈判记录或第三方的在场也可以使谈判者在谈判中有所顾忌,表现得更为理智。如果谈判遇到死胡同,一个最好的解决办法就是引入一个被双方都视为中立的第三方来进行调解或仲裁。

六、替代性行为的预期影响

实践证明,替代性的回应方式,尤其是建立在主动式倾听之上的替代性回应,可以帮助我们减轻交流的紧张;帮助我们为他人提供一个表达空间(打开天窗说亮话);帮助我们做出有建设性的举措,以期对方可以冷静下来终归正轨;帮助我们至少在表面上维持了双方的关系;帮助我们避免谈判破裂;帮助我们即使在离开谈判桌的时候,双方也可以保持互相尊重的关系。这些回应方式,可以更好地达到避免谈判陷入僵局、维持良性工作关系的目的,如果可能的话,它还有助于讨论谈判内容与发现解决方案。

当然,这些替代性回应行为并不是走出谈判困境的万灵药。每个人都可能会遇上棘手的谈判对手,在这种时刻,往往无论采取什么样的策略都不一定有效。所以此时最好的应对方式,就是只关注此时我们唯一可以控制、还可以调整行为方式的人,也就是我们自己。不要把大量精力花在对方身上,去关注他做错了什么,他不应该做什么,他应该留下什么让我们来做。如果尝试了种种方法都无法奏效的话,也许是时候下结论,准备结束谈判,求助于谈判之外的解决之道了。

在面对困难谈判时,谈判者不要效仿对方的言行。吉拉尔就提出要坚决禁止效仿他人行为的做法,即使对方的行事作风令人难以接受,一切都促使我们想要以牙还牙;即使对方总是打断我们,结果我们也想打断他的说话;即使对方提高声音,我们就想喊得比他更加大声;即使对方肆意指责我们发泄自己的负面情绪,我们就很想通过指责他以达到报复的效果……但是我们必须抵挡住这种失控的倾向,不要落入以牙还牙、以眼还眼的陷阱,在冲突的环境下,这对解决问题没有一点帮助。

记住,如果你的对手故意挑衅,没有什么比你冷静、公正与公平的反应更让他难以应对或困惑。你的控制会消除他的敌意,让他觉得愚蠢,在大部分案例中,让他的头脑恢复清醒。

案例应用

苹果如何进入中国市场

一、"白箱网络"中央区之探讨

1. "白箱网络"理论架构

现代商务谈判理论博大精深,谈判活动总体上涉及博弈论、信息论、公平理论以及"黑箱"理论。谈判策略就是依据上述理论展开的,其中"黑箱"理论始终贯穿于每一个谈判活动,可谓谈判策略的指导思想。在控制论中,通常把所不知的区域或系统称为"黑箱",而把全知的系统和区域称为"白箱",介于黑箱和白箱之间或部分可察黑箱称为"灰箱"。谈判双方的观点众多,既有相同部分,更多的是相左之处。所以,必须充分把握双方一致的谈判利益，确定哪些是谈判双方不相冲突的。在找准一致性与共性观点后，如何扩大这个"白箱网络"中央区，也就成为谈判双方的"重中之重"。

2. iPhone 手机谈判中的"白箱"中央区

下面四点即是谈判双方心知肚明的"白箱"。

（1）iPhone 的音乐下载功能。此功能帮助用户借助于 Windows 系统的 PC 从苹果应用软件商店 App Store 上下载音乐，既有助于实现苹果的增值服务计划，也有助于移动公司实现从"卖产品"到"卖服务"的转型。

（2）iPhone 上网功能。因为 iPhone 手机预先植入了 WiFi 功能，用户可以借此浏览网页、登录网上邮箱等，这与国内当时众多的所谓智能手机完全不同。这一特殊卖点，有助于联通公司吸引商务人士等更多高端用户，在与移动公司的残酷竞争中占据相对有利的位置。

（3）iPhone 的名牌效应。移动公司大张旗鼓地进行 OPhone 的布局尚需一个漫长的过程，而 iPhone 是已经经过市场检验的世界名牌，移动公司可以借助这一品牌巩固已有市场份额，联通公司可以凭借这一品牌在 3G 市场与移动公司一决高下。苹果公司可以依靠 iPhone 的名牌效应，将苹果产品和服务推广到中国这个世界最大的消费市场。

（4）中国手机营运商包销手机。苹果 iPhone 在全球开启了触摸式手机的潮流，中国消费者更是喜欢触摸式手机。iPhone 引入对国内营运商来讲是风险很低的买卖，尤其在吸引用户上远胜其他任何一款手机。苹果公司借道联通公司进入了全球最大的手机市场，同时挖掘了一个大卖软件应用的市场，苹果应用软件商店 App Store 可以为苹果公司带来大量的收入，通过联通公司发展 iPhone 用户后，苹果公司可以大量培育其应用软件在中国的"粉丝"，并在后台收钱，这是一个非常划算的买卖。苹果公司获得了稳定的销售份额，移动、联通等营运商通过 iPhone 手机的销售获取市场份额、赚取丰厚利润、提高企业效益。在包销手机环节双方没有分歧，意见是一致的。

如果在"白箱网络"中央区基础上，将双方可谈判的空间扩大，即将共同区尽可能纳入中央区，增大双方的共同利益，这种做法符合原则性谈判

案
例
应
用

的宗旨,即"把蛋糕做大,使每一方的利益都增加"。对于国内营运商而言,谈判成功优点有二:一是引入 iPhone 可以促进营运商数据增值业务的发展(尤其是 iPhone 所搭载的无线音乐下载平台、上网功能),二是占据年轻高端用户群体。基于这两点考虑,国内营运商尤其是移动公司、联通公司才爽快答应每年包销数百万部 iPhone 手机。iPhone 正式入华后,苹果公司除负责售后维修支持之外,还将会继续参与推动产品销售的各项具体事宜,包括形象专区建立、分销终端的选择以及产品供应链的监控和管理。通过商务谈判,无论与谁合作,苹果公司在中国的"蛋糕"一定会越做越大。

二、苹果 iPhone 手机谈判策略分析

iPhone 手机入华之说早已沸沸扬扬,期间多方博弈,明争暗斗。为了压制对方的谈判空间、达到己方的谈判目的,苹果公司与国内营运商之间演绎了一幕幕没有硝烟的谈判大战,细品之余,梳理出以下几条谈判策略。

1. 开诚布公

这一策略是指谈判双方在谈判过程中开门见山亮明自己的真实思想和观点,如实介绍己方情况,客观提出己方要求,以求得双方合作成功的策略。苹果公司为了及早进入中国市场,首先选择占据中国手机市场份额70% 以上的移动公司,毫不遮掩地抛出了其酝酿已久的苹果模式——"分成模式 + 增值服务模式"。即每一个 iPhone 用户为运营商贡献的收入,苹果将获得20% ~30% 的分成;每销售一部手机,运营商一次性向苹果补贴600 美元,同时必须给予用户购机补贴的方案;用户可自由购买 iPhone,使用任何的 SIM 卡;iPhone 装载在线软件商店 iTunes APP Store,用户则到苹果的软件商店付费购买增值服务。苹果公司立足眼前——收取分成费,赚取未来——掌控增值服务,相对于移动公司的以往合作方案,简直是"狮子大开口"!

2. 声东击西

苹果公司深谙谈判策略,在进入中国市场的马拉松式谈判过程中,频繁地施放"烟幕弹"。2007 年市场爆出苹果公司与国内比较大的手机连锁经销商迪信通公司签署协议的消息,先是媒体宣称,迪信通副总裁陈京生曾表示:"迪信通已与 iPhone 签署战略协议,只要 iPhone 进入中国,首先

就会进入迪信通的卖场。"他同时表示，iPhone 将于 2008 年春节前后进入中国内地市场。鉴于迪信通的网络优势主要体现在二、三级市场，与 iPhone 手机的目标消费群体有很大差异。"结盟迪信通"一说纯属谈判陷入僵局后，苹果公司迫使对方让步的一种谈判策略而已。接着，联通执行董事兼副总裁李正茂在澳门出席"GSMA 移动通信亚洲论坛"时向媒体表示，iPhone 在一些市场很畅销，联通有兴趣与苹果进行相关磋商。李正茂说："如果有机会，我们也愿意（与苹果）磋商。至于（双方的）洽谈是否会展开，你得去问苹果。"又有消息称，苹果已经开始计划在北京开设直销店，绕开营运商与内地一些手机渠道商的合作也在洽谈中。苹果公司在与移动公司谈判中屡屡爆出新的谈判"绯闻"，其目的在于迫使移动公司就范，按照苹果模式签订谈判合同。苹果导演了一系列谈判，最终与联通公司达成合作协议，联通公司于 2009 年第 4 季度开始销售 iPhone，包括 3G 版和 3GS 两款型号，双方的合作期限为 3 年。

3. 出其不意

众所周知，苹果公司在美国独家合作伙伴为全美最大移动营运商 AT&T，在英国为 O2，德国为 T－Mobile。苹果进军中国必定首选占据中国手机市场份额 70% 以上的移动公司，但是，在谈判中移动公司与苹果公司"寸利必争"。从 2007 年开始，"半路杀出程咬金"的闹剧接连不断，先是迪信通公司自诩已经与苹果结盟，后来又跳出联通公司主动"伸出橄榄枝"，移动公司坚守阵地，谈判陷入僵局。苹果公司只透露 2009 年将把 iPhone 带到亚洲，而没有给出进入中国的时间表。出乎意料的是，"新娘要嫁人了，新郎却不是你"。2009 年 9 月突然爆出苹果公司与联通正式签约，具体内容却半遮半掩，为世间留下悬念。苹果公司在中国市场寻找到了 iPhone 手机的市场"推手"，这是"出其不意"之策初见成效；联通公司尽管可以将 iPhone 变为自己的一个利润增长点，但无法改变目前移动公司占据手机运营市场多数份额的竞争格局，这完全在意料之中。

4. 留有余地

苹果公司与联通公司签订的 iPhone 在华销售代理合同并非排他性协议，中国联通代理的只是苹果 3G iPhone 和 3GS iPhone 两款机型。显然，

案例应用

案例应用

苹果公司在中国又留了一条门缝——与移动公司谈判的大门仍然敞开着：苹果可能与移动公司联手，推出 TD 制式的 iPhone；移动公司可能代理苹果 2G 版 iPhone；移动公司和苹果公司可能携手面向未来，由移动公司代理苹果的 4G iPhone 在中国市场的销售。移动公司存在较大操作空间，在苹果公司与联通公司的结盟问题上，极有可能"插足其间，横刀夺爱"，而这正中苹果公司下怀。

思考题：

1. 简述"白箱网络"理论的主要内涵。
2. 苹果公司进入中国市场主要采取了哪些谈判策略？

ON NEGOTIATION

第十章 谈判经典案例分析

谈判是一门实践性很强的学科。总结并分析谈判实践经验，并给予科学的理论概括，从而更有效地指导谈判工作，是本书的重要组成部分。因此，本章精选了外交谈判、商务谈判和科技谈判的经典案例，以及其他一些小的案例，旨在说明一些技巧和策略在谈判中的运用，并在案例分析中将前文所述的谈判理论加以应用。

本章通过列举大量经典案例，以及运用理论对实际案例进行分析，希望能够对读者起到举一反三、活学活用的作用，使读者真正掌握谈判的精髓，并在实际谈判中有效地利用谈判理论，使自己立于不败之地。

新闻导读

　　中资企业从未停止过海外收购清洁能源项目的脚步。北京时间 14 日消息,全球最大的水电开发企业、中国最大的清洁能源集团之一长江三峡集团从美国私募股权巨头黑石集团手中购得德国 Meerwind 海上风电项目 80% 股权。

　　黑石集团通过竞标方式转让其所持股权,三峡集团与黑石集团的官方声明中均未披露该项交易的具体财务条款。彭博社援引两位知情人士的说法称,这笔交易的价格约为 17 亿欧元(含债务)。双方在德国总理默克尔为期三日的访华行程中签署了投资合作协议。

　　德国 Meerwind 海上风电项目是该国目前最大的已投运海上风电项目之一,位于欧洲北海德国湾海域,离岸距离 53 公里,总装机 28.8 万千瓦,可为多达 36 万户家庭供电,已于 2015 年 2 月并网发电。该项目是德国首家获得挪威船级社(DNV. GL)完全认证的海上风电项目,同时也是全球第一个获得投资级信用评级的海上风电项目。

　　该交易也是三峡集团继英国市场后,在欧洲海上风电领域的又一落子。2015年 10 月国家主席习近平访英期间,三峡集团与葡萄牙国家电力公司签署了《关于合作开发英国 Moray 海上风电项目的合作协议》。根据协议,三峡集团将与葡电共同开发苏格兰马里湾海域 116 万千瓦海上风电,项目预计总投资近 40 亿英镑。

　　德国是全球领先的海上风电市场之一,2015 年以 330 万千瓦的装机总量位列世界第二。该项目是中国企业首次在德开展的海上风电领域投资项目,也是中国企业目前在德开展的最大规模风电行业投资项目。收购完成后,三峡集团将成为中国第一家控股海外已投运海上风电项目的企业。

　　官网资料显示,三峡集团在海外投资方面布局甚广。目前已开发或正在开发的国际投资市场包括:周边市场的缅甸、巴基斯坦、泰国、老挝、尼泊尔、印度尼西亚、俄罗斯等;欧美新能源市场的葡萄牙、希腊、巴西、厄瓜多尔、秘鲁、美国等;澳大利亚和非洲的刚果(金)市场也在开展过程中。除老本行水电业务之外,三峡集团也一直在谋求其他能源投资项目。

　　针对不甚熟悉的欧美市场,找好伙伴很重要。2012 年经国家批准,三峡集团成功收购葡电21.35%的股权,成为其单一最大股东。葡电是葡萄牙最大的电力公司和最大的企业,业务分布在葡萄牙、西班牙、巴西、美国等13个国家和地区,是欧洲最大的清洁能源企业之一。三峡集团借助投资葡电公司的全球业务优势,加快对欧美等高端电力市场的投资开发步伐。

彭博新能源数据显示,2015年中国再次成为全球清洁能源产业的最大投资国,2015年投资额增长了17%,达到1 105亿美元,稳固了中国在该产业的领先地位。投资增长的主要驱动因素是:中国政府大力倡导可再生能源的发展,并积极持续出台政策以疏通风电和光伏发展瓶颈。中国政府的国际承诺直指未来关键目标:更大幅度摆脱对高污染火电厂依赖,提高可再生能源利用的比重。

资料来源:杨漾. 三峡集团海外收购清洁能源项目. 澎湃新闻(http://www. thepaper. cn/newsDetail_forward_1483753),2016 - 06 - 14.

第一节 外交谈判经典案例分析

案例一 中美建交谈判始末

20世纪70年代,世界上发生了一件对国际形势与世界格局产生深远影响的大事,这就是举世瞩目的中美建交。

一、见机行事——开辟接触的渠道

美国和中国在历史上曾经是友好国家。1784年,美国商船"中国皇后号"从纽约港起航,穿越大西洋,绕过好望角,最后到达中国黄埔港,拉开了中美友好交往的序幕。

然而,自1840年鸦片战争以后,美国参与了一系列对中国进行侵略和掠夺的不光彩勾当,并于1950年武装入侵朝鲜,妄图以朝鲜为跳板,再次进攻中国。中国人民被迫进行抗美援朝、保家卫国的战争。这样,中美两国的关系和人民的交往因政治原因被隔断了。

1954年4月26日至7月21日,在以解决朝鲜战争和印度支那战争为中心内容的瑞士日内瓦国际会议上,美国代表扮演了极不光彩的角色。他们对会议极力破坏,意欲孤立中国。日内瓦会议期间,美国通过英国牵线,同我商谈所谓在华被押人员问题。1954年5月27日,周恩来总理指示,我国代表团发言人应采取主动,向新闻界发表关于美国政府无理扣押我国侨民和留学生的谈话,并且表示,中国愿意就被押人员问题同美国举行直接谈判。通过英国驻北京代办杜维廉的安排,中美两国代表就两国侨民问题举行初步商谈。这样,经过周恩来总理的精心设计,在日内瓦会议上,意外地在中美之间的巨大鸿沟上架设了一座官员接触的桥梁。

1955年4月,在印度尼西亚万隆举行的具有重大和深远历史意义的亚非会议上,周恩来总理代表中国政府发表了一个历史性的声明:

"中国人民同美国人民是友好的。"

"中国人民不要同美国打仗。中国政府愿意同美国政府坐下来谈判,讨论缓和远东紧张局势的问题,特别是缓和台湾地区的紧张局势问题。"这个声明明确肯定地表述了中国的坚定立场和良好愿望,赢得了国际舆论的普遍赞誉。许多中立国,特别是参与亚非会议的广大国家,都向美国施加压力,希望美国能响应周恩来的号召,同中国政府直接谈判。在强大的国际国内压力下,1955年7月13日,美国政府通过英国向我方建议,中美双方互派大使级代表在日内瓦举行会谈。

这是继1954年5月27日日内瓦会议期间中美进行直接商谈之后,美国政府主动提出与中国进行直接谈判。1955年7月14日,中国政府答复表示同意。周恩来总理不仅选派富有谈判经验的中国驻波兰大使王炳南作为中美大使级会谈的中方首席代表,而且为了这场大使级会谈专门成立了一个中美会谈指导小组,负责研究会谈中的对策。

中美大使级谈判的消息一公布,整个世界为之震惊。第一次谈判定于1955年8月1日下午在国联大厦一个小会议厅里进行。美方代表是美国驻捷克斯洛伐克大使尤·亚历克西斯·约翰逊。

第一次会谈比较顺利,最后双方达成会谈议程的协议:一是遣返双方侨民问题,二是双方有争执的其他实际问题。同时确定第二天上午继续举行会谈。

第二次会谈只进行了一个小时就结束了,双方提出了遣返名单,在中方提出的名单中就有著名科学家钱学森的名字。

第三次会谈在8月4日举行。以后会谈就遣返侨民问题反反复复地进行了多次,却迟迟无法取得积极成果。

在会谈僵持不下时,为了缓和一下气氛,双方有时就互相邀请吃饭。在正式场合不便说的话,私下可以磋商,交换看法,摸摸底,甚至还能有点突破。

为了使中美会谈不在一个问题上纠缠,更快地进入实质性阶段,周恩来指示有关部门对在华的美国人进行了更进一步的核实和处理。王炳南大使接到国内指示,于9月10日向约翰逊宣布,中国对在华的11名美国人的复查已经结束。由于我方也做了一些适当的让步,从而使这一段反复在原地踏步不前的会谈有了进展。中美双方终于在9月10日的会谈中达成了一个协议:

"中华人民共和国(美利坚合众国)承认在中华人民共和国的美国人愿意返回美利坚合众国者(在美利坚合众国的中国人愿意返回中华人民共和国者),享有返回的权利,并宣布已经采取且将继续采取适当措施,使他们能够尽速行使其返回的权利。"

至此,关于遣返侨民问题暂告一个段落。也就在此期间,钱学森接到了美国移民局允许他离境的通知,长达5年的禁令终于解除了。后来,被西方誉为"中国导弹之父"的钱学森,终于回到了祖国。

1955年9月20日,中美代表又开始会谈,我方认为侨民问题已达成了协议,第一个议程可以结束了,中美大使级会谈应该进入第二项议程,即讨论台湾问题和周恩来与杜勒斯直接会谈等其他实质性问题。但是,美国在第二阶段的会谈中采取了极为敷衍的态度,并且不断在第一个议题已解决了的问题上纠缠不休,以致使会谈拖泥带水,几乎寸步难行。

中美大使级会谈遥遥无期。王炳南已经对谈判不抱任何希望了。他和约翰逊常常是互相读一通发言稿,就有关问题阐述各自看法、立场。有时中方提出一些对美方侵犯我领海、领空的抗议,然后交锋几句,最后双方决定下次会谈的日期就散会。

此后15年里,中美断断续续举行了120多次大使级会谈。(其中,前9年由中国驻波兰大使王炳南担任中方首席代表,与美方代表谈了100多次。后几年由王国权大使接任,续谈了10多次)然而,由于美国政府长期实行僵硬的、反动的对华政策,因此,双方会谈没有取得任何实质性成果。

此间,周恩来总理于1957年9月6日接见冲破美国政府禁令来华访问的美国青年代表团,而美国于1964年8月开始轰炸越南。1965年春,林顿·约翰逊政府又派兵大举侵入越南。为支持越南人民抗击美国侵略,中国政府应越南民主共和国政府的要求,向越南提供了力所能及的帮助。

美国政府拒不承认的中华人民共和国不仅是客观存在,而且日益强大。它坚决抗击美帝国主义的霸权主义和侵略政策,表现了中国共产党领导下的中国人民高度的民族自尊心和民族独立精神,赢得了世界人民的尊敬,也使一些美国有识之士逐渐改变了看法。

二、巧传信息——中美两国乐意改善关系

1967 年,准备竞选美国总统的尼克松发表了一篇名叫《越战之后的亚洲》的文章,引起了毛泽东的注意。虽然尼克松在该文中重复了 20 世纪五六十年代美国一些人所鼓吹的中国对非共产党国家的所谓威胁,但他意识到打开通向中国之路的重要性。毛泽东看了这篇文章后认为,尼克松如果上台,美国有可能改变对华政策,并做了相应的准备。

1968 年 11 月 25 日,就在尼克松在美国总统大选中获胜后不到 3 周,中国驻波兰临时代办致函美国驻波兰大使斯托塞尔,建议双方于 1969 年 2 月 20 日恢复举行中美大使级会谈。这是中国方面经毛泽东批准采取的第一个主动行动,受到美国方面的重视。然而,后来由于美国给予在荷兰叛逃的一名中国外交人员以政治避难权,中国方面取消了这次会谈。

1969 年 1 月 20 日,尼克松就任美国第 37 届总统。2 月 1 日,他给美国国家安全事务助理基辛格写了一个备忘录:"我认为,我们应该对下述一种态度给予一切鼓励,即本政府正在试探重新与中国人接触的可能性。"

于是,美国开始调整对华政策。

此后不久,尼克松会见在华盛顿参加美国前总统艾森豪威尔的葬礼的法国总统戴高乐时,正式请他把美国新政府的精神转达给中国领导人。1969 年 5 月初,法国新任驻华大使马纳克到达北京,转达了尼克松的口信。7 月 16 日,来香港旅游的两个美国人乘游艇误入中国领海,中方妥善处理了此事。7 月 21 日,美国国务院宣布放宽对中国的贸易和到中国旅行的限制。8 月 1 日,尼克松访问巴基斯坦时请叶海亚·汗总统向中国领导人传递一个口信:"美国不参加孤立中国的任何安排。"紧接着,尼克松访问罗马尼亚时,又请齐奥塞斯库总统转告中国领导人同一个口信。12 月 3 日,美国驻波兰大使向中国驻波兰大使馆人员表示,愿意同中国驻

波兰代办会晤。12 月 12 日,美国驻波兰大使斯托塞尔被邀请来到中国使馆,同中国驻波代办雷阳会谈了一小时,这是中美大使级会谈中断两年后双方代表的首次接触。随后,雷阳同斯托塞尔于 1970 年 1 月 20 日在华沙中国大使馆内举行了中美大使级会谈的第 135 次海外侨胞会议,从 1968 年 1 月 8 日第 134 次会议以来中断了两年的中美会谈始告恢复。紧接着于 2 月 20 日中美大使级会谈第 136 次会议在美国驻波兰大使馆举行。两国代表第一次面对面地表明了愿意改善关系的愿望,并且都希望实现更高级别的会谈。然而,中美两国逐步接近的势头由于 1970 年 4 月 30 日美国出兵侵略柬埔寨而一度遭受挫折。为了抗议美国政府的侵略行径,中国方面取消了原定在 5 月举行的中美第 137 次大使级会谈,这使尼克松和基辛格焦虑不安。

1970 年 10 月 1 日,毛泽东在天安门城楼上亲切接见了美国作家斯诺,并携他一起站在城楼中央检阅了国庆游行队伍。《人民日报》头版显著位置刊登了毛泽东与斯诺夫妇在天安门城楼上庆祝国庆典礼的照片。自从新中国成立以来。斯诺是唯一获此殊荣的美国人。此不寻常之举意在向美国表明:中美关系的演变已经引起毛泽东本人的高度重视。

1970 年 12 月 8 日,毛泽东在中南海自己的书房里再次会见斯诺并同他进行了长时间的谈话。其中,中美关系问题是一个重要的话题。毛泽东说:"中美会谈,15 年谈了 136 次。"斯诺说:"名副其实的马拉松会谈。"毛泽东说:"我不感兴趣了,尼克松也不感兴趣了,要当面谈。""主席愿见他么?"斯诺问。毛泽东爽快地说:"目前中美两国之间的问题,要跟尼克松解决。我愿跟他谈,谈得成也行,谈不成也行。吵架也行,不吵架也行。"斯诺说:"我看吵架难免,也不要紧。"毛泽东幽默地伸出一个指头,对斯诺说:"他如果想到北京来,你就捎个信,叫他悄悄地,不要公开,坐上一架飞机就可以来嘛,当做旅行者也行,当做总统来也行。我看我不会跟他吵架,批评是要批评他的。"

美国方面也加快了谋求与中国接近的步伐。1970 年 10 月 25 日,巴基斯坦总统叶海亚·汗访问白宫,尼克松利用这个机会请叶海亚·汗作为中介人传话给中国,表示他准备派遣高级使节甚至是基辛格与中国领导人对话,并且希望中国领导人能够了解美国是要同中国友好的。第二天,尼克松在欢迎罗马尼亚总统齐奥塞斯库访美的宴会上,第一次有意地用正式名称称呼中华人民共和国。显然,这是一个极为重要的变化。随后,尼克松又利用同齐奥塞斯库会谈的机会再次表达了希望同中国领导人对话的愿望。

1970 年 11 月,叶海亚·汗访华时转达了尼克松的口信。这时,齐奥塞斯库也派罗马尼亚副总理勒杜列斯库来北京,转达了美方的口信。周恩来表示:尼克松说愿意跟我们在任何时候、任何地方恢复会谈,如果他真有解决关键问题的愿望和办法,我们欢迎他派特使来北京谈判。周恩来还补充说,不仅是特使,尼克松自己来也可以。

以后的两个月里,中美双方在完全保密的情况下,通过巴基斯坦投书递笺。

1970 年 12 月 9 日,希拉利向基辛格传递了周恩来写给尼克松的一封正式个人信件。周恩来在信中强调,他不但是代表他自己,而且也是代表毛主席说话的。周恩来说,中国"一直愿意并且一直在设法通过和平方式进行谈判……尼克松总统的一位特使将在北京受到最热忱的欢迎。"周恩来在信中有礼貌地写道,曾经通过各种途径收到来自美国的许多其他的文件。"但是,这是第一次由一个首脑提出的建议。我们很重视来信。"

三、审时度势——毛泽东、周恩来联袂出演乒乓外交

1971 年 1 月 25 日,日本乒乓球协会会长后藤钾二和日中文化交流协会代表村冈久平抵达北京,他们是为邀请中国乒乓球队参加将在名古屋举行的第 31 届世界乒乓球锦标赛而来的。

毛泽东在周恩来送去的中国乒乓球队参加第 31 届世界乒乓球锦标赛的报告上批示"照办"。又在报告中明确写上了:"我队应去……"至此,中国乒乓球队参加第 31 届世界锦标赛已成定局。

在第 31 届世界乒乓球锦标赛开始后,中美两国乒乓球代表团的官员和队员们在不同场合相遇时均友好相待。

中国乒乓球代表团的负责人,对美国乒乓球代表团官员和队员们每一次友好的行动和热切希望访问中国的表示,都迅速而及时准确地向北京中央领导做了汇报。毛泽东经过一番深思熟虑做出了最后决定:邀请美国乒乓球队访问中国。

1971 年 4 月 10 日早晨,美国乒乓球队到达广东。当天傍晚,美国乒乓球队从广州乘飞机抵达北京,下榻在北京市中心的新侨饭店。4 月 13 日下午,在北京西郊举行了一场中美乒乓球友谊赛,双方表现得非常出色。4 月 14 日下午 2 点 30 分,周恩来来到人民大会堂东大厅亲切接见美国、加拿大、哥伦比亚、英国、尼日利

亚乒乓球代表团成员。他绕场依次与每个乒乓球队的领队握手寒暄,连声说欢迎。然后坐在话筒前向大家发表讲话,妙语连珠。此后,他来到美国代表团围坐之处愉快地说:"我请你们回去将中国人民的问候转告美国人民。中国人民和美国人民过去的来往是很频繁的,以后隔断了很长时间。你们这次应邀访华,打开了两国人民友好往来的大门。"

坐在周恩来身边的斯蒂霍文马上说:"我们也希望中国乒乓球队访问美国。"

周恩来立刻做了肯定的回答:"可以去。"

会见时,周恩来充满信心地说:"我们相信中美两国人民的友好往来将会得到两国人民大多数的赞成和支持。"他停了一下,然后问道:"难道你们不同意我的话吗?"顿时,美国客人爆发出一阵掌声。

同一天,美国宣布了旨在缩小中美两国间鸿沟的一系列开禁措施:放松美国对中国实行了 21 年的禁运。对愿意访问美国的中国人可以加快发给签证,放宽货币管制,以便使中国能用美元支付进口物资款项,准许美国各石油公司对进出中国的船只和飞机出售燃料,以及准许挂外国旗的美国船只停靠中国港口。4 月 18 日,尼克松总统接见了应美国乒乓球协会邀请访美的中国乒乓球代表团。

四、着眼全局——周恩来、基辛格北京会谈

1971 年 4 月 27 日,周恩来通过巴基斯坦渠道照会尼克松:中国政府重申愿意在北京公开接待美国总统的一位特使(例如基辛格先生)或者美国国务卿,或者是总统本人,以便直接进行会晤和讨论。

对此,白宫很快做出反应:尼克松的特使基辛格将于 7 月 9 日抵达北京。

为了保密,基辛格从 7 月 1 日起开始在亚洲进行一次"了解情况的旅行"。当他在西贡、曼谷、新德里旅行之后,于 7 月 8 日飞到炎热的伊斯兰堡。

他于当晚同叶海亚会晤后,便在总统宾馆下榻。基辛格与三位助手于子夜后两点半钟驱车前往机场,登上一架巴航的波音 707 客机,飞往北京。

7 月 9 日,北京时间中午 12 时 15 分,基辛格秘密访华的专用飞机在北京郊区的南苑军用机场降落。前来机场迎接的有中共中央军委副主席叶剑英、外交部礼宾司司长韩叙等。中美双方官员的表情都是严肃的、拘谨的,气氛冷峻,握手也是例行公事的、礼貌性的。

叶剑英陪同基辛格乘坐大红旗轿车进城。基辛格被当做贵宾,安排在钓鱼台

国宾馆6号楼。

美国贵宾饭后稍事休息。中方人员告诉美国贵宾,周恩来总理将于下午4时半到来。基辛格等相互招呼着,到客厅门口迎候。

周恩来乘坐的小轿车驶到6号楼门口,周恩来下车走来。基辛格还没等周恩来走到跟前,就特意把手伸了过去,动作显得有点僵硬。周恩来立即会意地微笑了,伸出那只不能伸直而有点弓屈的右手和基辛格握手,并友好地说:"这是中美两国高级官员二十几年来第一次握手。"

基辛格也说:"遗憾的是这还是一次不能马上公开的握手。要不然,全世界都要震惊。"紧接着基辛格将自己的随员介绍给周恩来。

周恩来对他们每一个人都了如指掌,又幽默健谈,基辛格一行紧张、拘束的神态很快就消失了,他们为周恩来的魅力所倾倒。

中美双方随着周恩来的到来开始了会谈。隔着一张铺着绿色台布的长桌,周恩来与基辛格相对坐在大藤椅里。坐在周恩来两旁的是叶剑英、黄华和章文晋,还有熊向晖、王海容、唐闻生。坐在基辛格两旁的是霍尔德里奇、斯迈泽和洛德。

基辛格在会谈开始时宣读了一份与尼克松共同起草了6个小时的发言稿,仅10分钟就念完了。这篇发言清楚而心平气和地阐述了尼克松总统希望开始中美对话的原因。基辛格最后说:"在相互隔绝了22年之后,我们终于来到了这个对我们来说是神秘的国家。"

周恩来摆了摆手说:"你会发觉,它并不神秘。你熟悉之后,它就不会像过去那样神秘了。"

基辛格说:"由于很多原因,造成了我们两个大国的对立与隔绝。"

周恩来说:"两国之间的分歧是巨大的。例如,台湾问题就是两国关系紧张的根源。博士先生,我们终于坐下来了,我们可以相互阐述自己的观点,让对方有充分的了解。"

周恩来与基辛格还漫谈了两国的社会与政治制度,纵论1949年以来中美关系的历史。从19世纪外国对中国的侵略,到毛泽东在20世纪30年代中期的二万五千里长征;从法国革命到美国革命,真是海阔天空。双方会谈了将近8个小时,中间吃了一顿晚饭,接着又谈到深夜。

临近午夜了,周恩来建议休会,次日再谈。临走时周恩来说,我是大致同意尼克松总统7月6日在堪萨斯城演讲的观点。总统讲到当今世界存在"五极",也就是五种力量中心……

"堪萨斯城？五极？"基辛格愕然了。周恩来敏锐地感觉到客人的迷惑，问："你们是不是在路上没有看到总统讲话？"

基辛格尴尬地点点头。

于是，周恩来真诚地为对方介绍尼克松的观点，说："尼克松总统声明，本届政府'务必首先采取步骤，结束大陆中国与世界社会隔绝的状态'。他预见世界上将出现五个超级经济大国：美国、西欧、日本、苏联和中国，它们之间的关系将决定当代和平的结构。我们赞同你们总统的观点，却不赞成给中国戴上'超级大国'的帽子，也不参与大国的这场比赛。"

基辛格说："总理同意我们总统的观点，我很高兴。尽管我们之间存在着严重的分歧，却也能找到一致的地方。"

当天夜里，周恩来向毛泽东汇报了中美会谈的情况。

第二天一大早，周恩来便让人将尼克松讲话的全文送到了基辛格下榻的宾馆。周恩来在讲话稿上亲笔做了很多边注，还附了一张字条："只此一份，阅毕请留。"基辛格受此关照，非常感动。

在早餐桌上，基辛格让助手传阅。霍尔德里奇抱怨说："总统将世界'三极论'升为'五极论'，这样重要的讲话，事先不跟我们打招呼。"

"搞得我们昨天好尴尬！我们总统的观点，要让周恩来这个谈判对手来传达。"斯迈泽也满腹牢骚。洛德翻着尼克松的演讲稿说："中国怎么连一台复印机也没有？！看了还要送还。周恩来倒很真诚。"基辛格十分感动地说："我看换了赫鲁晓夫，早就借此搞小动作了。"

7月10日上午，基辛格一行参观了故宫。下午4点钟，周恩来和基辛格在人民大会堂周恩来的办公室里举行会谈。由于双方在台湾问题、越南问题、日本问题、亚洲问题等一系列问题上的分歧十分严重，气氛变得紧张起来。在这种情况下，周恩来缓和一下态度，说："我们不如先吃饭，不然饭就要凉了。"在餐桌上，周恩来的和蔼使气氛变得轻松。晚饭后，双方继续进行谈判，取得了一些进展。周恩来建议，尼克松总统可以在1972年夏天来华访问。基辛格对中国方面正式邀请尼克松感到欣慰，但他觉得，周恩来提出的访问日期离美国总统选举的时间太近。这在美国容易引起误会，可能会被一些人指责说，尼克松是为了总统大选才要显示在对华政策上取得了突破。周恩来对此表示理解，并且说那就1972年春天来访。双方最后商定,尼克松总统访问可以在 1972 年 5 月以前进行。至此,美国总统的对华访问事宜终于确定下来。

当天晚上,毛泽东再次听取了中美会谈的汇报。毛泽东说,尼克松来访,谁也不主动,双方都主动。公告中也不写我要见他的话,要学诸葛亮留一手。

7 月 11 日上午 9 时 45 分,中美双方代表继续举行会谈。黄华代表中方提出的联合公报草案,由于设身处地考虑了对方的观点,基本上为基辛格接受了。双方同时发表公告的时间,则采纳了美方提出的时间——7 月 15 日。

周恩来在起草公告工作完成之后同基辛格讨论了今后联系的地点,双方都赞同定在巴黎,由尼克松总统信任的美国驻法国武官沃尔特斯将军与中国驻法国大使黄镇接头。

7 月 15 日,北京与华盛顿同时发表了如下的公告:

"周恩来总理与尼克松总统的国家安全事务助理基辛格博士,于 1971 年 7 月 9 日至 11 日在北京进行了会谈。获悉,尼克松总统曾表示希望访问中华人民共和国,周恩来总理代表中华人民共和国政府邀请尼克松总统于 1972 年 5 月以前的适当时间访问中国。尼克松总统愉快地接受了这一邀请。"

这一公告震撼了全球的政界和舆论界。正如周恩来指出的,乒乓球震动了世界,小球转动了大球——地球。

1971 年 10 月 20 日,美国总统国家安全事务助理基辛格再次访问北京,为尼克松访华"进行具体安排"。周恩来总理在欢迎宴会上说:

"中美两国在关系中断 22 年之后,现在在两国的关系史上就要揭开新的一章。我们应该说这要归功于毛泽东主席和尼克松总统。当然,一定要有一个人作为先导,这个先导就是基辛格博士。他勇敢地秘密访问了中国这个所谓'神秘的国土',这是一件了不起的事情。现在是基辛格博士第二次访问这个国土,它不应该再被认为'神秘'的了。他是作为一个朋友来的,还带来了一些新朋友。"

周恩来的祝酒词给基辛格很深的印象。在以后磋商尼克松访华日期时,基辛格提出了两个日期:1972 年 2 月 21 日或 3 月 16 日。周恩来选择了前一个日期。周恩来还与基辛格就世界形势等问题广泛交换了意见。

10 月 23 日,基辛格一行轻松地在主人陪同下去尼克松将要参观的地方游览,上午去长城和明十三陵,下午去颐和园。10 月 24 日,在约定会谈的时间,周恩来来到钓鱼台。会谈一开始,周恩来就明确地说:"毛主席已经看了你们拟的公报草案,明确地表示不同意。这样的方案我们是不能接受的。"

基辛格没有马上说话,与助手们交换了一下眼光,显出不悦。他本来想用一种轻松谈笑的口气开始这次谈判的,遇到周恩来口气坚定的表态,他的口气转向坚定:"我们初稿的含义是说,和平是我们双方的目的。"

"和平是只有通过斗争才能得到的。"周恩来说,"你们的初稿是伪装观点一致。我们认为公报必须摆明双方根本性的分歧。"

基辛格并不退让:"我尊重总理的信仰,但是把那些一贯正确的教条写在公报里是不合适的。"

霍尔德里奇很不服气:"我方拟的公报初稿,难道就一无是处?"

周恩来严肃而心平气和地说:"你们也承认,中美双方存在着巨大的分歧,如果我们用外交语言掩盖了这些分歧,用公报来伪装观点一致,今后怎么解决问题呢?"

斯迈泽说:"我们起草的公报,采用的是国际通用的惯例。"

周恩来说:"我觉得这类公报往往是放空炮。"

基辛格说:"我们不回避双方的分歧,签公报又有什么用? 列出双方不同的观点,岂不等于告诉全世界,中美双方在吵架么?"

此时,周恩来胸有成竹地说:"我们两国打过仗,敌对和隔绝了 20 多年了,对于如何管理国家,如何跟外界打交道,我们有自己的观点。"周恩来微笑着扫了大家一眼,然后说:"现在该吃烤鸭了。我们将在下午提出一个公报的初稿。"

一顿烤鸭吃了之后,周恩来向美方交出了我方草拟的公报草案。周恩来笑着说:"公报由双方各自阐述不同的立场观点。我方已经列了我们的观点,然后双方再进行讨论。"

基辛格当即看了,大为惊诧。他的助手们看了,面面相觑。在美国人看来,中国人交出的公报初稿的构思是前所未有的。它以十分鲜明的词句阐述了中国对一系列问题的立场。从中可以看出,在台湾问题上中国人是寸步不让的。基辛格沉默了一会儿,对周恩来说:"总理先生,这样的方案,我看,在国际上和美国国内都是无法接受的。"谈判僵持着,没有进展,大家的脸色都很严肃,气氛比较沉闷。

周恩来语调并不高,却说得很实在:"漂亮的外交辞令掩盖分歧的典型公报,往往是祸根。既不解决问题,又会导致更深的矛盾。"

基辛格脑筋转得很快,口气有所松动:"我们不能光是列举不同的观点,而是必须向着未来有所前进。"

周恩来敏锐地抓住基辛格的话头,说:"公开地摆明分歧,就是解决问题的开始,也是通向未来的第一步。博士,你说是么? 你们不妨再考虑一下。我们稍休息一会好吗?"周恩来再一次缓解谈判的紧张气氛。

休会的间隙,基辛格和助手们来到楼附近的花园里一边散步一边讨论。

"按中国人的方案,在总统访问结束时,双方在公报上一一列举那些严重的分歧。"斯迈泽说。

"这种公报是外交史上前所未有、闻所未闻的。"霍尔德里奇说,"观点是那么针锋相对,总统来访还有什么意义?"

洛德说:"从周恩来的口气看,中国人是不会再后退了。"

他们都骤然感到心情沉重。

洛德有点沮丧:"我们花了多少心血搞的初稿,等于扔进了垃圾堆。"

这几个人就像落了水寻找救命船一样望着基辛格。基辛格来回踱着步子,他转而一想,禁不住随着思路脱口说出:

"公开地摆明分歧,难道不会使双方的盟国与朋友放心么? 这说明他们的利益得到了保护。还会使各方面的人确信公报是真诚的。"

就像窗户纸一点就破一样,年轻的洛德也马上开窍了:"对了,正因为我们公开承认存在的分歧,我们那一致的部分才显得难能可贵与真实可信。"

基辛格豁然开朗,嘴角露出了笑容:"也许用这种独出心裁的方式,能够解决我们的难题。这就是中国方案高明的地方。"

休会片刻之后,基辛格告诉周恩来,美方愿意接受中方初稿的基本做法。在接受中方提出的初稿的基础上,基辛格提出了一些补充。他说:"公报中表述不同观点的文字必须互相适应。我觉得,中国的某些提法表达方式过于僵硬,而难以接受。对于你们报纸上常用的那种火药味很浓的提法,那种好像审判我们或是凌辱美国总统的文字,总统是不会在这样的文件上签字的。"

基辛格豁然开朗之后的妥协使周恩来很高兴,至于草案的文字用法,也是好商量的。基辛格答应第二天上午提出美方的草案。

10 月 25 日,由基辛格提出经美方修改的公报草案之后,双方又开始了会谈。周恩来很快就将美方修改的草案细看了一遍,马上提出了问题:"博士,你们熬了一个通宵,将我们的一个主要观点删掉了。"

基辛格的眼珠在镜片后转了一下:"哦、哦……是吗?"

周恩来严肃地说："坚持支持世界各国人民反对帝国主义、殖民主义的革命斗争——这是我们对世界形势的一个基本观点。"

基辛格十分激动地说："如果总统签署同意有这个观点的公报，岂不等于要我们的总统受到屈辱。这将在美国引起很大的麻烦。"

周恩来浓黑的眉毛抖了一下："哦?"

基辛格又说："是的，所以我们需要删掉这些话。作为交换，我同意在美国观点部分也对等地删掉几句话，不使中国方面吃亏。"

周恩来盯着基辛格，严厉地一挥手："不。博士，我们不是在做交易，你完全用不着讨价还价。你只需叫我同意，告诉我在中国观点部分所用的词句确有令你为难之处就可以了。"周恩来也注意到在列出两方的不同观点之后，方案中还列了好几条双方共同的立场。他说："博士，我们虽有巨大的分歧，也有一些共同的观点。特别是霸权，都表示不谋求霸权，都反对任何国家或国家集团建立霸权的努力，这确实是难能可贵的。"

然而，关于台湾问题的讨论，一下子又使中美双方会谈陷入了僵局。这是一个对双方来说都属于极端敏感的问题。

双方都做了充分的准备。

周恩来一开始就摆明立场："台湾问题是中美两国之间的老问题了。华沙会谈15年也一直僵持在台湾问题上。我必须申明：中华人民共和国政府是中国唯一合法政府；解放台湾是中国内政；美国军队必须撤出台湾。这三条立场，是不变的。"

基辛格也提高嗓门，亮明观点："由于众所周知的原因，我们不能在开始我们之间的新关系时背弃我们的老朋友。我们绝不能放弃台湾的义务，我们绝不会与台湾断交。"

"什么样的复杂原因? 什么样的义务? 这真是天方夜谭。"周恩来也略为提高了声调。

室内的谈判气氛骤然紧张起来。

基辛格申辩说："如果我们背弃老朋友，不但别的朋友不信任我们，你们中国人也不会尊重我们。"

周恩来停顿了片刻调节情绪，又说："台湾是中国的领土，台湾问题是中国的内政。这是你们历届政府都承认的。而现在，是哪国的军队占领着台湾? 是你们美利坚合众国。

中国人有句俗话,'解铃还需系铃人'。如果说有什么复杂原因,那也是你们美国政府一手造成的。你们不但对这一现实没有任何改变,而且还继续从各方面封锁、孤立我们。"

基辛格又申辩说:"我今天坐在这里,不就是说明我们在改变吗?!"

周恩来越说越冷峻:"现在我还要重申:台湾问题,关系到一个国家的主权。在这一点上,不容置疑。"

谈判陷入僵局。双方都极严肃地对望着。

周恩来稍作停顿来加强语气:"博士先生,如果贵国政府在台湾问题上坚持过去的立场,那么,我们不得不对你们总统访华的诚意表示怀疑。"

提起将要影响尼克松总统访华,基辛格有点着急:"总理先生,我希望你们能了解我国的国情,因为这将牵扯到我们两院以及两党的问题。我们将失去盟友。我们的总统希望在他第二任时彻底解决这个问题。"

周恩来语气缓和下来:"我理解尼克松总统为此做出的努力。但请问,你们怕失去的是一些什么样的朋友?是一些腐朽的、即将垮台的'老朋友'。你们为了照顾这些'老朋友',势必使自己陷入被动而脱不了身。这一点,你们总统不是在堪萨斯城的演说中已经提到了吗?世界正在发生变化,但是这种变化总不能让中国人民再受损害了吧?"

基辛格无言以对,只好转动着铅笔。

周恩来这时豁达地说:"毛主席说台湾问题可以拖100年,是表明我们有耐心;毛主席的意思同时也包含了不能让台湾问题妨碍中美两国关系正常化。这些不都表明了我们的诚意么?而你们的诚意又何在?"

基辛格终于说:"总理先生,会谈的公报是必须有助于打开一条新的道路,总统也是这个意思。"

周恩来顺手拿起美方修改的稿子文本晃了晃,说:"博士先生,你们在台湾问题上的观点,甚至措辞,都是20几年来常用的。这就不像你所说,有助于打开一条新的道路。"

基辛格实在是找不出什么好词来回答了,他手里不停地转动着铅笔,用眼睛打量着周恩来,还是强调:"美国不能抛弃老朋友。"

周恩来反驳说:"什么老朋友?台湾问题不是朋友之间的问题,是美国军队进驻台湾而分裂我们国家的问题。朋友之间的道义问题不能代替主权国家的领土完整问题。"

基辛格意识到周恩来已经不会再做退让,也意识到明天离开北京的时候,这个关键问题没有一个大致的结果,将使他处于十分不利的境地飞回华盛顿。他侧头看了一眼洛德,使了一个眼色,将洛德扯离座位,两人到会议厅另一侧的角落去商议。

基辛格与洛德在厅角里嘀咕了好一会儿,才回到谈判桌上来。基辛格坐回沙发,端起杯子喝了一口茶,原来绷紧的脸已经放松了。他说:"我决定换一种方式表达美国的观点。"

基辛格略做停顿,说:"美国认识到,在台湾海峡两边的所有中国人都认为只有一个中国,台湾是中国的一部分。怎么样?"

周恩来将这句话重复了一遍,脸上也绽开了笑容,称赞地说:"博士到底是博士,这可是一项奥妙的发明。"周恩来又接着说:"这句话的基本意思我方可以接受,只是个别词句还需要推敲。比如,应该用'省',台湾是中国的一个省,更准确,不用部分。"

基辛格说:"'部分'比'省'通用,'部分'是对整体而言。"

周恩来说:"'省'比'部分'准确,'省'是行政上对政府的归属。"

"英语没有多大的差别。"基辛格说。

"汉语却有质的差异。"周恩来雍容大度地说,"我看僵局有望打破,至于尚未解决的句子及措辞,等总统访华时还可以继续讨论。会找到一个解决办法的。"

五、求同存异——尼克松访华

1972年2月21日上午11时20分过后,尼克松乘坐的美国总统专机在北京上空出现。银白色的机身在阳光映照下闪闪发光。专机徐徐降落后开始在跑道上滑行。11时27分,专机终于停稳。活动舷梯停靠在机舱门口。片刻,舱门打开,尼克松总统和夫人走了出来。尼克松显得有点拘谨,但脸上露出微笑,沉着地从舷梯上走了下来。在前来迎接他的中国人的掌声中,他急忙伸手向周恩来总理走去,并说:"我是为了美国的利益而来的。"待尼克松和周恩来的历史性握手圆满结束,随着通信卫星向全世界实况播出,这时,罗杰斯、基辛格、霍尔德曼等代表团成员,方才获准涌出机舱,走下舷梯。周恩来将前来迎接的中方人员向美国贵宾一一做了介绍。军乐队奏起两国国歌。周恩来陪同尼克松检阅了仪仗队后,两人同乘中国的"红旗"轿车,前往钓鱼台国宾馆。在离开机场时,周恩来寓意深长地对尼克松表示:"你的手伸过世界最辽阔的海洋来和我握手——25 年没有交往了啊。"尼克松说:"I am very happy(我非常高兴)!"

到达宾馆后,宾主在会客厅里摆成大圆圈的沙发上就座。周恩来在叶剑英、姬鹏飞、乔冠华等官员的陪同下,一一招呼了美国代表团的每一个成员。他在寒暄中还经常开几个玩笑,显出自信与轻松。然后,他请美国贵宾到各自的下榻处休息。

当天下午,周恩来来到尼克松住处询问,总统和基辛格博士现在去会见毛泽东主席是否方便?尼克松对这种破格的礼遇感到非常高兴,因为毛泽东通常要等到来访的外宾离开中国的前一两天才会见他们。对于这么快就安排会见美国代表团,尼克松是没有料到的。

毛泽东在中南海自己的书房里会见了尼克松。应尼克松事先的表示,毛泽东同他谈了哲学问题等。当谈到美国大选的问题时,毛泽东说:"讲老实话,这个民主党如果再上台,我们也不能不同他打交道。"尼克松说:"这个我们懂得。我们希望我们不会使他们遇到这个问题。"毛泽东风趣地说:"你当选我是投了一票的。"尼克松说:"我想主席投我一票是在两个坏家伙中间选择好一点的一个。"毛泽东说:"我喜欢右派。人家说你是右派,你们共和党是右派。我比较高兴这些右派当政。"尼克松说:"我想重要的是,在美国,左派只能夸夸其谈,右派却能说到做到。至少目前是如此。"对台湾问题,毛泽东巧妙地把它放到次要地位,作为中国内部的一个较小的争端。他所关心的是国际大局。这次会见持续了一个多小时。几个小时后,新华社发表了毛泽东会见尼克松的新闻照片和消息。

此后,周恩来既是东道主,又是尼克松的向导和谈判对手。由于毛泽东会见尼克松,原定下午举行的会谈推迟了一个半小时才开始。

首次会谈,双方发表讲话,让记者照相,气氛是良好的。

晚上,周恩来在人民大会堂宴会厅设宴招待尼克松。席间,中国的军乐团演奏了《美丽的阿美利加》和《牧场之家》等美国歌曲。因为这是尼克松总统喜欢的美国歌曲,是由周恩来总理亲自敲定的。

周恩来首先致祝酒词。他说:"首先,我高兴地代表毛泽东主席和中国政府向尼克松总统和夫人,以及其他的美国客人表示欢迎。"

"同时,我想利用这个机会,代表中国人民,向远在大洋彼岸的美国人民致以亲切的问候。"

"美国人民是伟大的人民。中国人民是伟大的人民。我们两国人民一向是友好的。由于大家都知道的原因,两国人民之间的来往中断了 20 多年。现在经过中美双方的共同努力,友好来往的大门终于打开了。"

周恩来充满乐观情绪的祝酒词,激发了尼克松的极大兴致,他在答词中说:"就在这个时刻,通过电讯的奇迹,看到和听到我们讲话的人比在整个世界历史上任何其他这样的场合都要多。"

席间,周恩来除了离席 5 分钟,审定第二天见报的照片和版面之外,一直与客人碰杯、交谈。宴会充满谅解与和谐的气氛。

22 日,周恩来同尼克松的首次实质性会谈是在人民大会堂进行的,这次秘密讨论持续了近 4 个小时。

23 日,会谈移到尼克松下榻的宾馆举行。下午 2 点整,周恩来的红旗轿车开了进来,尼克松、基辛格等人在门口迎候他。握手之后,尼克松满脸笑容地走到周恩来身旁,主动伸手彬彬有礼地帮周恩来脱下了呢子大衣,两人站好让记者拍照。周恩来问新闻记者和摄影记者:"你们都好吗?"尼克松幽默地插话说:"好得过分了。"当摄影记者拍照时,周恩来对美国记者们说:"多给你们总统照几张。"这又引起了尼克松一番即兴的打趣话,他说:"他们要是给我多照了,也准会烧掉的。"

随后,两人兴致勃勃地走进了楼下的会议室,又进行了 4 个小时的会谈。

24 日,尼克松和罗杰斯国务卿由叶剑英陪同参观了长城。当天下午,周恩来、乔冠华与尼克松、基辛格又进行了 4 个小时的会谈。周恩来在休会时的烤鸭便餐中,将杯子里的茅台酒一饮而尽。他向客人们讲述了毛泽东在长征途中写的那首《清平乐·六盘山》词,毛泽东在词中提到"不到长城非好汉"。周恩来有意识地加了一句话说:"今天上午总统也到了长城了。"

当天晚上,他们 4 人继续会谈到深夜,虽然已经找到了一些双方都可以接受的一般原则,但也碰到了一些简直无法取得一致的具体分歧。最后,经周恩来和尼克松同意,在公报中各写各的部分,一段表达中国对某个具体问题的观点,另一段表达美国的观点。这种独特的形式忠实地摆出了双方的分歧而不用外交辞令加以掩饰。与此同时,姬鹏飞外长同罗杰斯国务卿认真探讨了发展中美经济贸易合作和科技文化交流等问题。

25 日,尼克松游览了故宫,晚上在人民大会堂设宴招待周恩来。夜里 10 点多钟,双方的谈判人员回到宾馆继续会谈,周恩来向基辛格提出了关于台湾问题的一些新措辞。几经推敲,最后公报中关于台湾问题的两个关键段落写得十分巧妙,双方都可以用自己的观点来加以解释,而不使对方为难。

26日上午,周恩来和尼克松在机场会晤,共同审阅公报,然后乘中国民航飞机飞往杭州。抵达杭州之后,尼克松一行乘船游览了西湖。

然而,美国国务卿罗杰斯对公报草案不满意,提出了修改的要求。乔冠华只好向周恩来汇报:"他们内部不统一,又要我们做让步,我们已经做了很多让步了。他们美国人自己的矛盾,让他们自己消化吧。"周恩来望着乔冠华,说:"冠华,公报的意义不仅仅在它的文字,而在于这背后无可估量的含义。你想一想,公报把两个极端敌对的国家带到一起来了。两国之间有些问题推迟一个时期解决无妨。公报将使我们国家,使世界产生多大的变化,是你和我在今天都无法估量的。"周恩来又说:"我们也不能放弃应该坚持的原则,这个事,要请示主席。"他当即拿起红色的直通电话。

毛泽东听了汇报后,想了片刻,口气十分坚决地回话说:"你可以告诉尼克松,除了台湾部分我们不同意修改之外,其他部分可以商量。"

毛泽东停顿一会儿,又严厉地加上一句话:"任何要修改台湾部分的企图都会影响明天发表公报的可能性。"

27日,周恩来陪同尼克松一行抵达上海。中美双方在上海就联合公报达成协议。当天,尼克松参观了上海工业展览会,他在按动一台印刷机的电钮时对周恩来说,按电钮必须是为了建设,而不是为了毁灭。在当晚举行的晚宴上,尼克松说,今天达成的公报总结了我们会谈的结果。这个公报表明了我们有一些分歧的地方,也有一些一致的地方。今后我们要做的事情,是建造一座跨越25 774公里和22年的敌对情绪的桥。我们能够建造这样一座长桥,因为正如周总理所说的,中国人民和美国人民都是伟大的人民。他说,要这样做,需要有比公报里的文字更多的东西。文字是一个开始,今后的行动必须符合我们会谈的精神。

28日早上,周恩来在虹桥机场为尼克松送行。当天,中美联合公报正式发表。公报认为,中美两国领导人现在有机会互相介绍彼此对各种问题的观点,对双方是有益的。两国领导人在会谈中回顾了国际形势,并阐明了各自的立场和态度。

公报指出:"中美两国社会制度和外交政策有着本质的区别。但是,双方同意,各国不论社会制度如何,都应根据尊重各国主权和领土完整、不侵犯别国、不干涉别国内政、平等互利、和平共处的原则来处理国与国之间的关系。国际争端应在此基础上予以解决,而不诉诸武力和武力威胁。美国和中华人民共和国准备在他们的相互关系中实行这些原则。"

"考虑到国际关系的上述这些原则,双方声明:——中美两国关系走向正常化是符合所有国家的利益的;——双方都希望减少国际军事冲突的危险;——任何一方都不应该在亚洲—太平洋地区谋求霸权,每一方都反对任何其他国家或国家集团建立这种霸权的努力;——任何一方都不准备代表任何第三方进行谈判,也不准备同对方达成针对其他国家的协议或谅解。"

"双方都认为,任何大国与另一大国进行勾结反对其他国家,或者大国在世界上划分利益范围,那都是违背世界各国人民利益的。"

"双方回顾了中美两国之间长期存在的严重争端。中国方面重申自己的立场:台湾问题是阻碍中美两国关系正常化的关键问题;中华人民共和国政府是中国的唯一合法政府;台湾是中国的一个省,早已归还祖国;解放台湾是中国内政,别国无权干涉;全部美国武装力量和军事设施必须从台湾撤走。中国政府坚决反对任何旨在制造'一中一台''一个中国、两个政府''两个中国''台湾独立'和鼓吹'台湾地位未定'的活动。"

"美国方面声明:美国认识到,在台湾海峡两边的所有中国人都认为只有一个中国,台湾是中国的一部分。美国政府对这一立场不提出异议。它重申它对中国人自己和平解放台湾问题的关心。考虑到这一前景,它确认从台湾撤出全部美国武装力量和军事设施的最终目标。在此期间,它将随着这个地区紧张局势的缓和逐步减少它在台湾的武装力量和军事设施。"

双方还同意,将为发展两国人民之间的联系和贸易提供便利。双方将通过不同的渠道继续保持接触,包括不定期地派遣美国高级代表前来北京,就促进两国关系正常化进行具体磋商并继续就共同关心的问题交换意见。

公报发表后不久,中美两国政府于3月13日商定以巴黎作为双方保持接触的渠道。据此,中国驻法国大使黄镇与美国驻法国大使霍森13日在中国驻法国大使馆进行了历时50分钟的首次会晤。在此之前的半年多时间里,巴黎作为中美秘密联系渠道,传递了大量信息。1973年2月13日至19日,美国总统国家安全事务助理基辛格再次访问中国,同周恩来、姬鹏飞等就促进中美关系正常化问题进行具体磋商,并就共同关心的问题继续交换意见。基辛格访华期间,毛泽东会见了他,双方在无拘束的气氛中进行了坦率和广泛的谈话。不久,发表了会谈公报。双方一致认为,现在是加速两国关系正常化的适宜时机。为了便利这一过程并改善联络,经商定每一方将在不久的将来在对方的首都建立一个联络处。4 月 17 日,美国国会通过一项给中国驻华盛顿联络处以外交特权和豁免权的法案。4 月 21 日,尼克松总统签署了这一法案。5 月 14 日,美国驻中国联络处主任布鲁斯到达北京,联络处副主任詹金斯于 4 月 5 日先期到达北京。中国驻美国联络处主任黄镇于 5 月 29 日到达华盛顿。这样,中美双方完成互设联络处的工作。

六、高瞻远瞩——中美两国的建交

尼克松因"水门事件"在 1974 年 8 月 9 日下台,副总统杰拉尔德·福特继任,为美国第 38 届总统。

1975 年 12 月 3 日,美国总统福特访华。毛泽东、朱德分别会见了福特。邓小平副总理同福特举行了会谈。邓小平在周恩来委托他主持的宴会上说:"3 年多前,尼克松总统访华,中美双方发表了著名的'上海公报'。这是一个独特的国际文件,它明确阐述了中美两国不同的社会制度所决定的政策上的根本分歧,同时也指出了两国在当今世界所具有的许多共同点,其中突出的一点是两国都不应该谋求霸权,都反对任何其他国家和国家集团建立霸权的努力。公报为发展中美关系提供了基础,也指出了方向和目标。"在会谈中,邓小平提醒美国方面,今天最热衷于大讲和平的国家,正是最危险的战争策源地,空言"缓和",是不能解决当代世界面临的现实问题的。在福特任内,美国政府在台湾问题上的态度较尼克松做过的承诺还有后退。由于美国政府下不了决心正确处理这些问题,中美建交被拖延下来。

1977 年 1 月,吉米·卡特出任美国第 39 任总统。

卡特上任前,曾于 1976 年 7 月对《时代周刊》编辑人员说:"承认中国是一个最终目标,但是时间尚未确定。"卡特上任后于 1977 年 2 月 8 日,在白宫会见中国驻美国联络处主任黄镇一个半小时。

1978 年 5 月 20 日,卡特授权布热津斯基访华时向中国领导人表示,美中关系是美国全球政策的一个中心环节,美中两国具有某些共同利益和战略考虑,其中最重要的是反对任何国家谋求全球或地区霸权。美国决心对苏联扩充军备及利用代理人在全球进行的扩张活动做出坚决反应。布热津斯基在黄华外长举行的宴会上说,"上海公报"反映了我们要同中国友好的承诺,是基于共同关心的事项,而且是从长远的战略观点出发的。美国并不把它同中国的关系看做策略上的权宜之计。我们认识到中国决心抵抗任何国家寻求建立全球霸权的努力,我们也有这种决心。关于中美关系正常化问题,卡特指示布热津斯基向中国表示:美国已下决心,准备通过谈判消除正常化的一切障碍,接受中国方面实现关系正常化的三个条件,即终止与台方的官方关系,从台湾撤出美国军事人员和设施,取消美台安全条约。这样,布热津斯基访华取得了成功,为美中关系正常化进一步谈判铺平了道路。

布热津斯基访华时表示美国接受中国方面提出的中美建交的"断交""撤军""废约"三原则。布热津斯基返美后,美国政府于 1978 年 6 月 20 日提出一个方案:美中建交后继续出售武器给台湾;美国在台湾设立商务代表团;要求中国表明不使用武力谋求台湾统一。这一方案,显然与中美建交三原则不符,遭到中国政府的严正拒绝。从 7 月 5 日起,中美开始就实现两国关系正常化举行谈判。8 月中旬,美国又提出在台湾设立非官方机构等内容的方案。至此,为了实现中美关系正常化,双方必须做出让步。9 月 19 日,卡特会见中国驻美联络处主任柴泽民。他表示,如果中国能够消除美国"对台湾人民未来的福利感到担忧",美国准备实现两国关系正常化。11 月 29 日,邓小平表示,在关系正常化问题上,实际上只要双方调整立场是可以解决的。在这种情况下,中美双方均做出了一定的让步:中国接受美国的主张,在美台断交 1 年后,终止美台《共同防御条约》;美国则承诺在 1979 年 12 月 31 日该条约正式失效,1 年内,暂时停止向台湾出售武器。至于解放台湾的方式,中国表示以和平方式使台湾回归祖国,但绝不做出放弃武力解放台湾的承诺。这样,中美两国关系正常化的谈判取得了突破性的进展。1978 年 12 月 12 日,邓小平会见了美国驻中国联络处主任伍德科克。双方就建交公报达成协议,并商定 12 月 15 日双方同时发表中美建交公报。

1978 年 12 月 15 日华盛顿时间下午 9 时,中美双方同时宣布了中美建交联合公报,宣布两国自 1979 年 1 月 1 日起建立外交关系。公报全文如下:

"中华人民共和国和美利坚合众国商定自 1979 年 1 月 1 日起互相承认并建立外交关系。

美利坚合众国承认中华人民共和国政府是中国的唯一合法政府。在此范围内,美国人民将同台湾人民保持文化、商务和其他非官方关系。

中华人民共和国和美利坚合众国重申上海公报中双方一致同意的各项原则,并再次强调:

——双方都希望减少国际军事冲突的危险。

——任何一方都不应该在亚洲—太平洋地区以及世界上任何地区谋求霸权，每一方都反对任何其他国家或国家集团建立这种霸权的努力。

——任何一方都不准备代表任何第三方进行谈判，也不准备同对方达成针对其他国家的协议或谅解。

——美利坚合众国政府承认中国的立场，即只有一个中国，台湾是中国的一部分。

——双方认为，中美关系正常化不仅符合中国人民和美国人民的利益，而且有助于亚洲和世界的和平事业。

中华人民共和国和美利坚合众国将于1979年3月1日互派大使并建立大使馆。"

同日，中美两国政府分别就两国建交发表声明。

中华人民共和国政府声明：

"中华人民共和国和美利坚合众国自1979年1月1日起互相承认并建立外交关系，从而结束了两国关系的长期不正常状态。这是中美两国关系中的历史性事件。

众所周知，中华人民共和国政府是中国唯一合法政府。台湾是中国的一部分。台湾问题曾经是阻碍中美两国实现关系正常化的关键问题。根据上海公报的精神，经过中美双方的共同努力，现在这个问题在中美两国之间得到了解决，从而使中美两国人民热切期望的关系正常化得以实现。至于解决台湾回归祖国、完成国家统一的方式，这完全是中国的内政。

为促进中美两国人民的友谊和两国良好关系的进一步发展，应美国政府的邀请，中华人民共和国国务院副总理邓小平将于1979年1月对美国进行正式访问。"

美利坚合众国政府声明：

"自1979年1月1日起，美利坚合众国承认中华人民共和国政府是中国的唯一合法政府。"同日，中华人民共和国给予美利坚合众国类似的承认。美国从而同中华人民共和国建立了外交关系。

同日，即1979年1月1日，美利坚合众国将通知台湾，结束外交关系，美国和"中华民国"之间的共同防御条约也将按照条约的规定予以终止。美国还声明，在4个月内从台湾撤出美方余留的军事人员。

"今后,美国人民和台湾人民将在没有官方政府代表机构,也没有外交关系的情况下保持商务、文化和其他关系。

本政府将寻求调整我们的法律和规章,以便在正常化以后的新情况下得以保持商务、文化和其他非政府的关系。

美国深信,台湾人民将有一个和平与繁荣的未来。美国继续关心台湾问题的和平解决,并期望台湾问题将由中国人自己和平地加以解决。

美国相信,同中华人民共和国建立外交关系将有助于美国人民的福利,有助于对美国有重大安全利益和经济利益的亚洲的稳定,并有助于全世界的和平。"

1979 年 1 月 1 日,中华人民共和国和美利坚合众国建交。中国驻美国联络处举行隆重升旗仪式。

同日,美国驻中国联络处伍德科克为庆祝中美建交举行记者招待会,邓小平出席并发表祝词。他说:"中美两国实现关系正常化,这是两国关系中的历史性事件,也是国际生活中有着深远影响的大事。"

1979 年 1 月 28 日至 2 月 5 日,邓小平副总理应美国政府的邀请,到美国做了为期 8 天的访问。

邓小平副总理和美国总统卡特 1 月 31 日在白宫达成两国政府间的科技合作协定和一项文化协定并签字。

1979 年 3 月 1 日,中华人民共和国首任驻美大使柴泽民向美国总统卡特递交国书;3 月 7 日,美国首任驻华大使伍德科克向中华人民共和国全国人民代表大会常务委员会副委员长乌兰夫递交国书。

中美关系出现了广阔的发展前景。

(案例来源:钱江. 邓小平与中美建交. 北京:中共党史出版社,2004.)

案例二　中英香港谈判

香港地区(包括香港岛、九龙和"新界")自古以来就是中国的领土。

1840 年英国发动鸦片战争,强迫腐败的清政府签订了《南京条约》,强行占领了香港岛。1860 年英国又逼迫清政府签订了《北京条约》,占领了九龙半岛尖端。1898 年,英国再次强迫清政府签订了《展拓香港界址专条》,强行租借九龙半岛大片土地及附近 200 多个岛屿(后统称"新界"),租期 99 年。1997 年 6 月 30 日期满。中国人民一直反对上述三个不平等条约。

中华人民共和国政府的一贯立场是:香港是中国的领土,中国不承认帝国主义强加的三个不平等条约,主张在适当的时机通过谈判解决这一问题,未解决前暂时维持现状。

1972年3月8日,中华人民共和国常驻联合国代表致信联合国非殖民化特别委员会主席,重申"香港和澳门是被英国和葡萄牙当局占领的中国领土的一部分……不应列入反殖宣言中运用的殖民地地区的名单之内。"6月15日,联合国非殖民化特别委员会通过决议,向联大建议从殖民地名单中删去香港和澳门。11月8日,第27届联合国大会通过决议,批准了联合国非殖民化特别委员会6月15日的报告。

1979年3月,英香港总督应中国外贸部长邀请访华时,即探询中国政府在香港问题上的政策意向。1981年4月,邓小平在会见英国外交及联邦大臣时,重申了中国政府对香港问题的一贯立场。1982年1月,英国特使访问北京,会见了中国总理,正式就谈判解决香港问题进行了初步接触。

中英两国关于香港问题的谈判从1982年开始,分两个阶段进行。第一个阶段主要是两国领导人就原则和程序问题进行会谈,时间是从1982年9月英国首相撒切尔夫人访华到1983年6月。

1982年9月24日,邓小平会见了撒切尔夫人。此前,中国总理同她举行了会谈,中国领导人正式通知英方,中国政府决定在1997年收回整个香港地区,同时阐明中国收回香港后将采取特殊政策,包括设立香港特别行政区,由香港当地中国人管理,现行社会、经济制度和生活方式不变等等。撒切尔夫人则坚持三个不平等条约继续有效,提出如果中国同意英国1997年后继续管治香港,英国可以考虑中国提出的主权要求。很明显,英方想在主权问题上与中国讨价还价。针对英方的言论,邓小平在会见撒切尔夫人时严肃地指出:"关于主权问题,中国在这个问题上没有回旋的余地。坦率地讲,主权问题不是一个可以讨论的问题。"邓小平说:"现在时机已经成熟了。应该明确肯定:1997年中国将收回香港。就是说,中国要收回的不仅是'新界',而且包括香港岛、九龙。""如果中国在1997年,也就是中华人民共和国成立48周年后还不把香港收回,任何一个中国领导人和政府都不能向中国人民交代,甚至也不能向世界人民交代。如果不收回,就意味着中国政府是晚清政府,中国领导人是李鸿章!""不迟于一两年的时间,中国就要正式宣布收回香港这个决策。"

这次谈话后，双方同意通过外交途径就解决香港问题进行商谈。此后的半年里，由于英方在香港问题上立场不变，双方的磋商没有进展。1983 年 3 月撒切尔夫人致函中国总理，做出了她准备在某个阶段向英国议会建议使整个香港主权回归中国的保证。由于英方在香港主权问题上做出了某些承诺，谈判有了某些进展的可能。为此，这一年的 4 月，中国总理复信表示中国政府同意尽快举行正式谈判。

第二阶段的谈判从 1983 年 7 月至 1984 年 9 月，两国政府代表团就具体实质性问题进行了 22 轮会谈。会谈一开始，英方试图以承认中国对香港的主权来换取1997 年后继续管治香港的所谓"治权"，这理所当然地遭到了中国方面的拒绝。为此，直到第四轮，谈判仍毫无进展。1983 年 8 月邓小平在会见访华的英国前首相希思时指出，英国想用主权来换治权是行不通的。他劝告英方改变态度，以免出现到1984 年 9 月中国不得不单方面公布解决香港问题政策的局面。1983 年 10 月，英国首相来信提出，双方可在中国建议的基础上探讨香港的永久性安排。这样，到第5 和第 6 轮会谈时，英方才确认不再坚持英国对香港的管治，也不谋求任何形式的共管。至此，中英会谈的主要障碍开始排除。

从第 7 轮谈判开始，谈判纳入了以中国政府关于解决香港问题的基本方针政策为基础进行讨论的轨道。虽然英方明确承诺过不再提出任何与中国主权相冲突的建议，但实际上在谈判中仍通过提交工作文件的方式，提出了许多企图于 1997年后在香港最大限度地保留英国影响和使香港脱离中国中央人民政府领导，成为某种独立或半独立"政治实体"的建议。例如，英方一再以"最大程度的自治"来修改中方主张的"高度自治"的内涵，反对香港特别行政区直辖于中央政府；一再要求中方承诺不在香港驻军，企图限制中国对香港行使主权；要求在香港派驻不同于其他国家驻港总领事性质的"英国专员"代表机构，试图把未来香港特别行政区变成一个英联邦成员或准英联邦成员；英方还提出持有香港身份证的海外官员可以担任"公务员系统中直至最高层官员"，并要求中方承诺在 1997 年后原封不动地继承香港政府的机构，以及过渡时期英方可能做出的改变；等等。很明显，这些主张是直接抵触中国主权原则的，中方当然坚决反对。

从 1984 年 4 月第 12 轮会谈以后，双方转入讨论过渡时期香港的安排和有关政权交接的事项。在是否在香港设立联合机构的问题上，英方又坚决加以反对，双方在这个问题上存在很大分歧。这一年的 4 月和 7 月，英国外交大臣杰弗里·豪两次应邀来北京访问。中国领导人同他会晤,对谈判起了很大作用。经过反复讨论,双方最后商定设立中英联合联络小组。该小组是联络机构而不是权力机构。它的职责是就中英联合声明的实施进行磋商,讨论与 1997 年政权顺利交接有关的事宜,就双方商定的事项交换情况并进行磋商。在最后 3 轮的会谈中,双方就国籍、民航、土地等几个政策性和技术性都比较复杂的具体问题进行了讨论,并对协议的文字进行了反复磋商。

1984 年 9 月 18 日,中英双方就全部问题达成协议。12 月 19 日,中英两国政府首脑在北京正式签署了关于香港问题的联合声明。邓小平同志出席了签字仪式。在交换了文本后,邓小平走到撒切尔夫人面前,举起香槟,热烈祝贺中英双方完成了一件影响深远、具有世界意义和历史意义的大事。

中英关于香港问题的谈判,给人们留下了几点深刻的印象:香港回归祖国是历史的必然,中国在主权问题上寸步不让;英方任何妨碍中国对香港恢复行使主权的主张都是行不通的,最终还是要回到现实中来;两国之间的问题,只有坚持合作、通过谈判才能解决。在以后的岁月里,又多次证明了这几点。

中英联合声明确认:中华人民共和国政府于 1997 年 7 月 1 日对香港恢复行使主权。届时,香港将结束自鸦片战争一个半世纪以来遭受殖民统治的历史,重新回到祖国的怀抱。此外,联合声明还宣布了中国 1997 年后将在香港实施"一国两制"的方针政策,规定了中英双方在过渡时期应密切合作以实现平稳过渡。

中英联合声明的签订和香港问题的圆满解决,是中国现代历史、也是世界现代历史上的一件大事,它标志着中国人民向着祖国统一的伟大目标迈出了重大一步,也为和平解决国际争端,特别是解决国与国之间历史上遗留下来的问题提供了新的经验。

(案例来源:袁求实. 香港回归大事记. 香港:三联书店香港有限公司,1997.)

案例三　中国加入世界贸易组织(WTO)

谈判征程

20 世纪末,中美关于中国加入世界贸易组织(以下简称"世贸组织")的谈判达成协议。在这样的背景下,中欧之间就中国加入世贸组织的谈判可谓是谈判学上的一个经典案例。

一、中美握手，欧盟态度积极

在中国加入世贸组织问题上，欧盟和美国历来都是"密切协调立场的"，而且欧盟也常常唯美国的马首是瞻，因此，中美协议的达成必然会为中欧谈判开辟道路，加快中欧之间的谈判。的确，中美关于中国加入世贸组织的谈判达成协议在欧盟引起了强烈反响。欧盟各国舆论对中美达成的协议普遍给予积极评价。英国、法国、德国、意大利、比利时等国的主要传媒异口同声，称赞中美达成协议标志着中国在加入世贸组织的进程中"已经排除主要障碍""跨过了决定性阶段"，中国加入"千年回合谈判"只是个时间问题。舆论还说，中国的加入将使"世界贸易组织趋向完整""经济全球化会飞速发展"，并为世界经济的安全和稳定"开启历史之门"。欧盟委员会及其各成员国对于中美达成协议这一"历史性动作"，一开始感到有些吃惊，反应谨慎，但在消息得到证实后便纷纷表示欢迎。与此同时，它们也立即表示，希望尽快重开与中国的谈判，并且一再强调它们的不同于美国的要价。

二、特殊要求，欧盟开价更高

中国与美国和欧盟进行的关于加入世贸组织问题的谈判是同时启动的，欧盟的立场历来是：凡是美国从与中国达成协议中所得到的东西，欧盟也要"自动享有"，此外，欧盟还有自己的特殊要求。因此，在多年的中美、中欧谈判中，欧盟的开价其实比美国还要高。一般的说法是，在中美、中欧谈判中，欧盟提出的要价中有80%与美国相同，接下来的那20%的要价由它自己与中国进行讨价还价。

欧盟的特殊要求，或者说20%的要价主要是：要求中国在银行业、电信、经销、人寿保险及机器制造领域降低关税；放宽对欧洲生产的食品、酒类、药品、化妆品、玻璃制品、陶瓷制品市场准入的条件；在外国投资、电子行业放松控制；在石油产品、丝绸生产等领域取消垄断；等等。

另外，中国将是第一个享受世贸组织成员国在协议中表明允许经历一个转型过渡时期的国家。这是原欧盟贸易谈判代表布里坦的主意，也是世贸组织在纳入成员国的历史进程中的首次例外。20 世纪 50 年代"入世"的成员国均属于市场经济体制国家，60 年代"入世"的部分国家如波兰和罗马尼亚享有世贸组织特殊制定的严格协议书，因而对中国而言，欧盟正在寻求中国"入世"的特别协议和条件，这将是更为进步的、积极的协议书。中国是一个特殊的国家,接纳中国"入世"应当有适合双边关系的方法和创新。欧盟加强与中国政府的对话和谈判,希望建立一系列有利于中国在其"过渡时期"应该履行的义务和条件。

三、西雅图之旅,未雨绸缪

1999 年 11 月 30 日,备受世人关注的世贸组织第三届部长会议在美国西雅图开幕。会议计划发起新一轮全球多边贸易谈判,也就是所谓的"千年回合"谈判,并为拟议中的此次谈判确定框架和主要议题。

这次会议,主要是关于协议的实施、所谓的"既定议程"和新一轮谈判是否应加入新议题等三方面的问题。尽管西雅图会议无果而终,但中国却利用这次会议提供的机会,积极与各方进行接触,促进加入世贸组织的进程。在西雅图会议期间,中国外经贸部部长石广生分别会见了美国总统克林顿和欧盟贸易委员拉米。在与拉米会见时,双方就中国加入世贸组织问题交换了意见,都希望尽快结束中欧谈判,并同意尽快对新一轮中欧谈判做出安排。

石广生抓住机会,主动出击,在他的西雅图之旅中,会见了 16 位美国参议员、29 位众议员、全美农场主协会主席、7 个州的农场主协会主席以及数家美国大公司的负责人等各界人士。他代表中国政府介绍了中国"入世"的进展情况,重申了中国政府在台湾加入世贸组织和新一轮多边贸易谈判问题上的立场。很显然,石广生的这些会见都为中国加入世贸组织的征程进一步铺平了道路。

四、鸿沟难填,交锋三次坚城难下

2000 年 1 月 25 日,中欧谈判继续进行。由于欧盟和中国之间的技术谈判已经取得明显进展,因此原定两天的双边谈判将再延长半天,于 26 日正式结束。

欧盟委员会负责贸易的发言人古奇在谈判结束后的新闻发布会上说,欧盟与中国的谈判取得了实质性进展,欧盟方面希望尽早结束新一轮技术级磋商,争取早日在北京签署有关协议。古奇透露,由于谈判内容涉及各方利益,因此欧盟委员会将就欧中谈判的进展情况向欧盟 15 个成员国政府汇报。古奇强调指出,正如欧中双方在联合公报中所说,双方同意 2 月下旬在北京就一些重要问题再进行一轮技术级磋商,但谈判目前为止所取得的实质性进展已经确保了协议最终签署。古奇还表示,欧盟委员会负责贸易的委员拉米已经做好前往北京的准备。他说,根据下一轮技术级磋商的进展情况,拉米希望尽快飞赴北京与中国外经贸部部长石广生举行会谈并签署中欧关于中国加入世贸组织的协议。

中欧在这轮谈判中讨论了关于市场准入方面的重要问题,包括工业品关税和配额及农产品和关税配额。双方还就服务贸易问题进行了一整天的讨论,就一些关键的问题进行了谈判,包括电信、金融服务(银行、保险、证券)、经纪、分销、旅游和专业服务(律师和会计)。双方还讨论了一些跨部门问题,包括与贸易有关的投资措施、国营贸易和国民待遇问题。

谈判是在积极和建设性的气氛中进行的。通过双方的共同努力,谈判取得了实质性的进展。但是,一些重要的问题仍待解决。为此,双方同意2月下旬在北京再进行一轮技术级磋商。根据磋商取得的进一步进展,欧盟委员会负责贸易的委员帕斯卡尔·拉米准备赴北京与中国外经贸部部长石广生会谈,以期尽快达成中欧关于中国加入世贸组织的协议。

2000年2月下旬,中欧在北京举行新一轮谈判。中欧双方代表团团长仍然是龙永图和贝塞勒。

谈判结束后,龙永图表示,通过1月在布鲁塞尔和这次在北京的两轮磋商,中欧双方的谈判立场已十分接近。中方认为,双方进行部长级会谈的条件已经成熟。中国外经贸部部长石广生欢迎欧盟贸易委员拉米访华,以最后结束中欧关于中国加入世贸组织的谈判。

中方显然对再通过一轮谈判达成协议持乐观态度。3月10日、13日,石广生连续两次在谈到中欧谈判时指出,中国非常重视同欧盟的谈判,近一两个月来,双方加快了谈判进程,先后在布鲁塞尔、北京进行了两轮会谈,取得重要进展。对欧盟关心的问题,中国都做出了积极反应。除了中国对任何世贸组织成员都不能承诺的内容之外,中欧之间剩下的问题已经不多。3月27日这一周,欧盟贸易委员拉米先生将应邀来北京进行新一轮双边谈判,我们将本着平等协商、互谅互让的原则,期望尽快结束谈判,达成协议。

欧洲的某些企业家似乎比中国政府还着急。3月3日,欧洲商业联合会和欧洲外贸协会联合会发表了一封公开信,呼吁欧盟尽快结束欧中关于中国加入世贸组织的谈判。这封题为《欧盟不应再拖延中国加入世贸的进程》的公开信说,尽管欧盟还有一些特殊要求,但应该看到中国已经做出了一些让步,欧盟方面要想达到100%的要求是不现实的。公开信还提醒欧盟注意,中国已经与一些主要贸易国家达成协议。如果欧盟拖延与中国的谈判,将会给美国国会中那些反对中国"入世"的人提供帮助。公开信还呼吁欧盟采取灵活的态度,为达成最后协议创造条件,以便在最近几周内尽快与中国结束谈判。公开信说,尽快结束谈判不仅将有助于加强世贸组织,同时也有助于欧盟扩大对中国的出口。

欧洲商业联合会是欧洲最大的零售、批发和进口商组织,它的数十个成员组织分布在20多个欧洲国家,代表着这个领域的2 000多万就业人员;欧洲外贸协会是欧洲国家的外贸协会联合组织,目前有80多个成员。有迹象显示,欧盟方面也对将要到来的新一轮欧中谈判持乐观态度,希望通过这轮谈判达成最终协议。

2000年3月中旬,拉米在包括讨论欧中谈判问题在内的欧盟贸易部长非正式会议结束后表示,欧中谈判"转入政治阶段的时刻已经到来"。但他同时表示,这并不意味着所有"技术性"问题都已得到解决。10天以后,欧盟贸易委员拉米与中国外经贸部部长石广生在北京进行了为期4天的部长级谈判。这已是2000年以来中欧举行的第3轮谈判。

谈判开始的时候,中欧双方显然都持乐观态度。美联社3月28日的消息说,带着乐观的表现和取得进展的迹象,欧洲和中国贸易谈判代表今天重开谈判,双方都希望此次谈判能够为多年来中国加入世贸组织所进行的谈判画上一个完满的句号。法新社在3月28日报道说,中国充满信心地预计,谈判正进入最后冲刺阶段。谈判期间,中国国务院总理朱镕基会见了拉米。拉米在会见之后说:"我认为同朱总理的会谈反映了中方非常重视我们的访问和双方希望达成的目标。我们将竭尽全力争取在这次谈判结束后达成一项双边协议。"

路透社3月29日说,中国和欧盟谈判代表都乐观地表示,他们能在北京达成协议。但双方也暗示,在关于中国应该在多大程度上,以及多快的速度开放它的市场等问题上,他们都不打算太多地偏离目前的立场。显然,正是由于中欧双方都不打算太多地偏离目前的立场,致使第三轮中欧谈判仍然没有达成协议。看来,双方在谈判之前是有些过于乐观了。

谈判结束后,拉米的发言人古奇说:"谈判取得了一些进展,但是没有达成最终协议。"他还说:"4天的会谈是在建设性的气氛中进行的,双方都取得了积极进展,在一定程度上缩小了他们在悬而未决的问题上的分歧。"拉米在会谈结束后对记者说:"充分考虑到欧盟与中国重要的贸易关系的敏感性,应该最后达成一个平衡的一揽子交易。"他说:"我将立即向我所代表的欧盟15个成员国以及欧洲议会汇报,以便评估如何才能最好地对待未来一轮的谈判。"中国外经贸部发言人只是说,会谈是积极的、建设性的,并且富有成果,但没有进一步透露详细情况。

五、世界贸易组织出面干预,中方因势利导

2000年2月17日,世界贸易组织总干事穆尔应中国外经贸部部长石广生的邀请,开始对中国进行为期3天的访问,主要是讨论中国加入世贸组织问题,澄清中国加入世贸组织还有哪些障碍。

对此,中方回应积极。国务院总理朱镕基当天下午就在中南海会见了他,双方就中国"入世"问题深入交换了意见,表达了积极合作的态度。第二天,中国外经贸部部长石广生又与他举行了会谈。

这3天的访问,给穆尔留下了良好的印象,他对中国年内加入世贸组织表示持乐观态度,并表示中国"入世"也是世贸组织的努力方向。

与此同时,中国也在加快其他双边谈判和世贸组织中国工作组内的多边谈判进程,全方位地推进中国"入世"的进程。

六、共同促进,终于一锤定音

2000年5月11日,拉米对新闻界发表谈话说,他希望在下周举行的谈判中与中国达成一项协议。他说:"我们希望这是与中国举行的最后一轮谈判。"拉米承认开放中国电信市场问题是中欧谈判的关键,并表示仍然要坚持在这个问题上的立场。他说:"电信对我们来说当然是至关重要的一点。欧盟工业具备竞争优势,我们拥有中国移动电信90%的市场份额,我们想巩固这一地位。我们的目标是使外资在中国移动电信合资企业中达50%。"5月15日,拉米率欧盟代表团抵达北京,与中国展开新一轮谈判。拉米在抵达北京时对记者说:"如果我们要有所进展,就必须表现出灵活性。"

当记者问他对这一次最终达成协议是否乐观时,拉米说:"很可能,是的,有希望。"拉米的发言人古奇表示,这次达成协议的可能性要大于上一次,因为双方建立了一种融洽的关系。新一轮的谈判当然不会一帆风顺。第一天的谈判结束后,欧盟说,要达成一项旨在为中国加入世贸组织铺平道路的协议需要更多的时间。古奇对记者说,现在说中国表现出了更多的灵活性尚为时过早,但是也表示,过去的技术性谈判是在积极和建设性的气氛中进行的。

第5天,在古奇第5次出现在记者面前时,他表示双方终于达成共识,签订

协议。

七、好评如潮，谈判获得双赢

中欧双方都对中国与欧盟就中国加入世贸组织达成的协议表示满意。中国说这是一个"双赢协议"，欧盟说这是一个"第一流的协议"。由此看来，中欧协议确实是双方互相妥协的产物。

据悉，直到第四轮谈判的头几天，欧盟方面还在坚持其所谓的20%"特殊利益"，要求中国扩大电信、保险市场准入额，降低汽车、化妆品和酒类的入口关税。具体说来，就是欧盟要求在中国合资电信公司中享有51%的控股权；在中国合资人寿保险公司中享有50%以上的控股权；还要求中国从欧盟进口汽车、酒类、化妆品和工业设备征收的关税降低到17.5%的水平。欧盟的要求远远超出了中美协议中的规定。按照中美达成的协议，美国在中国合资电信公司和人寿保险公司中的股权最高不得超过49%，中国对从美国进口的产品征收25%的关税。

欧盟的要求过于苛刻，远远超出了中国所能接受的限度，中方显然不能答应。中方一再重申自己的原则立场：中国是一个发展中国家，中国的承诺只能和目前的发展水平相适应，中国不会牺牲自己的根本利益来求得加入世贸组织。对于谈判方的个别要求，中国能满足的将尽量满足，但是，中国不能承诺的对谁都不能承诺。也就是说，中国没有答应美国的，同样也不能答应欧盟。

另外，有分析认为，中国之所以拒绝欧盟的要求，也与美国国会要审议是否给予中国永久性正常贸易关系地位（PNTR）有关。中国担心欧盟的过高要价可能会冲击中美已经达成的协议，妨碍给予中国永久性正常贸易关系地位在美国国会的通过。

事实上，欧盟正是利用美国国会部分议员刁难中美协议，企图阻挠国会通过给予中国永久性正常贸易关系的机会，向中国提高要价的。中美两国政府也确实都希望中欧尽早达成协议，以便对美国国会通过给予中国永久性正常贸易关系地位起到一种积极的促进作用。但是，中方并不因此而让步，始终坚持"对欧盟的让步不能超过美国"，允许服务业外资股权达到49%是"底线"。在中国的强硬立场面前，欧盟不得不收回自己的过高要求，改在其他方面寻求中方让步以作为其放弃过高要求的"补偿"。同时，由于美国参众两院的专门委员会已经通过了给予中国永久性正常贸易关系地位议案，众议院最终通过的可能性也很大，欧盟坚持高要价的

"王牌"已经没有多大意义。于是,欧盟调整了自己的策略,通过相互让步与中方达成了协议。

尽管在电信方面以及其他一些方面,中欧协议与中美协议内容一致,欧盟未能获得比美国更优惠的条件,但是,欧盟在其他方面获得了一定的补偿。按照摩根士丹利公司的一位中国经济专家的说法,"欧盟已经得到了他们能够期望的最好结果"。

在降低关税方面,欧盟取得的成果与美国大体相当。但降税产品的范围却扩大到150多种,其中包括一些欧洲特有产品,如英国的杜松子酒和意大利的皮革等等,这些在中美协议中并没有包括进去。而且这些产品的关税从过去的高达70%下降到了38%。驻北京的英国商会主席吉思·玛丽亚·盖斯赫因此说,欧盟的谈判代表非常明智地进行了取舍,这使得欧洲企业能够在它们最有优势的领域里保持领先地位。

在开放中国的保险市场方面,欧盟的谈判官员为欧洲的人寿保险公司争得了7项新的许可,而这对于一直由美国主导的市场来说是一个非常大的进步。中国保险业对欧盟的开放时间比对美国的开放时间早了两年,这将使欧洲公司能够更加充分地管理和控制保险业的合资公司,并且更好地选择他们的合作伙伴,而且不会受到管理当局的过多干预。但在这个领域,欧盟仍未能取得合资公司的控股权。

盖斯赫称,在中欧达成的协议中,欧洲的银行业似乎并未获得太多的利益。虽然欧洲银行一直希望能够经营人民币业务,但目前它们仍然被限定在只能经营外汇业务。只有广东省的珠海是个例外,这里欧洲银行可以经营人民币业务。目前,欧盟方面非常希望能在更多的地区经营人民币业务。不过,欧盟仍然在其他一些方面取得了进展,它为欧洲的非金融机构争得了发放商品信贷的权力,包括为购买卡车和拖拉机在内的所有机动车提供信贷,而不只是为购买轿车提供信贷。

中欧达成协议引起了预料之中的好评。总之,中欧双方在总体环境利好的条件下,通过对各自利益的正确认识和趋势的正确预测,终于取得双赢的结果。

(案例来源:申长友. WTO 规则与中国的对策. 北京:中国发展出版社,2002.)

第二节 商务谈判经典案例分析

案例一 联想宣布 23 亿美元收购
IBM X86 服务器业务

2014 年 1 月 23 日,联想集团正式宣布,已斥资 23 亿美元收购 IBM X86 服务器硬件及相关服务维护业务。业内人士指出,此次收购将是联想进军企业计算市场的最重要一步。据悉,23 亿美元中包括 20.7 亿美元现金和向 IBM 定向发行的 1.82 亿股联想集团股票。交易过后,联想将占据全球 14% 的 PC 服务器市场份额,成为第三大服务器厂商。

根据协议,联想此次收购的业务包括相关硬件产品(包括 System X、BladeCenter、Blade、Flex System、Pure Flex、Blade Network Technology 等系统网络产品)、与业务相关的若干知识产权、与业务相关的若干已转让合约、业务存货(包括 System X、BladeCenter、Blade、Flex System、Pure Flex 等 System X 产品,以及 Blade Network Technology 等若干其他系统网络产品)。联想集团董事长杨元庆预计,此次收购将为公司每年增收 50 亿美元。此外,IBM 将有 7 500 名员工加入联想集团。

数据显示,联想已经连续 9 个季度领跑中国 X86 服务器市场,不过其在全球服务器市场却从未进入过前四名。2013 年,IBM 服务器业务的总营收为 154 亿美元,其中 X86 服务器业务营收为 49 亿美元,而联想近 90% 的营收均来自于 PC、智能手机和平板电脑等移动互联网消费业务,在收购 IBM 低端服务器业务之后,联想的企业业务将获得巨大发展,无论是出货量还是营收方面。

自 2013 年春季以来,IBM 的硬件业务持续低迷,引发了投资者对该公司前景的担忧。通过出售低端服务器业务,IBM 将能更好地专注于软件和服务业务,从而提升盈利能力。此前,联想曾表达了对于 IBM 低端 X86 服务器业务的兴趣,不过由于双方未能谈妥价格,交易最终并未达成。

据悉,联想在收购 IBM 低端服务器业务之后,不仅有助于其在服务器领域与惠普公司和戴尔展开竞争,还能在全球 PC 需求疲软之际,帮助该公司争取到一个新的增长点和利润增长源泉。

麦格理证券的分析师史蒂夫·张指出,"在过去几年中,联想已经证明了他们能够使收购的业务变得更好,包括在德国和巴西进行的收购。"

让我们回顾一下联想集团的并购之路:

2014 年 1 月 23 日下午,联想集团正式宣布斥资 23 亿美元收购 IBM X86 服务器硬件及相关服务维护业务。

2014 年 1 月 23 日早间,知情人士称,联想集团接近达成收购 IBM 低端服务器业务的交易。

2014 年 1 月 21 日,联想集团董事长杨元庆在提交给港交所的报告中表示,"关于潜在的收购,公司尚未达成最终协议。"

2013 年 8 月,IBM 投入 10 亿美元用于 X86 服务器业务的创新和研发,此举被外界认为 IBM 在短期内将不会出售该业务。

2013 年 5 月,由于双方无法在收购价格上达成一致,交易最终搁浅,知情人士称,联想集团对 IBM 该业务的估值不足 25 亿美元。

2013 年 4 月,首次传出联想将收购 IBM 低端服务器业务的消息,当时 IBM X86 服务器业务的估值为 25 亿~45 亿美元。

2012 年 9 月,联想收购巴西消费电子产品生产商 CCE,拓展了其在巴西市场的份额。

2011 年 6 月,联想集团收购了德国电脑生产商 Medion,进军西欧消费类市场。

2011 年 1 月,联想出资 1.75 亿美元与 NEC 共同成立日本最大的 PC 公司,联想集团持股 51%。

2005 年 5 月,联想斥资 12.5 亿美元收购 IBM 的 PC 业务,正式开启全球并购之路。

案例二 中粮百亿收购来宝农业

中粮集团正通过巨额海外并购加速全球化布局。中粮已与来宝集团(Noble Group)达成协议,收购后者农业子公司 51% 的股权,以成立中粮控股的合资企业。交易估值为 2014 年来宝农业账面净资产的 1.15 倍,市场预计或达 16.42 亿美元(折合人民币约 100.97 亿元)。分析认为,中粮有望借此交易机会跻身于国际顶级粮油贸易商之列。

来宝集团总部设于香港,在新加坡证券交易所上市,在全球农产品、工业品和能源产品供应链的经营领域处于市场领先地位,2013 年营业额为 978.78 亿美元。旗下农业经营包括在阿根廷、乌拉圭及巴西的农业生产,该公司还在亚洲经营三家油籽加工厂,并从新加坡向亚洲地区供应谷物、油籽、植物油及相关副产品。资料显示,中投公司持有该公司 15% 的股权。

一、来宝持合资公司 49% 股份

2011 年底,来宝集团曾计划分拆农商业务上市,筹资金额 7 亿美元,但由于股市动荡,商品价格下跌,上市计划搁浅。2014 年 3 月初,来宝又表示,正就旗下农业子公司与一个财团成立合资公司的事宜进行商议。最终来宝表示,计划与中粮集团成立合资公司,来宝集团将在新公司中保留 49% 的股份。

交易金额方面,中粮将支付 15 亿美元作为初步现金付款,全案预定于第三或第四季度完成。根据来宝声明,交易最终价格将是农产品业务 2014 财年审计后账面净资产 51% 的 1.15 倍。据来宝财报中显示的 28 亿美元计,中粮或共出资 16.42 亿美元。此外,该项收购也包括承受来宝农业的 25 亿美元净债务。

中粮对来宝农业的收购尚需取得相关监管机构及股东的批准,若最终通过,中粮董事长宁高宁将赴任来宝农业董事长,来宝集团董事长 Richard Elman 担任副董事长一职。宁高宁在发表的一份声明中称,来宝农业的供应链系统及粮源掌控能力与中粮在中国的物流、加工、分销网络相对接,以及中粮作为战略投资者所带来的贸易需求增量,将产生协同效应,创造出巨大的价值。

二、跻身全球顶级粮商行列

按照集团规划,来宝农业未来将作为中粮海外采购平台,将其上游粮源掌控及交易资产直接对接中粮旗下企业的下游加工及分销网络,助推中粮全产业链战略。业内人士分析,中粮通过并购获得了海外粮源的仓储和物流网络,不应该仅仅关注保障内地粮食安全,也应该利用海外粮源进行全球贸易,同四大粮商展开国际竞争,这样才能成为真正国际大粮商。

另据悉,内地私募公司厚朴牵头的投资团,将作为少数股东与中粮按照混合所有制的形式共同持有来宝农业 51% 的股权。其中,中粮占比 2/3,厚朴基金等财务投资人占比 1/3。某投行人士透露,这样的股权设计是为了打造一个国际化的股东基础,利用股东的专长更好地推动中粮全产业链的国际化。摩根大通在此次交易中担任来宝的独家财务顾问。

三、子公司不接受新资产注入

须注意的是,中粮集团全资子公司中粮控股(00606. HK)将不会接受新资产注入。该公司近日公告称,为遵守不竞争契约,中粮集团已向其提呈新业务机会,但经过独立非执行董事表决将不会接纳新业务机会。主要原因是考虑到收购有关资产,包括公司现时并无经营的其他农产品及其他地区,再者收购代价将会对中长期财务规划构成重大财务影响。

案例三　华润收购 TESCO 中国成功获批

2014 年 5 月 29 日,中国最大的零售企业华润万家有限公司宣布,其母公司华润创业有限公司(简称"华创")与英国 TESCO 签署的合资协议已获得中国相关政府机构的批准。

据悉,收购完成后,TESCO 中国业务包括大家所熟知的"乐购"将全部划归到合资公司下,未来,"乐购"品牌在中国将不复存在,其所有门店全部改为"华润万家",至此华润万家旗下共拥有 3 970 家自营门店和卖场。

一、未来乐购品牌将全部改为华润万家

2013 年 10 月,华创对外公开宣布,与英国 TESCO 达成协议,将其中国项目并入华创,该协议历时半年左右时间终于成功获批。

根据协议,合资双方将组成多元化零售合资公司,于大中华地区(中国大陆、中国香港及中国澳门)经营大卖场、超级市场、便利店、现购自运业务及酒类专卖门店等零售业务。

英国 TESCO 方面会将其中国业务及现金注入合资公司,基于此,华润方面将持有合资公司 80% 的股份、TESCO 持有合资公司 20% 的股份。

据了解,双方成立的合资公司将成为内地、中国香港及中国澳门经营大卖场、超级市场、便利店、现购自运及酒类专卖店的平台。据华润万家方面的估算,新成

立的合资企业年销售额预计将达到 100 亿英镑左右,约合人民币 950 亿元。

据华润万家 CEO 洪杰透露,未来 TESCO 内地的 135 家门店将统一改为"华润万家",以实现品牌扩张。而通过此次合作,双方的零售资源将得到最大的发挥,双方后台管理系统将实现整合。

二、华润万家旗下直营门店数已接近 4 000 家

英国 TESCO 是全球三大零售企业之一,全球门店总数将近 6 000 家,员工总数约 520 000 人,业务不仅包括零售,还涉及金融、加油站、电信和医药等领域。但在中国,TESCO 的表现有些差强人意。

TESCO 业务进入中国的时间较晚,比沃尔玛、家乐福晚近十年,再者在中国整合步伐偏慢,业绩表现不佳。截至 2013 年初的数据显示,乐购在中国的门店数量还不到沃尔玛的一半。挣扎多年未有起色,TESCO 选择与央企华润集团旗下的连锁零售集团华润万家合作。

华润万家的超市业务已连续多年位居中国连锁超市第一位。截至 2013 年,华润万家已进入全国 32 个省、自治区、直辖市和特别行政区,100 多个重点城市。2013 年全国自营门店销售额达 924 亿元,自营门店总数 3 835 家,员工人数超过 20 万。合资公司成立后,华润万家旗下的自营门店将达到 3 970 家之多。

洪杰表示,两家合资可达成共赢,通过外资企业的管理加上中国本土化企业的规模资源,加强了双方互补作用,是中国零售巨头和外资巨头业务合并的重要一步。"未来合资公司将发挥规模优势,统筹加速发展,优化资源配置,整合供应链及客户资源,进一步打造'线上实体融通'的全渠道经营模式。"

此前华创首席财务官黎汝雄也曾表示,和乐购合作不只是为了它的 100 多个大卖场,而是看重它在行业内的核心竞争能力,包括物流能力、自有品牌、电脑系统等。

目前,中国零售行业已从高速扩张的时期逐步步入发展调整期,零售业的发展速度更是急剧下滑。行业增速低迷、企业净利润出现"负增长"之时,华润万家与TESCO 的成功合作算得上是市场一大利好消息。

当然,华润万家如何整合乐购仍然是一个业界关注的话题,因目前乐购整体仍处于亏损状态。另外,乐购旗下除了 135 家门店,还有 25 000 名员工,根据华润万家方面给出的消息,这些员工仍将继续聘用,不会因公司合并而受到裁员。

案例四　中国中车在美设厂奠基，
预计投资 6 000 万美元

中国中车股份有限公司（简称"中车"）美国马萨诸塞州（也称麻省）斯普林菲尔德生产基地，2015 年 9 月 3 日举行奠基仪式，这是中国轨道交通设备制造商首次在发达国家投资建厂。它生产的地铁机车也将首次在有着严苛安全技术标准的美国市场运行。

经过激烈竞标，中车于 2014 年底赢得麻省州政府的波士顿地铁 284 辆红橙线车辆采购合同。这些线路途经波士顿金融区、哈佛大学等地，每日客流量约 130 万人次。红橙线路的现役列车已运行数十年，多数已显陈旧。

由于此项目为政府招标，招标资金全部来自州政府而非美国联邦政府，加之《购买美国货法案》规定政府采购中 60% 的零部件必须在美国生产，因此中车须在麻省建厂，进行机车的生产组装。工厂预计投资 6 000 万美元，可为当地提供 150 个就业机会。工厂将于 2018 投产，全部产品将于 2023 年交货完毕。

工厂所在的斯普林菲尔德市位于波士顿西南 140 多公里处，人口约 15 万，当地支柱产业包括贸易交通、教育医疗以及旅游餐饮。20 世纪 70 年代，这里曾是新英格兰地区的制造业中心，但此后制造业开始外迁。这里还是美国冰球大联盟的总部所在地。中车生产基地土地面积约 40 英亩（约合 16 万平方米），其中包括一栋原属西屋电气公司的旧厂房。

中车副总裁余卫平对新华社记者说，中车在美投资意味着中国高端装备在世界上最发达国家实现了从产品输出向资本输出、技术输出，从产品合作向产品、技术、服务、管理全方位合作的巨大转变。这种高水平的产能合作，有利于实现中国对美投资贸易方式的转型升级。

他说，美国是地铁的发源地，对轨道交通产品的技术、运营商资质均有严格标准。美国方面的评标过程非常严格，中车与世界多家知名轨道交通装备制造企业同台竞争并最终胜出，充分说明美方对中车技术和价格等综合优势的认可。

麻省州长查理·贝克对新华社记者表示，中车建厂或将促进当地实现制造业的回归，这对麻省来说是一件大事，它可能因此成为麻省发展史上的"里程碑"。斯普林菲尔德市市长多梅尼克·萨诺在奠基仪式上说，任何经济发展项目的背后都是就业,中车工厂将创造150个收入不菲的就业岗位,令人振奋。

奠基仪式上,很多周边企业和学校慕名而来寻找合作机会。麻省帕斯湾学院的老师前来为毕业生打探就业消息,当地的大巴公司希望获得为中车工厂提供交通服务的机会,还有一家电气服务商有60%的雇员是妇女和少数族裔,希望成为中车的合作伙伴。应美方要求,中车在选择美国合作商时应考虑雇佣妇女和少数族裔工人,使之达到一定比例。

尽管如此,在美国投资建厂难度不容小视。余卫平表示,虽然之前做了大量精心准备,但中车的国际化经营程度不高、经验有限,在建厂过程中遇到了各种挑战。经过努力,中车最终克服了这些困难,为公司的国际化经营探索了路径,积累了经验。

波士顿订单只是中国铁路装备进入美国的第一单,中车希望借此项目在美国一炮打响,打入美国的高铁市场。目前加州高铁已经动工,德克萨斯州"达拉斯—休斯敦"段高铁建设计划正在推进之中。美国的高铁招标要求100%的零部件由美国生产。

余卫平表示,中国高铁产品技术已经位于世界领先水平,只要美国需要建设高铁,中车就将努力获得订单。

他说,美国铁路市场广阔,中国技术先进、制造服务能力强,中美铁路间有很强的互补性。中美铁路装备之间几乎不存在竞争关系,更多体现为合作。

目前,中车还与密歇根大学共建焊接研发中心,与伊利诺伊大学香槟分校筹建"中美铁路技术研究院",共同研究解决铁路交通的前沿问题。

案例五　万达6.5亿美元并购美国世界铁人公司

2015年8月27日,万达集团以6.5亿美元并购美国世界铁人公司100%股权,这是万达集团继瑞士盈方、马德里竞技之后在体育产业的又一重大投资。万达并购世界铁人公司使中国首次拥有了一项国际顶级赛事产权,这是中国体育产业发展的标志性事件,并购后万达体育也成为全球规模最大的体育经营公司。

铁人三项运动被称为世界运动的极限,综合游泳、自行车、长跑三项运动,比赛赛程长、难度大,全面挑战人的体能、耐力和技巧,是最具刺激性、挑战性、观赏性的极限运动赛事,所以在规定时间内完成比赛的运动员称之为"铁人"。铁人三项是奥运会正式比赛项目,同时又是一项全球性群众体育运动,它分为不同等级,适合各年龄阶层参与,在世界各国广泛开展,仅美国就有超过48万人参与铁人三项运动,全球每年举办的各类铁人三项赛事超过千项。

世界铁人公司(WTC)总部位于美国佛罗里达州坦帕,是世界最大的铁人三项赛事运营者和最著名铁人三项赛事品牌拥有者,占全球长距离铁人三项运动份额的91%。公司既是赛事品牌拥有者,又是赛事经营者,其在全球范围内组织、推广和授权运营铁人三项运动赛事达37年,拥有五个独家铁人三项赛事品牌,在全球每年运营250多项赛事。其中超级铁人赛事IRONMAN(3.9公里游泳+180公里骑行+42公里跑步)和半程铁人赛事IRONMAN 70.3(1.9公里游泳+90公里骑行+21.1公里跑步)为主打赛事品牌,是世界最大的大众体育赛事参与平台,在全球拥有130多个系列赛事、23万余名参赛者。公司收入连续四年复合增长率超过20%,公司净利润连续四年复合增长率达到40%。得益于强大品牌和独特的商业模式,公司业绩呈快速上升趋势,如果加上中国业务,公司预期更加良好。

万达并购世界铁人公司可谓一举多得:首先做大万达体育产业规模。目前世界主要体育产业基本掌握在欧美国家手中,要想迅速做大,只能通过并购。将世界铁人公司收入囊中后,万达已成为世界规模最大的体育产业公司。其次帮助万达掌握体育产业核心资源。铁人三项运动是世界耐力运动皇冠上的明珠,世界铁人公司独家拥有世界铁人三项赛事的主要品牌,并购使万达直接拥有了该领域的核心资源。三是完善万达体育产业布局,通过系列并购,万达形成了体育赛事举办、运动员经纪、赛事营销、赛事转播的全产业链,大幅提升万达在全球体育产业的影响力,加速万达全球体育产业战略的实现。

铁人三项运动在中国正处于爆发的前夜,具有广阔发展前景。欧美发达国家铁人三项运动的主要参与人群是中产阶级,年龄为35至40岁。而中国正迈入中等收入国家,人们越来越注重身体健康和精神享受,铁人三项运动挑战自我的独特魅力将吸引大量参与者。据资深体育界人士介绍:中国有着数以百万计的自行车爱好者、数以千万计的游泳和跑步爱好者,铁人三项运动的潜在群体非常庞大。世界铁人公司各项赛事品牌在中国落地后,将极大促进铁人三项运动在中国的发展。铁人三项运动的综合效益非常突出,相比单项马拉松比赛,铁人三项比赛赛程更长、更具欣赏性,更能充分展示举办城市形象,带动旅游业发展。据统计,举办一场小规模的1 000人参加的铁人三项比赛,人均携带朋友或家人数为3人,人均停留时间为 4 天 3 晚,举办地的酒店消耗总数为 5 000 个。万达掌握的铁人三项赛事品牌,将成为中国各城市争抢的香饽饽。

据悉,世界铁人公司管理层非常认同万达的品牌实力和体育产业发展战略,并购后世界铁人公司管理层全部选择留任,并与万达签订了长期经营目标合同。

案例六　亚洲三巨头中信股份、正大和伊藤忠联姻,交易额 800 亿港元

2015 年新年伊始,亚洲三巨头中信股份、正大集团、伊藤忠商事株式会社(简称"伊藤忠")签订三方战略合作协议,导演了一场轰动亚洲的战略合作案。即正大集团、伊藤忠通过双方各持 50% 股权的合资公司——正大光明,花 800 亿港元巨资吞下中国中信股份有限公司 20% 股权。

经过 2013 年的孕育和 2014 年的推广,"一带一路"这一国家战略有望在今年付诸实践,中信集团等大型央企则承担着落实这一战略规划、实现全球化经营的重任。中信股份称,三方战略合作正是中信股份不断推进企业改革和全球化战略的延续。

一、交易额达 800 亿港元

本次交易最受关注的焦点之一是 800 亿港元的巨额交易额。中信股份表示,本次协议入股包括了两项交易:第一步,正大光明将购买中信集团持有的中信股份 10% 的股权,共计 24.9 亿股,约 344 亿港元。目前中信集团持有中信股份 78% 的股权。第二步,中信股份将以现金交易的方式在之后的数月内向正大光明新发行 33.27 亿股可转换优先股,约 459 亿港元。交易总额达到 800 亿港元。

中信股份称,两项交易的每股认购价格和可转换优先股价格均为 13.8 港元,两项交易的金额合计达 800 亿港元的规模。交易完成后,正大光明将持有中信股份约 20% 的股权,中信集团仍为中信股份的控股股东,但正大光明有权提名一名非执行董事和一名独立非执行董事加入中信股份的董事会。

二、巨头联手建联盟

中信股份、伊藤忠和正大集团作为在中国、日本和泰国举足轻重的财阀,联手

建立战略联盟的实力不容小觑。

按照正大光明800亿吞下中信股份20%股权推算,正大光明给予中信股份的估值达到4 000亿港元。中信股份是中国最大的企业集团,业务覆盖金融、房地产、基础设施、资源能源、工程承包和制造业等产业,在中国内地、中国香港和海外的员工达到12万,旗下拥有中信证券、中信银行、中信地产、中信资源和中信建设等大批优质企业。

伊藤忠则是全球领先的贸易公司,在1972年被中国认定为首个友好商社,目前已在世界65个国家和地区拥有约350家分支机构、子公司及关联公司,在纤维、机械、金属、能源、化工、粮油食品、金融等领域从事国内贸易、进出口贸易、第三方贸易以及国内外贸易投资。伊藤忠社长毫不隐晦地说,未来将与中信股份、正大集团建立战略联盟,共同促进日本、中国和其他亚洲国家的商务合作。

正大集团则是中国投资者所熟知的资本大鳄,曾豪掷727亿港元击败各路资金、竞得中国平安15.57%的股份。这家创建于1921年的集团公司,目前已是泰国最大的私营企业之一,也是亚洲领先的大型企业集团,业务覆盖农牧食品、电信、金融等,在中国、印度、俄罗斯、东盟等17个国家和地区有员工近30万。正大集团董事长谢国民表示,将与中信股份和伊藤忠促进泰国和跨区域的贸易和投资,三家的合作对亚洲的互联互通也将起到重要作用。

事实上,中信集团、正大集团和伊藤忠曾有过合作。公开资料显示,2011年,伊藤忠投资约1亿美元于中信集团在香港的资产管理业务,并与中信集团签订了合作协议。2014年,伊藤忠和正大集团也签订了交叉持股协议,在非能源领域进行跨地区合作。

三、国家战略意义凸显

近日,商务部和外汇局公布的数据显示,2014年我国对外投资规模已达1 400亿美元,利用外资超过200亿美元,这使我国成为资本和产能双过剩的国家,消化这些资金和产能的"一带一路"国家战略推进已如箭在弦。

作为改革开放的排头兵,在香港市场乃至亚洲摸爬滚打几十年的中信股份,无疑是承担落实国家战略的首选企业。能和亚洲具有丰富国际化经营经验的巨头强强联合,对中信股份占领贸易规则的制高点和快速抢占亚洲市场有着战略意义。

中信股份董事长常振明就表示,正大集团和伊藤忠是两家具有国际影响力的跨国集团,它们的入股将与中信股份形成优势互补。

中信股份列举了三大战略意义:引入正大集团和伊藤忠作为战略投资者,可以进一步实现股权结构的多元化;发行可转换优先股筹集的约 459 亿港元,可用做中信股份业务发展以及投资中国经济发展中具有潜力的新兴行业;中信股份还将与两大亚洲企业集团交流和分享在各自领域的经营理念和专业经验。

知情投行人士表示,正大集团和伊藤忠战略入股中信股份,最大的目的就是分享中国经济发展的机会,而中信股份引入正大集团和伊藤忠,最大的目的是借鉴正大集团和伊藤忠的国际化经营经验,更好地承担起"一带一路"国家战略。

市场分析人士称,中信股份担当"一带一路"战略的排头兵有先天的优势,除了在香港乃至亚洲经营多年外,旗下拥有中信证券、中信银行、中信信托等金融资源,中信地产、中信泰富地产等房地产和基础设施资源,中信建设和中信工程设计等工程承包资产,中信资源和中信泰富矿业等资源能源,中信重工、中信泰富特钢等制造业资源,中信国际电讯等其他资源。因此,中信股份在协同各类资源打造全球核心竞争力方面拥有独特优势。

值得一提的是,中信集团目前持有中信股份78%的股权,中信股份显然拥有根正苗红的国企身份,这无疑给其国际化造成了一定障碍,而一旦交易完成,中信股份不仅股权结构得以改善,也使得股东身份全球化,在亚洲乃至全球开展业务时更容易被当地政府接受。

毫无疑问,一旦中信股份顺利融入"一带一路"规划,不仅将带动国家金融、资源能源、制造业等行业在亚洲乃至全球的布局,率先占领亚洲贸易规则的制高点,更重要的是为国内其他企业营造一个在亚洲范围内投资的良好经营环境,以及为其他国有企业走出去打造一个样板。

案例七 中广核拿下英国核电大单,
华龙一号首落地发达国家

一、中广核拿下英国核电大单,两大华龙一号或明年合体

价值约 245 亿英镑的中英核电大单终于敲定!这是中英关系进入"黄金时代"

后的第一笔大单,华龙一号首次落地发达国家。《每日经济新闻》记者获悉,为更好推动华龙一号走出去,中国两大核电集团还将以5：5的比例组建华龙公司。

英国当地时间2015年10月21日下午,在国家主席习近平和英国首相卡梅伦的见证下,中国广核集团(以下简称中广核)董事长贺禹和法国电力集团(EDF)首席执行官Jean – Bernard Levy正式签订协议,中广核牵头的中方联合体将与EDF共同投资兴建英国欣克利角C核电项目,并共同推进塞兹韦尔C和布拉德韦尔B两大后续核电项目,其中布拉德韦尔B项目拟采用中国自主三代核电技术"华龙一号"。

根据协议,EDF及中广核主导的中方联合体将分别占欣克利角C项目66.5%和33.5%的股份。在保持控股50%以上的情况下,EDF有意引入其他投资者进入,而中广核将通过其在英国的合资公司———通用核能国际(GNI)对此项目进行投资。中广核董事长贺禹表示,此番首次在老牌核电强国建设核电站,是我国核电走出去的里程碑事件,也标志着"华龙一号"技术得到了欧洲发达国家的认可。

二、打开英国核电市场的大门

《每日经济新闻》记者注意到,在电价方面,英国现有电价比较低,平均为4欧分/度,但新建的核电会更高,因为英国政府会从中补足差价。

在成本预留方面,欧盟委员会最近批准了英国的核废料转移计划,新核电站未来的退役核燃料管理的全部成本将包含在电价中,并将在运营期内予以预留;在收益方面,项目采用收益共享机制,如果建造成本低于预期,消费者将从中受益;在风险方面,若由于政治原因关闭欣克利角反应堆,政府根据差价补偿合约对投资者潜在投资收益的损失给予补偿。

目前,欣克利角C项目进展顺利,EPR核电机组已取得了英国政府的计划许可、设计许可以及核电厂址牌照,包括《英国核电项目投资协议》的签署、EDF与英国政府的谈判以及与主要供货商的谈判均已达成一致,项目第一期的建造成本预计将达180亿英镑,这也意味着中广核第一期将投入60亿英镑,为此,中广核还与国家开发银行签署融资备忘录。

此次主要的供应商谈判中,包括核蒸汽供应系统、仪表与控制系统、汽轮机、土建工程等均被英法企业包揽。东方电气董秘办相关人士表示,目前协议只是大方向定下来,东方电气仍然有机会参与,主设备包括常规岛、核岛均能提供,接下来还要看具体协议细节。

中广核方面坦言,投资决策的最终敲定还需取决四个条件:完成签订的投资协议首要条款所制定的完整版文件、EDF 对其融资计划的最终确定、EDF 与中广核董事会的批准、中国和欧洲并购当局及其他政府有关部门的批准。EDF 也表示,计划在未来几周内做出最后的投资决策。

业内分析认为,欣克利角 C 项目只是中方企业打开英国核电市场的一个口子,更重要希望能在后续的塞兹韦尔 C 项目上继续合作,最终主导布拉德韦尔 B 项目的开发,并在该项目上采用国内自主三代核电技术"华龙一号",届时,国内设备供应商将有望分得一杯羹。

据了解,塞兹韦尔 C 项目位于萨福克郡,拟建设两台 EPR 机组,在项目开发阶段,EDF 将认购 80% 的股份,中广核将认购 20% 的股份;布拉德韦尔 B 项目则将以中广核广西防城港核电站 3、4 号机组为参考电站,且采用中国的"华龙一号"三代核电技术,由中广核主导、EDF 参与,双方在项目投资中将分别占据 66.5%、33.5% 的股份。

一位匿名核电人士向记者提醒,布拉德韦尔 B 项目中采用的"华龙一号"还需在英国通过通用设计审查,并且还要投入大量的人力、物力、财力,真正开工至少也要等到 2019 年以后。

据央广网报道,为更好推动"华龙一号"走出去,国家准备成立一个"华龙公司",将中广核和中核各自开发的"华龙一号"技术组到一个公司去,将来由"华龙公司"负责"华龙一号"的海外推广、开发。

2015 年 10 月 22 日,《每日经济新闻》记者从知情人士处获悉,目前双方已经成立筹备组,总经理也已到位,"华龙公司"预计明年挂牌成立,总部将放在上海,中广核、中核双方暂定投资比例为 5∶5。

2014 年 8 月,在国家能源局的主导下,中核的 ACP100 和中广核的 ACPR1000＋两种核电技术合并,统称为"华龙一号",虽然拥有同样的名字,但核电出口仍然各自为战。

上述匿名核电人士告诉记者,虽然有国家能源局努力撮合,但双方在安全系统等关键部件参数上仍然存在差异,尚未实现真正融合,海外市场也频繁出现双方竞争的情况。为此,国家主管部门曾为两大集团划分各自的海外市场范围,但这仍然不能解决海外市场竞争问题。

记者梳理发现,中广核的海外市场主要为英国、罗马尼亚、乌克兰以及泰国、越南等东南亚国家,中核主要为阿根廷、巴基斯坦以及非洲、南亚、西亚。与其他行业抱团出海方式不同的是,两大核电巨头更倾向与国外巨头联手,而非组成"国家队"。

该人士表示,为了更好地在海外市场发展,成立两家公司合资的海外项目公司统一对外开发海外市场,确实能够更好地解决当前的问题,也更符合当前国家主管部门的意愿以及国家利益。他指出,在当前国内核电三分天下、各大能源企业积极布局的情况下,5:5 的投资比例仍然存在变数,"华龙公司"未来或让出一些股份,"不然到时候双方各执己见怎么办?"

"目前还是国家能源局和国家核安全局主导安排,至少该比例目前没变化",前述知情人士表示。

案例八　五矿联合体 58.5 亿美元收购秘鲁铜矿

2014 年 4 月 14 日,五矿下属五矿资源有限公司宣布,由 MMG、国新国际投资有限公司(下称"国新国际")和中信金属有限公司(下称"中信金属")组成的联合体与 GlencoreXstrataplc(下称"嘉能可")达成 LasBambas 铜矿项目(即"邦巴斯项目")股权收购协议,交易对价为 58.5 亿美元(约合 456.3 亿港币)。

目前,这项交易还需要获得秘鲁政府、中国政府以及五矿资源股东大会的批准。"如果一切顺利,有望在今年三季度完成交割。"五矿方面向记者表示。

麦格理集团驻伦敦分析师杰夫·拉吉曾表示,上述成交价对嘉能可有利,已经接近市场预期的价格顶端,"这个中国买家买下了一个很高品质的铜矿资产。"

上述评价得到分析师孙克文认同。孙克文对记者说,超过 50 亿美元的收购价格基本符合市场预期,如果达成协议,这将使中国对全球铜市场有更大的掌控能力,内在影响远远大于 50 亿美元。

五矿方面提供的书面材料显示,邦巴斯项目是 Glencoreplc 与 Xstrataplc 合并交易中涉及的一项重要铜矿资产。该项目位于秘鲁南部的 Apurimac 地区,是目前全球最大的在建铜矿项目,预计达产后前 5 年每年可生产铜精矿含铜量约 45 万吨。收购并完成邦巴斯项目建设后,中国五矿有望成为中国最大的铜矿山生产企业和全球前十大铜矿山生产商之一。

2013 年 4 月,为了使中国能够批准嘉能可 320 亿美元收购矿业大鳄斯特拉塔的交易,嘉能可宣布出售 LasBambas 铜矿,这项收购已在 2013 年完成。

按照协议,嘉能可必须在今年 8 月底之前向中国商务部提供 LasBambas 铜矿的潜在买家名单,希望在 9 月 30 日前达成有约束力的出售协议,并在 2015 年 6 月 30 日前完成交易。LasBambas 铜矿的买家必须获得中国商务部的审批。

在上述三方联合体中,MMG、国新国际、中信金属分别持股 62.5%、22.5%、15%。由国家开发银行牵头,工商银行、中国银行参与的银团为此次收购提供资金支持。此外,花旗银行、美银美林为五矿联合体财务顾问,伟凯、德同、REM 为法律顾问,工银国际、中银国际为融资顾问,德意志银行为五矿财务顾问。

"邦巴斯项目完全符合中国五矿和 MMG 的长期战略,将进一步优化中国五矿的矿业资产组合,并将与公司现有业务产生良好的战略协同。"五矿总裁周中枢说。

对于邦巴斯项目的后续运营,周中枢表示,五矿将坚持"全球视野、本地运营、中西协同、互利共赢"的国际化策略,以 MMG 为主体,与合作伙伴、项目团队、当地社区、秘鲁各级政府、相关机构等各方携手一道,把邦巴斯项目建设好、运营好。

值得关注的是,此前,秘鲁另一个铜矿项目——中铝的特罗莫克铜矿因当地政府称其污染环境,按指示停工一周。五矿收购成功之后,后期开发过程中的人员安置、当地投资环境和政策制约等方面也将面临类似问题。

近几年,国内企业海外并购或者投资矿产资源的案例比较多,但缓解对外依赖的效果并不明显,很多投资因为不了解当地的政策,最终血本无归,而算上环保、基建、人力等成本,更是让中国企业的海外投资风险陡增。

第三节　科技谈判经典案例分析

宁波电容器总厂技术引进谈判

一、引进前的概况

宁波电容器总厂的前身是一个生产交流电容器的集体企业,主要为洗衣机、风扇、空调器等家用电器配套服务。随着家用电器的迅速发展,用户对该厂原生产的箔式油浸纸介电容器的质量和使用寿命要求越来越高。该厂经过市场调查和分析,预测箔式油浸纸介电容器必将被自愈性能好、体积小、成本低的金属化聚丙烯交流电容器所代替。但是,该厂在试制这种换代新产品的过程中发现,要达到 IEC 国际标准和向日本的 JIS 标准看齐,国内的设备条件还不具备,主要是铝蒸发设备效率低,石墨坩埚寿命短,缺乏专用的喷金设备以及卷线机的质量和效率达不到要求等。根据这些情况,该厂决定进行技术改造,从国外引进 14 台关键设备。

二、谈判前的充分准备

(一)大量的调查研究

进行技术改造和引进关键设备,可以有多种不同方案,也可以与不同国家的不同厂商商谈引进,这里需要做好充分的可行性研究工作,包括了解引进对方的技术、设备、质量和服务状况,本厂能否消化吸收,而且要询价和分析引进后的经济效益,进行财务评价。在这些方面,该厂在厂长的领导下做了大量的准备工作。

为了确定技术改造方向,该厂在国内调查了 41 家用户,访问了 3 家研究所和两所大专院校,着重了解用户的需求、产品发展前景和技术改造情况。在明确了生产金属化聚丙烯交流电容器后,为了确定引进哪家厂商的设备,又从上海和北京的科技情报所收集了大量关于意大利、日本、原联邦德国三国的设备样本、说明书等资料,并与三国的厂商进行接触、询价和报价,然后按性能价格比等进行分析比较。并实地考察了国内引进的同类型设备,如参观了太原电解铜厂引进并已投产的日产 WED—1050 型铝真空蒸发装置,详细了解他们引进中的经验教训和存在的问题。

为了做到心中有底,该厂广泛向国内外专家请教,专门邀请沈阳金属材料研究所的专家为技术顾问,请他详细介绍参加阜新无线电元件二厂订购日本 EWC—060 型铝真空蒸发装置的成交情况,以及谈判中的技术关键和细节问题。

该厂在掌握了大量信息资料和具体情况的基础上,初步确定日本真空株式会社、德国 LH 公司和日本后腾电容器制作所为进一步了解和谈判的对象,然后分别制定了回收期等静态与动态经济指标,结论是这一项目在技术上先进可行,在经济上合理有效,对宁波电容器总厂的发展会起到极大的促进作用。

（二）技术交流和谈判准备

在项目建议书和可行性研究报告先后经上级批准的前提下,该厂采取了多种方式进行了技术交流。

例如,邀请日本后腾电容器制作所技术课长永山信彦来厂,就金属化聚丙烯交流电容器生产的关键设备、专用设备、仪器等的性能特点进行了两天的交流。后来,聘请他为该厂技术顾问,每年来厂一次进行指导。永山信彦实际上就是后腾电容器厂的老板之一,他对中国比较友好,主动提出每年接收 3 名宁波电容器厂员工到日本他们的厂里免费培训 3 个月。

又如,该厂在上海、北京与日本、原联邦德国的专家多次交流关于真空镀膜机的有关事宜。通过交流搞清了该厂新产品试制过程中遇到问题的症结所在,也明确了原联邦德国 LH 公司和日本真空株式会社生产的大型真空镀膜机的许多技术问题,以及报价中所含水分情况和可能让步的幅度,为以后与日本真空株式会社等进一步的正式谈判提供了依据。

三、正式谈判

除了以上准备以外,该厂对外商在正式谈判中可能提出的要求和条件也做了充分的估计和准备,包括:从与日方谈判过的沈阳真空技术研究所所长那里,详细了解了日本真空株式会社谈判负责人小西忠一的履历、性格和脾气,与其谈判中应注意的事项和采取的策略等;通过技术顾问了解到阜新无线电元件二厂 EWC—060 型设备成交价格为 60 万美元及其谈判中的关键技术问题。

然后,该厂组织了以中国电子技术进出口公司上海分公司进口部业务员为主谈人,该厂厂长为副主谈,有关技术方面负责人和翻译共 5 人组成的谈判班子,并且制定了几个可行的谈判方案。其中包括:确定己方可以接受的谈判条件;在哪些情况下,可以做出适当的让步以及让步的幅度和界限;在哪些情况下,绝对不能让步;等等。

准备工作做得充分,心中踏实,谈判中就容易做到有理、有利、有节。该厂与日方前后进行了 5 轮会谈,最后取得了谈判的成功。这里以 EWC—060 型设备的加工谈判为例,说明如下。

日方第一轮关于银真空蒸发设备报价是 84 万美元,比不久前给阜新无线电元件二厂的同样设备高出40%。中方认为价格太高,在进入第三轮谈判时,日方报价降至79万美元(下降6%)。在第四轮谈判中,中方就阜新元件二厂与日方的成交价格以及我方与原联邦德国公司谈判的进展情况,阐明了己方的观点,而后日方提出价格可降至66万美元(下降21.4%)。在第五轮谈判中,中方坚持设备价格要低于阜新元件二厂价格的1%,即59.4万美元(下降29.3%),最后获得了日方的同意,比谈判前预期的下降幅度25%,又下降了4.3%,取得了较大的利益。

对于其他引进设备,如大型真空镀膜机、自动卷绕机、切膜机、喷金机、环氧自动浇注机、自动平衡西林电桥等经过类似的谈判,均取得了成功,不仅价格合理,而且技术上要比国内同类型设备先进得多。如该厂引进的大型真空镀膜机达到了国际上20世纪70年代后期的水平(该厂引进时为1984年),蒸发层厚度有横向和纵向自动控制,蒸发源采用高频感应式加热,蒸发层均匀性好,功效比国产设备高23倍。而且这些引进设备的工艺过程均不存在环境污染问题,完全符合环境保护要求,安全卫生设施齐全。

谈判结束,双方签订合同后,该厂抓紧实施,使技术改造项目早日运行。该厂及时做好设备安装的前期工作,及时完成了国内配套设备、动力设备、管道系统的布局及埋设等。

在引进设备到港前,他们就做好了准备工作,设备卸下就及时装运回厂。当时正值春节前夕,厂长亲自到上海港负责组织抢运,春节期间也不休息。

从设备到货、拆箱、安装、调试、试生产,直到正式投产,他们抓紧每一环节,制定措施方案,一环紧扣一环,保证质量和进度,这些都为以后的顺利投产创造了条件,赢得了时间。

最后经过验收,设备全部达到合同规定的要求,形成年产金属化聚丙烯交流电容器CBB60型和CBB61型各180万只的生产能力。

四、效益显著——谈判成功的重要标志

宁波电容器总厂引进设备后,投产不到1年,已经收到了显著的经济效益,达到当年引进、当年验收、当年投产、当年见效、当年还贷的预期目标。

该厂技术改造项目固定资产总投资金额为404.4万元,其中引进部分为344.4万元,国内配套部分60万元。

按各年利润计算,投资回收期仅18年,比原计划提前还清贷款,并由于产品质

量提高,为产品出口也创造了条件。

（案例来源:刘园. 国际商务谈判. 北京:首都经济贸易大学出版社,2003. ）

第四节　其他经典小案例分析

案例一　炫耀心理吃大亏

利用对方喜欢炫耀的心理往往能获得谈判成功。每年都有成千上万的人到墨西哥观光、旅游,旅游业的兴旺给当地居民带来了赚钱的机会。有一位英国人迈克先生到墨西哥城旅游时,就领略了土著人的这一经商策略。

一天,迈克先生与他的夫人来到了一个嘈杂的商业区,妻子不听劝告,执意要到那里去看看。迈克先生只好独自一人走。

这时,他发现距他很远的地方有一个真正的土著居民,在大热天里,肩上披了好几条墨西哥披肩毛毯正在兜售。他觉得很好奇,忍不住走上前去。当迈克先生走近那个人时,只听得那人高声叫着:

"1 300 比索。"

"他在跟谁讲话,是跟我吗? 不可能!"迈克先生心中暗忖,"他怎么会知道我是个旅游者呢? 他又如何知道我在暗中注意他。"

迈克先生不禁加快了脚步,尽量装做没有看到他的样子,继续向前走。可是那个土著人一直跟在他的背后,就像有一根链子把他们拴在了一起。

"900 比索!"他一次又一次地说。迈克先生有点生气,仍然没有理他,并且开始小跑起来。但那个土著人依然紧跟着他,这时他已由 900 比索降到 700 比索了。到了十字路口,因车辆横断了马路,迈克先生只好停住了脚步,那个人仍在叫:"700 比索……600 比索……好吧,500 比索。"

当迈克先生穿过马路,刚停住脚,还没有来得及转身,耳边又传来他的声音及粗重的喘息声。

"500 比索。"

因为他步步紧跟,使得迈克先生很生气,从牙缝里挤出一句话:"我告诉你我不买,别跟着我了。"

土著人从声调上和态度上明白了迈克先生的话。

"好吧,你胜利了。"他答道,"只对你,250 比索。"

"你说什么?"迈克先生叫道,"250 比索,给我一件,让我看看。"

迈克先生觉得很吃惊,那个土著人将价格由 1 300 比索降到 250 比索,使他感到很有趣。在他的本意上,他没有想到要买一件披肩,绝对没有。可现在居然开始与小贩讲开价钱了。

那位卖披肩的土著人对他说,有一位加拿大温尼培格的人曾以历史上的最低价格买到一件披肩毛毯,花了 185 比索。你如果要的话,可以以 180 比索成交。

迈克先生感到很兴奋。因为花 180 比索买一件披肩毛毯,创造了墨西哥历史上买披肩毛毯的新纪录! 并且还能带回家向亲友炫耀。

迈克先生将买到的毛毯披肩披到了肩上,感到很得意。天气很热,但他仍觉得怡然自得。

迈克先生回到旅馆,高兴地向妻子炫耀:

"看我买了什么,一件多么漂亮的披肩毛毯,真正的墨西哥披肩毛毯! 你猜猜用了多少钱?"

"告诉你吧,一个土著人要价 1 300 比索,而我,一位国际谈判专家只用了 180 比索就到手了。"

他的妻子讪笑道:"嘻! 太好笑了,我买了同样一件,只花了 140 比索,喏,就在壁橱里。"

在这个案例里,看似笨拙的土著商贩事实上是一位高明的谈判高手。他抓住了游客喜欢炫耀自己的心理,略施"苦肉计",让游客心里觉得自己很有能力,因而与之成交。

(案例来源:颜宏裕. 绝佳谈判术. 北京:经济管理出版社,2004.)

案例二 吃一堑长一智

布莱恩负责代理一家公司的设备购置任务,在机床购买过程中,布莱恩栽了一个大跟斗。

卖方报价 50 万美元,布莱恩不置可否,私下里委托成本分析人员调查这一价格,结果表示,45万美元的价格对双方来说都比较合理。布莱恩亲自对成本分析资料进行核查,45万美元这一价格确实很公道,互不相亏。

双方开始谈判。布莱恩准备先把价格压一下,报个42万美元的底价,再一点点增加至45万美元。他估计成交不会有问题。谁知卖主临时变卦:"先生,实在抱歉,上一次我方50万美元的报价过低,我们必须更改为60万美元。原来的成本核算统计方法有误,再加上原料价格上扬,50万美元对我方来说,只能合乎成本。经过多次认真核算,价格应为60万美元。"

布莱恩毫无准备,但骑虎难下,没有退路,只好硬着头皮谈下去,最后以53万美元成交。事隔几年之后,布莱恩惭愧地回忆道:"我一直没有勇气去调查60万美元是否是成本增加后的估价。但我清楚地记得,当我们在协议上签完字后,对方脸上露出了不易觉察的欣喜。"

中国有句古话:吃一堑,长一智。吃过一次亏后,布莱恩深刻的反思。他找出了问题的关键在于自己主张不够坚决,自信心不强,因而在以后的历次谈判中,布莱恩在失败中得来的教训使他受益匪浅。

一家航运公司准备出售一艘旧船。布莱恩受人之托前去购买。航运公司要价30万美元,布莱恩还价28万美元便顺利成交。布莱恩交了1万美元的定金,约定两个月后付清余款交货。两月内,航运公司拒绝了好几家有求购意向的买主,一心等着布莱恩交款提货。

一个月之后,布莱恩向航运公司打了个电话,遗憾地说:"由于我的委托人多方比较,觉得贵方价格偏高,所以无法成交,1万美元的定金就作为违约金吧。"航运公司着急起来,现在公司订购的新轮船正等着这笔资金呢。短时间内再去找买方几乎不太可能,并且谁敢保证新买主的出价会比布莱恩高呢?于是航运公司做出让步,最终以25万美元的价格卖出这艘船。

商业谈判中,忌讳临阵变卦,要让对方觉得诚实可信,但是,在谈判尚未最终完成,协议尚未签订之时,允许变化和调整。精明的商人就利用了这一点大做文章,变被动为主动,变输家为赢家,最终大获全胜。布莱恩就是一位吃一堑长一智的聪明人。

(案例来源:颜宏裕.绝佳谈判.北京:经济管理出版社,2004.)

案例三 以逸待劳与长途奔袭

经验表明,人们在自己的"辖区"内谈判,一般很容易进入状态,发挥出应有的水准;在不熟悉的环境中,往往无所适从,感到拘束,所以人们总是争取在自己的"地盘"上与对方谈判,尽量避免到"客场"作战,至少应在双方都不熟悉的第三地举行。

日本人深谙此道。日本钢铁和煤炭资源短缺,而澳大利亚却储量丰富。日本希望从澳大利亚购进煤和铁,但澳大利亚的煤、铁资源却如皇帝女儿不愁嫁,多一个买主少一个买主都无所谓。

日本人诚邀澳大利亚卖方到日本洽谈,为此,澳大利亚代表要从南半球来到北半球,从自己的国家来到一个充满东方气息的讲究礼仪的国度。到了日本,澳方代表表现得比较谨慎,他们十分讲究礼仪,以免冒犯这个礼仪之邦的文化传统。日本代表则游刃有余,根本用不着忌讳什么。

澳方代表过惯了富裕悠闲的生活,到一个生活习惯与本国迥然不同的国家,颇不适应。才到日本,他们就萌生了回家的念头。他们想念故乡别墅的游泳池、高尔夫球场,急于回到妻儿的身边。所以,他们在谈判桌上常常流露出急躁的情绪。而日本代表则不急不躁,悠然自得地讨价还价,他们软硬兼施、死缠烂磨,完全控制了谈判桌上的主动权。

最终,日本方面以低廉的价格购进了澳大利亚的煤和铁。

并不是所有主场谈判都能像日本购买钢铁和煤炭的谈判那样得心应手,客场谈判也可以化被动为主动,实现"长途奔袭"取胜。

马来西亚一家公司为进口一批彩电,来到韩国同一家公司谈判。韩方代表自以为客随主便,对方应顺着自己的要求,所以要价很高。谈判僵持不下时,韩国公司让马来西亚代表坐冷板凳——让他们"先了解一下行情再予答复"。马来西亚代表在焦急之中,继续寻找其他货源,并调查了市场行情,掌握了有关资料、数据,还未等主人恢复谈判,马来西亚便电话通知主人,报价降低10%,请他们研究,并建议某某日重新开始谈判。韩方措手不及,慌忙应战。最终以马来西亚代表最初的报价成交。

(案例来源:陈莞. 实用谈判技巧. 北京:经济管理出版社,2003.)

案例四　高举"火炬"的丘吉尔

1942 年 5 月,第二次世界大战战事犹酣。为尽快结束战争,苏、美、英首脑会谈,决定在欧洲开辟第二战场以减轻苏军压力,而战争局势的发展变化使苏军压力减小,英国私下觉得应该先在北非开辟第二战场。征得美国的同意和支持后,丘吉尔飞抵莫斯科,与斯大林谈判。

8 月 12 日,会谈在克里姆林宫举行。丘吉尔向斯大林通报了美英两国决定变更作战计划的协议,斯大林十分不满,质问道:"难道您连派 6 个师登陆的打算也没有了吗?"丘吉尔解释说:"当然可以派 6 个师或者更多的部队来,但这样的登陆会有害无益,会影响整个战争计划的实施。战争不是儿戏,而是流血牺牲。"斯大林反唇相讥:"养兵千日,用兵一时。军队不在作战中流血,不去冒险,还指望能取得胜利吗?"会谈陷入僵局,空气一下子凝固了。最后斯大林强硬地说:"如果你们不能按协议规定在法国登陆,我虽无权干涉,但我强调一点,苏联政府、军队和人民都将不会赞同首相先生的观点。"

出现了重大分歧,双方僵持不下,眼看会谈只能不欢而散。为了缓和紧张气氛,丘吉尔充分利用了他善于表演的天分,讲了一些英国的风土民情、笑话和故事,随即谈起了德军轰炸的问题。这是双方共同关心的敏感话题,不久,双方就达成了共识,会谈气氛大大缓和下来。在开辟第二战场的问题上,丘吉尔做了一些解释和补充说明,英国在其他方面还做出了一些让步。

英国在北非登陆开辟第二战场的计划叫"火炬计划"。趁着斯大林的敌对情绪减弱,丘吉尔向他详细介绍了这一计划的情况,斯大林本人也对其产生了兴趣。丘吉尔又主动提出,将把英美联军的一部分调到苏军南翼,以加强黑海和高加索地区的防御。斯大林对此表示满意。

但在谈判中,双方的分歧仍是明显的。斯大林要求英军在法国登陆。丘吉尔不断强调团结合作的意义,他说:"只要三个大国竭诚合作,就一定能够击败法西斯。"并进一步退让答应为苏军提供军需援助。斯大林反复权衡,一则苏军的压力确可减轻,再则英国方面做出了重大让步,于是同意先在北非开辟第二战场。

着眼于苏军单方面的利益,这种妥协是不恰当的,但若从战争全局考虑,却又是合情合理的。丘吉尔正是利用了这一点,大谈团结协作的重要性,并直率地做出了让步,这让斯大林左右为难,最终同意了"火炬计划"的实施。

在饯行酒会上,丘吉尔为斯大林斟满了一杯酒,举杯相敬:"阁下,你已经宽恕我了吗?"斯大林坦然一笑:"这一切都已经成为过去,过去的事情应该属于上帝。"

成功的谈判,应为"赢—赢"组合,即谈判双方或谈判各方面的利益都得到满足,尽管满足的程度有所不同。

(案例来源:蒋春堂,蒋冬梅.谈判学.武汉:武汉大学出版社,2004.)

案例五 谈判马拉松

项目繁多的谈判就像马拉松长跑,不仅需要体力、耐力、精力,还需要顽强的斗志和毅力。否则,战到中途你就会败下阵来。

苏联曾想购买美国长岛北岸的一块地皮,准备用它为使馆人员建一座娱乐中心。据业内人士估算,这块地皮的市场价格应该在36万~50万美元之间。美国人想卖40万美元,而苏联人却出乎意料地出价12.5万美元。美国人当然不愿意。这时苏联人表示愿意适当提高价格,但他们要求在一年内享有独家选择权,并要求谈判秘密进行。为此,苏联人象征性地付了订金。美国人考虑到苏联人可能提高价格,并且暂时没有其他买主,也就同意了。

谈判过程艰难曲折,3个月过去了,美国人显得焦躁不安,苏联人却精力旺盛。卖主把价格降到36万美元,买主却还没有这样大方,只把12.5万美元提到了13.3万美元。时间又过去了8个月,苏联人仍坚持13.3万美元。由于苏联人享有独家选择权,所以在一年内,美国人一筹莫展。离最后期限只剩几天了,苏联人开始妥协了:

离截止日期还有10天,苏联人出价14.5万美元。

离截止日期还有5天,涨到16.4万美元。

离截止日期还有3天,加到17.6万美元。

离截止日期还有1天,增为18.2万美元。

截止日这天,苏联人报价19.7万美元。

真正意义上的谈判是在最终这几天进行的。苏联人有意把活动压缩在这几天进行,以前的漫长谈判只不过是前奏,是拖垮对方的一种策略。卖主已经心力交瘁了,在过去的1年里,美国人投入大量的时间和精力,现在已精疲力竭、倦怠不堪了。然而他们仍不愿放弃和苏联人谈判,因为那样就意味着前功尽弃。但是,答应对方的条件又太吃亏了。所以,美国人左右为难。这种为难正是苏联人努力要达到的效果,他们如愿以偿了。

36万美元和19.7万美元,相差太悬殊:美国人开始自认倒霉,准备放弃同苏联人毫无意义的讨价还价,并准备公开拍卖。

恰在此时,苏联人又不请自到了。那一天是谈判截止日期过后的第一天。双方因为在长期的谈判中有了"交情",所以又坐下来谈判。美国人认为,既然截止期结束前几天苏方涨价的幅度那么大,那现在也应令人满意才对,所以期待着一个好的结果出现。

又是一周的激战,吝啬的苏联人并未像美国人期望的那样,而只是把价格稍稍调高了一点点,21.6万美元。这时美国人由于资金周转困难,急需一笔现金,所以咬紧牙关,硬着头皮以22.6万美元现金成交。

美国人心里窝了一肚子怨气,却找不到出气的地方。这就罢了,谁知1年后,苏联人竟以37.2万美元的价格把这块地皮卖出去了!这更让美国人气炸了肺。

作为谈判人员,让对手陷于赢又赢不了、输又输不起的尴尬境地,你就成功了一半了,另一半就靠你的能力和技巧了。

(案例来源:颜宏裕.绝佳谈判术.北京:经济管理出版社,2004.)

案例六　高歌猛进和浅唱低吟

谈判之中,如胜券在握,不妨一直急攻猛打,步步紧逼,直到对方妥协。如果心中没有底,则可因时而动,相机而行,采用文火慢炖,直到对方的情况被己方洞悉。

C公司从日本S公司购进了一批货车,使用时发现了严重质量问题,造成了巨大的经济损失。C公司回收了这批汽车,封存起来,向日方索赔。双方就赔偿问题进行谈判。

S公司避重就轻,强调:有的车轮胎炸裂、挡风玻璃炸碎、电路故障、铆钉震断,有的车架有裂纹……总之,问题虽有,但不严重。

C公司代表斩钉截铁地指出,铆钉不是震断,而是剪断;车架出现的不仅是裂纹,而是裂缝、断裂;车架断裂不能用"偶尔""有的",必须用数据表达……以上事实是双方共同组成的专家组检查确定的!

在事实面前,S公司不得不承认设计和制造上存在质量问题,答应赔偿损失。第一个赔付项目是维修加工费。S公司愿意每辆车赔10万日元,C公司要求赔付16万日元,C公司的谈判人员说:"如果贵公司认为这笔费用过高的话,可以派出技术人员前来维修,但必须符合合同上质量的要求。但这样一来,则每辆车恐怕绝非10多万日元可以解决。"

经过妥协让步,最后以每辆13万日元达成协议。

赔付的第二项是间接经济损失。S公司逐项报价,每报完一次都要环视C公司代表,以传递数据精确的含义。各项相加,约30亿日元。

C公司把日方的"大约""大概""预计"等模糊用语挑出来核算,最后得出总金额70亿日元。

S公司代表惊呆了。他们用尽各种办法以压低赔付总金额,但收效甚微。最后近于哀求地说:"贵公司要价太高,如毫不退让,我们将被解雇。我们上有老下有小……"

C公司代表义正词严:"贵公司生产出如此低劣的产品,给我们造成的损失绝不是区区70亿日元可以抵消的!"接着针对对方自身工作问题说:"你们会被解雇而让妻儿老小跟着受苦,我们因汽车质量问题而造成的损失,会让多少人的妻儿老小受苦呢?"

最后,双方以50亿日元达成协议。

C公司一路高歌猛进,不予对手还手之机,终于直捣黄龙,取得成功。

"大江东去"是艺术,"晓风残月"也是艺术。谈判中,有的人忍字当先,"一忍堂前有太和",在浅唱低吟中发出绵绵劲道。

有位顾客怒气冲冲地跑到某家乳品厂,斥责说奶粉里有活苍蝇,要求乳品厂公开道歉并赔偿精神损失。

事实上,苍蝇根本无法在奶粉里生存,因为奶粉经过严格的卫生处理。为了防止氧化作用,贮存罐里的空气已被抽空,注入的是氮气。罐里的活苍蝇肯定是消费者的过失。

但乳品厂的老板只是静听顾客的陈述,一声未吭。等顾客发泄完后,才心平气和地说:"是吗?那还了得!如果是我们的失误,这个问题就太严重了,我一定要求全厂停工检查。"过了一会儿,他又装做为难的样子说:"可是,我们公司生产的奶粉,包装罐内空气被抽空,然后装氮气密封起来,绝不可能有活苍蝇。您能告诉我您是怎样开罐的吗？您又是怎样保存的呢？"

顾客想了一下，发现错怪了好人，忙讪讪地说："我想，以后不会再发生这样的事情。"

乳品厂的老板先唱低调，委曲求全，让顾客畅快地倾诉了心中的怨愤，然后再用平缓的口气指出过错不在厂方，顾客弄清真相后惭愧不安地离去。

退一步海阔天空，适当退让，你施展拳脚的空间就会更大，你掌握谈判主动权的可能性也就更大。谈判中的进退攻守，由具体情况和谈判者的个人风格确定。不管是采取少林硬功还是太极推手，目的只有一个——克敌制胜。

（案例来源：颜宏裕．绝佳谈判术．北京：经济管理出版社，2004．）

参 考 书 目

[1]（美）尼尔伦伯格.谈判的艺术[M].曹景行,陆延泽,译.上海:上海翻译出版公司,1987.

[2]（美）杰勒德. 哈佛谈判学[M]. 成都:西南财经大学出版社,1998.

[3]（美）唐纳森,等.谈判指南[M].郭庆春,等,译.北京:电子工业出版社,1997.

[4]（美）加文·肯尼迪. 谈判[M]. 皮尔森教育出版公司(Pearson Education),2003.

[5]（美）费舍尔.谈判的心理策略[M].孙健敏,张小安,译.重庆:重庆出版社,1993.

[6]（美）凯尔·安德森.谈判商务高手[M].张志洪,译.广州:广东经济出版社,1998.

[7]（美）艾米尼亚·伊瓦拉,等.谈判[M].王旭东,等,译.北京:中国人民大学出版社,2003.

[8]（美）加文·肯尼迪.新谈判优势[M].爱丁,等,译.北京:电子工业出版社,2004.

[9]（美）马克斯·巴泽尔曼,等.理性谈判[M].魏清江,等,译.北京:机械工业出版社,2004.

[10]（美）理查德·吕客.谈判[M].冯华,译.北京:机械工业出版社,2005.

[11] 刘园. 国际商务谈判[M].北京:中国人民大学出版社,2000.

[12] 冯娟娟,孙秀兰. 谈判与社会心理[M].北京:经济科学出版社,1994.

[13] 蒋春堂,蒋冬梅. 谈判学(新版)[M].武汉:武汉大学出版社,2004.

[14] 董耀会,国辉. 成功谈判术[M].北京:中国经济出版社,2004.

[15] 张维迎. 博弈论与信息经济学[M].上海:上海三联书店,1996.

[16] 颜宏裕. 绝佳谈判术[M].北京:经济管理出版社,2004.

[17] 陈莞. 实用谈判技巧[M].北京:经济管理出版社,2003.

[18] 吕维霞,等. 现代商务礼仪[M]. 北京:对外经济贸易大学出版社,2003.

[19] 吕维霞. 案说公共关系[M]. 北京:对外经济贸易大学出版社,2002.

[20] 邱伟光. 公共关系实务[M]. 上海:华东师范大学出版社,1996.